牧口常三郎（1871—1944）

1925年牧口常三郎（前排左六）与白金寻常小学学生合影

1930年创价教育学会成立时牧口常三郎（右）与户田城圣合影

1935年牧口常三郎（中间）与青年教师合影

1941年牧口常三郎（前排中间）与创价教育学会会员在九州福冈市合影

1942年座谈会上的牧口常三郎

牧口常三郎与三儿子洋三的女儿洋子合影

1895年《北海道每日新闻》登载的牧口常三郎关于单级教学的讲义笔记

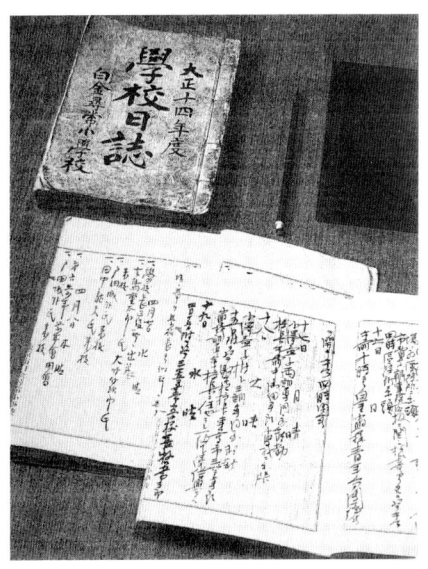

牧口常三郎任白金寻常小学校长时使用的学校日志

创价教育学会主办的杂志《教育改造》（由《新教》更名而来）

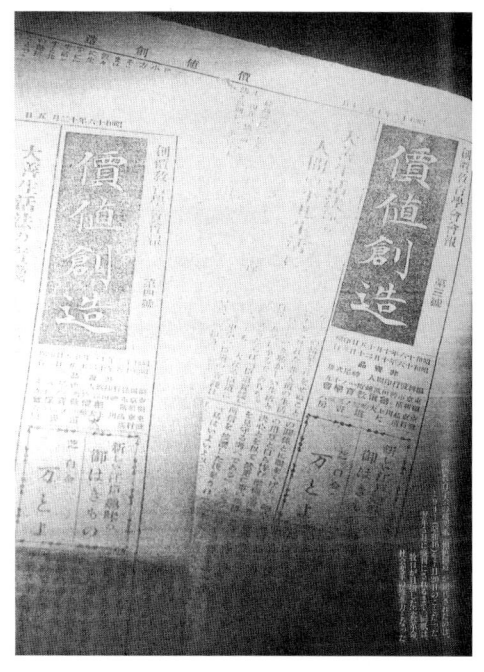

创价教育学会主办的报纸《价值创造》

初版《人生地理学》

1930年至1934年出版的《创价教育学体系》

1924年牧口常三郎为纪念母校荒浜小学创办50周年所赠送的校旗

牧口常三郎被日本法西斯政府逮捕入狱后给儿媳牧口贞子的书信

本书系"十一五"国家重点图书出版规划项目《汉译世界教育经典丛书》之一，收录的是日本近现代著名教育家、创价教育学会的创立者牧口常三郎的教育论著。牧口常三郎的代表性著作主要包括两部：一部是《创价教育学体系》（共四卷），阐述了博大精深的创价教育思想；另一部是《人生地理学》，从人与自然、人与人、人与社会三个维度揭示了人、自然、社会的属性和彼此之间共存共荣的关系。本书选编自这两部著作，有助于读者了解牧口常三郎的教育思想和实践，并为中国教育改革和发展提供借鉴。

汉译世界教育经典丛书

牧口常三郎教育论著选

MUKOU CHANGSANLANG JIAOYU LUNZHUXUAN

［日］牧口常三郎 著

周洪宇 蔡幸福 等 编译

人民教育出版社

·北京·

图书在版编目（ＣＩＰ）数据

牧口常三郎教育论著选／周洪宇等编译 — 北京：
人民教育出版社，2015.1
（汉译世界教育经典丛书）
ISBN 978-7-107-29296-5

Ⅰ.①牧… Ⅱ.①周… Ⅲ.①牧口常三郎（1871～
1944）－教育思想－文集 Ⅳ.①G40-093.13

中国版本图书馆 CIP 数据核字(2015)第 011578 号

人民教育出版社 出版发行

网址：http://www.pep.com.cn

保定市中画美凯印刷有限公司印装 全国新华书店经销
2015 年 1 月第 1 版 2015 年 1 月第 1 次印刷
开本：890 毫米×1 240 毫米 1/32 印张：16 插页：4
字数：400 千字 印数：0 001～3 000 册
定价：39.90元

出版说明

教育经典是在教育史上具有影响力的权威性著作，是教育名家教育思想与教育实践经验的理论概括和结晶，是人类教育发展史上的辉煌篇章，是教育思想宝库中的璀璨明珠，它们对当时及后来的世界教育改革与发展产生了重大的影响，至今仍具有强大的生命力。

人民教育出版社建社近60年来，一直重视教育科学研究，积极推动教育思想和学术成果的传播，策划编辑出版了大量优秀的教育理论学术研究成果，包括一系列的外国教育经典名著，为服务教育、繁荣学术、积累文化作出了应有的重要贡献。例如，20世纪80～90年代，人民教育出版社组织翻译出版了《外国教育名著丛书》（38种44册），主要收录了从古希腊时期到20世纪初叶的教育名著。它是新中国第一套比较全面系统介绍古往今来外国著名教育家代表作的丛书。这套丛书出版后在我国（包括港澳台地区）产生了十分广泛而又深远的影响，多年来深受读者欢迎，至今仍在反复重印再版，有不少卷还被引进到台湾印行了繁体字版，成为广大教育科研人员、师范院校师生以及中小学幼儿园教师的必备书。

随着我国教育改革特别是基础教育课程改革的深入，广大教师更加迫切需要了解世界教育发展史上丰富多彩的教育思想和波澜壮阔的教育实践，以从中吸取智慧和经验教训。在纪念中国改革开放30周年之际，为了进一步适应教育领域深化改革、扩大开放的需要，为了继续向广大教育工作者尤其是从事教育专业研究和学习的教师、学生和研究人员提供宝贵的学习资料和研究文献，我们在教育部和新闻出版总署的领导和大力支持下，又策划了《汉译世界教育经典丛书》。本丛书已经被批准为"十一五"国家重点图书出版项目。本丛书重点收录20世纪初叶以来的世界教育名著，与《外国教育名著丛书》相互衔接，互为补充，各有侧重，相得益彰；凡《外国教育名著丛书》已经收录的，本丛书不再收录。

本着取精用弘的原则，入选《汉译世界教育经典丛书》的著作都是在世界教育发展史上产生过重大影响的教育家的代表作，其中不少是首次介绍给我国读者。为了便于读者学习与阅读，我们特请译者或相关专家为每本书撰写前言或中译本序，对作者及其著作进行全面的导读性介绍；同时，每本书还附有作者照片插图及生平著述年表等。

编辑出版《汉译世界教育经典丛书》是一项重要的文化教育工程，具有极为重要的理论意义和现实意义。欢迎广大读者对本丛书的编辑出版提出宝贵意见，以使之更臻完善。

人民教育出版社

2008年8月

总 目 录

选编说明

牧口常三郎（1871—1944）是日本近现代著名教育家、教育改革家、创价教育学会（即今著名的创价学会）创立者。他毕生从事教育事业，提出了较为系统的创价教育思想。本书是他的教育论著选。

一

1871 年 7 月 23 日（农历六月初六），牧口常三郎诞生于日本柏崎县刈羽郡荒浜村（现新潟县柏崎市荒浜）的一个船工之家。父亲渡边长松给他取名叫渡边长七。1877 年，由于生活拮据，长七的父亲前往北海道打工挣钱，自此杳无音信。不久，母亲伊莱改嫁给本村的柴野右卫门，长七由姑姑托利抚养，成为牧口善太夫的养子。善良的善太夫夫妇视长七为己出，在生活极为困难的情况下，咬紧牙关送长七读了四年初小。之后，由于家庭生活的压力，长七被迫辍学在家。1885 年，为谋求出路，善太夫夫妇将年仅 14 岁的长七送到当时正进行大规模开发建设的北海道港口城市小樽，并拜托在北海道的叔父渡边四郎治给予照顾。

在叔父的关照下，长七来到小樽警察署当杂役。幸运的是，长七得到了由小樽郡长兼任的警察署署长森长保的赏识。1889 年 3 月，森长保由小樽调往札幌的时候，让长七作为署长家的寄食生①一同前往。同年，森长保把 17 岁的长七以郡区长的名义推荐送入

---

① 寄食生，指一边在他人家里帮着干家务一边学习的学生。

四年制的北海道寻常师范学校学习。1893 年 1 月，长七改名为
"常三郎"。同年，成绩优异的牧口常三郎师范毕业，被分配到附小
当教师，从此开启了自己的教育职业生涯。1896 年，牧口常三郎
顺利通过文部省举行的中等教员地理科鉴定考试，获得教师资格许
可证。次年，任北海道师范学校地理教师。1901 年，他辞去教职，
专心于《人生地理学》的写作。该书于 1903 年出版。1904 年，牧
口常三郎来到宏文学院担任讲师。1909 年，他被调到东京富士见
寻常小学任教。1913 年至 1932 年近 20 年的时间里，牧口常三郎
先后担任过东京下谷区（现台东区）的东盛寻常小学、新建的大正
寻常小学、西町寻常小学、白金小学和麻布新崛寻常小学等小学校
长。在担任东盛寻常小学校长期间，同时兼下谷第一夜校校长。

　　1928 年对牧口常三郎来说，是人生的一个转折点。这年 6 月，
已经 57 岁的牧口常三郎邂逅了日莲①并接触其佛法，最终成为其
坚定的信徒。

　　1930 年，在《创价教育学体系》第一卷正式出版前夕，牧口
常三郎和户田城圣两人创立了创价教育学会。

　　1932 年，牧口常三郎因所任职的麻布新崛寻常小学宣告停校
而退职。在永远离开了心爱的小学校长岗位后，他便全力投入到普
及创价教育理论之中。1941 年 3 月，日本政府为了全面备战，禁
锢进步思想，颁布了新的《治安维持法》。为统一思想，政府强迫

---

　　① 日莲（Nichiren，1222—1282），俗姓贯名，幼名善日。日本佛教日莲
宗创始人。幼年于清澄山寺从道善落发，名莲长，后改名日莲。1260 年，将
所著《立正安国论》上之幕府，以立正（信仰《法华经》）为因，安国为果。
要求禁止净、禅诸宗，专奉法华信仰，大触北条时赖之怒，以诳惑罪发配到
伊豆（在今静冈）之东。两年后被赦回镰仓，仍骂诸宗如故。后被发配佐渡。
三年后被赦回镰仓。不久至甲斐（今山梨）身延山建草庵，弘布《法华经》。寂
后大正天皇追谥立正大师号。主要著作有《守护国家论》《教机时国钞》等。

全体国民祭祀皇大神宫的大麻①，信仰其神道。牧口常三郎坚持自己的信仰，对此表示公开对抗，被反动当局视为眼中钉、肉中刺。1943 年 7 月 6 日清晨，72 岁的牧口常三郎在伊豆下田朋友家被逮捕，原因是违犯《治安维持法》，罪名是"大不敬"。在监狱中，牧口常三郎始终洋溢着乐观向上的情绪，铮铮铁骨，坚持永远和平精神，为人类和平的美好愿景同当时的法西斯政府进行了不屈不挠的斗争，直至 1944 年 11 月 18 日零点因衰老和极度营养失调在狱中病逝，时年 73 岁。

二

牧口常三郎的代表作主要有两部，即《人生地理学》和《创价教育学体系》（共四卷）。

牧口常三郎的创价教育思想博大精深，并以其哲学思想、宗教思想和政治思想为三大支柱。三个方面相互交融，相互烘托，为其创价教育理论提供了坚实的理论基础。

牧口常三郎的哲学思想主要是围绕价值范畴来展开的，主要体现在《创价教育学体系》第二卷中。该书主要阐述了以下几个方面的内容。

（一）关于真理与价值

牧口常三郎认为，真理是客体以及客体之间相互关系的概念，它意味着客体性质的相同。不管它与人类生活是什么样的关系，真理总是真理。真理不能被创造。无论人、时代和环境有什么不同，真理都是不变的。价值则是主体和客体的这种关系的陈述，是一个人和一个客体相互吸引或排斥的一种关系状态，是客体与人生活之

---

① 大麻，即神符。

间的感情关系，它意味着在客体和评价客体的主体之间产生的量的合宜。价值，作为主客体关系的标志，则没有相同的性质，因为它只意味着主客体之间的合宜或不合宜。价值随着人、时代和环境的变化而变化。价值和真理是完全不同的，价值能被创造。价值的要素就是美、丑、利、害、善、恶。

（二）关于认知与评价

牧口常三郎认为，主体在一定程度上意识到客体的影响时，主体就相应而动，这个活动就叫作评价。而主体获得客体反映在主体中的印象，这个活动被称为认知。认知意味着注意客体，感知它的性质，在精神中获得对它的概念。认知是客观的，评价是主观的。真理是由认知获得的概念，是认知的结果；价值则是客体与人之间的相关力的量值概念，是作为评价的结果而被接受的。认知和评价相当于经验活动和交接活动。经验活动意味着认知客体，主体冷静而客观地、尽可能精确地观察外在的和内在的现象。在这种情况下，主体忽略客体与他的生活的关系。相反，在交接的情况下，主体对客体就不能采取静观的态度，而是把它作为与人有关的东西去观察，考虑到它对人的生活的影响。于是主体产生了情感反应，享受客体对他的影响，同时也付出相应的力量。要理解外部世界，要依靠认知与评价共同作用，如果缺乏其中的一个，人就不能熟悉他的对象。

（三）关于价值观体系

牧口常三郎主要从价值的本质、关系和相关力、价值的分类等三个方面对价值观体系进行了构建。

牧口常三郎认为，价值是存在的，从某种意义上说，价值就是客体满足主体需要而形成的关系。通常的评价标准用"利"或"害"来表达，评价者通常也都是个人。但是当社会评价作为该社会之一分子的个人的行为时，使用的评价词是"善"和"恶"。这种评价只是被所谓的社会认可的价值判断。价值具有相对性，价值的大小因客体与评价者生活的关系的不同而不同。同一个客体既能表述为"利""好"，也能表述为"害""坏"。

牧口常三郎指出，从关系与相关力的角度看，价值是一个客体与人之间关系的概念，它是这种关系客体的一个象征。在主体与客体发生关系时我们可以发现，存在着一种客体和主体相互吸引的相关力，我们叫这种力为价值。也就是说，价值意味着在客体与人的相互联系中正在起作用的"力"或"功能"的状态。

牧口常三郎根据关系的强度和相关力的大小，将价值划分为"有价值"和"无价值"、"正价值"和"负价值"。"有价值"和"无价值"体现了客体与人之间一种关系或相关力的存在与否。而"正价值"和"负价值"则体现了客体与人之间一种关系或相关力对于人的存在或者说对于维持生命的有益性和有害性。

与此同时，牧口常三郎又根据评价的主体，将价值区分为主观价值和客观价值。存在于一个人在一定时刻与客体发生联系时所体验的感受中的价值都是主观的，也就是主观价值。而被社会所评价和认为是"利"或"害"的价值就叫客观价值。善恶、美丑、利害，既有客观价值，也有主观价值，在教育中，我们必须兼顾两种价值，求得二者的和谐统一。

宗教对牧口常三郎的一生影响深远。佛教思想是牧口常三郎创价教育思想的重要基石，是他一生尤其是晚年创价教育实践的力量源泉，也是他理解人的价值和幸福的基础。他的教育力作《创价教育学体系》不仅从日莲佛法中吸取了力量，而且将日莲佛法当作基石之一。他认为，宗教和科学不是绝对不相容的。

牧口常三郎的政治思想是其教育思想的重要支柱，充分体现了他的教育价值取向，主要包括提倡个人、国家和社会幸福一体化，倡导世界和平，呼吁构建人道主义竞争的社会三方面。

1. 提倡个人、国家和社会幸福一体化。牧口常三郎认为，个人、国家和社会三者是一个利益共同体，互相联系，相互依存，而且是一损俱损，一荣俱荣。并不是有了国家才有人民，而是有了人民才有国家，先有个人才有社会。在个人和集体、个人和社会的利益发生矛盾时，个人必须服从于集体、服从于社会，这是判别善与恶的标准之一。当然，集体、国家和社会应该充分考虑个人利益，充分尊重和保障个人的利益，否则后者的利益也就无法实现。国家和社会的幸福是与个人的幸福同一的，如果忽视个人幸福，就不会有社会幸福。

2. 倡导世界和平。牧口常三郎认为，世人的共同愿望是幸福，然而，如果没有世界的和平及稳定，也就不可能有个人的幸福。为此，创价教育必须渗透和平的理念。他希望人们能超越狭隘的国家意识，自觉地、普遍地进行个人联合，共同创造一个美好的世界。

3. 呼吁构建人道主义竞争的社会。牧口常三郎对创造价值的思考并没有停留于一般水平，而是将其外延扩展到整个地球和整个人类社会，与那些狭隘的个人本位、民族本位乃至国家主义形成了鲜明的对照。这也是牧口常三郎创价思想中的"价值"所在，是他毕生用智慧浓缩的人生之精华，是理解创价教育宗旨的基础。

在牧口常三郎的价值观中，"善"是一个核心概念，处于中心位置。没有"善"，"利"和"美"就无从谈起。他把"善"分为"小善""中善""大善"，认为战争的发动者是威胁人生命最大的"大恶"。"大善"，是惠泽全人类的善行。只有"大善"，才能创造出最高价值的人生。"大善"离不开个人人格的联合。他一直希望人们能超越狭隘的国家意识，自觉地、普遍地进行个人联合。

牧口常三郎指出，生存竞争是一切物种都共同具有的，生存竞争适用于各种社会现象。竞争随着时间的推移而发生改变，这种变化首先是竞争单位的变化。回顾人类历史，可发现竞争单位随着时间的变化而变化：个人与个人的竞争，家庭与家庭的竞争；乡村与乡村的竞争（社区）；部落与部落的竞争（种族集团）；国家与国家的竞争（国家）。我们现在就处于国家之间竞争的年代。除了竞争单位的变化，竞争形式也会随着时间的流逝而变化，如军事竞争、政治竞争、经济竞争或人道主义竞争。所谓人道主义竞争，就是通过无形的道德影响，而不是军事实力或者赤裸裸的经济实力，去实现个人和社会目标所做的努力。他认为，要达到作为竞争发展的最后阶段——人道主义竞争阶段，我们还有很长的路要走。他坚信，创价教育在构建这种以理性和道德品质为基础的和谐社会中将起着不可替代的作用。

总之，牧口常三郎的哲学、宗教和政治思想互相渗透，相互支撑，共同回答了人与动物的区别所在、价值的内涵，创造价值的重要性和必要性，以及创价教育的目标、内容和方法等一系列人们关注的问题，并系统、全面、创造性地构建了创价教育思想，发人深省，启迪深远。

三

牧口常三郎的创价教育思想是以创造价值为中枢，融和谐的世界观、创造的人生观和"利、善、美"价值观为一体，同时围绕创造幸福人生为宗旨的教育目的观而展开的教育理论体系。其思想内容丰富，主要体现在教育目的、教育功能、教育内容、教育方法、教育组织形式（学校）和教师等几个方面。

创价教育的目的就是要培养创造"利、善、美"价值的人。创造是人区别于动物的一个根本特征。创造的目的就是为了获得价值，就是为了人的利益，为了促进社会的福祉。创价教育学的目的，就是最大限度地发挥人内在的特质、个性和创造力，发挥其日益增强的自立能力、价值创造能力，为人类的幸福与社会的繁荣、世界的和平做贡献。幸福人生的基础就是价值，但价值不会从天而降，必须经过我们的双手，从创造中来。创价教育就是培养创造人生目的与价值的人才的教育。真正的幸福在于本着对社会的责任感创造并奉献"利、善、美"价值，而且，一个人的幸福与他创造价值的能力成正比。

创价教育的功能在于对受教育者的生活进行干涉和指导，主要体现在以下几点：一是使受教育者获得幸福的生活；二是增进个人社会化；三是使受教育者创造人类价值。

创价教育必须走向生活，走近自然和社会。教育内容应该紧贴生活，而且应该围绕生活设计课程。

创价教育讲求方便，讲究自然。学习应是出自每个学习者因自身爱好和动机而滋长的好奇、多问的探究心理。教育要重视每个孩子的情感和差异，应该"随机施教、应病与医"，用因材施教为孩子打开创造之门。要重视学生生活能力，尤其是创造能力的培养。教育要走向自然，走入社会。人们甚至可以通过旅游进行学习。

创价教育的出路在于实施半日学校制度。其要点有四：一是实施半日学校制度可盘活办学存量，提高教育效率。二是实施半日学校制度的根本要点在于密切学习与生活的关系，让学习与生活同行。而且，半日学校制度能克服日本实业教育中存在的急功近利的现象，避免欲速则不达的情况出现。三是半日学校制度可充分发挥学校、家庭、社会三方面的教育合力。四是半日学校制度乃日本教育改革之出路。

教师应该是创价教育的表率。教师是世人之楷模。教师应该是博爱的表率，应该是运用教学方法的表率，应该是献身教育的表率。只有这样，教师才会处处、时时不失大师的风范。

牧口常三郎的教育思想，可以说，与传统教育思想大相径庭，在以人为本，高扬教育的主体性、主动性、实践性和创造性等方面与现代教育思想的内涵颇有对应。客观地说，他对以现代教育大师杜威①为代表的教育思想多有传承和发展。从性质上看，牧口常三郎的教育思想属于现代教育思想。当然，就其形成来说，他的教育思想可以说是东西文化融合的现代教育思想。其教育思想的特点突出表现在民主性、民族性、创造性和实践性等几个方面。

1. 民主性。他认为，只有民主，才能激发人的创造兴趣，才会有不竭的创造动力，才体现了以人为本。而以人为本，重视人的欲望，就是要充分发挥人的创造性之源。没有教育的民主性，就谈不上学生的主体地位。在教育中要把学生当人看，当能创造的人看，当能创造价值的人看。

2. 民族性。牧口常三郎是一个强烈的爱国主义者。这也正是他能致力于反对日本军国主义、挽救日本教育、振兴日本民族的思想基础。他生活在一个正处于上升发展阶段的资本主义国家，其教育思想中所具有的民族性特征颇为明显。他因反战而入狱。他忧国忧民，爱生命，爱国家，爱人类，爱和平。他爱自己的民族，也爱别的民族；他深爱本国人民，也深爱其他国家的人民。从这一点来看，他的教育思想具有强烈的人民性特征。特别是，他饱受本土文化的浸染，又深受西方文化的洗礼。在对待外来文化的态度上，一方面，他坚决反对不加思考、不切实际的照搬，另一方面，他认同"他山之石，可以攻玉"，注重学习、借鉴和吸收外来先进的教育思想，并结合本国实际，在实践的基础上探索形成了具有本国特色的教育理论。他是一位既善于学习、借鉴外来文化，又能结合国情、

---

① 杜威（John Dewey，1859—1952），美国哲学家和教育家，当代世界教育史上最有影响的人物之一。主张"教育即生长""学校即社会""从做中学"。主要著作有《明日之学校》《民主主义与教育》等。

敢于且善于创新的教育家。他一直致力于教育理论的本土化，包括教育问题的本土化、教育内容的本土化、教育方法的本土化和教育形式的本土化等等，这既是他的教育思想的特色所在，也是他对人类教育的贡献所在。难能可贵的是，牧口常三郎因为当时自己的民族正处于强势，所以明显表现出对本国侵略行为的忧虑，而且其着眼点还是在于世界上所有民族、所有人民的和平共处；他不仅言，而且行，用生命保卫人类和平。从某种程度上看，牧口常三郎的教育思想中处处体现了他那博大的胸怀以及地球市民和大民族的概念。

3. 创造性。牧口常三郎认为：只有创造，才能体现人生价值；只有创造，才能获得幸福的人生；只有创造，才会有全人类的和平与繁荣。正是本着对创造意义的深刻认识，他在自己一生的教育理论和实践中始终将"创造"二字贯穿其中。这也是他将自己的教育思想以创价教育命名的直接动机。

4. 实践性。牧口常三郎毕生从事教育实践，其一生所进行的教育活动以及所写的著作足以证明他不是夸夸其谈的理论家，而是注重实效、锐意进取、不断创新的实干家，也足以证明实践性是其创价教育思想的本质特征。他强调"亲知""亲见""亲闻"，强调理论和方法必须与教育实践相结合。他认为，教育改革的新思想往往来自于教育工作者的实际经验。作为教育工作者，必须尊重实践，尊重事实，不要对任何事物存在侥幸心理，仓促的判断是不可取的。可以说，《创价教育学体系》完全是牧口常三郎41年尊重实践并在实践中体会出来的经验结晶。

四

牧口常三郎的创价教育思想是一套完整系统的理论，不仅对当时的日本教育产生了一定的影响，而且他的理论及其所创立的创价教育学会经过其门徒的宣传和实践，得到了广泛发展和推广，从而影响着日本乃至世界的政治、宗教和教育事业。

牧口常三郎的影响首先来自于他的处女作《人生地理学》。书中，牧口常三郎对传统教育进行了大胆的批判，同时对教育的目的和真谛、教育方法、课程设置等一系列教育问题进行了独立的思考和大胆的探索，且创造性地提出了许多有价值的见解。该书从人与自然、人与人、人与社会三个维度揭示了人、自然、社会的属性和彼此之间共存共荣的关系。无论从所涉及的内容还是从呈现的形式来看，《人生地理学》作为一本地理学的教科书都给人一种全新的感受，这就是对生命的重视，归根结底是对人的重视和对人创造价值以谋求幸福人生的重视。书中，牧口常三郎围绕"创造"，结合自身的实践，对教育内容、教育方法和教育制度等方面的改革发表了许多独到的见解。毫无疑问，这些思想不仅在当时的日本思想界，甚至对整个世界来说都是富有特色和挑战性的，而且有着划时代的历史意义和现实意义。《人生地理学》中处处凸显了人在自然中的地位，或从人的生存的角度来引导人们重新体验和认识自己所栖居的自然界。与此同时，作者对社会、产业、国家、生存竞争等人们关注的重大问题进行了论述，阐明了自己的政治见解，并提出了构建人道主义竞争社会的美好愿景。

《人生地理学》一出版就在日本教育界尤其是在地理学界引起了很大的反响。出版的当年就再版了三次，而且因其深受欢迎，此后又多次再版。此书在当时的日本教师、学生中间广泛流传，是政府指定进行教员资格鉴定考试的必读参考书。学术界的一些知名人士对该书给予了较高的评价。如当时著名的农业经济学家新渡户稻造阅读此书后，专门从台湾写信给牧口常三郎以示激励。著名的社会学者田边寿利称《人生地理学》是现代前沿的人文地理学，为当时流行的人类地理学的第一块奇石，认为该书的出版使日本的地理学研究为之一变。地理学者小川琢治（京都大学教授）对该书研究范围之广、立论之新鲜深表佩服。① 《人生地理学》问世百年后的 2002 年，类似的肯定性的评价并没有因为时间的流逝而褪色。时年，美国学者戴勒·M. 贝瑟尔（Dayle M. Bethel）的看法就是其中的代表。她指出："牧口常三郎所表述的绝大部分教育观和建议，已为越来越多的当代教育家所表述与实践……他关于像进入学习者社区的自然系统中旅游一样，组织各种层次的教育的建议，在'新'地理学方法的背景下，潜在地为学生和教育工作者提供了有益的观点和洞见，或者说为他们提供了有价值的方法与模式。"② 牧口常三郎的再传弟子，创价学会第三任会长，著名的思想家、教育家、社会活动家和作家池田大作先生对牧口常三郎的和平理念更是赞赏有加，他认为："在 21 世纪早期，帝国主义统治着那个时代的时候……他（牧口常三郎——译者注）描述了一个他命名为'人道主义竞争'的理想，由此文明和文化能够通过相互的对话，在彼此间开展友好和人道的竞争。他相信，以这种方式，能够为人类开创一个更加光明的未来，一个能为全体人类促进相互间的和睦与繁荣的未来。他高瞻远瞩地预见到了人类历史应当遵循的唯一恰当的发展道路，是由军事争斗、竞争朝着政治竞争，再由政治竞争向经济竞争最终到纯粹的人道主义竞争稳步前进。现在，在目睹和忍受了那个被看作'战争与暴力的世纪'——20 世纪的众多悲剧之后，我们站在人道的角度，至少能够欣赏和分享在牧口常三郎先生著作

---

① 何劲松著：《创价教育学会的理论与实践》，中国社会科学出版社 1995 年版，第 66 页。

② ［日］牧口常三郎著，陈莉、易凌峰译：《人生地理学·英文版编者导言》，复旦大学出版社 2004 年版，第 32 页。

中对'人道与和平的世纪'的热切盼望。"①

　　《人生地理学》不仅对日本，而且对当时的中国也产生了一定的影响。《人生地理学》出版后，很快被中国留日学生翻译并就部分内容在《浙江潮》第九期和第十期向国内进行了介绍。牧口常三郎在《人生地理学》出版后的第二年，开始在当时中国留学生较为集中的宏文学院担任地理教师，讲授《人生地理学》的内容。后来，宏文学院的中国留学生回国后在编写出版的中文地理教科书《江苏师范讲义》中大量采用《人生地理学》的内容，并在序言里做了较好的评价。1906 年，《人生地理学》（日文版）在中国出版；次年，《人生地理学》的全文翻译版《最新人生地理学》（世界语言文字研究会翻译）在中国面世，而且获得了好评，当年 10 月就进行了再版。2000 年出版的两本研究清末中国地理学的书——《西洋思潮激励下的清末地理学》（中国人民大学郭双林教授撰写）和《清末中国的西洋地理学》（复旦大学邹振寰教授撰写）对此书当年在中国的影响予以充分的肯定。据日本创价大学高桥强先生研究发现，1909 年，上海新学会发行出版了由浙江同乡会会员、1903 年毕业于宏文学院的凌廷辉先生翻译的《人生地理学》中文版，1942 年出版的《近代人生地理学之发达及其在我国之展望》一书的目录中记载了 1925 年出版的《人生地理学》、1930 年出版的《人生地理概要》和《人生地理学史》。2004 年复旦大学出版社出版了由陈莉、易凌峰翻译的《人生地理学》最新中文版。从国内学者李培超撰写的中文版前言中，我们仍然可以看到，在《人生地理学》同世后 100 多年的今天，人们对此书的赞赏不减当年。

　　《创价教育学体系》也是牧口常三郎的一部重要的教育著作。

————

　　① ［日］牧口常三郎著，陈莉、易凌峰译：《人生地理学·英文版前言》，复旦大学出版社 2004 年版，第 39—40 页。

作者在第一卷、第三卷和第四卷中,在对教育学的价值、教育学的本质、教育学的研究方法、教育学组织的内容、教育目的、教育改造、教师素质和待遇、小学校长录用制度、师范教育改造、学制改革、半日学校制度、教育方法以及教材等重大问题进行论述的基础上,充分阐述了建立创价教育学的重要性,剖析了幸福与财富、幸福与善、幸福与德、幸福与健康以及幸福与社会等方面的关系,提出了"幸福是教育的目的"这一论断,同时从教育方法、师范教育、教师与校长、学制、教材等诸多方面就如何构建创价教育学体系阐明了自己的观点。牧口常三郎的哲学和宗教思想主要浓缩于《创价教育学体系》第二卷中,书中重点对认知与评价、真理与价值、价值观体系、宗教价值、宗教与科学、宗教与道德、宗教与教育以及宗教价值的判断等问题进行了论述,提出了许多独到而新颖的见解,至今仍富有启迪意义。

《创价教育学体系》的出版在当时的日本教育界产生了较大的影响,很多报纸和杂志进行了热点报道。日本当时的学术权威田边寿利①、柳田国男②和新渡户稻造③都很乐意地接受牧口常三郎之邀亲自为该书作序。田边寿利在该书序言中给予了高度肯定,称之为具有划时代意义的伟大著作。《创价教育学体系》传到中国比《人生地理学》要晚得多。1989 年中国人民大学出版社出版了马俊峰和江畅教授翻译的《创价教育学体系》第二卷的中文版《价值哲学》。《创价教育学体系》第一卷的中文版则是由我国台湾学者刘焜辉教授翻译并于 2004 年出版的。《创价教育学体系》在 20 世纪 80

---

① 田边寿利 (Tanabe Hisatoshi, 1894—1962),日本社会学家。

② 柳田国男 (Yanagita Kunio, 1875—1962),日本的妖怪民俗学者,是日本从事民俗学田野调查第一人,被尊称为"日本民俗学之父"。

③ 新渡户稻造 (Nitobe Inazo, 1862—1933),日本国际政治活动家、农学家、教育家。

年代被译成英文，并于 1989 年在美国艾奥瓦州立大学出版社出版。目前，该书已经被英语世界领域里一些教育家和教育哲学家所认同。该书的葡萄牙文、法文、意大利文、西班牙文和越南文等 14 种翻译本也相继出版。2005 年，美国著名教育哲学家、哥伦比亚大学教育学院汉森教授（David T. Hansen）主编的《教育的伦理视野——实践中的教育哲学》（*Ethical Visions of Education：Philosophies in Practice*）一书出版，全书介绍了 20 世纪世界十大著名教育家，其中亚洲只有两位，一位是日本的牧口常三郎，另一位就是中国的陶行知（1891—1946）。前者是创价教育体系的建立者，后者则是生活教育体系的开创人。在编者看来，亚洲这两位大教育家与其他八位的教育理念都将促使人类日趋公正和祥和。可见，牧口常三郎的教育思想与实践已经成为世界教育遗产中的瑰宝，越来越引起学术界的重视。

五

本书缘起于 2005 年，当时周洪宇与蔡幸福正好有一段师生缘，蔡在周的指导下攻读教育学博士学位。考虑到蔡是由比较教育专业转到教育史专业，而周擅长陶行知研究，加上创价学会第三任会长、著名的思想家、教育家、社会活动家和作家池田大作先生刚刚结束与华中师范大学前校长、著名史学大师章开沅先生的历史性对话，并决定在华中师范大学建立创价教育研究所，开展以牧口常三郎为中心、以户田城圣（创价学会第二任会长）和池田大作为重点的创价教育思想与实践研究，由周洪宇教授兼任该所副所长，周洪宇教授遂建议蔡幸福以"陶行知与牧口常三郎教育思想比较研究"为博士论文选题，这样可以兼顾原有专业优势、现有指导力量和当前研究工作三方面需要，而且还可得到中日相关方面的大力支持。

果不其然，由于选题得当，各方面支持源源而来。史学大师章开沅先生亲自点拨，时任华中师范大学校长马敏教授（创价教育研究所所长）、陈锋教授（创价教育研究所常务副所长）等积极支持，日本创价大学国际部副部长高桥强先生等日本友人与我国台湾创价学会同仁纷纷提供所需资料（包括全套牧口常三郎的日文文集与英文译本等），蔡幸福的博士论文《融通与创新：陶行知与牧口常三郎教育思想比较研究》写作进展十分顺利，并于 2008 年由山东教育出版社正式出版。其间，周、蔡两人还多次参加中日联合举办的学术研讨会，发表多篇有关牧口常三郎教育思想与实践研究的论文，引起学术界的关注。

由于历史与现实等多种原因，中国教育界对牧口常三郎这位日本近现代教育家比较陌生，知之者甚少，这无形中限制和影响了中日两国教育界的广泛交流与相互借鉴。考虑到这种情况，两人决定，以前期所收集的相关资料为基础，为中国读者选编一本篇幅适中的《牧口常三郎教育论著选》，让中国读者了解这位享誉世界的日本近现代教育家的思想与实践，推动牧口常三郎教育思想与实践的深入研究，并为中国教育改革与发展提供有益借鉴。周洪宇教授在一次赴京开会期间，与人民教育出版社有关同志谈起牧口常三郎教育论著选编事宜，他们同意将其纳入该社出版多年、颇有影响的《外国教育名著丛书》之续篇《汉译世界教育经典丛书》。两人的研究计划也得到了创价学会的重视和资助。在人民教育出版社和创价学会等方面的支持下，我们选编了此书。其中，本书选编的《创价教育学体系》第一编第二、三、四、五章，第二编第一、二、三、五、六章，由刘焜辉翻译；《创价教育学体系》第三编第二、三、四、五、六章，第四编第一、二、三、四、五、六、九章，第五编第一、三、四章，由周洪宇、蔡幸福翻译；《创价教育学体系》第四编第十章，第六编第一、二、三章，由蔡幸福翻译；《人生地理学》绪论和第二十、二十五、二十八章，由周洪宇、蔡幸福翻译。

本书大体按作者著述问世时间先后编排，主要是能代表作者教育观点的文字或者是作为创价教育思想基石的哲学、宗教和政治思想方面的内容。在翻译和选编过程中，从精炼文字、节约篇幅出发，在不影响作者原意的前提下对那些不太重要的内容进行了删减，并以省略号标明。为便于读者原汁原味地阅读并领会原著，我们在翻译和选编过程中做了以下几项工作。

1. 对两本最能反映牧口常三郎教育思想的论著的次序做了适当调整，即将《人生地理学》一书放在后面，而将《创价教育学体系》一书列于前面，以突出介绍牧口常三郎的核心教育思想——创价教育思想。

2. 去掉原译著译者所附注释，同时对全书中的人名在能够查找到准确资料的基础上尽可能进行注解；原译著无标点的各篇，由编者予以标点；原文标点不合习惯者，由编者酌情改动。

3. 尽量保留原有的标题层次。

4. 原译著《创价教育学体系》第一卷中的文字由繁体竖排改为简体横排。

5. 对原译著中明显的错字、漏字、衍字加以改正，对于通假字、异体字、古今字等一般也都进行了处理，如"他"在指物时，一律改为"它"，"底"在表示领属关系时，改为"的"，等等。这些改动不另加注明。

6. 原译著中的译名（人名、地名、国名以及术语），原则上不改动。

书末附有牧口常三郎大事年表，以便为读者了解牧口常三郎的教育活动和思想发展提供一条清晰的线索。

最后需要说明的是，人民教育出版社的同志为本书的选编和出版付出了很多心血，湖北大学外语学院赵霞副教授对本书中《创价教育学体系》第四、五、六编的文字进行了校正，创价学会国际室国际出版部部长酒井秀一先生，我国台湾创价学会吕慧甄女士，华中师范大学教育学院张云芳老师、刘来兵老师，华中师范大学外语学院陆丽丽等给予了大力帮助，在此特表示诚挚的感谢。同时对本书所有选文的原版本翻译和校对者们，亦一并致以衷心的谢忱！

谨以此书纪念牧口常三郎建立创价教育学会85周年、纪念世界反法西斯战争胜利70周年。

周洪宇　蔡幸福

2015年1月12日于武昌桂子山华中师大

创价教育学体系

目　　录

第一编

教育学组织论

第二章　教育学的价值

第一节　现代教育界的两大对立
和教育实践者的态度

综观现代教育学，显然有两大潮流对立，一为经验派，一为理论派。全国多数教育实践者大部分都属于经验派，以介绍欧美新学说为己任的学者及其共鸣者，则属于理论派。

从事教育工作的全国教育实践者，有二十多万人属于经验派。至少自明治维新以后经过六十多年的今天，其经验累积在实际教育上有很大的势力，倘若能真正加以整合，应该可以成为有力的教育宝典。

可是，令人遗憾的是，它仍然摆脱不了未抽象的、具体概念之领域，尚未达到以其经验成果所建立的原理去批判、指导教育事业，并建立新经验的地步。因此，多数实践者虽然有珍贵的经验，却对于输入欧美学说的理论派无能为力，陷自己于焦虑不安之中。在教育思想方面，理论派的新学说傲然地向经验实践者摆出领导者独具的权威姿态。

然而，理论派所着眼的根本，往往是叙述欧美新学说或只停留在介绍而已。采取从理论到实践的演绎态度，或者从哲学的观点、生物学的观点，解决教育的实际问题。

乍看之下，他们是从非常深邃的学理去解决实际问题，这让只靠经验的实践者倍觉既困难又崇高，引起其注意与困惑。因为只听到理论说明，让人觉得很有兴趣，及至教育各论要实施其原理时，却脆弱不堪。虽然说明崭新奇特，却与想要排斥的旧思想并无二致，没有任何胜过传统教育学说的实践措施，反而有画虎类犬之嫌。

"远水救不了近火"一语，用来形容理论派研究影响当代教育界效果之脆弱最为恰当。过去八十多年来，日本的教育学说不断改变，有时赫尔巴特①主义风靡天下，有时歌颂实用主义论，著作、演讲、主动、自由、设计教学法、道尔顿制等，也是转变迅速。尽管上层气流动摇迅速，下层却毫无动静，对于实际教育方法，他们并未达到足以批判或修正多数经验产物的地步。

关于这一点，虽然学者间有各种争论，动摇剧烈，但并未对实践者造成任何影响，因此，也没有带来多大的危险。这种现象究竟要说是幸或不幸呢？我对于此现象造成六十多年来进步缓慢，感到悲哀。

但愿各位注意各自工作的成效，反省各自的经验。

每年前来参加四季研习会者的费用相当可观。研习内容是介绍新学说，虽然是以唤起一般教育家的注意，回到家乡一旦想要实施，莫不茫然失措，这种经验屡见不鲜。六十多年来反复这种现

---

① 赫尔巴特（Johann Friedrich Herbart，1776—1841），德国哲学家、心理学家、教育学家，科学教育学的奠基人，有"教育学之父"的称谓。他根据儿童心理活动规律，将课堂教学划分为明了、联想、系统、方法四个阶段，即著名的"形式阶段理论"，从而为近代教学法的建立奠定了基础。这一理论后来被他的学生发展成"五段教学法"。主要著作有《普通教育学》《形而上学纲要》等。

象，难道将来也要继续这种情形吗？有志者内省至此，弥漫寂寥与焦虑之感。

我们必须促使研究的着眼点与态度大转变，换言之，教育实践者不要像过去那样太拘泥于遥远的学者理论，应该从自己每天的经验着手研究，根据经验的归纳所确立的原理去更新下一个经验，摆脱过去盲目焦虑的生活，迈向意识的、目的明确的教育生活领域。

这是泽柳①文学博士在其《实际教育学》所提倡的主张。明治末年，泽柳博士大声疾呼，研究要从教育事实开始。然而，经过二十余年，传统的态度仍未能改变，这又说明什么呢？不是值得吾人深省吗？

因为世界大战的影响，欧洲产品无法输入，学术、艺术等文化产物亦不例外。停止输入后，各国不得不产生自力更生的思想，思想界也唤起国粹的、保守的倾向。这种自觉倾向的结果，促使经济界、思想界、艺术界各领域，放弃一直以来依赖海外的态度，而回到独创之路，接近独特的境界。如果与过去非舶来品就不屑一顾的时代比较，有惊人的进步。

然而，只有教育界依然故我，无法赶上时代潮流，迄今仍然遗忘开拓大地之事，舍弃教育法的母胎、教育学发源地的教育事实，徒然为昙花一现、与实践者无缘的新学说之邂逅忙碌，令人叹息。

于是我一改过去望着天上星星前进的危险态度，向教育实践者呼吁，要先注意看脚下。只要反省日常经验，确认成功或失败的迹象，分析其过程，就可能发现珍贵的真理。总之，不要只依赖学者们在书房中的研究，要综合珍贵的经验去确立原则，在日常工作中

---

① 泽柳政太郎（Sawayanagi Masatarō，1865—1927），曾任日本文部省普通学务局局长、次长，以及东北大学、京都帝国大学校长，后来为了实现自己的教育理想而创设成城小学。

验证，把这些原理、原则留给下一代，这是现代教育实践者的重大使命，教育成长，方能由此可期。

除非有这种态度，否则真正的教育发展是无法期待的。

这种态度才能将所有学问的发展过程，如实地考察，对应其顺序。

一切学术、思想发展的轨迹，无不经过上述途径。换言之，只靠演绎法做研究而无法突破的欧洲思想界，自从培根①提倡归纳法以来完全改观，终于建立起现代的文明。这不是足以证明我主张用归纳法研究教育是正确的吗？

到底归纳研究的步骤如何？首先要认清成功与失败的事实并做记录；其次要推敲成败的原因，进一步收集同类的各种事实，加以比较观察，了解这些成败的关系；再其次，针对这些认识做比较观察，再和其他领先完成的科学发展的过程做比较研究。将上述心理概念提升到逻辑概念，做更高层次的演绎批判，根据进化论的观点去回顾过去的演变，确定未来的方向，到达真理及价值的认定。

"哲学家是不知道自己未知领域的人，科学家则是了解自己未知领域的人。"这句话实含至理，将赞美天上星星的哲学家态度和对地上的花做解剖的科学家态度，表现得非常贴切。

科学家不会满足于针对真理做茫然的幻想，他们运用分析与综合，来建构逻辑上明确的概念。他们对于真理是谦虚的、忠实的。至于哲学家，往往会陷于主观的幻想，固执独断学说，损及普遍真理的权威。过去的教育理论多半以哲学家的主张做背景，以建构其理论，这是无可否认的事实，其价值无法实现，诚非偶然。

---

① 培根（Francis Bacon, 1561—1626），英国哲学家、政治家、思想家、作家和科学家，被马克思称为"英国唯物主义和整个现代实验科学的真正始祖"。主要著作有《学术的进步》《新工具》《新大西岛》等。

另一派法律学者提出下列主张：

"哲学不断在自相残杀。哲学家为建立自己的学术体系而推翻先哲们所建立的体系，自己的体系也会被后来学者推翻。但是，实证方法的个人见解虽然有若干差异，其基础却是共同的。因此，一旦得到结论，就永远不会改变，后来的人只要利用前人所建立的学术基础，一直累积下去就可以了。至少在实证法的范围内，思想的逻辑幻影所产生的反对体系之对立，是无法存在的。"

这段话对于那些憧憬着深远、绚丽的哲学思想，绝对信仰其学说，并且想要立即在日常生活加以实现的教育家而言，应该可以唤起他们的觉醒吧！

以现实教育工作为母胎，加上科学家严肃的解剖所得到的教育理论，应该有其永恒的生命。我对于这些实证学派的主张或科学家的声音感到无限的信赖，于是创立以现实为基础的知识体系，给多年来下不了决心摆脱哲学、导向教育学之日本教育界提示指标，期许在神圣的教育界引起一大生机。

第二节　对于当代教育学研究倾向的批评

一

如前所述，现代教育界有许多实践者徒然反复尝试错误，并未试着将珍贵的经验加以综合，只知依赖学者们的心理学或哲学学说演绎出来的理论。

世界各国的教育界也有雷同情形。这个世界潮流是不是必然的，值得我们加以批判性的观察。

批判时，首先要注意的是，它是否与学术发展程序背道而驰。

冷静观察人类知识的发展顺序，亦即科学的形成过程，根据孔德①的见解，都是经过下列三个阶段。

第一期，众多的人聚在一起，形成社会，体验生活行为，但是尚缺乏自主认识真理的能力。

因此，相信先觉者的人格，无条件尊重他们的言论，认为绝不会有问题，毫不怀疑而信仰的时期。

第二期是人的智慧稍有发展，在过去只依赖他人的状况中，从自己的经验去发现某些真理，形成过度信赖自己能力之阶段。

恰如一个小发明家，初期对他人心目中认为是儿戏的事也非常热衷，夸大自信，无暇正确判断其价值，根据自己的经验去决定一切真理的时期。

第三期是"夸大信任自己能力"的第二期之反弹，即不执着于自己的经验，广泛比较众人相同的经验，尽量收集资料，以此形成科学的、合理的观念与法则的时期。这是学术发展真正的过程，也是人类智慧发展的必然过程。

前述教育学的研究态度，正说明多数教育实践者仍然停留在第一期依赖先觉的阶段。

居于领导地位的先觉们也以演绎法为主，并非基于经验的归纳，而是从心理分析导出的抽象原理，去规定实际教育生活。因此，他们仍然满足于培根发明归纳法以前的学术研究方法。

总之，如果说他们与科学发展背道而行，沉迷于科学发展初期的状况，并非言过其实。

---

① 孔德（Auguste Comte，1798—1857），法国哲学家，社会学、实证主义的创始人，被人称为"社会学之父"。主要著作有《实证哲学教程》《实证政治体系》《主观的综合》等。

二

在这种状况之下，不管学术讨论多么激烈，对于实际生活并没有任何影响，毫无价值可言。如果它是真理，在实际生活加以利用，的确可以增进社会福祉的话，无论顺序如何，我们仍然不会视为恶。然而，针对现代教育界的现实情况来反省事实时，令人不无寂寥感。

譬如那托尔普①的教育哲学或林德②的教育学，究竟有多少人能了解并加以演绎，应用于实际生活呢？

又如，赫尔巴特派教育学曾盛行一时，然而当时风靡天下的教育学说，如今在教育实践者间，却很少留下痕迹。盛极一时的学说有此下场，难道这不是由于学术讨论只停留在肤浅的论调，虚妄的、一知半解的概念，未能被接受为教育方法的原理吗？

因此，近年来受到瞩目的狄尔泰③教育学说，恐怕与其他自由教育、自然的理性化等各种新思想、新标题的教育学说一样，教育实践者可能对它不了解或了解不深。

新学说的推敲，除非有丰富的实务经验，要加以批评谈何容易。除非从实际经验事实的立场去解释，是无法真正了解的；除非

---

① 那托尔普（Paul Gerhard Natorp，1854—1924），德国哲学家、教育学家。哲学方面受到柏拉图、康德的影响，教育学方面强调复兴裴斯泰洛齐，对于赫尔巴特持批判的立场。

② 林德（Ernst Linde，1864—1943），德国教育家。批判当时的形式阶段教学法，强调教育的主要手段不是方法，而是教师的人格。其教育思想见于主要著作《人格教育学》。

③ 狄尔泰（Wilhelm Dilthey，1833—1911），德国哲学家、历史学家、心理学家、社会学家。他支持与唯心主义相对的经验主义，然而又不同于英国经验主义以及实证主义。他严格区分了自然科学与精神科学，并以生命或生活作为哲学的出发点。主要著作有《精神科学序论》《哲学的本质》等。

经历作者所做过的过程，是无法了解的。

没有直接经验者要传递相关知识，几乎是不可能的。对于缺乏经验基础者而言，即使是一件微小而简单的事情，如果它是经过多年研究才得到的结果，除非付出同样的努力，否则是很难传递的。

总之，如果没有经过相同的过程，要直接去了解结果是很困难的，除非拥有敏锐的头脑，否则是做不到的，这一点，从我们接受别人的传递或想要传递给他人的失败经验中不难体会。

即使了解一个教育学者的学说，对于实际教育有多少作用，事实可以说明一切。

当我们综观明治维新以后的现实教育界的进步时，更容易了解这一点。如果严正地评论日本教育学的发展，虽然因时代有多少差异，或有多少变动，但可以说几乎都没有进步可言。

如果说有若干进步绩效可言，绝不是引进的学说普及的结果，而是缓慢的一般经验累积的结果。其进步的程度绝不会超过经验的程度。教育界常有学理与现实生活互不相关、分别对峙的情形，就是最好的例证。

三

教育学的权威在现实社会几乎未被承认。因此，想要依赖教育学去从事教育工作者，有如掌上的沙子。在师范学校或通过其他渠道学习教育学或教学法，想要在实际教学上应用而不感到遗憾的，请问二十几万名教育实践者中，究竟有多少呢？遭遇困难问题时，回顾以前学过的学说，翻开教育书籍去找出解决手段的，恐怕是寥寥无几吧！

由此可见，当代教育学对于教师的实际生活并没有任何价值，如果偶尔被认为有价值，只不过是炫耀自己饱学罢了。医师为了摄取日新月异的知识，积极参与研究讲习，即使是一个开业医师，对于新学说、新发现的学理研究，也不甘落于人后，两者相较，实有天壤之别。

每年在东京或京都、大阪举行的医学大会，都有新的研究发表，各科分别展开认真的讨论。

至于教育人员的大会，每次都讨论许多问题，不过都是低层次的普通常识之讨论。不是没有焦距的争论，就是不得要领，毫无增加任何的新知识。因此，很难得到具有权威的结论，令人叹息。

为什么会有如此差异呢？一方面是在自由竞争之下，稍不小心，患者马上会流失，影响其声誉。

至于教育社会，其对象的儿童并没有价值判断的能力，因此，十年如一日，墨守旧法也不会受到任何制裁，生活上并没有任何威胁可言。

如前所述，教育学说的派别频频被导入，可是，在教育的实际生活上却无任何权威，最大的原因就是这些学说都不是根据实际经验归纳整合的。

因此，这些抽象的学说对现实生活、具体事实都不适用，教育实践者很难加以了解。换言之，是因为科学的教育学所建构的课程使然。

四

教育学的研究还有一个值得注意的是，完全忽略教育社会所要求的经济教育观。所谓经济教育是指教师的教学能力、儿童的学习能力，以及其他整体的教育都没有浪费的意思。教师所学习的结果在工作上有用，意味着儿童教育合乎经济。

换言之，就是学习能力的经济与教学能力的经济，这应该是教育学研究最大的原动力。否则，真正认真的研究是无法进行的。

如果只是虚伪的为学问而学问的态度，则永远无法期待有深度的研究。

现代教育学的价值未能被现实生活肯定的另一个原因，是未建立在价值观的基础上。

价值哲学是近年来欧美哲学界最重视的潮流，我们深深感觉到，教育学也应该从这个观点去考量，从这个价值原理重新建构。因此，本人愿对世界教育学者以及全体教育家，呼吁建设新教育学的口号：

从经验出发！

以价值为目标！

以经济为原理！

学习能力、教学能力、时间、经费、语言、声音，都要以经济原理为宗旨，以文化价值为目标去实施。与其仰视天空步行，毋宁脚踏实地，一步步前进。

以历经诸多尝试错误的经验为基础，以决定人生意义的价值为目标，近代人从整个教育作业中所认识到的以经济为动力的科学教育学，才是多年来一直想要摆脱空洞的教育学而苦恼的教育界所期盼的一部引导全体教育工作者的宝典。

第三节　教育学的实际与理想

一

20 世纪是儿童世纪，这是得到大家共鸣的真理。过去在家庭、社会，儿童被视为麻烦者而受到冷落、压迫、虐待，即使是受到特别尊重的家庭，儿童也只不过是在以大人为主的生活中参与衣、食、住而已。

过去儿童无社会地位，现在则成为儿童本位，生活也开始为儿童设想，不但在消极方面不再成为家庭的累赘，积极方面，在学校——儿童成长最旺盛时期的重要生活场所，也格外受到重视。这些意味着儿童的幸福获得很大的增进，也说明了儿童教育的重要性。然而，试问现代教育顺应这个趋势的程度如何呢？

究竟现在有没有这种儿童教育指导原理的教育学存在呢？也许教育学家会怒斥，不是有很多很好的教育学吗？他们会列举近年来如雨后春笋般的教育学说，然而，这些学说对于现实教育真有帮助吗？

回答这个问题时，有人会强辩说"是"而内心感到不安，有人会答"否"而内心有些愧疚。

教育学的建构是否完整呢？究竟完成到什么程度呢？如果把批评的焦点对准这一点，的确值得怀疑。赫尔巴特声称已经建构完成，这一派的人也曾经信以为真，可是现在又如何呢？既是夸口说已经建构，却在不久后，已经失去存在了。

甚至有人怀疑是否有普遍适当的真理教育学。如涂尔干①说："教育学还不能称为科学，只能说是技巧、艺术罢了。"（甘蔗生规矩译：《社会学教育论》）

另一方面，教育学被教育实践者信赖的程度如何呢？对于教育实践者而言，有教育学也好，没有它也无所谓。有胜于无，但是对于教师的现实生活并没有多大帮助，充其量只能提供比一般外行人多几分方便的、不值得一提的普通基本原理而已。

总之，在教育实践者眼中，教育学的存在，还比不上其他科学在其概念范畴内居于支配原理的地步。这种状态是教育学本来的性

---

① 涂尔干（Emile Durkheim，1858—1917），法国社会学者、人类学家和教育学者，《社会学年鉴》创刊人，法国首位社会学教授。主要著作有《社会分工论》《教育与社会学》《宗教生活的基本形式》《道德教育论》等。

质所致吗？涂尔干对于教育学本质论表示悲观的态度，教育学的本质果真如此吗？本人将逐章加以阐明。

二

若要肆无忌惮地说，现代社会各行业，没有一个行业像教师如此不利用科学成果的真理；若说教育事业尚未真正被科学的光明照射，是言过其实的话，说它是最少依据科学的社会行业，并无不可。

除了宗教与艺术，教育学尚无任何权威，足以领导教师有意识性的工作。除了宗教或艺术学，教育学是进步最迟缓的一门学问。

当然我们并不认为科学是万能的，也不主张用科学的力量解释宗教或艺术领域的问题。

但是，现代生活除了宗教和艺术的部分之外，没有不依赖科学的。有些宗教家或艺术家，虽然冷嘲热讽科学力量的微不足道，这种论调有一部分是合乎道理的，但是宗教家、艺术家、哲学家、道德家如果没有科学的帮助，亦将一筹莫展。

忽视 20 世纪前的科学发展，怎能满足现代人呢？又能创造什么呢？何况教育事业呢？

这不是我个人的说法，著名的教育理论家、教育实践者的领导者，在教育学或教学法的著作、译书方面非常有名的槙山荣次①的下列谈话，正证明了过去的教育学是多么有名无实，与教育实务有多么疏远。

---

① 槙山荣次（Makinoyama Eiji，1867—1933），日本教育学者、教育行政家。1905 年留学德、美两国，回国后担任文部省督学官，并兼任东京女子高等师范学校教师。1919 年任奈良女子高等师范学校校长。

教育学研究的一个转机

……曾经撰写教育学教科书，目前虽然已退休的某位先进教育学者很诚挚地说："现代教育学对于教育实务，没有任何帮助。"

一位写过教育学教科书，在杂志上、著书上宣扬教育学说者，有此论调似乎有些出人意料，这可能是基于他本身的经验所发出来的自白吧！教育学大本营——德国，近年来也有类似的告白……。我认为教育学无用论的产生，是因为现行教育学不适宜。……

过去教育学的研究因为方法不当，很少涉及教育教学的实务，即使学习也徒劳无益。

因此，今后我们要考虑的重要问题，是如何改进教育教学研究法，使其具有意义。（《教育研究》1929 年 1 月第 337 号，此为东京高等师范学校附属小学初等教育研究会会刊）

槙山荣次进一步举出华格纳①的教育研究法，将在后章引用。

三

果然朝野双方同时要求教育改革。去年夏天，国民新闻有奖征文，结果头奖是由与教育毫无关系的吉水松岩②获得。这件事情代表什么呢？

教育改革是为了谁而有的需求呢？当然，若说是为了受教者的青少年，并无不可，但是担任教育大任的是教师，所以说得直接一

---

① 华格纳（Gottfried Wagner，1831—1892），明治初期对于日本产业教育的发展居于领导角色的德国人。

② 吉水松岩（Yoshimizu Matuiwa，1878—?），日本早稻田大学文学部毕业后，担任私立东京感化院教务主任，应征论文时为司法省保护司聘雇职员。吉水应征论文分前后两篇，对于学制整体有具体的改革方案，强调国民的受教权、教育机会平等，认为教育不是文部省的所有物，是属于全体国民的，这在当时是进步的内容。

点，应是为了教师，要让教师从事教育工作更得心应手，让教育的结果对于受教者更有功效而产生的。

如果教育能使这些由受教者的家长所组成的社会团体感到满意，就无改革的需要。很遗憾，现在的情形不但不能让他们满足，甚至让他们感到非常不满意。

由于对教育效果感到不安，因此才有教育改革论的抬头。这些不满意，如果修正教育的枝叶末节就可解决，就不需要高喊教育改革。然而，部分的治疗已经无济于事，要挽救这个缺陷，必须彻底地从根本改造，教育改革的真正意义即在于此。

关于这一点，教育界人才济济，职位高、见识广的学者不乏其人，他们的研究结果都已公布于世，加上海外著名哲学家的翻译介绍也不少，然而，这些仍然不能令人满足，于是才有彻底加以研究的要求。

若是这样，民众对实际从事教育者不但不再信任，对学者也是失望至极，可说是此次参加征文者的原意。既然如此，参加征文作者与审查单位，就须考量如何推动教育改革才是。

大教育家可能出现吗？

东京日日新闻曾经在社论上介绍井上准之助①欧美旅游感想，说："各国努力向上提升，可悲的是我国没有任何值得骄傲的地方，这是欧洲大战以来国内外人士所指出，并非现在才开始。"进而讨论有没有国民的优点，最后说："吾人肯定井上前大藏大臣的话，此时此地，本人愿与他人共同思考此事。希望国人在体力、心力及各方面都能累积和其他国民竞争的素养。

---

① 井上准之助（Inoue Junnosuke，1869—1932），日本明治、大正、昭和时期银行家。1927 年任浜口雄幸内阁的大藏大臣，并加入民政党，为该党核心人物。1931 年留任于第二次若槻礼次郎内阁。1932 年 2 月，在选举活动中被血盟团成员小沼正暗杀。著有《战后我国的经济及金融》等书。

"欲期如此，到底要怎么做呢？除彻底改革政治形式、教育方法之外，别无他途。国民大改造应该从这两项着手。大教育家会不会出现？

"我们翘首企盼。"（1924 年 8 月 27 日）

上述机运不正是向教育界暗示可能开创伟大将来吗？我们不应该旁观此机运。

第四节　建立创价教育学的重要性

"群盲暗中摸索巨象"这句话，形容日本教育界非常贴切。有谁敢说这是诽谤呢？如果能举出任何反证，令人欣慰。近年来是否有人觉醒，而采取焦躁的盲动来面对内外的烦闷呢？

最明显的证据就是参观旅行如蜜蜂采花般，非常流行。不但在国内举行，也不惜付出巨额旅费，前往欧美学习。他们带回来什么呢？人吗？方法吗？日本教育因此得到多少进步呢？

本来的教育毕竟令人感到不安，请教学者无解，读书、杂志又不得要领，也没有勇气去系统地涉猎书籍寻求解决，同时也没有此类书籍。因此，不得不选择时间、劳力、费用等最不经济的参观旅行研习，实在可怜。

因此，教育实践者与其把眼睛朝外，不如及早内省，评估六十多年的经验，去寻求新生活的原理。欲期如此，应该先从价值观的建立开始。究竟何时、由谁才能让群盲开眼呢？

然而，笔者发出这种不得体的言论，可能立刻引起反感。

"一个小学校长谈什么教育学，连世界大哲学家都不容易做到……不会觉得太幼稚吗？真是狂妄！"可能同仁们的冷笑，还超过那些傲然以为是自己地盘的学者们吧！

教育实践者是否把教育学视为非常艰涩难懂，与自己无缘的存在呢？本书从诠释这个主题开始，其理由即在于此。

如果说，我是一位小学教师，没有资格去做这件事情，同样的理由，全国小学教师都没有资格，这不是妄自菲薄吗？新教育的经验已经有半世纪之久，我孤陋寡闻，未曾听到教师们有过一个教育学体系，这会不会是不知不觉中陷于上述自卑所致呢？我之所以如此迂回地从诠释意义开始，也是情非得已呀！

如果有人说，教育学这种艰涩的理论，由那些懂外语的学者们去做，对我们没有直接的用处，务实的教师们只要遵守文部省所定的教育法规、教学大纲、国定教科书等，就是任务完成。这种观点未免太呆板，是太匠气十足的说法。

对于这些形同机器替身的教育家而言，放弃形式、打破划一又有何意义呢？

请勿指责这是玩弄奇矫之言，以监督指导教师事务为己任的官员即是如此，我本人常受到这种冷嘲热讽。

"如果要做那种研究，就辞掉工作，退休后再去做吧！"这种话竟然出自一本正经倡导改善教育内容，或奖励自主研究的执政者嘴里，令人啼笑皆非。

近年来在城市或乡村到处都设置的，仿佛是唯一研究机构的训导协议会，充其量只能做些编制细目、立即要用的教材调查而已。

公开教学或研究发展多如过江之鲫。虽然并无不可，终究是枝叶末节的蝉噪蛙鸣。经常开会，浪费时间，是多么不经济的活动呀！

这种状态是负责督导的督学们，每天目睹没有效率的教师，苦闷于如何谋求补救的手段。一方面自己缺乏指导能力的信心，一方面又找不到可以推荐的教育书籍，困惑之余，于是用开博览会或共进会，使其相互比较竞争，借此刺激、促进教育的进步，并以此圆滑政策来搪塞责任。

这种方法对于提升最低层级是有帮助的，然而，中层以上的多数阶级并不能得到任何帮助，反而造成诸多困惑。开会愈多，所造成的弊害愈大。

总之，从社会生活看来，参观旅行的盛行是非常不经济的应急对策，归根究底，就是最经济的研究方式——科学教育学的建设不足所致。这就是我奋不顾身地挺身而出的缘故。

医学社会在这一方面就令人羡慕多了。医学和教育学是有如兄弟的应用科学。试看，每年召开医学年会的情形如何？不只是中央学者的研究发表或欧美学说的翻译而已，医疗实务工作者也竞相发表经验，发表新发现。反之，教师年会的讨论范围只限于待遇问题或行政问题。如果与医学年会比较，令人惭愧。

医师和教师都是以人的生命为对象的职业，虽然有肉体和精神层面的不同，有消极防卫和积极建设性的差异，在创造人生价值为目的之技术上并无不同。然而，两者之间差异，大相径庭，这又是为何呢？

究其原因，医学自古以来已经发展形成完整的科学，其指导技术的原理已然确立。教育的科学性则尚有质疑的余地，甚至被怀疑是否有形成科学的可能性。

诚然，哲学性的教育学俨然存在，但是它对于实际教育工作者，又有什么作用呢？远水救不了近火是不争的事实。教学或日常工作上，顺从传统习惯之外，几乎各方面都处于暗中摸索的状态。如果与医学比较又如何呢？这可能是哲学家抽象观察的结果，而不是从实际经验归纳出来的结果所致。

教育的目的观应该从人生的目的观而来，当然要依赖哲学家或社会学家，但是一旦确立目的观，方法论也要靠这些学者，则是完全错误的，这可以从科学发展史得到例证。

教师生活最需要的莫过于方法论。考察欧美各国的教育者想要带回的，并不是他们认同的教育家其人，也不是他们想要利用的教学材料或制度本身，应该是如何才能达到教育目的的方法，如何改进原来的方法，如何增进教育效果等方法观。

换言之，这些都是面对哲学的教育学难懂而困惑，以及其效果之差，失望之余所做的穷策罢了。采用新教育六十余年，虽然教育事业非常复杂，累积半世纪的经验，今日教育学的建构始终仰赖外来思想，委诸哲学家，这等于是靠佣兵与敌人搏斗，岂不是一大耻辱？

所以，在此我呼吁天下树立创价教育学，促进教育事业的彻底改革，俾能打开日本社会各方面的困境。

第三章　教育学的本质

第一节　社会对于教育学的需求与教育学的目的

教育学并非只以自然现象为研究的对象，描述其真相的纯粹科学，这一点只要和自然科学比较，马上可以了解。

如前所述，过去的教育哲学几乎与现实生活脱节，因此企求现实生活以外的某些存在。然则，会有什么事物可顺应其要求重新形成，又有什么事物将取而代之呢？

教育学不是要说明自然而形成的，乃是顺应人的需求，尤其是以文化生活的需求所发生的教育事业为对象之学问。就像过去那样，将来也需要顺应人类需求的变化而改变。

因此，教育学不是"在于如何"，而是"应该如何"，"非如何不可"。这个要求应该是达成教育目的的方法和手段。教育学的目的，应该是由这个观点来决定的。

确立教育学的目的观，首先要考虑的是教育目的与受教者的目的并不相同。教育学的目的和教育的目的也应该有所差异。

教育不能脱离或忽视受教者，然而，未必与教育目的完全一致。教育要意识到受教者应该达成的目的，对于受教者本身所进行的生活，去加以干涉、指导。

因此，教育目的对于教师而言是间接的目的，直接的目的应该另行定位。所谓另行定位，并非背道而驰或是分离的，终极目标应该是一致的。

教育学的使命是要作为达成教育目的的手段或得到幸福的手段，意识到受教者应该采取的途径与方法，并以此为研究目标。

教育目的是父母或社会对于受教者所期待的，教育学的目的应该是指导如何达成此目的，其目标即是教育方法的终鹄。

更进一步地推敲这个目的，就是要使无目的的生活变为有目的的生活，无意义的生活成为有意义的生活，无价值的生活成为有价值的生活，反向价值的生活成为正向价值的生活。低价值的生活成为高价值的生活，无意义的行为成为有意义的行为，有害的行为改成有利的行为，不良的行为改为善良行为的指导原理。

换言之，就是要企求教师的一言一行，都能合乎目的给予指导的原理原则。

第二节　树立科学教育学的可能性

涂尔干对于教育学本质明晰精密的观察，是值得我们倾听的。

他说："教育科学尚处于草案的状态。"（甘蔗生规矩译：《社会学教育论》）又说："一方面有社会学帮助确立教育目的，另一方面，心理学帮助课程的规定。"（同上）

如果与那托尔普所说的"伦理学是确立教育目的唯一的辅助学"比较，涂尔干的说法比较合乎实际。

他多少承认现实的价值，却也很悲观地说："社会学是刚成立的学问，迄今只确立几个问题而已；心理学的成立虽然比社会学早，然颇多地方有待争论，几乎没有不被反对的问题。仅建立在学术上不稳定、不完全的条件下的实践论，没有任何价值可言。"（同上）对此，我颇有同感。

涂尔干又说："教育学的理论与一般科学思索是迥然不同的，无论目的与方法都不同。教育学的目的不是叙述现在存在的法则如何，而是在于注意将来应该如何的教育问题。它不会要求注视这个存在，考虑那个理由，而会说这才是应该走的路。

"理论家往往会故意用嘲笑的眼光去看传统、现在或过去的情况，并特别强调其不完整的地方。许多大教育家如拉伯雷①、蒙田②、卢梭③、裴斯泰洛齐④等人，都是反对当时习惯之改革主义者。他们一谈到现在或过去的组织，不是排斥其缺点，就是指出其根据不自然，是全然以假设观点，企图以全新的东西取代。"

教育学固然不必很忠实地说明现实，而应该以指导制度之制定为目的，但只是嘲笑过去的状况，是无法发现制定制度的依据的。

必须忠实地记录过去和现在的状况，一方面要明确找出教育目的失败的原因，以前车之鉴为后车之诫，另一方面要用成功的记录

---

① 拉伯雷（Francois Rabelais，1494—1553），法国作家、文艺复兴时期人文主义的代表。主要著作有《巨人传》。

② 蒙田（Michel Eyquem de Montaigne，1533—1592），法国思想家、作家和资产阶级的先驱者。在教育思想方面，批判只用书本的教育，主张培养儿童的判断力为教育的主要目的，重视直观法、实物教学等。其教育思想对夸美纽斯尤其是卢梭有着极大影响。主要著作有《随笔集》，因其丰富的思想内涵而闻名于世，被誉为"思想的宝库"。

③ 卢梭（Jean Jacques Rousseau，1712—1778），法国启蒙思想家、哲学家、教育家、文学家，18世纪法国大革命的思想先驱，启蒙运动最卓越的代表人物之一，《百科全书》的撰稿人之一。主要著作有《论人类不平等的起源和基础》《社会契约论》《爱弥儿》《忏悔录》等。

④ 裴斯泰洛齐（Johann Heinrich Pestalozzi，1746—1827），瑞士教育家和教育改革家。深受卢梭及德国古典哲学家莱布尼茨、康德等的影响，终生服务于教育，被称为"平民教育之父"。主要著作有《林哈德与葛笃德》《葛笃德怎样教育自己的子女》《母亲必读》《观察入门》《教学通论》等。

阐明其原因，因为没有人愿意失败而不希望成功，所以阐明成效的因果法则，于是就成为制定将来要如何指导的制度，成为指导未来新生活的原理。

然则，这样形成的知识系统要称为什么呢？虽然还不能符合现代科学，但是仔细思考，一切应用科学好像都有共同的地方。

涂尔干说："教育学是一门艺术。""因为科学与艺术之间通常不承认有中间物。凡是观察结果而不能称为科学的都称为艺术。此处所说的艺术，是可以包含极端相反的事实，涵盖范围非常广泛。小学教师透过和儿童接触所得到的经验以及执行职务所得到的经验，都称为艺术。

"这些经验显然与教育学的理论无关，下列事实的观察可为例证。有些人是很好的教育学者，但是却很不适合教育学的思索。熟练的教师可以临机应变，但是不必逐一说明其行为背后的理论。

"反之，教育学者有时候欠缺实践的能力。譬如卢梭或蒙田，连班级的导师都不放心让他去做。曾经担任教育工作的裴斯泰洛齐，其教育家的才能并不充分，他失败过几次，正说明这一点。其他方面也有类似的情形。擅长处理公务的为政者的术谋，也称为艺术。"

但是，上面的例子仍然不能证明经验和理论的差异。

"艺术是对于某一个目的的实施方法的体系，或者是借教育可以传递的经验产物、个人独特经验的结果。因此，一个人唯有从工作中去修炼或实际去做才能得到它。当然艺术也有被观察的情形，只是它不是本质因素而已。

"如此说来，科学和艺术之间就有一个中间精神状态存在。即并非指依照已决定的法则去影响事物，而是观察当时的行为过程，评价其价值。

"不是认识，也不是说明，而是要判断是不是当然的途径，需不需要政变，如何才能改变，以及是否要以全新的过程取而代之等。

"这些观察是以理论的形态出现，而不是行为的结合，乃是观念的组合，所以相当接近科学。但是，此观念的目的并非既有事物的说明，而是行为的指导。

"因此，虽然没有运作，却无时不在运作，且经常承担指导职责。虽然不是行为，至少是行为的内容，相当接近艺术。医学、政治学、军事学等莫不如此。

"为了表示这种思索复杂的性质，我称此为实践论。教育学是这种实践论之一。我并非要针对教育组织做科学的研究，而是想提供教育者实践方针的观念。"（田边寿利译：《教育学与社会学》，《社会学徒》第3卷第7号；甘蔗生规矩译：《社会学教育论》第二篇）

涂尔干说明教育学时，把艺术和科学之间称为实践论，与其他已经有完整知识体系的科学比较，称之为"尚在草案状况"（甘蔗生规矩译：《社会学教育论》），以作为区别。

我们对于涂尔干在讨论过去以来的教育与教育学的发展时，没有超越这个论点，其观念的精细、表现的正确，令人佩服，其不做论断的诚挚性，令人敬佩。

但是在预料将来形成科学的可能性时，何以不作为一种应用科学，予以编入科学体系，令人费解及遗憾。当然，涂尔干并非没有这个想法。

他说："实践论只是一种正确的科学之应用，唯有其他科学的支持才有可行性、正当性，这是毋庸置疑的。也就是说，其实践效果所产生的理论概念具有科学价值，进而影响从该处产生的结果。应用科学只不过是应用纯粹科学的理论之实践论而已，因此，实践论的价值并不会超出该概念所依据的纯粹科学之价值。"（同上）

实践论真的没有超出纯粹科学的价值吗？这是基于价值概念的差异。那么，所谓理论价值又是什么意思呢？如果不把其普遍的适当性视为主观关系，正确看出存在于相互间的同型性，就成为对照本质或真理的解释力，必须与其他实践价值加以区别。

果真如此，与其说是理论价值，毋宁说是真理更适当。应与通常使用的价值概念——本来的意义——严加区别。如果把价值拉回到原来的意义，去比较纯粹科学和应用科学的价值，则很难骤然断定应用科学的价值，不会超过纯粹科学的价值。

因为实践论和应用科学，都是从实践的价值评估产生的，在价值方面，构成比纯粹科学更进步的概念。

应用科学所期待的是，将纯粹科学所确定的少数真理活用在许多环境，去创造许多价值。它虽然会顺应纯粹科学所确认的真理，却会有纯粹科学未曾想过的新发现，因为它创造了新的价值。

应用科学是利用纯粹科学所找出的原则，以创造价值的活动——这些熟练的持续，即称为技术——为对象，观察得到的知识体系。因此，我们可以断言，教育学是以教育活动或技术为对象予以考察而得出的知识体系。

诚如涂尔干所说，有两种不同形式的教育家。政治家、艺术家、企业家都有相同性质的部分，这是涂尔干所承认的。如此说来，各领域的人，虽然因为对象事物而有不同的分工，其性质是相同的，如果其中之一有替代的事物，仍然可以做同样的事情。

至于是不是每一个人都如此，尚有商榷的余地。因为实践者和理论家，技术人员和理想家的大脑作用是不同的，所以会产生上述倾向。但是世界上兼具两者的绝不在少数。这是每一个人所羡慕的完美生活者，也是大家所尊敬的。

由此看来，两者并非相反的性质。偏于某一方面而留下伟大事业者，如果也能兼备其他方面，将是如虎添翼。干练的政治家或优异的医学家即属于此。

教育以受教者的完整发展为目的，如果只停留在研究生活之满足，则另当别论，否则以实现既定目的为己任的实际技术人员，就不应该以所谓艺术家、技术人员等无意识的熟练而满足。

目前许多学问都已经确立与发展。因此，更少要通晓现在已经知晓的原理原则，勿让这些部分再陷入不经济的尝试错误中。然后要留给后世更高一层的发明创造，俾能报答先进的遗德。这是必需的，而且不是不可能的。

为此，从事像教育事业如此复杂琐碎的职业者，应该预先设定计划而加以实施。因此，就业前的准备阶段，必须学习足够的专业能力，就像医师为了避免在临床上经验不足而孜孜不倦，不敢疏忽，或者像律师上法庭前，不敢对专业素养的准备有所怠慢一样。

总之，应用技术的成功，应该摄取先进的应用技巧，具备应用科学之修养。

我们今天所拥有的应用科学，起初是有特种技术的经验累积，亦即成功记录的体系。教育技术的经验累积和成功的记录，其结果是很复杂的，是许多原因的综合。所以不能像自然科学一样，都分解为单纯的因素。虽然很难整理出因果关系，不过也不能认为完全是不可能的。如果分析的方法适当，也可能找出因果关系。

在教育工作上，一个优秀教师的成功结果与其他具有同样人格和才能却无法成功者做比较，一定可以找出成功者特有的因素，这就是他成功的原因。

如果能发现这一点，并且有所察觉，今后其他人也仿效他，照样去做而获得同样结果的话，这等于借由实验证明了该做法的普遍适当性，可说是不容怀疑的真理。这种真理体系即称为科学。

华德①叙述社会学发展的下列一节，正可以用来说明教育学：

"任何科学都有它的技术。因此，如果有社会科学存在，必然也有社会技术，这是无可置疑的。

"但是，平心而论，这些技术过去的确是停留在一个经验技术，与其他一切技术并无不同。一切技术在到达科学阶段之前都是处在经验阶段。经验技术都是有用的，尤其社会技术在经验阶段是最有用的。

"因为社会技术不仅是其他一切技术发达的条件，也是社会本身存在的条件。正如同其他一切技术的好处，因为科学上的发现而有惊人的扩大，社会技术的好处，也可以发现社会现象底下运作的诸多原理，进而加以应用，更加扩大。"（田边寿利：《华德对斯宾塞的批判》，《社会学杂志》1924年1月）

综合以上所述，当我们以教育技术为对象来看时，岂可怀疑教育学的科学基础呢？

第三节　教育学组织的依据

教育学有没有可能组织成为吸引教育实践者的学问呢？如前所述，原来的教育学对此无能为力。这是否因为组织上的缺陷呢？本节首先将针对组织论加以探讨。

学问的独立，除了受到其他部分支持之外，本身要得到一般人的信任，并且要有吸引力。

人的本性是为了生活不惜牺牲一切。要吸引人，就要成为生活

---

① 华德（Lester Frank Ward，1841—1913），美国社会学先驱。把社会学分为纯粹社会学和应用社会学，主张宇宙是创造文化的过程，其最高阶段是人类社会。主要著作有《纯正社会学》等。

上的必需品。也就是说，学问必须是对教育生活有价值的东西。

教师在本质上，即使没有任何其他的支持或鼓励，仍然是需要学问。学术因为能满足这个需求，所以被尊重。既有的教育学有没有这个价值呢？直到现在，我们很遗憾的是，还不能断言教育学有吸引教师的地方。

当然，聊胜于无，基层教师就业前的准备，固然需要教育学的知识，但是他们所得到的都是职业上的一般常识，是人人都可以察觉到的事理而已，无法期待增进专业效率。

因此，寒暑假研习会应该多方鼓励参与，却未被重视。究其原因，一为讲师的信心不足，二为参加研习者并不重视研究。

如果与医学界比较，可以发现凡是参加最近医学界研究的讲习者，将其讲习知识应用于医疗病患，马上就有效果产生。

因为看到其他医师应用新医疗技术，而自己没用的话，事关地位面子问题，因此，医师基于职业上的需要，对于吸收新知识常不敢掉以轻心，对于知识的真伪也非常敏感。

在此状况之下，医学研究因此得以蓬勃发展。比较起来，我教育界对教育学的研究，实在是太不重视了。

为什么教育学的研究会被忽视，被认为没有价值呢？认为教师否定教育学的价值使然，以及教育学在本质上就是如此，这种观念才是最大原因。难道教育学真的不能成为一门科学，不足以和其他学科一样具备指导其领域的能力吗？

令人费解的是，教师对此问题，通常都会回答"是"，而未深入探讨。不知不觉中，就这样自暴自弃。教育学果真是这样吗？教育学能不能成为完整的科学，尚待观察。

第四节　教育学是应用科学吗？

一

如果教育学可组织为一门科学，会是怎样的科学呢？我们的研究态度将因此而有差异。涂尔干对于科学的定义，诠释如下：

"一个体系的研究，要具备下列条件才能称为科学：（1）研究对象是可以观察且确实存在的现象。换言之，科学是因其对象而决定的。（2）这些现象具有同一范畴的同类性。（3）科学要研究这些现象，是为了要了解其内容，故其态度必须是公平无私的。

"由于知识本身企求知识，才有科学的存在。学者深知自己的发现可能被世人利用，因此，可以使他的研究配合功利上的要求。不过当学者专心于学术研究时，是不会去关心社会效果的。只说存在的事实，只承认存在的事实。他们的任务是说明事实而不做批评。"（甘蔗生规矩译：《社会学教育论》）

又说："教育是先进对于后辈社会生活适应的影响。教育的实务都是这种基本关系的各种方式。因此，同种类的现象在理论上应属于同一范畴，是可以成为同一科学的对象，即教育科学的对象。"（同上）

我赞成涂尔干对于科学的态度，而且也要站在这个立场上来促使教育学成为科学。

换言之，教育学不是以既有的心理学或伦理学的知识为基础的知识之应用，而是以教育事实或教育作用，此独特存在的现象为研究对象的科学。其研究对象是教育学独特的范畴，而不属于其他科学的范畴。

雷斯达·华德认为纯粹社会学和应用社会学的区别如下，这对我们在研究教育学的性质时，是一个非常重要的观点。

他说："纯粹社会学要诠释的是'何事''何故''如何'的问题，应用社会学诠释的是'为何''目的何在'的问题。

"换言之，前者是有关事实的原因与原理，后者是有关结果或目的。

"一为讨论社会学的研究问题，一为讨论其应用；不管纯粹社会学在某一点是如何重于理论，应用社会学始终是重视实际。它所关心的是对于社会有利或有弊的问题。社会问题、伦理问题、理想等，都是其关心的问题。"

上述所探讨的社会学区别，也可以适用于一般科学，可供我们认识教育学的本质之参考。然而，究竟是否适当呢？

涂尔干对于这一点，也有同样的说明："教育学的理论与这种思考是迥然不同的。目的、方法都不同。教育学的目的不是要叙述惯例，而是要探讨将来该如何的教育学的问题。

"不是过去，也不是现在，而是向未来迈进。不是要忠实地说明事实，而是要制定指导的命令。它不会要求注意这个存在，思考这个理由，而会说这是应该走的路。"

这的确在认识教育学的本质上，是一个很重要的观点，但是凭此就能确定教育学的性质吗？我们应该先讨论科学和技术的差别，再去探讨科学的两种区别。

二

纯粹科学是以自然的因果关系或无意识的因果关系为研究对象，去发现其本质上恒常不变的因果法则；应用科学是针对人为的因果关系，亦即加入人的意志之后产生的因果关系之现象为研究对象，去发现在变幻无穷的外观背后所蕴藏的恒常不变的因果法则。

人会把无意识的、自然恒常的因果法则适用于生活，下意识地或有计划地采取行为。就像对自然现象一样，把已经有某种结果（价值的创造）的现象加以比较统整，去认识不断变幻的外表背后所存在之恒常不变（无论何时何地都照样运作）的本质因素。然后，就像对自然因果法则一样，将此定义为创造价值的因果法则。

既然是恒久不变，将来也是同样不变。因此，如果人类要加以利用，虽然要认为与以往相同的原因一定会带来同样的结果，但是被用来增进生活福祉的目的，其实际的应用仍要委诸其他技术人员，站在发现自然因果法则的纯粹科学一样的立场，去研究加上意志的人为现象，此乃应用科学的正常的表现。

过去我们信以为真而不曾怀疑过的应用科学的概念，至此需要做一番大的修正。因为过去我们所了解的应用科学的任务是应用于人生。

因此，我们未曾意识到已经把直接行为的技巧和负责间接指导任务的科学混淆在一起，连同使得科学分类及研究法都跟着混淆不清。

虽然增进生活福祉的目的概念，纯粹科学和应用科学两者可能是相同的，但是其中之一是间接的，另外一种则是直接的。一种是被学术所指导，另外一种是企图指导技术。一种是被动的，另外一种是主动的。

虽然相差无几，其性质却完全不同。前者凭借熟练创造更多的价值，由意识进而到无意识；后者欲以意识去捕捉无意识的创价作用。

以意识捕捉这一点，纯粹科学和应用科学并无不同。不同的地方是有无增进生活福祉的目的论，或论及多少的问题。也许纯粹科学、解析科学也有其目的存在。事实上，有时候是有目的的存在，似乎与应用科学并无不同，关于这一点，只要看学者自己的研究状态就不难了解。

诚然，当一个人埋首研究的时候，是没有二心的，是不会去意识到增进生活福祉此种次级目的，而是真心地研究真理，为了学术上的兴趣而努力。其实这种境界并不限于纯粹科学家，譬如守财奴热衷于存钱时，技术人员为工作而废寝忘食时，都没有时间去考虑自己的所作所为的结果。

首次面对的直接生活另当别论，无论技术或艺术都有无目的意识的情形存在，何况是应用科学的研究。

因此，有没有目的意识和科学的分类是没有重要关系的。如果说有，那是直接或间接的问题。也许可以说应用科学是直接意识到以价值为目的，但是，就连这一点也是非常暧昧的条件。

总之，笔者认为以研究对象的不同来区别纯粹科学和应用科学，是最适当的做法。

三

人类是顺应自然现象的因果法则，转换为价值而生活的。因此，既然是消极或积极地顺应生活，达成生存的目的，也等于是消极或积极地创造价值而生活。既然人要顺应新的环境而生活，就不会贸然地跳进去，会先调查、研究前辈们如何克服这个难关，俾能做好生活的准备。

自古以来，人类会尽量收集口碑、传说、文献或遗迹，了解自古以来人类是如何适应自然现象的因果法则，避免不幸、重蹈覆辙，以增进幸福的生活。

在此目的之下，把自然现象之因果法则加上人类意志的人为因果关系，作为研究对象，去比较观察，从不断变化的外观去发现恒常不变、人为因果的法则，予以抽象化，以此作为新生活的标准或原则。

这种知识的体系与未加入人的意志之自然因果法则的知识体系

之科学——纯粹科学或叙述科学相对比，即称为应用科学。

纯粹科学和应用技术之间，亦即创造作用之间形成的一种知识系统，成为文化内容。涂尔干所说的实践论即相当于此。

虽然其最终目标在于创造价值的人生幸福，但是，与应用生活中直接意识下采取行动的情形并不同；有时候是间接地意识到，有时候并没有意识到，有时候与纯粹科学的动机和态度是相同的。

然而，纯粹科学有时候是根据增进人生福祉的动机与动力做研究，有时候则不然。大部分均属于无意识目的论，只是为知识而有的知识运作。由此看来，两者的差异并不是质的差异，而是程度的差异而已。

如果先有上列的区别，再回过头来看看华德的下列叙述，将更能澄清应用科学的意义，也更能辨别教育学的本质。他说：

"应用科学必然以人为本位，社会学尤然。古代人本论者认为森罗万象是为了人的利益造成的，这不仅是无稽之谈，也将阻止人类付出努力，所以是有害的。真正的科学人本主义，虽然宇宙不能适应人类的利益，人类却可以主动去适应它，此论点大有进步，应用社会学旨在阐明此真理。

"经过人类思想的神学及形而上学时代，哲学一味沉醉于自然创造者的思考，纯粹科学对此舞台带来第一次的变化，将'神'的舞台变为'自然'的舞台；应用科学更带来第二次变化，把'自然'改为'人'。现在，人类认为自然包含着人可以加以利用的物质，而且致力于开发。"（华德：《应用社会学》）

四

根据以上的观察，我不得不明确断定，教育学的本质应属于应用科学。读者应该了解，这和过去科学系统分类中的应用科学，其意义显然是不同的。

纯粹科学与应用科学在过去的分类中，最大的区别条件是与研究作用之目的观念的差异。现在，应用科学则祛除这种观点，以研究对象的差异作为最重要的区别因素，以人类的价值创造活动为对象，去发现目的与手段的因果法则，确定创价作用的因果法则，然后提供创价作用原理之法则。这种观点并不是笔者个人主观的独断，根据上面的叙述，应该是大家都应该接受的真理。果真如此，原来的科学体系将掀起重大的改革。

对于已经存在的事物加以认识、记录、说明，进而发现其因果关系，此乃纯粹科学的任务，利用它而以创造价值为任务的技术，和纯粹科学之间有技术上很接近却不属于技术的科学存在，过去的规范科学正是属于此。

涂尔干虽然承认这一点，却犹豫不决，称它为"实践论"而不敢称为科学。我并不赞成涂尔干的看法，而要主张教育学的科学化，并且此科学是上述意义的应用科学。

五

关于教育学是应用科学的理由，上述已有所说明。相信教育学在纯粹科学和应用科学关系下之定位，已大致可以辨别。但是只凭这一点，仍然未能确定教育学在科学的整体体系中的定位如何。

本书为了避免对纯粹科学和规范科学的关系涉入太深，仅对于本书的企图稍加补充，但是自然科学和精神科学的关系则必须再概略叙述。

教育学的研究对象与教育活动的对象不同，它不是直接以人的精神为对象，去发现精神界的法则，而是针对根据此法则所实施的教育作用，做批判性的观察，阐明目的和手段的因果关系，期能发现达成目的之方法的价值。

虽然教育学以自然和精神区别的精神现象为对象，但是它并不是以自己的精神为对象，借经验去捕捉，而是要阐明教育作用各因素间的相互关系，找出目的和手段的因果关系，或理由与结论的关系。

因此，教育学虽然属于精神科学的领域，其研究态度、方法应和自然科学一样，是归纳的、经验科学的。从前面的论证可以指出，教育学应称为采取自然科学研究方法的精神科学之应用科学，最为妥当。

六

自然科学和精神科学的研究方法不同，纯粹科学和应用科学的研究方法也有差异。过去将科学分为纯粹科学和规范科学两大类，或分为纯粹科学和应用科学。

乍看之下，规范科学和应用科学似乎是同一性质，但是又不能如此说。例如，农学、工学、水产学、医学等被视为同一性质的应用科学，却与逻辑学、美学、伦理学等规范科学迥然不同，互相对立。

如果比较纯粹科学和规范科学，可知前者是要发现"存在"的本质，反之，后者并非要去发现存在事实的本质之法则，而是要确立"不许不"或"当为"法则。

因为它是人类行为的规范，具有命令的权威，因此列入规范科学，与纯粹科学有所区别，这是过去的论点。

然而，是否如此，尚有商榷的余地。首先，探究所谓"不许不"或"当为"法则与已经存在的法则是否有对立的能力，然后再推敲所谓规范科学和应用科学是否有本质上的差异，则前述疑问自然可以化解。

所谓"当为"法则，是把已经发现的存在法则适用于人的生活中，才得以成立。不是"做什么达到目的"，而是"因为没有做什么，所以不能达到目的"；不是"因为做什么，所以能生存"，而是"因为没有做什么，所以无法生存"。

因此，要达到同样的目的，就要"应该做什么"，"不可以做什么"。

人都要生存，生存是人的命运，是人人所渴望的。如果不想生存，就不需要顺从"不许不"或"当为"法则；如果要生存，就必须遵守此法则，这是人人共同的命运。

既然命运注定人要生存，就有"不许不"或"当为"法则，要达成生存的目的，必然要遵守，别无选择。命令式的权力或拘束的束缚，都是由这种必然的命运所产生而来。

纯粹科学或叙述科学，与规范科学的区别，亦即纯粹科学和应用科学的区别，不就是把大致上是同一性质的领域，勉强一分为二吗？

"是什么"的存在法则，是对于人生无价值的存在之客观表现。以此为工作目的，不去认识它与人生的关系而加以探索的，就是叙述科学或建立法则的科学，亦即纯粹科学。考虑它和人生的关系，认为不遵守此法则就不可能达成目的，认为"欲期如此，必须如何"，才能适用于人生，而改变为自我束缚般的命令法则的，就是规范法则。

由此看来，应用科学和纯粹科学的差异当然会消逝。应用科学是将纯粹科学的成果所得之法则适用于人生，以人的创造价值的活动过程为研究对象，探讨其间所实施的人为的因果法则，由此获得创造科学应用价值的知识，然后普及于一般人类，使创价作用扩大发展，俾能增进人类的幸福。

应用科学的研究对象——创价活动，起初是无意识的，偶然地这样做（原因）而成功（达成目的的结果）。其因果关系，无论何种场合（超越时空）都是相同的，如果由同种类的人去做同种类的创价活动，只要没有其他故障的原因，必然会成功。必然普遍的存在法则，于是由此确立。

因此，与其说要达成同样的目的（结果），就必须做同样的活动，去确立适用于人生的命令式的"当为"法则，毋宁予以承认，而有意识、有计划性地把既有的法则应用到人生的创价目的上——让人生顺应存在法则，确立"当为"法则——借由遵守法则而活动，来达成目的，完成生活。

因此，命令式的"当为"法则并不是为了阐明因果法则而形成的理论或是学问——应用科学的内容，而是在人类适用"存在"因果法则，想要达成目的时才被需求，其存在权也仅止于此。换言之，"当为"法则唯有在实践技术的领域中才能存在，不能凭过去设计、计划的原则，成为应用科学的内容。

我之所以认为以"当为"法则之确立，指出和纯粹科学对立的规范科学是毫无意义的，与应用科学的内容和性质相异，其真正理由即在于此。

第四章　教育学的研究方法

第一节　科学的历史演进与我们的研究态度

一

日本人的学术研究态度有错误。学术独立和真正科学进步的阻碍即在于此。明治维新六十年来，日本人只重视输入欧美文化的翻译或习惯于抄袭的结果，忽视创作、发明的辛酸苦心，只想在精神上把成果窃取或掠夺成为己有。

用这种怠惰的如意算盘去探究真理，或许可以观赏盛开的鲜花，却无法得到果实，乃理所当然。也许其中有些人会做更进一步的研究，自以为真正尝到甜美的真理之果实。然而，一个由抄袭起步的人，如果认为这些欠缺思索、创作及发明心血的翻译成果，可以完全消化或同化在自己的精神内部或成为生命的一部分，就大错特错了。

当然，少数智慧过人者或许可以做到，而大多数的人难道不是只停留在记忆吗？如果要完全消化他人费尽心血所得到的成果，至少要有该成果形成过程一样的经验才能得到。

多数的学生，或只会将生活学术化却欠缺思考的研究者，几乎是不可能消化这些基本思想的。狄尔泰说没有探究、应用的科学不是真正的科学，就是这个意思。基于上述观点，首先，我要阐明教育学的研究方法。

二

到底教育家所渴望的有效而又有价值的教育方法是如何产生的呢？无论教育学者或哲学家，如果从教育哲学的观点去分析人性，恐怕很难找到答案。

教育工作者有如在沙漠上渴望绿洲一般，一直等待学者的答案。然而，终归失望，将来亦然。既然如此，与其等待学者的力量，毋宁从现实教育经验者的经验着手归纳，更有美好的愿景可言。除此之外，别无他途，此乃根据自古以来的学术发展史所做的论断。

诚如狄尔泰所说：艺术创作的法则，是从观察杰出艺术家的作品和创作中捕捉而成的；希腊的修辞学和雄辩学，是政治家基于实际需要，千锤百炼得来的；罗马的法律学，则是由当时掌管国法的人们发展出来的。

根据我们的见闻所及，以往学者从思索态度之演绎研究中去发现实质方案的，尚乏先例。中世纪的烦琐哲学、十数世纪左右的各种思想，都是希腊针对埃及文化做注释研究得来的成果。

可是到了近代，自从培根发现归纳推理法之后，研究态度骤然改变，又经过伽利略①及其他归纳推理研究者的努力，终于确立了近代科学，这是最好的例证。

---

① 伽利略（Galileo Galilei，1564—1642），意大利物理学家、天文学家、数学家及哲学家，科学革命中的重要人物，被誉为"现代观测天文学之父""现代物理学之父""现代科学之父"。

东方学术落后于西方，乃是演绎态度使然。综观学术发展的过程，科学都是从实际经验中发展出来的，难道只有教育学可以例外吗？

日本自明治维新实施新教育以来，已经有六十余年历史，如果要一直等待演绎学者的研究，真是遥遥无期。要求大学或高等师范学校在演绎态度的研究上提供实际方案，无异于缘木求鱼。

当然，不能说绝对没有。用演绎方法把已经发现的方案应用在其他情境，是从事比较研究者常有的做法。然而靠思索是不可能获得破天荒的大发现的，除非有旷世奇才诞生，否则绝不可能做到。

况且在现代教师的演绎思索之下，根本就无法发现真理，此乃理所当然。我敢断言，如果采取归纳态度，现在的教育工作者也可以发现大家所期待的方案。然而，必须不断反省自己的工作，测量其效果，以正确的教育观点加以综合统整，才可能有所发现。

第二节　教育学的研究对象及其观察

一

教育的对象虽然是儿童，教育学的研究对象却是教育活动的事实。客观观察教育事实所得到的教育方法之概念，加以比较、统整、抽象化，使其达到普遍适当性的概念，然后再将它适用于具体事实，验证其是否符合普遍的真理，经过此证明之后，才能成为正确的抽象概念——法则。

经过这种程序所建立的法则，只要条件相同，任何人去做都会有同样的成果，获得同样的信念。因此，正视教育事实，进而观察、统整成为一个真理，正是教育学的主旨。

对于人类社会的教育现象加以综合、统整、分析、比较、归类、整合，使个别的特殊事实普遍化、概念化，成为知识的一个系统，这就是教育学科学研究的成果。

同样是教育家的工作，有的成功，有的失败。为什么会成功？为什么会失败？多数教育家何以会欢迎某些人的某种方法，而对其信赖、尊敬？

这些观察所得到的概念仍然不能令人满足，必须由许多人去做，观察会不会成功，经过验证之后才能信用。然而，即使这样做，还是未具备让大家都能承认其真理的价值。于是又从另一个角度去验证此真理，是否具有不能动摇的价值。

进化论的观察是最好的方法。也就是说对于自古以来，社会上的人对于某一个问题的看法如何，现在的看法如何，将来可能往哪一个方向发展，会到达何处等加以判断。

所谓进化论的观察，就是把平面结构的观念，再从时间的纵断面加以观察，概观其整体状况。就现代而言，仍然因经验的进步而有不同的思想。然而，具有先见之明者终究是少之又少，绝大多数是跟在少数先贤之后，经过若干期间之后才能了解其思想，产生共鸣。

因此，即使在当时是少数人所倡导的奇思异想，经过一段时期之后，才能成为一般民众的共同思想。倘能了解思想的潮流，即使不能展望以后到达的地方，一般人仍然可以了解将来应该朝向何处。

总之，对于现代的一切教育事实做空间的广泛的观察，在周全的基础上建构思想体系，去获得自己可以信任的依据，而且也要让他人可以承认，然后再摸索时间上的思想潮流及变迁的过程，提出大家都能承认的依据。到了这个地步，才能称为科学系统的教育学。

二

既然科学是从生活出发，其组织也建立在生活事实的观察与考究上。那么，要如何观察生活呢？如果我们站在生活潮流的前端去观察，只能看到最后瞬间的事实，即最后的结果。在此之前的事实，将隐藏在某个层面而无法看到。倘若站在潮流的侧面，将能比较观察时时刻刻转变的状态。

然而，变化的差异虽然有一定的倾向，却仍然是不足的。欲弥补这一点，还有另外一种观察方法，即站在潮流的后方纵观的方法。唯有纵观才能比较观察由单纯到复杂的状态，才能比较以相等不变的性质为核心，在遭遇发生变化，增加复杂的情形。总之，观察的三个层面是：

1. 首先站在潮流的前端去迎观，对于最后的结果做横断的观察；

2. 其次要站在侧面，对于顺时变化的情形做纵向的观察；

3. 最后站在后方，统整观察从最初的起源，逐渐往一定方向进行变化的进化状态。

以上三种方法，才能针对复杂纷歧的生活现象做彻底的研究。教育学应该从观察日常教育生活着手，加以组织。因此，与上述科学研究的方法应该是一致的。

教育对象的观察程序和真理探究的一般过程如下。

1. 生活学术化：对于特殊事实的归纳研究。

（1）教育生活上偶然成功的记录：

① 认清并记录在失败或无意识的生活反复过程中，带来特别显著而且值得记录的事实。

② 针对产生特殊结果的事实之原因，亦即特殊的生活现象做分析观察。

③ 观察每日不断反复的平凡单调教育生活中呈现的结果，对其产生些许特殊结果的事实，分析观察其形成原因。

（2）观察带来相同成功的优异者之成功事实，及其特殊原因。

① 认清同事所尊敬的优良教师，及其杰出的事实。

② 将优良教师的努力与其他教师做比较观察，针对所发现的特殊地方做分析观察。

③ 针对教师为达到此特殊结果所做的特殊事情，加以分析观察。

（3）基于因果原则的综合概念：心理概念和逻辑概念。

2. 学术生活化：针对演绎观察，即概念的特殊还原、法则的验证，做综合研究。

3. 进化论的观察：根据上述程序而确认的真理，进行自古以来发展过程的历史观察，验证其适当性。

4. 真理的批判性观察：从目的观的观点去判断真理。判断它在生活上有何价值，确定其真实性。

上述顺序过程是探究一切真理不可或缺的，经过此过程之后才能得到真理的真实性。经过这些程序确定的真理，任何人都不应该对这个过程有所猜疑，对其真理性踌躇不决。

就批判真理的态度来说，无论所发现的真理是多么小，只要是以前所发现的，熟悉的人都可以批评其正确与否。因此，真理要被承认，并不会有困难。

如果是新的发现，在世界上没有第二个人了解此事，也没有批判的能力，因此，由了解它的人按照以前发现的同一步骤，经过实验去证实产生同样的结果之后，才能证明其正确与否。

孟德尔①法则被当时的学者们嗤之以鼻，后来有人做同样的实验，经过三十多年之后才逐渐被社会所接纳，就是最好的例证。

三

涂尔干对于教育学的研究方法，有如下的说明："任何时代的教育，只有教育史和教育学史才能决定其目的。但是如果想要寻求实现其目的的方法，唯有依赖心理学。"（甘蔗生规矩译：《社会学教育论》）

关于教育目的的决定，必须依赖教育史和教育学史这一点，我们不一定要完全无条件地接受，容后另行叙述。至于依赖心理学去寻求实现目的的方法，我不得不断然提出反驳。

诚如涂尔干所说：心理学的发展尚未健全到成为可靠的教育方法之依据。因此，涂尔干的论点并不能说是完美的。依赖心理学去获得方法上的依据，恐怕会令人大失所望。

靠心理学去寻求方法上的依据，恰似医学上依赖生理学去寻求疾病治疗方法的原理。治疗疾病本来就需要基本知识，但是如果只靠它，医疗的根据是很危险的。

事实并非如此，乃是因为另有独特的根据。我认为教育学和医学一样，是经验抽象化的许多原理才能完成的。

涂尔干说："教育学企图制定其方法上的准则之抽象原理，因为其思索方式过于复杂，无法得到满意的结果。"（同上）表达了他的悲观态度。

我们实际从事教育工作者，不可能优哉游哉地等待心理学家或哲学家们，以不慌不忙的态度，去从事不知何时才能完成可以指导

---

① 孟德尔（Gregor Johann Mendel，1822—1884），奥地利僧侣、植物学者。1865 年发表遗传法则，被称为"现代遗传学鼻祖"。

我们的研究成果。

大学讲座的学者们可以过着悠闲的生活，可是每天都要面对时时刻刻都在成长的受教者，目睹他们耗尽全部学习力仍然烦闷懊恼的情形，我们实际从事教育工作者实在不能袖手旁观。

如果要坦白说出热心教育工作者的心境，就宛如母亲看到小孩的学习效率一直不能提升，与小孩一样很紧张。

我们看到缺乏理解力、成绩很差的儿童之学习状态，不忍默视，纵使不能迅速找到解决的途径，或徒劳无功，仍然需要与受教者一起懊恼，必须不断去追求，期能有所发现。

到底要如何去做呢？唯一的途径是依赖经验的反省。少数人的个别经验虽然有限，如果广泛收集经验，可能有意料不到的发现。许多经验者之中，一定有优秀的技术人员，也有人在无意中做出重大的发明与发现。自古以来，发明与发现的历史可以为证。

教育方法既然与其他各种物质及精神的发现相同，其原理亦不例外。事实上，在作文、绘画、算术、劳作各科，各地都有非常优秀的教育工作者。既然能成功，一定有某种生产或创造的方法。如果有人收集这些资料，加以整理，制定抽象法则，并非不可能。

从学术发现进化的历史看来，艺术发展史也好，职业上的价值发展史也好，可说逐年进步，不断在进化中。这些并非学者思索上的产物，而是从事此工作的热心经验者所遗留下来的。

第三节　科学的研究和哲学的研究

形而上学在近代哲学界已经没有学术价值。同样，总有一天大家会认为形而上学的诠释，在科学界是没有任何权威的。

过去，一般人总认为用自己的脑袋很难去了解艰深的道理。因此，他们以为无条件地去承认学者的想法并且服从它，是生活上应该的做法。

另一方面，学者们认为一般人的头脑比较差，不可能有所领悟。一直烦闷下去是可怜的，与其提出种种疑问做无谓的烦闷，不如信赖学者所说的，这才是最好的方法。学者与非学者之间差距很大，在这两者之间没有调和传递的时代，即一切都以宗教信仰去解决生活问题的模式，迄今仍然如此。

以前是一个人或少数先觉有伟大的发现时，定有少数追随者去信仰、崇拜其思索。社会上大多数的人则认为与其追求肤浅的思索，毋宁顺从、信赖信仰，认为这样的生活不会有差错。这个时代是信仰、模仿的时代。

相较之下，现代的教育普及，无论人格多么崇高，社会大众在理性上绝不会盲目去信服。这究竟是幸或不幸，暂且不管，现代人早已养成在理性上不会轻易相信任何一件事情。结果陷于迷信的情形减少，可是对于不是迷信的信仰也不可能无条件去服从它，这是不得已的事情，又能如何呢？

到底要如何去相信怎样的事情呢？即使是自己所崇拜之人的言论，是否和自己的经验一致，除非在实际生活上是适当的，是可以实验证明的，否则是无法相信的。这是目前多少受过教育者的实际情形。

总之，现代人不轻易去信服任何伟人的话，另一方面，即使是一个平凡的无名小卒所说的话，只要它和自己的经验是一致的，或是可以实验证明的，无论其善恶得失如何，大家都会坦率承认，去服从它。这也是理性使然。

如果绝对不能接受，基于学者的良心，应该意识到不能接受的理由。容许提出不同的见解，才能构成不接受的理由。

在现实社会或现实生活上可以适用的，也就是经过实验证明的，才有相信的价值。否则，无论在何时何处，有人推崇它，既未被理解，也未能建构明了的概念，这种情形应该被视为半信半疑的游离心意状态。

换言之，超乎经验或经验外的一切知识，都很难构成心意，这就是文化人的性质。如果有些知识不符合这种情形，只能说是主观的迷信，与真正的知识不能混为一谈。

上面的论述，旨在防止问题的暧昧与复杂。为了阐明解决的途径，所以把我们的研究界定在科学的范畴内。

超乎科学的，或无法实验证明的言论，无论如何讨论它，终究是没有休止的争论而已。除非这些言论能进入科学的领域，能列举科学的实证，否则永远不能解决。自古以来，那些被置于科学讨论范围之外，以为是人的智慧无法到达的境界，即自己的迷信或宗教信仰的世界，也随着科学的发达逐渐被阐明。不过到目前为止，已经明确的科学范围仍然很狭小，我们不能局限于科学所实证的范围。因此，我不会排斥去浸入超越科学的问题、形而上学的范畴，以及宗教、艺术的领域，不过现在也无暇去思考这些多方面的问题。

面对变化迅速的现实生活，必须立即解决，马上实现它。无法优哉游哉地生活，去做从容的思索，实在是令人遗憾的事情。

关于合理的、科学研究的价值与方法，兹引用奥斯特瓦尔德的下列叙述和我的主张做比较：

"过去各种现象的混沌之中，如果因为综合思想而赋予光明，获得概观，往后的一切研究只是将已经发现的思考方法加以扩充应用而已。甚至没有人会去思考，经常被使用的方法是不是唯一的方法，如果要达成同一目标，难道没有其他平坦的捷径吗？

"富有独创性、创造性的天才，经过长久准备之后忽然面对这些问题，多半是偶然发现的关系。这些问题通常会马上被肯定，在完全崭新的方面带来重要的进步。由此可见，合理研究的历史有多大的益处。

"不过，直到今日，这种研究方法还不够成熟，无法广泛利用。如果我们了解人类的精神习惯于采取怎样的特殊路径，就会主动把努力投入过去完全委诸偶然的部分，将来可以缩短对于同样的事情不能不历经的各个时期。

"恰如人类以畜牧业此种合乎目的且自立的淘汰，取代大自然适者生存、不适者灭亡的自然淘汰（在一切方法中属最原始、最费时的），把自然经过数千年都无法做到的事情，仅仅花了数年就能完成。

"我们应该以下意识的路径，来取代科学工艺（后者做最广义的解释）的'自然'发展的途径。欲期如此，必须依据人类精神作用的历史经验，以及由此得来的一般法则。"（奥斯特瓦尔德：《价值哲学》，第14—15页）

第四节　教育学的本质和观察的广泛性

如前所述，教育学是以创造人格价值为目的，教育事业为研究对象的科学，并且不能只以发现存在的法则为满足，应该以此为基础，加以应用，以期能发现促进教育经济效率的规范法则之应用科学。

因此，教育学与只要以局部自然现象为对象就能成为一科之学的自然科学，性质迥异。教育学是以涉及甚广的生活主体之统一人格为研究对象的科学，因此，它所关联的部分也非常广泛。

换言之，即使要解决微小的问题，因为它会影响整个生命，就不能像自然科学那样凭各部分所建立的法则或理由来解决。

譬如从人格陶冶的整体而言，看来是枝叶末节的技能科目如书法、作文等，其影响将及于整个人格，因此，只凭少数书法家或文学家的特殊经验所提出的论点仍然是不够的，必须从教育的终鹄去比较考量其效果。换句话说，除非是从整个教育学体系的知识所做的判断，否则不能说没有错误。

关于这一点，我们从事教育工作的人在履行其职责时应该有充分的自觉，任何小问题，绝不能过度相信自己个人单纯的经验。也不能轻易被一部分专家局限的经验谈或论点所左右。

然而，过去的教育工作者往往被门外汉的专家议论影响，战争期间则被军人所左右，平时就仰政治家及行政人员的鼻息；各科教学不是被专家学者所主导，就是夸耀自己肤浅的经验。要不然就盲从传统，未能脚踏实地去获得进步，真是令人深感遗憾。

总之，既然是教育问题，若不从教育的最高目的去考量，无论多么小的问题都无法解决；除非凭教育学整个体系的知识去推测，否则任何问题都无法解决。可是教育学的研究毫无进展，我们在日常生活中所遭遇的实际问题根本无法解决，沉沦到今日毫无效率的地步，诚非偶然。

二十余万名小学教师在都市或乡村每年都举办研习会，进行研究，可是新教育实施以来已经有六十余年的岁月，却没有任何解决的规范。无论累积多少经验，各科教学仍处在暗中摸索的状态。

第五章　教育学组织的内容

第一节　教育工作者对于教育学的期待

教育学以人的教育事实为研究对象，到底要如何组织呢？要阐明教育学的组织，首先要探讨到底谁需要这门学问，使用的目的何在。因为这些事实都是由于人类生活上的需要而产生，被社会认定之后分工而来的并且由欲从事教育工作者的需要，才确立了指导原理的科学地位。

教育学是教育工作者为了得到职业上的指导应运而生的。这一点，只要了解此类书籍每年送到谁的手里，就可明白。

教育工作者想要从教育学得到什么呢？他们翻开教育学的书籍，所期待的又是什么呢？当然是要做工作上的指引，得到有系统的方法知识，弥补个人经验的不足，以祛除心理上的焦虑。

换言之，教育学是以教育为职业的教师，为了获得方法，以增进职业生活的顺序之指引。但是，此需求因教师的知识程度，至少会产生三个层次。

1. 毫无教学经验者期待从中得到教学知识，提供教学上的参考，此为第一种需求。事实上，教育学并不能提供超出一般常识的知识，占不上便宜，令人失望，甚至令人产生反感的情形也不少。

2. 已经是相当熟练的经验者，希望从中得到某些新的方法，或面对自己工作上的事情、问题、疑惑时希望得到解决问题的标准，此为第二种需求。这也是希望得到足够的批判原理，期能祛除日常工作的疑惑，使教育工作顺利完成的需求之表现。

3. 比前者更上一层的教师，面对各种方法而不知如何取舍时，希望借此获得取舍标准的需求。总之，教师对于教育学的自然需求，就是能获得方法上的知识，得到更好的方法上的知识，企求有价值或更多价值的方法上的知识。

第二节　教育学应该如何组织

教育学的需要，是建立在教师渴望获得有价值的方法上。这个方法必须等待确立教育目的观之后，才能决定。

教育工作者实施教育的目的何在？过去所实施的方法是怎样来的？能不能满足教育工作者的需求而祛除其焦虑？如何建构普遍而适当的方法？是学者主观的意见吗？或者是应该从更高深的概念引导出必须如此的需求呢？抑或必须从存在的事实去归纳呢？

如果应该如此，乃是基于人生的必然性，终究非一致不可；否则，将成为特定个人主观的想法，只能适用于个人或一部分的阶级而已。这个问题是教育的主要部分，是教育学研究的主题，我会在其他章节深加探讨，此处只强调它在教育学组织内容方面的重要性。

如前所述，教育学研究者当前的问题是如何增进效率，即教育方法的研究与改进。此改进方案的指导原理即是目的概念，其目的在于指导方法。由于此指导方法乃是受到因果法则所支配，故此因果法则必须是持续发生的前后两个事实，两者之间具密切关联，且是在逻辑上所发现的。一旦其普遍适当性被认定，所有同一种类的现象，就被认定会重复相同的情形发生。

换言之，同样的方法观是从同样的目的观而来，因此，推测将来也可能相同。既然如此，首先要求方法的指导原理之目的概念，乃理所当然。

教育的目的概念是如何形成的呢？所形成的目的观，应根据什么原理去辨别其真伪呢？众人认为"是"的，就是真正的目的观，大家主动要求希望让自己的子女去实现的，就是这个目的观。

至于批判原理有二：

1. 相同或不相同：逻辑正当的原则—异同原则—必然原则—真伪原则。

2. 正常或不正常：生活适当原则—正当与否原则—当然原则—价值原则。

教育的终鹄与人生目的是一致的。人生的目的，绝不是学者主观的想象可以决定的。过去常由哲学家或教育学者设定教育目的，社会一般总是无条件地承认，这种倾向应该改进。对于结论的说明，我担心过于简单，容易引起误解，所以在往后讨论目的论时，再详细加以说明。

如果目的论确立了，到底达成目的的方法又是如何呢？

这就是教师对教育学所期待的有价值之方法论。此方法可分为技术层面和政策层面，决定的方法则有两个途径：

1. 从哲学观点，对人生目的观演绎决定的途径。

2. 从科学的立场，由实际经验归纳决定的途径。

前者是教育哲学家绞尽脑汁的哲学方法，后者是从实际经验者的记录中去加以归纳的科学方法。

正常的目的观，应该是从人生目的的终鹄引导出来。但是自古以来，目的观和方法观一样，常由学者提出哲学观点的诠释，从学术发展史看来，这是徒劳无益的。方法论应该是从实际经验者的记录中予以抽象化，必须循孔德所说的科学发达史的路径，即神话时代—独断时代—合理性的科学时代，才能完成。

第一期，盲从模仿他力：盲从他力，在不了解其意义之下，模仿、屈服于环境的时代。

第二期，过度信任自己的能力：自大、自傲，对自己偶然的成功，直觉地过度信赖，认为没有人比自己伟大，以妄信、独断为解决疑问之前提的时代。

第三期，自力和他力的正当评估：把自己和他人的经验加以比较整合的科学理性时代。

教育工作者所需要的教育方法学，不可能从人类本质的分析观察产生。如同艺术学必须从艺术创作品及其创作过程涌现一般，教育方法学应该是从教师的生活中产生而来的。因此，方法学的成立主要有下列条件。

1. 从教师的实际生活中归纳出来的。

2. 反省教师生活中所遭遇的满意情境，是合乎真理的，亦即合理的。所谓满意的结果就是合乎目的的手段，其中一定包含真理。

3. 工作的反省记录：

（1）价值观的挑选：外部的选择。

① 成功因素及其理由。

② 失败原因的思考。

（2）分析思考：内部的选择。

·············

以上所述是方法观的决定条件，此外，运用此方法的人之因素，也应该加以深入的观察。

教育工作者如果完美无缺，就不可能有问题的发生。包括目的观的决定，也可以完全信赖，全部委之于人，丝毫不会有任何的不安。然而，这种人选毕竟难寻。就算退而求其次地寻求稍可信赖的人，也是件不容易的事。

目前，教育机会均等主义已被承认，在教育工作必须让那些人格尚未成熟的青年毕业生来担任的情况下，从师资的养成督促方法到运用的方法，都需要一一关照。再从另外的角度来说，如果是以自然现象为工作对象尤当别论，教育既然以人为对象，除一般应用科学的对象之外，对于受教者的性质也应该加以考量。

换言之，这一方面的教育制度上的研究就成为我们的对象。无论教师运用怎样巧妙的手段，无论其支助的机构如何拥护，如何希望付诸实施，教育工作和直接从自然存在去创造价值的活动是不同的。

教育是使受教者创造人类价值的工作，如果受教者本身不活动，是不可能创造出任何东西的，恰如烹煮营养丰富的食物，对于消化不良的病人是无济于事的情形一样。因此，必须先彻底了解受教者的性质，使其朝向最适合的方向。

如果更进一步加以探讨，首先是启发儿童心理之研究，即学习能力的研究。其中包括不同年龄发展阶段的研究，如果称此为侧面或纵断面的研究，还有平面或横断面的研究，即知、情、意的研究。

这些研究，在教育学组织内容里具有相当重要性，自不待赘言。关于心理的内容，为了充实其形式，另外还需要研究心理方向的学习材料。

把整个教材内容加以分类的各科目及各科教材，以及纵横两面的观念系列的系统，也是教育学组织的内容。

前者是一般心理学中和教育学习有关联部分的学习心理研究，后者是整个学术系统中和儿童生活有关联的、可以了解的教材之教学科目。又，这两者的媒介作用之教材运用论、教材呈现顺序论——圆周排列法或直线排列法的研究，也是不可排除于外，极为重要的。……

第三节　教育方法的区分

一

智育、德育、体育三者的区别，在教育学上几乎被视为理所当然，无论是科学家或教育实践者都不容置疑，具有权威。因此，以此为基础，设计了许多方法，配置设施，甚至连教学科目的选择、科目的分配无不如此。

然而，仔细加以推敲，探讨这些是否根据学术上必然的道理时，无论如何思索，都很难找出区别的要点；又如从实际上的价值来看，也很难判断到底为什么需要加以区别。

诚然，其外表上已经有完整的体系，长久以来的传统更具有存在的价值。不过在学术上没有什么意义，实际上也真的没有价值的东西，如果一直予以肯定，在学术良心上是不能允许的。

况且在不知不觉当中，也随之衍生许多误解和弊端，让国民误以为德育和智育应该分别实施，就好像体育和智育是对立的一样。于是出现了偏颇勉强的方法，结果反而阻碍教育目的的达成，这是我们无法默认的。

三育对立的观点，也就是把自然科学的对象加以分类的观点或做法，并未真正把握住现实。反而容易令人误解"教育"这个概念的三个内容因素是并立的，正如人们在生物的概念内容上，误以为植物和动物是对立并存的一样。这种观点几乎是目前最普遍的诠释。

那么，应如何才好呢？我认为应该采取"体育基础上的智育"

"智育基础上的德育"，如同根干与枝叶的关系，分阶段性地观察、叙述。

过去的解释常常陷于：明治维新后的教育，注重智育而德育不振。尤有甚者，有些人认为因为智育盛而德育衰；或者说过去德育很盛，可是明治维新教育发达之后，只顾及智育而忽略德育。虽然没有明确言明，却意味着智育和德育对立，其中一方盛则另一方未付诸实施。

换言之，其中一方陷于不振，乃是只偏重一方所致；无论有没有意识陷于这种谬论，都将贻误真相的了解，无法把握正确的因果关系，而招来思想上的混乱。

让我们不禁要反问：没有智育的德育或体育，实际上能够存在吗？

只要我们认为教育是让受教者去意识其无意识的自然生活，导向意志生活，只要我们认为每项都是教育的一部分，把其中的一项和其他对立，或认为可以把各项分开的想法，都是不合理的。

或许有对于智育的进步毫无作用的体育，或有阻碍身体发育的智育之实施，或对于德育有碍的智育或体育的实施，或有牺牲智育和体育的德育，然而，这些都不可能进入教育的概念领域，不必把它当作问题来看。就如同有未达到道德意识的普遍生活，有未曾意识到德育的智育存在，但是，德育不可能没有意识到智育。

伦理、道德既然以有意的行为做对象，道德当然以道德知识为基础。因此，只要是德育，就必然增加道德的智育，恰如艺术教育或经济教育亦然。

以知识为终鹄的教育，除古代希腊，已不复存在。因此，现代社会已无纯粹的智育存在。纵使有，也没有什么意义。如果教育的目的是获得幸福的生活，是价值创造的指导，智育就不可能单独存在。

有如知识宝库的学者，除非能发现知识的特别价值，强调该知识将来会有用处，甚至能有慈善家或政府给予协助，否则学者总需要某种生活上的依据。如果教职人员必须约束自己适合的研究，到头来与营利事业并无两样。因此，教职人员也列入经济、营利目的的教育中。

综上所述，我们要放弃过去三育并立的概念，提出下列合理的系统分类，也就是以身心两育为主干的系统分类。

具体而言，即是：

$$\left.\begin{array}{l}\text{身体的活动＝体育＝行动训练}\\\text{精神的活动＝智育＝价值意识}\end{array}\right\}\text{智行合致}\left\{\begin{array}{l}\text{利育}\\\text{德育}\\\text{美育}\end{array}\right\}\begin{array}{l}\text{价值教育}\\\text{即创造}\end{array}$$

体育——以主观来表现价值，并以幸福的基础亦即健康为旨趣。

智育——建立在健康基础上的智育和体育并行，作为创造价值的基础，使人了解造化（包括社会）的本质。

以上是从教育价值观所考虑的顺序，但事实上，具备身心两方面的体育和智育，是从出生就开始的。

价值教育虽然此时尚未开始，但是利育与美育的心理互动已经展开了，所以混沌的智育应对此加以分析观察，德育则是在开始社会生活时，才予以有意识的实施。

．．．．．．．．．．．

没有智育，可以实施德育吗？智育和德育对立的思想，就是从认为这两者是完全对立的作用这种不合理的想法产生的。因为德育的一部分之道德知识的养成，乃是顺乎智育的法则，与智育并无不同。

也许有无德育的智育，却不可能有不含智育的德育。它和其他体育、智育的关系是不同的。体育和智育的关系，如果两者未互相包含是不可能成立的。两者是一体两面的关系，智育和德育则是全体和一部分的关系，只在发生时有前后关系之差而已。

体育化的智育，智育化的体育，至少两者在实施上不要相互妨碍，这就是舍弃三育并行的不合理而提出的新主张——二育并行论的宗旨。

总之，要改变不顾体育、只顾智育之教育的陋习，以狄尔泰所说的个人活动去实施智育、体育。也就是一面做若干智性活动，一面实施体育。因此，我要强调智、德、体三育并立的不合理性，主张以身心为生活基础的智、体两者并行。

首先，我将其区分为体育和智育或心育，智育根据其价值目的，再区分为利育、德育、美育三育。也许还有以价值创造为目的的其他种类，然思索多年，尚未有所发现。如果要把利育亦即经济教育再区分，就会像许多职业学校一样，会有更多的科类产生。

二

新三育如果各自孤立，将无法得到人格的完整，必须同时实施。如果从生活上衡量轻重缓急，无论道德论者如何呼吁，都应该把重点放在经济教育的利育上。教育上的不道德另有原因，并非重视利育所致，容后详加论述。

我个人认为重视利育并非不道德的直接原因。真正的原因是德育式微以及德育方法的不当。如果说利育是不好的，现在社会生活无不与营利有关，如此说来，国民不都几乎全成为不道德的人？这是非常荒唐的事情。

教导正当职业的利育，为什么会贻害道德呢？轻商的风气只不过是在封建时代的世袭财产制度下，有生活保障的武士阶级才有的道德，这种观点已经不能适用于国民平等、人人都需要自主生活的时代。不仅如此，轻商恶劳的恶习正是当前国情下应该清除的陋习。

以上所述，当然不是轻视德育。只是因为有些道学家、经世家，仍然误以为打压营利活动就是武士道，反之，有些人非常重视营利活动，却不敢堂堂正正地提倡，利育在价值体系中仍然未被公然意识，所以我才提出上述论点。

"仓廪实而知礼节，衣食足而知荣辱"（《管子》），人必须先求得自然生存，然后才去完成社会生存。

私人生活无法充分满足，却要奔走于公共生活，这种情形只有已经能满足人生最低限欲望的伟人才能做到，其他人将成为社会的寄生虫。然而，营利活动只有在不危害社会共同生活的前提下，才被允许。只要无害，营利活动本身已经对社会幸福做出贡献。

当然，公私生活倘能并行，求之不得，教育也应该如此。美的生活也是基于人的本能，教育应该顺应此需求。

关于这一点，有些顽固的经世家们认为它是违反德育的，把美的生活视为奢侈，我并不以为然。但是我也不赞成像艺术教育家那样，把美育视同利育、德育般重要。如果照艺术专业者的主张去做，恐怕从早到晚都要一直实施美育吧！也许会超出经济活动的利育，也许他们会认为这是顺乎人性的自然需求。

诚然，比起其他两种生活，美育可能是人类更喜欢的，但是它却无法取代衣、食、住，过多反而会令人厌烦。因此，最适当的情形是不随着营利专业者的兴趣或主张而起舞，为了消除一天劳动的疲倦，不妨把晚餐后欣赏音乐、艺术视为人生当然的生活。

创造教育和美、利、善

有些教育家认为创造教育的方法，有如文学艺术的独占，这点我要请他们审慎思考。美的创作指导，的确是那些相关科目的责任。但是，与人生有关的价值相同的经济产物或道德产物都是一样的，其创造过程并无不同。只不过是其中一个具备美的性质，另外一个具备实用性质，这一点不同而已。

演员用自己的身体去演出，让人感动；道德家牺牲自己的身心，令人尊敬。这两者在价值创造上有何差别呢？

换言之，在苦心创作过程中，会有什么差别呢？不过是人们依感官的不同，而有的区别而已。艺术家们批评其他两种价值是功利的，究竟要如何证明自己没有丝毫功利的念头呢？如果艺术产品是反功利的，将变得有害而令人厌恶。对于利并无所知，可是对于反功利就如同对于丑恶般彻底反对，这不是等于说功利、善都是同一性质的吗？这些只是大同小异，程度的差别而已。它们并无有害的特质，是同质的存在，无法否认这个事实的教育界人士，却要指责他方是功利的，这难免令人觉得是五十步笑百步。

就作品评价标准而言，所谓美丑只是感官所感受的范围内之些微差异而已，如果要论及心灵深处的愉快或不愉快的感情，就没有办法与其他作品有所区别了。

如果说蜻蜓、蝉、鱼的形状是美的，为什么会认为飞机、飞艇、军舰是丑的呢？这些都能表达美学上的法则——统一中的变化，而且几乎可以凌驾造化的真髓，凝聚人类智慧精华之创作，不是令人惊叹的吗？是谁说实用品就不是美的呢？譬如建筑物之美不是以坚固、安全为最高因素吗？

无论是美术或实用品，只不过是根据人随意定下的标准去分类而已。如果放大眼界去看森罗万象，无不是同等的兄弟。一般人看来是丑恶的，看在诗人眼里无不是美的题材；看在宗教家眼里，罪犯也成为可怜的人了。智育不应该只为知识欲而单独实施。有时候会有放弃德育意识而实施智育的情形，恰如即使是无道德意识的经济生活也无人质疑，并无不自然可言。

体育作为教育的一科，是为了增进受教者幸福的手段之一。实施时，应该区分为预防体弱多病造成的不健全体格与矫正和自主性的健康方法之鼓励。有时候两者可以分开实施。例如改为半日学校制度时，如果有劳动可以取代学校体育的健康方法，就应当义不容辞地实施。

因为学校的目的就是要防范因缺少运动而违反了保健目的。绝大多数国民必须从事劳动，证明它可以取代学校体育。至于以矫正缺陷体格为目的的体育，应该保留。学校体育应该根据这个立场去组织建构。

千万不能忘记，学校体育是以受教者本身的幸福为目的的一般生活手段之一。这个观点和那些主张只要能鼓励多数国民，就算有少数牺牲者也是不得已，而只留意培养天才竞赛优胜者的国民体育奖励会的见解，是不同的。

同时必须谨记，不能阻止或束缚受教者获得未来幸福的正当手段之一的自由。要经常把每一位受教者的幸福放在脑海里，无论积极或消极都不能勉强，这不仅适用于体育，也是其他各育共同的原则。

三

如前所述，教育学的本质属于应用科学，它不是直接为了生产（创价）应用科学真理的技术，也不是为真理而真理、为学术而学术，顺从探究盲目目的之纯粹科学。而是恰好位于中间，以研究人类的创价生活为对象，去发现教育目的与手段的正当关系，或发现理由与结论系统的一致点，俾能达到认识人为的因果法则，到达计划性创价活动的原理。因此，教育学的构造应有自我成形的条件。

因为，对于目的观念的正确认识，以及到达目的的适当而有效经济手段之观念，乃是教育学的核心概念，其他的只是到达此地的旁系观念而已。

就方法观而言，由于今日的文明国家，社会上的教育分工非常发达，因此，应该从两方面加以叙述：其一为从社会或国家大局所观察到的教育机关之政策方法；其二为教师根据这些政策所采取的价值活动中，赋予职业指针的技术方法。

第二编

教育目的论

第一章　教育目的的确立

第一节　教育目的要如何确立

一

目的的确立将决定达成目的的手段和方法。为了获得教育方法和手段，到底要如何确立教育目的呢？这不是学者或先知们以命令方式就可以决定的。因为学者可以决定自己的目的，却没有能力干涉他人的目的。过去一直认为教育目的是由教育学者或哲学家决定的，这是很大的错误。学者应该忠实承认实际的存在。因此，确立目的的首要条件是，要认清一般民众是如何自觉人生的目的。因为人生的目的和教育的目的，是一致的。

本来，人并非决定目的后才出生的，但是也不能断言毫无目的。有一种共同存在于每个人精神内部，指导人类生活的东西，它形成无意识目的概念，从此，目的观对子弟要求某种生活。不过它不是外部可以目睹耳闻的，也无法诉诸感官去认识，只能靠知觉的综合或超乎知觉的第六感之直觉，去承认精神内面有其存在而已。

然而，过去的目的观不是后辈学者或教育人员根据实证的结果去肯定学者主观的目的观，乃是基于对前辈人格的信任与崇拜，而无批评、无条件地信仰、盲从。

到底先知们是如何建立其目的观呢？根据推测，他们可能靠独特、敏感的灵觉作用，神秘地去直觉，或是根据在此之前的大前提，演绎而形成概念。因此，除非是当事人，是不可能做具体事实的实验与证明。换言之，当事人的独断是无法立刻做实际的举证，要信赖这些概念就要等到有实证，这是需要相当时日的。

如果其目的论是当时的社会需求所引出的，在当时也许是适当的，然而，也可能因为时代的变迁，已不适合现代社会。基于这个观点，究竟要认为现在的教育目的是否已经确立，如果已确立这个目的是否人人都能赞成，都能承认呢？这一点仍有若干疑问，是教育界的一件大事。

目的未确立就不可能设定方法，犹如无的放矢不可能命中标的一般。究竟要如何确立目的呢？唯一的途径是认识事实，由他人主观设定目的，是无济于事的。到底要根据什么手段去认识目的呢？

过去的教育有一个非常大的谬误，就是把不确实的目的误认为好像是已经确实。虽然有国民教育的庞大组织，其目的观却不明确，这真是不可思议的现象。因此，现在我们应该明确地认识这个问题。

具体而言，必须静观社会是期盼用怎样的目标去教育他们的子女。我想至少应包括两个层面，就是要观察、检讨家庭父母对于子女的期盼如何，社会要求下一代的因素又是什么。

有人高喊要为国家，有人说为父母。但是，这是不是真正爱护子女的父母其真挚坦诚的希望？一位真正爱子女的父母，绝不会把小孩当作自己幸福的手段。当然，除了特殊情形之外，子女的教育也会带给父母幸福。

　　大冈①裁判中，生母和养母争夺一个小孩的故事，就是最好的例子。其中一个以夺回小孩为第一要件，不顾其生命；另外一个却以子女的生命为首要条件，夺回小孩列为次要。社会对于受教者的态度恰如父母对于子女的关系，如果只考虑到其中一方的利益而把受教者视为手段，最后两者都会陷于毁灭。社会要求的目的，必须同时与个人成长的目的一致。

　　换言之，真正的目的是不应该把对方视为手段的。一方的生存目的，应该是另一方也可以接纳的。

　　总之，有国民才有国家，有个人才有社会，个人的成长发展等于是社会的繁荣，是充实的、扩大的。反之，个人的萎缩等于是国家的式微、势力的减退。社会因元素的结合而繁荣，因分离而衰微，因解散而消灭。

二

　　根据上面的叙述，相信读者可以了解到确立教育目的时，最关心的人，就是社会上的家长和国家。无自觉的受教者，并无能力要求确立目的。小学儿童以及中等学校以上的学生，达到一定年龄就要被强迫上学。教育的需求者，也就是要求者本身维持存续所需要的社会，以及视子女比自己生命更重要、为子女的将来设想的父母。

　　总之，儿童本身为了将来的存在，以及社会为了持续生存，这两方面的需求，促成教育此社会计划活动的出现，成为当今文明社会生活的最重要工作。

　　换言之，现代父母无论有否解决直接维持生命的衣、食、住问

---

　　① 大冈忠相（Ōoka Tadasuke，1677—1751），日本江户时代著名的审判官。

题，就算把其他一切工作延后，牺牲一切快乐，甚至忍受一切痛苦，也不惜把大部分生活费投入子女的教育。

国家接管过去由家庭、市区乡村等部分社会所实施的事业，逐渐实践大规模而统一的或有组织的教育事业。目前已形成的国民教育，在世界各文明国家议会成为最重要的问题之一，呈现在预算方面，其政策成为各政党所宣布的重要政纲之一。

对于教育需求有如此的变迁，当然在目的观方面也会有转变。

三

本来教育工作是从特权阶级的家庭工作开始的。随着时代的进展，国家开始干预，插手其中，但是没有人怀疑此大规模的现代教育制度。

究竟现代家庭有没有自觉到儿童教育的目的，才去认定此教育制度呢？答案是否定的。

大部分的家庭都是，子女学龄一到，就毫不迟疑地送到学校。至于最终目的要将儿童塑造成什么样的，大部分都未曾过问，也不去考虑。只有在与家长的想法相差太大，或与预期差得太远时，才会表示不满。也只有在目的与方法差距太大时，才会消极地厌恶学校活动，几乎不会主动积极地去探讨方法。

把重要的子女教育委诸他人，恰似不会孵蛋的鸭子，把孵化养育小鸭的责任委诸母鸡一般。

然而，儿童的父母虽然没有能力积极表明教育的目的，却有消极去拒绝的自由。可是大家都默认现在的状况，让子女上学。因此，我们必须从中找到共同妥善的存在，予以肯定。要找出这一点，然后去决定教育目的，是最好的捷径，也是最适当的途径。舍弃它，也许无法求得普遍性的教育目的。

究竟有儿童的家庭，是以怎样的愿望让小孩上学呢？父母最坦诚的心情莫过于企求儿童未来的幸福。至于幸福的内容，自古以来，莫衷一是。不过我认为"幸福"一词，最适切表达出大家的真诚愿望。

四

教育往往被认为——不应该是为了准备成人以后的生活而有的。这是对于局限于单纯的教育观，认为只要会读、写、算就够了，或是认为今日的学校教育毫无用处等，随声附和世俗批评的教育态度，持反对意见的教育观。

他们认为教育人员往往陷于短视的实用主义，只考虑到成长后的需要，给予儿童现在生活中没有任何直接关系的知识，以为这些都是有助于将来的知识，而一味对儿童填鸭。他们不感兴趣，也无法了解的内容——中学英语科就是最好的例证。这种情形，在目前中小学的教材中是不胜枚举的。

这种企图排斥为未来生活做准备的教育观思想，的确值得注意。

如果有父母认为总有一天会成为营养，现在无论如何都应该吃下去，于是把儿童不喜欢的、无法消化的食物强迫他们吃，大家会做何感想呢？

如果它是没有用的食物，肠胃不能吸收，只通过消化器官就被排泄出来，即使是麻烦，也被认为没有害处而视若无睹。可是，如果它不能消化而停留在腹中，阻碍以后进来的食物通过，将如何呢？如果它腐化酿成毒素的话，又会如何呢？

因为事关生命，任凭父母再了解不深，也不会有此妄举。生理学上非常简单的道理，在心理学上却不会直接而迅速地表现出来，所以大家都不会觉得危险。近年来虽然稍有进展，可是从小学到大学仍然填些毫无用处的垃圾知识，偏重记忆的填鸭主义盛行，却只能袖手旁观，怎不令人叹息？如果我们冷静观察这些缺陷产生的原因，不难发现那些相信受教者的幸福胚胎的短视教育人员和父母的心理。

如前所述，教育不是未来生活的准备，但是也不能断言绝对不能做生活的准备。

因为这是教育学者不能下达命令的。纵使学者用命令或权威提出主张，父母或儿童未必会服从。总之，不顾儿童现在的幸福，认为现在如此教育，将来可能会有幸福，以这种不确定的目的作为依归的观点，将被人家所摒弃。若是如此，相信我的论述会获得普遍的认同，也是理所当然的。

五

"与众相同，且能成为出众的有价值之人"，这是最符合父母心理的教育目的。所谓"与众相同"，即人格不能比其他人差，至少要有普通人的智力、感情、意志，能和别人合作、共同生活的人格。如果在家庭养成放任的个性和不统整的人格，则希望教育成一个社会人该有的共同性的统整的人格。只是这样仍然是不够的。

如果只具有一般人的共同性，有如液体或气体的状态，与其他人相比，没有任何特征的人，只具备雷同性、附和性，有通融性，共同在一起虽然方便，却无独特的价值，充其量只能做"不吹笛，不打鼓，轻轻松松地扮演舞狮的后脚"，这种人无法做舞狮的狮头。

人既非液体，也不是气体，乃是具备十人十色的有个性之存在。因此，在精神上也应该成为具有独特个性的个体。

如何把这两个相反的希望，毫无矛盾地整合在目的观念中，应是对于人性不做质性差异的诠释，而以量的差别做解释，来求得安定。

狄尔泰说，人与人之间的差异，并非在简单的元素上有天赋的质性差别，乃是因一般普遍的因素在分量上的差异，或因排列差异才产生差别的。的确，他很巧妙地形容我们的思想。

很乖巧，对于任何事情都会有帮助而受到社会重视，却毫无长处的人，很灵巧地模仿他人，却没有独特优点，虽适合做任何事情，却没有工作可以让他负责的人，顽固而不懂世故，自己的事情会旁若无人地去做，对于他人的事情却置于脑后，最后变得孤单而无友伴的人，最为麻烦。

培育出这种人，对于社会或共同生活上都是损失的，对自己而言也是不幸的。教育并不希望制造出这种人，这是教育目的的消极限制之一。

第二节　大家的共同愿望是幸福

一

幸福生活，哪一位父亲或母亲对此会有异议呢？如果因为利害关系，听不适当的论调或劝告，可能引起疑惑，如果以纯粹自然心去面对子女，寄望他们的将来，还有什么可能比"幸福生活"更配称我们的目的观念呢？诚然，"幸福"最能表示父母对于子女未来所期待的目标。

幸福生活的概念，其内容因人而异，可能因人的境遇或知识程度而有所不同。但是一旦建立此观点，任何思想出现在意识里，却无法取代它。这是我十几年来沉思所得到的结论，是我最坦率的心理之表现。

无论道德生活也好，经济生活也好，都是幸福生活的一部分而已。

事实上，有些父母是把子女当作增进自己幸福的手段，教育工作者既然需要满足父母的需求，当然不能不加考量。但是，这种观念通常会被指责为父母牺牲儿童生活。弦外之音，即教育的目的观，必须以受教者本身的幸福为依循。

当然，上面的说明是学者无法立刻赞成的。连康德①也反对此幸福。我们坚持这个观点，乃是深信这是最恰当的。至于幸福的内容应该做更进一步的探讨。

二

根据上列叙述，可以提出设定目的的结论。具体而言，教育目的不是学者或教育家可以随心所欲地决定的，应该由教育人员检讨国家与家长的需求并予以认识。我们也了解，必须让儿童履行健全社会细胞的责任，增进社会幸福，并且要能享受增进本身的幸福。究竟什么是幸福生活呢？下一章将分析、探讨幸福的概念，阐明以幸福为教育目的的适当性，研究其他区区目的观不适当性的理由。

三

康德强烈反对以幸福为教育的目的，这是教育史上显著的事实。我们提出上列主张，也许会被认为非常愚蠢，不屑一顾。之所以断然提出这个观点，是经过概览世人共同的生活目的之后，找不出比它更适当的字眼。

教育目的观应该从人生目的观导出，人生的目的应该从人类生活的方向推论认识得来。基于这个判断，我才强调，偏离幸福，任何大学者的意见都不足取。

---

① 康德（Immanuel Kant，1724—1804），德国哲学家，德国古典哲学创始人。他被认为是对现代欧洲最具影响力的思想家之一。主要著作有《纯粹理性批判》《实践理性批判》《判断力批判》等。

即使像康德那样的大学者极力反对，每个人先天已决定的生活方向是无法动摇的。我们综观日常生活，不难了解生活方向的终极就是幸福。康德的反对，一方面可能是和其他学者一样都陷于传统见解的错误中，以为教育目的应该由哲学家或教育学者确立，另一方面可能是由于当时的社会学尚未形成，以致对幸福概念做偏狭的解释。容后另做详细的说明。

第二章　幸福是教育的终鹄

第一节　幸福的意义

一

教育的目的在于圆满达成文化生活。能够适当表达此含义的语词，除了"幸福"之外无他。根据数十年的经验和思索，我深信"幸福"是最切实、坦率地表达人们所渴望的人生目的之语词。换言之，教育是要使受教者获得幸福的生活。

教育不是教育人员或父母，为了自己的生活欲望而把受教者当作手段，应以受教者本身的生活为教育活动的对象，谋求其幸福。也就是说，受教者的成长发展，必须始终都包含在幸福生活中。杜威说："以生活为目的，在生活的情境里，透过生活去达成。"这句话，的确是值得我们教育人员深省。

二

究竟"幸福"的含义为何？"幸福"一词是非常广泛的概念，倘若要加以完整说明的话，则必须列举其所包含的许多具体概念。然而，这是我们日常生活中非常熟悉的概念，只要列举一两个例子，几乎不必加以说明就可以了解。如果勉强加以说明，去寻找替代的语词或包含较多性质的一两个代表观念，不仅徒劳无益，而且将引起误解。因此，我们将在下一节列举与幸福相反的不幸情形，大略了解其界限何在，并且列举世人常误解的几个实例，以扼要说明。

三

偶然发现了丸山岩吉所介绍的费诺的幸福论，很符合我们的想法，也许可供参考。还有，林学博士本多静六也曾针对幸福论做过深入的观察，并发表在杂志上，这也是值得我们参考的资料。

费诺的幸福论

费诺从幸福原理的角度，探讨道德与社会生活的关系。他的《新乐观论》，是用幸福这把尺去测量历史的价值。孔德等许多历史学家，都认为历史的进步是进化的路程。费诺斟酌这些学者的见解，相信历史上有进步的存在。如果人类努力的目的是"美好"的实现，其幸福哲学当然是要增进个人与社会的幸福，达成"更美好"的标准。

因此，幸福成为进步的指标。费诺还说："现代比过去的时代更幸福，现在幸福的人比过去的世纪更多。既然现代比过去更幸福，也可以断言，整个历史是循着进步的路程演变而来的。幸福是进步的量尺，也是进步的原动力。因为，追求幸福就有进步。结果都将回归于进步。永恒的人类活动，唯有在个人追求幸福的欲望推动下才能兑现。"

相信追求幸福、获得幸福的结果，可以实现历史的进步，犹如最善良的人们相信，梦寐以求的人类友爱，可以逐渐成为地上王国一般。这个信念，在刚才所谈到的观念的力量时已经被预料到了，现在则由历史事实佐证。只要我们相信人类的未来，就可以充满希望去面对人生。以《新乐观论》面对史实，是经得起考验的。

以上是《新乐观论》的概要简述，此哲学的中心在于相信幸福和进步是存在的。《创造进化》的作者哲学家柏格森①，曾经评论费诺的代表著作《进步与幸福》，他说："不但对于进步的存在做有力的断定，同时，对于幸福的条件也做了彻底而深远的研究。我们在此发现，乐观论之要领是以直感的存在为根本，是一个远离人类与平常事物之间所存在的权宜观念的论点。"（《国民新闻》1924 年3 月 10 日）

四

难道人生的理想中，还有比幸福更重要的吗？如果幸福之外尚有人生的理想，那又是什么呢？果真有的话，有可能是对于幸福的概念所包含的内容有不同的见解，或是误解幸福的因素以及误以部分为全体所致吧！

所谓幸福，每一个人的经验可以做不同的解释或具体化。因此，相当分歧，很难归于统一的见解。有些人以拥有百万巨富为幸福而感到满足，有些人则以高位高官为最高的幸福。这些都是对幸福概念的形成偏颇所致。

可以用"幸福"一词表达人生的目的吗？这是一位深思熟虑的学者曾经提出的质问。直到现在，我仍然觉得很难回答。然而，如果说"幸福"一词表达不够周全，究竟要用什么语词才可以取代呢？

其实很难找到替代的语词。表面看来，也许幸福之外有某些东

---

① 柏格森（Henri Bergson, 1859—1941），法国哲学家。第一次世界大战期间，他以学者身份步入政界，曾任驻西班牙和美国大使。主要著作有《时间与自由意志》《形而上学导论》《道德与宗教的两个起源》等。

西可以当作人生的目的，可是，既然目前没有可以取代的语词，以幸福为人生目的的观点，大致应没有争论，就算在观念上有些差异，只不过是大同中的小异罢了。

因此，在找到更适当的语词之前，应该以"幸福"一词为目的。总之，在感情上虽然未必赞同，在理性上却不得不承认幸福是人生的目的，或许这是过去的幸福观念欠缺社会学的社会观，所以才会有如此的不安感。

五

当我们分析社会上共用的幸福概念时，会区别主观因素和客观因素，然后发现在同样的环境，即同样的客观外界的条件之下，因为人的不同，感受也会不同；甚至同一个人也会因为时间不同而心情有所变化，可以感到快乐，也可以感到痛苦。因此，同样的外在条件，可以感到幸福，也可以感到不幸。

譬如外观上被认为是真正幸福而令大家羡慕的人，却没有幸福的感受，甚至感觉不幸，或者感觉完全相反。因此，人人心中都存有这两种感觉。

幸福观念的客观因素，可以分为个人和社会两部分来看。就个人而言，康德反对以幸福为教育的目的，这是非常显著的事实。当我们检讨康德何以反对以幸福为教育的目的时，我敢断言，如果康德在孔德提出"社会学"之后才出道，必然会欣然赞成以幸福为教育的目的。

康德的幸福观并未含有社会因素。在社会学尚未成立之前，即社会存在尚未成为意识对象之前，连大哲学家康德对幸福的解释都失之偏颇，这是无可厚非的事实。

总之，如果去除社会因素，反对以幸福为目的是理所当然的。然而，既然我们的概念已经纳入社会因素，就没有反对的理由存在。如果想要企求真正的幸福，只限于个人的范围是绝不可能得到的。因为在孤立的生活中，只要碰到周遭社会环境的阻力，幸福可能完全归于零。

只顾自己而不管他人，此种自私自利的幸福并不足取。以自己为核心，去意识到我们的生活除非在社会共存共荣之下，否则不可能有真正的安定，以此认识为前提的幸福，应该是没有弊害的。除非与有关联的人共同生活，否则无法得到幸福。相信这个中道理，不难理解才是。

拥有庞大财富而与左邻右舍没有往来，这种人在社会上孤立生活，还要雇保镖护卫才能就寝，也许他个人认为是幸福，可是从社会而言，则与幸福相去甚远。

六

教育的目的，是要让儿童获得幸福的生活。幸福此人生的目的，并非我们自己主观断定的。如果幸福只限于个人生活的目的，或许就会有康德所排斥的弊害。在社会学尚未成立的时代也许说得过去，可是我们所使用的"幸福"一词的意义，并未被限制于此。大家所羡慕的真正幸福的生活，并非指孤立、自私自利的资本家。无论拥有多么庞大的财富、豪宅，这种人只被少数有利害关系的人所支持，也许社会上对他有怨尤之声，与近邻及社会生活都无交往。平时平安无事还可以应付，一旦有事就无所依靠。这一点，可以从富豪人家的生活得到证实，不难了解其与真正的幸福是有很大的差距。因此，真正的幸福，唯有以身为社会成员之一，和民众苦乐与共才能获得。可以明确的是，圆满的社会生活正是真正的幸福概念之中所不可欠缺的要素。

第二节　幸福与财产

要阐明幸福的意义，必须先说明它和财产的关系。"遗产可以继承，幸福却无法继承"——诺贝尔①一语道破幸福与财产不一致之格言，是我这一生中最有力的教训。

贫富悬殊、阶级斗争是现代的潮流，可说是史无前例，世界各国的有识之士面对这股波涛汹涌的世界趋势，无能为力，甚至于对此惊慌失措，我们也只能袖手旁观而已。

我认为此时此地，无论是资产阶级，或是劳工阶级，都相信没有其他的教训比诺贝尔的教训更适当的了。我相信，人一旦注意到这一点的话，那么在相互憎恨、斗争的地狱世界和互相杀戮、悲惨的修罗世界出现之前，就会发现更好的社会改革的方法，更能亲近人生真正的幸福。

最可怜的是，社会上的富豪阶级认为自己的地位、财产和幸福都可以继承，他们以蓄积财产为能事，牺牲自己生存时的幸福，但求更多的财产。换言之，他们之所以储蓄，乃是相信幸福可与遗产一起，留给子孙。倘能冷静思考"财富有如朝露"，则可知留下财产可以留下幸福，只是一种妄想而已。相反地，留下庞大财富是让子女继承不幸。

如果能证明上述两点，谁会浪费自己的一生，去助长私有财产制度的缺陷呢？只要支持这个观点，富豪与其担心财产会被第三阶级夺去，毋宁欣然施与，了解把精神耗在物质生活上的愚蠢，认清

---

① 诺贝尔（Alfred Bernhard Nobel，1833—1896），瑞典化学家、工程师、发明家，炸药的发明者。在遗嘱中，利用他的巨大财富创立了诺贝尔奖，各种诺贝尔奖项均以他的名字命名。

独一无二的根源，希望浸润于永恒无死的安乐境界。

就第三阶级而言，他们与其处心积虑去夺取财富，毋宁怜悯沦为金钱奴隶的人们，努力去除物质妄想。因此，不久的将来，偏颇的金权将可消灭，每个人的经济亦能独立，和平则不招自来。

但是要证实这一点是非常困难的。因为资料甚多，不胜枚举；而且可惜的是，除非达到某一个程度，否则即使资料摆在眼前，也无济于事。

然则，所谓达到某个程度又是什么呢？它指的是，由来已久在人类心目中牢不可破的信念，一旦获得人人羡慕的地位、财富之后，仍有余裕去反省自觉的境界。除非置身此境，一般人是无法领会的。然而，就算社会大多数的凡人做不到，明理敏锐的人并不难体会。

所谓相当的境界，即是指这两种情形，前者不是我所能做到的，兹以后者为对象，来加以阐明。

宗教家的生活、真正以社会改革为愿望的志士的生活、埋首教育的教育工作者的生活，都是没有财富却置身于无限喜悦，培养无限英气，以此安身立命，虚心纯洁而感受到婴儿般天真无邪的幸福。

反之，在若槻内阁以后的大正经济恐慌时，顿时没落之银行老板，多半是继承前人的少爷经营者。小时候是少爷，中年以后没落，下场实是悲惨无比。诸如在明治维新抬头的元老子孙中，有许多人在道德上或经济上陷入苦恼，即可为明证。

即使是贪婪之徒，也会对神佛心存敬畏，同样，人人尊敬有德之人。这是人异于禽兽的地方。人的本质绝非恶劣。人的本性虽然善良，但身体、感情所控制的私心，却无法避免外界物欲引诱，这是个人的本能无能为力之故。

……任何人都可能自命是万物灵长，但是人应该从唯一的本源感受灵觉，却明知本源而不能洞察。

即使是个恶霸，也会渴望以孩童为中心的家庭幸福。从许多犯罪者的行径不难了解，他们往往是为孩子的幸福才犯下恶行。既然无论贫富，本性都是善良的，期盼子女的幸福并无两样，何以社会上的恶较多呢？会不会是因为财产即幸福的妄想而使社会更加险恶呢？或因为财产即幸福的妄想因袭，而成为人类的痼疾呢？

此痼疾除非是相当的自悟者，否则难以察觉。这是因为在现代社会永无限制的私有财产制度之下，人容易误解财产即幸福。对于中产阶级而言，平时只看到外表的虚荣，可能会认为财产即幸福。即使少数有识之士提供领悟的事实，他们每天目睹的都是相反的例子。在这种社会上，很难有所领悟。

换言之，除非他们能看到财产所能带来的幸福是有限的，否则任何意见或教训，对他们来说都无济于事。不过在无限制的私有财产制度之下，到达其地位境遇时仍有余裕回过头来看的人，大概都能领悟。卡内基①是其中之一。

攀登富士山者专心一意地朝山巅攀登，一旦到达山巅，过去的勇气消失了，于是产生另外的欲望，这个欲望就是下山。同样，拼命赚钱时，无暇顾及自己的健康，一旦储蓄有成，猛然觉醒时，早已老迈，也没有把财富变成幸福的勇气，自以为虽然不像秦始皇那样轰轰烈烈，总算为子孙奠定良好基础而沾沾自喜。等到发现子孙未如自己预期时，才会领悟，原来财富无法实现幸福的理想。这些事实不但是富豪贵族父母之苦恼，他们的子孙也不认为是幸福。近年来抬头的左倾思想前卫斗士，出人意料的，多数出身富豪贵族阶级，足以证明。大多数贵族富豪的第二代、第三代，沉沦于无力感

① 卡内基（Andrew Carnegie, 1835—1919），美国实业家，教育、研究财团的设立者，被称为"钢铁大王"。

的软弱境遇者，相当可观。

这也难怪，因果的道理是非常明显的。富豪家庭的子女如果只贪图眼前的荣耀荣华，至少也享受到父母所期待的外表的幸福；然而，用钱如流水，在父母存在时就把庞大财产耗费殆尽的情形，在现代知名家庭是屡见不鲜的。

儿子比父母接受更好的教育，父母因为没有余裕去宏观社会大势，只是埋头地储蓄钱财，所以无法领悟。可是儿子却不得其门而入，未曾吃过苦，只是偶然出生在自由自在的境遇，受到社会的羡慕，可以宏观更深远、广博的社会，有能力去探讨人生真正的幸福是什么。

因此，子女不能像父母亲时代那样只顾自己的生活，在思想问题上，亲子的理想相悖，也是无可奈何的事情。总之，无论父母或子女，一旦到达某一个地步，在其境遇中到达过去认为是唯一的山顶之山巅时，可以从容去回顾人生的径路，因此，要认清财产与幸福不一致并非难事。

值得惋惜的是，一个人到达此境界时，生命所剩无几，也失去断绝过去不良因缘的决心和勇气，在闷闷不乐中结束一生。安田善次郎捐款一百万元给社会福利事业机构，大家都惋惜如果稍微早一点就更好。核对本稿时，早晨传来下列新闻："留下财产愈多，家庭愈早没落。能够有一般生活就是最大的幸福。"所以德川义亲侯投入大部分世袭财产在公共生活，又如钟表王服部金太郎①拨三百万元在奖励学术或公共事业上，看来，社会已经接近黎明了。

---

① 服部金太郎（Hattori Kintarō，1860—1934），日本实业家、钟表商、精工创始人。顺应维新的时势潮流，紧紧抓住日本大量吸取西洋科技有利机遇，引进制表工艺，实现他的理想，造就了他的钟表王国，并赢得"东洋时计之王"的美誉。

第三节 幸福与善、德

"谈到福，也许有人认为它是忽然从天而降或从地涌出，或骤然从其他地方前来，这种观念是错误的。'福'字注解曰德、善，乃是本心之异名。

"首先应该谦卑勤于家业，实践五伦，此乃活的福神。反之，'祸'亦非忽从他处涌出，人人自私、贪欲任性的心理使天地翻覆，不忠、不孝、夫妇吵架、兄弟争执、怠惰家业以致身亡的悲惨事件发生。此乃真正的祸，是活的穷神。"讲道如斯说。

上面的叙述虽然不能全盘认为是对的，但是起码可以认为有道理，是可以接纳的。唯有善与幸福完全一致时，才具有最高价值。现代又要如何期待其能一致呢？是该重新考虑善的概念吗？抑或修正幸福的概念呢？

我认为，应该改造社会成为善与幸福一致的状态。社会改造运动或现在的不平不满，都是由于这两者不一致所造成的。财产无限制的私有，乃是现代社会最大的弱点，至少是重大的缺失。

现在，社会正朝一致的方向进展。要到达此境界应该由两个方向着手，可是目前只有其中之一表现于社会表层，尚未及于社会的意识层面。换言之，经济上正朝向私有财产均衡的方向进展，此乃无可否认的事实，就算不赞成，也不能相悖。至于增进的途径，就外而言，是政策上的改革，由内而言，就是让大家了解私有财产超过某程度就没有价值的事实。

"遗产可以继承，幸福却不可能继承。"富豪阶级拥有庞大财产，雇用许多卫兵来保护自己生命的举动，如果像蒙古尚未建立国家保卫权的地方犹当别论，至少在日本而言，无异是在国家之内建立另一个国家。

不仅如此，在日本还会引起社会民众的反感。与其因害怕众怒，而自己陷于殿中设殿防御自己的境遇，不如解除若干私有财产，与民众苦乐与共，生活岂不是更幸福？倘若能让安田善次郎先生所代表的富豪阶级，了解诺贝尔的上述格言，此种悲惨岂不是可以避免吗？

第四节　幸福与健康

无可讳言，"健康"是幸福的目的概念中最为根本的因素。即使有百万财富，居于王侯地位，达到学德兼备的境界，如果欠缺生活最需要的生命安定，又有何快乐可言？健康是生命安全的首要条件，是幸福目的的首要条件，这是不待赘言的。

健康是幸福的首要条件，相信无人有异议，然而，并非只有健康就能保证幸福的全部，因为在社会上，我们目睹许多人虽然有健康的身体，却仍然尝尽许多不幸。因此，我们必须考虑健康的主客观条件是什么。

如果说身心活动是主观条件，那么，活动的对象，以及既是原动力也是供给者之物质资源，就是客观条件。

物质条件是解决幸福因素——健康的要件，但是并非与健康对立的幸福因素，也不是与健康的活动对立的因素。它是使活动成为可能的客观因素，只是原动力而已。对于幸福来说是次要的，却是活动力的首要条件。

然而，社会上有许多人却把物质条件视为与幸福具有同等的价值，或忽视幸福条件的活动，而且重视物质条件，实是令人费解。

幸福生活以健康的生理生活为前提，其他都以此为基础。即使拥有百万财富，起居于金殿玉楼，如果生理生活有缺陷，经常与病魔相斗，维持健康需要耗费太多生活力，还有什么幸福可言呢？

为了幸福的第一条件——健康，首先要活动。凡是有碍社会生活的怠惰或不活动，都是个人不健康的原因。把儿童沉浸于毫无意义的生活，浪费在反价值活动的活力，以及青少年把精力浪费在有害的地方之情形，引导至创价活动，才是教育的意义之所在。我主张，一切教育经营都应该从这个观点去实施。

第三章　教育目的与社会

第一节　教育目的与社会生活

一

教育是让无意识下的社会生活，能有意识、有计划地完成，以达到幸福安乐的境地。然而，朝向幸福安乐目标的意识性社会生活，又是什么呢？

人从衣、食、住的供给到生命财产的保护，没有一件不仰赖社会的团体生活。在社会这个有机体中，个人除非得到它的保证，否则片刻都无法维持生命。

然而，却有一种对于社会生活毫无意识的低能者，尽管接受社会团体无限的恩惠，却丝毫没有意识到，反而因些许不方便、不自由，就毫不客气地表示不满。

如果可能，还要使其率先进入感恩报答的贡献生活，努力去创造可以营造幸福安乐的共同生活之社会，此即计划教育所期待的。然而，要如何去实践上述有计划的社会生活呢？

首先，要让他们了解并认识社会是有机组合团体的本质，社会是如何生活，社会成员的个人是如何组成团体。让每一个人不仅意识到社会力量远大于个人力量的总和，也保证与维护每一个人的生活。

教育的目的是要让那些本来就是社会成员之一，仰赖各方面的恩惠生存却毫无意识的人，去意识到社会生活。

换言之，就是要培养能够以某种形式给邻居利益，感谢自己所受的无量恩惠，而能过着圆满生活的人。

教育是要增进个人社会化。正如涂尔干所说："教育是使未成年人的秩序社会化……新时代应该以最迅速的方法，把这些自私而非社会性的年轻人，导向道德性的社会生活。"（田边寿利译：《教育学与社会学》）

以上述工作为职责的教育工作者，必须先在自己的日常生活上顺应自己所隶属的社会，期能有所贡献。

二

有许多人在公共生活组织下生存，如果没有社会的恩惠，将一无所得。可是他们只意识到私生活，把公共生活的恩惠置于脑后，因此，只知主张权利而忽略自己应尽的义务。

教育这些人去意识到公共生活即社会生活，顺应社会生活，提升到人己共荣的人格，这就是教育。

也许有人会把社会生活误解为社会主义，其实社会生活就是公共生活，名称虽异，内容却无二致。有些人对于公共生活没有异议，可是对于社会生活却加以否定，无论从道理观点而言，或者从学术良心而言，都是站不住脚的。

总之，教育目的是，要对于过去未曾意识的社会生活做到意识下的模仿，要将独断的社会生活引导至有计划的、合理的社会生活。

第二节　社会结合体的认识

"社会"这个名词所代表的内容，并不是一个可以感觉得到的有形存在，乃是以此实体为基础的无形结合体。就如同"人"的概念内容，不只可以感觉得到它是有形的身体，而且也包括以身体为基础的精神层面。

社会不只是人的群集，也是精神的结合体。然而，因为此结合并不是有形的，所以很难出现在人类的意识上。

以人为对象的社会学，在各种科学之后才发展，就是这个缘故。许多人虽然过着社会生活，置身于结合体之中而未曾去意识它，其原因即在于此。因此要认识社会，就得先验证其成员要素的每一个人，是否果如其言地结合在一起。桌上的钢笔、墨水瓶、铅笔、纸、书籍等，有时候并排放置，有时候叠在一起共存。从物质上看来，人在一个家庭里，有亲子、兄弟、佣人等，共存的情形并无不同。当然，如果去掉其中一两种东西，对于其他东西没有任何感觉，即使改变其位置，相互间也不会有任何影响。

可是，如果是人的友伴又会如何呢？如果是短暂的乌合之众，马上要解散者另当别论。如果是多少具有恒久性的共同生活的团体，譬如在教室里的班级，平时似乎不会去意识到每个人的关系，人己之间几乎没有任何交往，一旦其中的某人不在他经常在的位置时，马上会使人产生一种不同的感觉，觉得有些寂寞。

于是此人忽然成为教室里的话题，大家会想象他今天没有上学，是不是因为生病，是不是发生什么事情。

与每个人的生活毫无关系的事情尚且如此，如果是亲密的友伴，其寂寞会更加显著。当事人如果在教室里是受到大多数人非常重视的人，寂寞和焦虑甚至会影响整个班级的精神。由此可见，平时并未意识到的关系，一旦有些许变动，就可以知道相互间有密切的关系。

固形物体因其原子间的引力而免于分解离散，维持固有的形状；同样，个人或团体也借无形的亲和力或吸引力互相牵引，维持结合状态。如果外部有敌对者出现，就会以更强的结合力加以对抗。

第三节　社会的概念

社会是人类的精神结合体，到底要如何平易地表现这个概念呢？

今天，社会学被视为一门非常难以理解的学问，并被一般社会敬而远之，所以这个问题就显得格外重要。关于这一点，我在三十年前的《人生地理学》中，曾经做过下列叙述。

没有比"社会"一词被使用的含义如此广泛。例如"为了社会""社会制裁""教育社会""经济社会""社会主义""社会党"等，不胜枚举。通常我们会说"社会上""世上"等，在报纸上或个人谈话间，也是每日都能听到，但是用得很随便，让人越加混淆不清。虽然史学、经济学、政治学、法学等社会科学早已发达，这些科学基础的社会学，却是直到近年才逐渐发达。尽管其含义不明确，社会上仍然经常使用它。

由此看来，社会的含义并不难确定。关于社会的性质，经过许多学者的阐明，已经稍趋明朗。

倘若有人为私利而贪得不义之财，将立刻受到社会制裁。反之，如果有人不顾自己的利害，愿为公众有所作为，社会马上会肯定其功劳，加以称赞及尊敬。因此，人的行为若受到毁誉褒贬的反应时，会表现出喜悦或恐惧，在道德的若干范围内，借此修其身、正其行。

然则，对人加以制裁、褒贬、毁誉的又是什么呢？虽然我们不能像身体那样目睹它，但既然有行为，我们认识它，服从它，就没有理由不去认识其主体。

此实践行为或加以制裁的本体又是什么呢？即是"所谓社会，是在较为恒久的关系中生活的众人团体，而我们是其中的一个成员"。

到底它的范围又是如何呢？

假定在一场演讲中有多数听众聆听，其中有一个醉汉妨碍演讲，此时全体舆论一致指责其行为，直到他退场为止。聚集在此会场的上千听众是因同一目的而来的，乃因共同的兴趣而未解散，暂时结合而成一个小社会。

又如我们所隶属的家族以及周围的家属，这些家属是由亲子、夫妇、兄弟、佣人关系的成员组成的，这些成员每日各自分担一定职务，共同生活，数代以来，维持同样的共同生活。此时，如果有一成员怠惰自己的职务，将引起家庭混乱，破坏和平，阻碍繁荣，以致招致毁灭。这也是一个小社会。

拥有数十、数百乃至数千个学生的学校，其中有辅导学生的教师，有接受教导的学生，有领导全校的校长，有负责学校事务的职员，有在教职员指导下负责联络、打扫校舍的工友等，各自分担各种职责，全校成员成为一个团体，达成学校存在的目的。这也是一个社会。

由此看来，乡镇、城市及其他地方团体都各自形成一个社会，国家则是最发达的社会。"社会"一词还不止于此，有时候与民族属于同一范畴，近年来更加扩大，有时候也适用于整个世界。

总之，"社会"一词包括从少数家属到町村、城市、国民、民族、世界各种族，其范围要看使用的场所而异。

有时候其含义虽然不同，根据以上列举的事实，社会的概念应该包括下列因素：

1. 社会组织因素乃是由各种个人组成，如同生物是由各个细胞所组成一般。

2. 每个人有共同的目的。但此目的有属于无意识的，也有属于意识的。

3. 每个人之间具有恒久的精神关系，如同生物细胞间相互的关系。

4. 集合在一定场所生活。

5. 每个人如同生物的形体，结合成为一个团体。

6. 每个人为了全体成员的生活而分担一部分职责，犹如生物的各个组织。

总而言之，"社会"可定义为具有共同目的和相当恒久的精神关系，集合在一定土地上，生活在一起的众人的团体。（拙著《人生地理学》第二十三章第一节）

第四节　教育目的观与社会学

如前述，过去哲学导向的教育学，企图建立在伦理学和心理学的基础上，以致演变到今天，实际教育工作者几乎都不能肯定其价值，教师也敬而远之。

此时此地，涂尔干以实证研究的态度建立社会学，并且在社会学的基础上建构教育学，启发我们，这可能招来日本教育学界的一大革命。在依据社会学的社会观来改革教育的时候，今后我们教育工作者应不可再疏忽社会学的研究。关于这一点，最令人感到遗憾的是，担任教育学研究的最高学府之大学或高等师范学校，几乎都没有把社会学列为正式教学科目，这是很大的缺失。

　　我想，会不会是因为对于社会学的了解不够，以致无法认识它在教育学上的价值。美国社会学泰斗华德的"社会学"及法国学派泰斗的社会学家，尤其对教育学的实证研究导入崭新方法，完成科学建构的涂尔干社会学，其介绍与翻译正由田边寿利及以他为中心的少壮学者进行中，这是最令我们教育工作者喜悦的事。

　　我们所从事的教育，虽然以儿童或受教者为直接的对象，至于要如何导向，就必须意识到社会这个人类精神结合的团体。前述"幸福生活的辅导"，其终鹄不外是帮助他们去达成圆满的社会生活。因此，真正想要攻读教育学的人，应该重视心理学、伦理学以及社会学。

　　在社会学尚未发达的时代，伦理学被视为教育学的基础而受到重视。今日社会学已经发达了，教育学的重点应该放在此基础上。这些情形不待我们特别强调，相信大家应可以理解才是。

　　尽管如此，社会学仍然被教育界敬而远之，原因可能是过去社会学的形成有所缺失，艰涩难解。

　　关于这一点，相信华德、涂尔干等人的社会学，将来会受到我国教育界的重视。本书经常引用他们两位的观点，其出发点即在于此。因此，我认为下列意见可以作为教育目的观的重要基础。

　　总之，教育唯一或主要的目的，并非追求个人或个人的利益。教育是社会持续更新其存在所需条件的手段，社会只靠成员充分的同质性就能存续吗？虽然教育要预先在儿童心中，确立团体生活预料中的本质雷同部分，使其同质性得以持续，更加巩固，然而，从另一个角度来看，成员之间没有任何的异质性存在，一切合作就是可能的吗？

　　其实教育本身是因多元化与特殊化，来确保其多元的存续。教育无论从上述的哪一个角度来看，都不外是要正确引导未成年人的社会化。

我们每个人有无法明确加以区别的部分，可是抽象看来似乎有两种内涵：

其一，与我们自己及我们个人生活各种事件有关，乃一切心理状态所形成的部分，可以称为"个人部分"；其二，并非表明于我们的人格中，而是表明在团体或我们所隶属的许多团体中的思想、感情与习惯的体系。

譬如宗教上的各种信仰、道德上的各种信念，以及风俗习惯、民族或职业上的种种传统、各种舆论等属于此。这些部分形成"社会部分"。而教育的终鹄，就是要在每一个人生命中形成"社会部分"。

不仅如此，教育功能的重大与教育作用的多元性，莫不由此产生。事实上，"社会部分"并非在人的自然结构中早已存在的部分，也不是从上述自然结构中自然发展出来的。人在自然发展过程中，并没有服从政治权力、尊重道德秩序或抛头颅、牺牲自己的倾向。

我们的先天素质中，毫无成为社会象征性符号的神圣物之仆人，或祭拜神圣物、献身赞美神等因素。这些都是社会本身形成与巩固之后产生出来的道德势力，让人在此势力面前感到自己是渺小的。

然而，如果可以把这些归于遗传的、模糊而不明确的各种倾向抽象化，那么，儿童刚开始生活时，只有其个人的性质而已。

因此，新生婴儿对于社会来说，有如需要重新染色的白纸。社会必须迅速给予出生后以自我为主而非社会的儿童，一种能够度过道德和社会生活的事物。……

第五章　教育目的和创造力

如前所述，教育目的是培养受教者创造价值的能力，至于价值的内容，容后叙述。首先就教育目的观的重大因素这一点，来谈谈创造能力。关于这点，涂尔干有明晰的说明，引用如下：

"创造力是人类教育赋予的一种特权。各种动物所接受的教育完全不同，如果要附上名称，可以说是进步的灌输。也就是，各种动物都是被它们的双亲积极地灌输。这种灌输，可以让动物身上潜在的某种本能发展。然而并不能使动物进入崭新的生活。

"这种灌输，使各种自然功能的活动顺畅，但是无法有所创造。

"母鸟教小鸟，学会飞翔后制造鸟窝。但是这小鸟除了凭自己的经验去发现之外，并没有被教导任何事情。

"动物不是完全在社会状态之外生活，但只能营造最简单的社会。即使是这种社会，也是个体凭其与生俱来的各种本能机制在运作。

"因此，这里所实施的教育，没有办法在动物所拥有的天性上增加任何本质的东西。因为，动物基于所具有的天性，就可以充分地过团体生活或个体生活。

"至于人类，社会生活所需的各种技能非常复杂，所以不可能存在于我们的身体组织中，或者使它成为有机的各种素质形态。因此，这些技能不可能从这一代传到下一代。传递这些技能的功能就是教育。"（田边寿利译：《教育学与社会学》，《社会学徒》第 3 卷第 7 号）

至于社会生活何以需要发明力，田边寿利介绍华德的观点，可供参考。

"华德认为科学是提供人类方便的。因为科学是对我们阐明支配现象的不变恒常之一切理法。把这些理法适用于人类的结果，就成为人类的总资产——整个物质文明。

"依据华德的看法，文明是人类在其物质及精神上的一切成就。尤其是前者——物质文明，是利用自然的物质与自然的力量得来的。

"文明的精神层面是，被建立在物质文明之条件下。除非放在物质文明的基础上，否则没有精神文明的存在。一旦找到这个基础，在每一个时代或各个民族，精神文明都会开出灿烂的花朵。

"因此，精神文明是人类固有的、经常潜在的，可是只有在物质繁荣的肥沃田野上才能开出美丽的花朵。总之，无论如何加以注意，如果欠缺适当的条件，就无法启发精神文明。

"反之，只要具备这些条件，精神文明的开化就不需要任何特别的注意了。华德的上列思考，关于精神文明就不需要太费心思。

"然而，谈到文明，常常是指物质文明，而没有加上任何形容词于文明之上。究竟产生这种文明，也就是产生物质文明的力量何在？华德认为就是发明能力。文明之所以成为人类独特拥有的，就是因为人类具有这个发明能力。因此，他完全反对动物也有发明的论调。他认为这种论调是没有科学头脑的论调。发明能力和发明是华德最重视和最强调的，从他最早的著作《动力社会学》到最后的著作《应用社会学》，花了很大功夫讨论这个观点。"（田边寿利：《华德对斯宾塞的批判》，《社会学杂志》1924 年 1 月）

此处所谓的发明能力，相当于我们所说的价值创造力。至于一般发现，就是指认识存在的本质。

发明能力是价值创造的泉源（社会理法的发明及其价值）

"发明能力是区别人类和动物的一切效果的关键。如果欠缺发明能力，人类就不可能长久在地球表面上居住或繁殖。这个能力正是一切技术的基础。这个能力正是科学上一切发明的基础。这个能力正是所谓物质文明，它成就一切。把有关自然方面已知的各种法则，适用于人类的用途上，这个能力造就上列物质文明的一切。

"一切种类的科学由于其法则的发现，一旦成立就立刻发生益处。无论其范围的大小，没有一个自然法则不被使用于这个目的上。阐明控制现象的不变法则，就是科学的真髓。

"凡是被称为真正科学的都具有这种特质。如果社会学是一门真正的科学，就应该具备这种特质。诚如人类对于其他科学付诸使用，一旦真正了解社会的各种法则，并且确立社会科学，这种科学必然可以实际加以利用。"（田边寿利：《华德对斯宾塞的批判》，《社会学杂志》1924 年 1 月）

人类不可能增减自然的力量与物质，但是可以支配它，创造价值。独创或发明属于此。

人类没有增减世界质量总和的力量，但是人类为了提高生活质量，可以改变某种物体，使其成为崭新的存在。这就是发明、创造、独创，与用自然力量生产的情形并无不同。

人类又受到自由的设定，或自己承认的目的观所引导。因此，目的观念可说是指导人生的方向。

既然我们承认教育的目的是要培养增进受教者本身和整个社会的幸福之价值创造能力，就要承认德育、利育、美育三方面的分工手段。但是这三方面是统整在人格的三个层面的，而非单独可以达到幸福的人生。

第六章　教育目的观的演化

综观教育史，可见教育目的观是顺应时代变迁而有种种变化，以迄于今。是否应在此安定下来？如果不安定下来，将来还会变迁的话，究竟会往哪一个方向进展呢？要判断这个问题，有必要探讨过去变迁的痕迹。

换言之，这是不规则的偶然变化，或者是其中有哪些可以捕捉的特质呢？基于我们长期的观察，综观自古以来的变迁，可得到下列结论。

1. 由部分到整体：教育从一技一能的养成此人格的部分目的观，到以培育善良的人或有用之人为目的的变化，是很明显的。

读、写、算等目的观，与其说是培育善良的人，毋宁说从人格上看来是属于部分的。不过，我们绝不可就此认为善良的人可以不重视读、写、算。父母或教师心目中的善良的人，当然也包含有用之人的意义。

这些变化说明了教育目的观，就个人的意义而言，是从部分进化到整体；从社会意义看来，原来以社区的一部分的生活为目的，逐渐进化为以社会整体成长为目的；原来以适应一部分特殊阶级的生活为目的，逐渐进化为以整个阶级为目的。

2. 从盲目到明目：教育起初是无目的、盲目的状态，逐渐进化为明确的目的观。

首先一个人要生存就必须适应环境，确立其生存权。其次序有下列两个方面：

第一次确立：对于自然环境。

第二次确立：对于社会环境。

后者的阶级是最早实施有组织的、有意识的、有目的的教育。狄尔泰所说的"历史告诉我们，各个精神科学的形成都是从特殊阶级的职业教育之需要而产生的"（胜部谦造著：《狄尔泰的哲学》），说明了从无目的到有目的的教育成长过程。

也可以如此说：

第一期——以适应个人所隶属的阶级之生活的一部分，为教育目的的时代。

例如，贵族阶级需要保持其地位、品格的道德、文学，武士阶级视武士道和武艺比文学重要，商人阶级则需要商业用的读、写、算的教育。

第二期——使所有阶级共同需要的个人生活能够全面发展，以此为教育目的的时代。

具体而言，这是一个对于超乎个人的团体生活尚未明确意识到，以个人生活为最高理想的时代。也就是把大众当作自己荣达手段的英雄专制政治时代，也是对此反抗，要求个人无限自由的时代。

第三期——人们逐渐意识到社会性的团体生活，察觉到个人只是其中的要素，企求圆满的社会公共团体生活，为真正幸福的时代。

换句话说，英雄、政治家等不再以社会民众为自己生存的手段，而是根据社会生活的需要，提供自己的生活去做贡献的时代。

现在的教育是否到达第三期，还有一些疑问，但将来的教育，首先必须根据此目的观来促进。不论哪一个民族，在愚昧无知的社会中认知教育的需要，然后加以经营，这种时代的教育目的，往往是茫然的。接着，漫然的期望教育能对处世有益，随着时代的变迁，教育目的观从部分到全体，从无目的朝向有目的变化，如前所述。

综观这些变化的痕迹，将教育客体的受教者数量增加及阶级扩大比照的话，可以发现其间有密切的关系，而且教育目的观的变迁有因果关系，是循着必然的路径演进的。兹归纳如下：

1. 从无意识到有意识，亦即从盲目的目的观到明确的目的观。

2. 从盲目的目的观，到道德生活的目的观。

3. 从道德生活，到更广的经济物质生活的目的观。

4. 从经济物质生活的目的观，到更广的文化生活目的观。

因为别人那样做或说是一种流行，而用模仿的心理去做，是原始时代的必经之路。即使在文化进步的现代，在无知的阶级那里仍然如此。

最早实施教育的是贵族阶级。教育在当时和交通机关一样，是属于贵族独占的机构。当时他们的衣、食、住等物质生活，有所谓的世袭财产制度保障，有奴隶制度建立起的物质生活基础，所探讨的，都是以上流的知识分子等支配阶级所需的道德生活和政治法律为主，这是不足为奇的。

可是，当教育不再由偏于部分的特殊阶级独占，普及到全体国民之后，其目的观就不允许偏向人生的一部分，而向更广泛的目的迈进是当然的趋势。

但是明治维新后，在当时的情况下，改善物质生活却是教育改革的当务之急。由于过去封建时代的道德生活是背离时代的，在反作用之下，让人们一时误以为顺应物质及经济生活的教育，才是教育整体的目的。

从明治年代到大正年代的过渡时期，教育的利弊明显表达于意识上，无法安定下来。随着文化概念明朗之后，人们才认为广义的价值生活即是教育的目的。

总之，回顾教育目的观变迁的途径，可知最初是从一部分支配阶级的部分目的观，发展到广泛的社会阶级之全人意义的目的观，直到与现在的文化概念一致，是从生活的部分观演进到整体观。

但是在公共意义上，教育被分化到社会分工，被设置特殊机构，受到社会瞩目，是日本私塾教育兴起以后的事情。在此之前，当然不是没有教育。就像现在未开化民族那样，各个家庭里曾实施个别的、一部分的或充实其职业生活所需的教育，是毋庸置疑的。

价 值 论

第二章　真理与价值　认知与评价

第一节　真理与价值

一

明确价值的概念，并准确无误地理解其表现，自古以来，很多学者都试图做到这一点，而且它也成为争论的焦点。同时，这也是现代哲学领域极具重要性的一个问题。因此，我在此将真理与价值的概念区分开来，并揭示二者的本质。这对于解决哲学上的争论，颇为重要。那也是教育的目的与内容的根本所在。同时，它对于构建教育学的体系也是极其重要的。

为了明确价值的概念，首先必须尝试做的事情是，将"价值"这个词所包含的相应的概念和其不可能包含的概念区分开来。因此，先要明确了真理与价值的概念，才能够进一步去弄清楚它们之间的关系。人世间所宣扬的所谓的真或者说真理，其本质究竟是什么呢？此外，被称作价值的东西，其本质又是什么呢？

想要发现真理的人充分把握了宇宙间千差万别的事物一律平等的共通性以及普遍性；而想要发现价值的人，比起找出某事物与其他事物的共通性、普遍性，他们更想要弄清楚隐藏在事物内部的，能够明显区别于其他事物的个别性、特殊性，以及这些个别性、特殊性与人类社会和我们人类的生命之间到底存在着怎样的联系。如此一来，如实地表现实际存在的事物的东西就是真或者说真理，而表现事物和自己之间的关联性的东西就是价值。

因为价值所表现的是事物与人生之间的情的关系，所以它和说明事物的概念以及事物相互间关系概念的真理具有各自完全不同的性质。前者表示的是事物质的等同性，而后者则表示的是在事物和评价主体之间所产生的量的适当性。

人类对于与自己无关紧要的事物毫不在意，很多时候甚至根本没有意识到某个事物的存在。然而，对于或多或少对我们的生命产生影响的事物，我们应该明确地意识到它们的存在，并感悟它们与我们人类之间的关联性。对于危及人类生命的事物，我们更加不可忽视它们的存在。野兽和家畜之间的差异无非就是，它们是否具有和人生的某种关联性，以及它们各自所具有的关联性是否存在差异。换言之，第一次被当作一个与人生毫不相干而搁在一旁置之不理的事物之后，一旦它那种容易让人倍感亲切的老实温顺被人的某个动机所发掘出来，它就会在不知不觉中被人类所利用，紧接着被人类有意识地利用，然后它的实用性就会被实验所证明，这个时候它才作为一般性的家畜和人类缔结深厚的关系，最后我们人类终于认可自身和家畜的某种联系，也就是认可家畜的价值。

真理是一个如实地表现出来的实在的概念，实事求是地阐明事物样子的东西就是真理。无论它和人生有着怎样的联系，只要是如实地表现了实际存在的东西，我们就绝对会把它当作真理来接受。但是，如果不把和生命相关的概念作为基础的话，价值这个概念是无法成立的。被五官所察觉出的实际存在，刚开始只是单纯作为感觉器官所感受到的一种表象而被人们所接受。而且，人们能够认识在此表象的基础上形成的观念。但是，以某种力量的形式表现出来的实际存在，并不只是单纯停留在感觉刺激上，而是以一种更加强烈的不顺从的力量触及人的生活。因此，它在某种程度上会影响我们人类在做出回应时所流露出的感情，或是快乐，或是痛苦。故而，社会将基于此而产生的测定性对象与人的主观意识之间的某种关联状态称作价值。

在认识过程中，首先我们要把握事物内在的、最能表现其共性的东西，然后抓住事物的本质，最后在此基础上形成概念。

真理概念中所阐述的性质，是从客体和与之相关的现象中客观抽取出来的；而价值，则是权衡主体与客体关系的结果，是根据客体影响主体的作用范围和程度来进行判断的结果。因此，认识上的真理是等同的，或对或错，或真或假，只能二者择其一，别无其他，根本没有第三者存在的余地。与此相反，和人的主观意识相关联的价值是合宜还是不合宜，这并不具有质的等同性。而且，真理不管是和人，和时代，还是和环境都毫无关系，它是永恒不变的。价值仅仅因人而成立，这一点是不言而喻的。

二

真理不能创造。它仅仅停留在自然而然地将实际存在的事物如实地反映出来给人们这一层面上。与之相反，价值可以创造，而且它也具有能够被人们发掘出来的特点。相对而言，在人类的日常生活中，作为生活资料的天然物质起初全部都是没有经过加工的，被人类自然地加以利用。也就是说，当时人们只停留在发现其表面价值的层面上。然而，之后，人类经过许多世纪的努力而从大自然获得的恩赐，随着时间的流逝，它们对于人类的有用性也不断增加，人类也不断对其进行改良发展，然后终于达到今天这个局面。这难道不可以说是增加或创造价值吗？

所谓创造，就是从自然界实际存在的事物当中发现它们与人的生活的关联性，并对此做出评价，然后进一步对它们进行加工改造，使其关联性进一步增强的过程。我们应该完全依靠人工来改变自然的秩序，然后形成一种特殊的秩序，以此来进一步增加自然事物对人的生活的有用性。我们把这个过程称为创造。严格地说，创造仅仅适用于价值，它对于真理是不适用的。也就是说，真理只不过是被发现的东西，而价值是既能被发现又能被创造的东西。

我们有时也会发现价值。在发现价值的存在以及程度的情况下，无论是自然的还是人工的，因为是第一次发现已经实际存在于这个世界的东西，所以社会不称这个过程为创造，而称之为价值的发现。与此相反，不知道是世界上的哪个人提出了与人类的相关联性这个前所未有的概念，这种情况，我们可以称之为发明，亦可以称之为创造。人类通过这种活动获得了利益，增加了自身的快乐和幸福。

以上进行详细说明的真理与价值，尽管它们具有完全不相同的本质，但是它们又好像被分成了同一性质中的两种不同的种类，这是什么缘故呢？先觉者们一旦提出某种观点或理论，然后几乎就被作为一种自明之理，丝毫不会被质疑，无条件地被后来者所承认与接受。难道不正是因为长时间地沿袭这种理论，最后才导致它成为一种固定下来不可动摇的东西吗？换言之，就是因为先哲们混淆了真理与价值的本质，才导致这种结果，除此之外，别无其他原因。……

就同一个问题，不同的学者从不同的方面进行不同的研究，在此过程中，学问也不断地向前发展。但是，拥有不同智慧的人从不同方面根据不同的指导思想进行研究的话，多多少少结果会产生些差异。这也不是不可以预料的事情。于是，之后就会产生各种不同的学说，这也是理所当然的事。而且，那几种不同学说全部都不是错误的，可以说它们都是具有一定价值的。既然连相扑比赛都会出现平局，那么当出现两种以上的学说时，就不能够贸然地下结论说，只有其中一种学说是正确的，而其他的学说全部都是错误的。而且，从评论者的角度来看，尽管他们承认了所有的学说都是正确的，但是对于自己最中意的一种学说，他们总会想要给它判定获胜，这种事情恐怕是不可避免的。不论是谁，都喜欢从被修正过的几张比较完美的照片中挑选出自己最喜欢的来使用。这和之前所讲的道理也并不是不相似的。

如上所述，"所有的学说都不是错的"，我认为，这仅仅对于价值而言可以说是妥当的说法，而对于真理来讲，它是并不合适的。

真理需要得到事实证明才能被人们所认可。不管解释说明有多么巧妙，对此进行了事实证明之后，可以认识到其真实性。一旦被判定为是错误的东西，人们就很难称之为真理。也就是说，通过人的认识能够了解和获得事物的正确性，但这只能通过冷静的、理智的思维分析活动去获得，绝不是人的感性就可以获得的东西。通过正确的认识而产生的真理，如果被好恶所支配的话，真理的普遍性与正确性就不会被人们所认可。但是，主观是由人的感性来评价的，价值始终无法摆脱它与主体之间具有的某种关联性这个本质。因此，想通过评价来认可真理，这难道不是一件徒劳无益的事情吗？这难道不是一件极其荒唐的事情吗？

李普斯说："不管在什么时候，真理都能通过我们所提供的事实的现象来证明，它是一个具有这种特性的概念。与此相反，纵使价值是一种客观的东西，但我们可以将它和主观的东西区分开来。它并不是一种可以通过所提供的事实来证明的东西。但是，如果不推断其存在和成立的可能性的话，我们的评价行为就会彻底失去根基。"

三

　　当听到发生地震、火灾的消息，相关人员一定会立即陷入极其惊恐与忧虑之中。他可能会想，那个消息到底是否属实呢？也就是说，他想确认报道的真假性。如果是确实存在的事实，报道就是真的；如果不是事实，报道就是假的。此外，如果是捏造的事实，一旦被当作实际存在的事情传播开来，就属于作假；如果从一开始就说是根本不存在的事情，则又属于真实。即使同样都是真实的，但前者是有而后者是无；尽管一样都是虚假的，但前者是无而后者是有。尽管都为真或都为假，但判定的对象是完全相反的。在此，我们应该可以明确地意识到，善恶、美丑等价值判定的对象与真假的对象是完全不相同的。

　　话虽如此，小的善行相对于大的善行而言就可能变成了恶行，小的恶行相对于大的恶行而言就可能变成了善行。就好比 20 ℃的水对于刚从 10 ℃的水中拿出来的手而言是温暖的，而对于刚从 30 ℃的热水中拿出来的手来说是冰凉的一样。但是，这种情况是因为在对比之下产生了某种差别，这和前面相对而言的差别是完全不同的。

四

　　真假和好恶具有完全不相同的性质。真假也是一个与美丑、善恶、利害等完全不同性质的概念。美丑、善恶、利害等会因为主观意识的不同而产生好恶的差异。有时，一个很美丽的事物在其他某些时候也可能会变成丑陋的事情。虽然是同一个对象，相对于甲而言就可能是善，而相对于乙而言就可能是恶。此外，它对于一个事物而言可能是有利的，对于另外一个事物而言就可能是有害的。而且，这个世界上没有谁会喜欢恶、丑、害，这是人之常情。然而，因为真实或真理是一种如实表现实际存在的东西，所以那种表现的真或假中绝对不应该掺杂好恶的感情。比如说，这里有一个瀑布。在这种情况下，"这是个瀑布"这种表达就是真的，而"这是一条河"这种表达就是假的。不管表达是什么样的，瀑布它本身这个实际存在是没有产生任何变化的，问题仅仅在于表达是否真实而已。因此，"这是个瀑布"这种表达是真实的，一旦瀑布作为一种正确的认识被固定下来后，不管它和人的生活有着怎样的关系，它的真实性是没有任何变化的。仅仅因为是真实的就喜欢，因为是虚假的就憎恶，这种事情是不可能有的。因为不可能所有的人都喜欢真实而憎恶虚假。有人认为，不管是谁，都会喜欢真实而厌恶虚假，就宛如喜欢美而厌恶丑、喜欢利而厌恶害、喜欢善而厌恶恶一般。我们所看到的就是这样，误认为真、善、美就是人类共同理想的根据就在这里。但是，这仅仅是口头上说说而已，并不是如实地表现实际存在的事实。这才应该称作完美的虚伪，它是一个完全不真实而且虚假的概念。

的确，没有谁会喜欢撒谎或欺骗别人的人。但是，在这种情况下，我们加入了自己的主观判断，我们厌恶的是虚伪的恶人，而并不是虚伪本身。同样，不管在什么情况下，我们都喜欢说真话的人，这可谓是人之常情。但那也并不是针对真话本身，而是对于说话人的一种评价。那么，至于是否在任何情况下我们都会喜欢说真话的人，厌恶说假话的人呢？恐怕未必能够这样断言。假使说出真话，有人会觉得困扰的话，在这种情况下他多半会喜欢说假话的。如果被告真的犯了罪，仅仅因为不喜欢还原真相的取证，到了某个极端的时候，就会怨恨说真话的证人，甚至对其进行报复。害怕被报复的证人动不动就会想说谎做伪证，因此，他又会因受到做伪证这项罪名的恐吓而想要拒绝说谎话。那么，是不是所有犯了罪的被告都会希望证人说假话呢？这恐怕也未必。说出真相的一方有时反倒也会处于有利地位。这暂且先不论，以上的事情并不是关于真假的好恶，即对真假的评价，因为是对说真话或假话的人的一种评价，所以可以说它和本文中心议题没有直接的关系。总而言之，"真假"这个词自不必说，因为通过这个词所表现出来的对象也不可能成为评价的对象，所以它的性质和被判定为美丑、善恶、利害的对象的性质是完全不同的。说不定同一对象在不同的场合，看点也不尽相同。如果传来发生地震、火灾这样的报道，与此相关的人员一定会因为担心亲人朋友的安危而立刻陷入极度的惊恐与忧虑之中。在这种情况下，因为在不知道消息是否属实也就是报道是真是假的同时，应该没有人会不在内心默默地祈祷报道不是真实的吧。如果那样，那么，这种情况就成为喜欢虚假而厌恶真实的情况。认为人类必然喜欢真实而厌恶虚假的这种判定，是不是也证实了所谓的虚假呢？总而言之，真假和好恶是两个完全没有关系的概念，在把判定为真假的对象与好恶相混淆的错误中，以及在把形成真假判断的主观意识与好恶相混淆的错误中，就好像必然会存在某些因果关系一样，这只不过是一个会招致谬误的东西。然而，价值和好恶的关系并不像真假和好恶的关系那样。从这点出发，应该也可以明确真理与价值的区别。

五

从生存欲望上看，人们所追求的目标都是拥有善或者美或者利这样一些财富，而不是如实地表现实际存在的称为真实的东西。善和利在本质上没有太大的区别，我们可以通过经历来认识和获得善中所没有的利。但是，由于对于作为评价主体的社会本身而言，不利的善是不可能有的，因此我们清楚地知道，两者具有相同性质，它们只是会因为评价主体的不同而表现出不同的价值。也就是说，评价主体不同，人类会对其进行不同的价值利用。

换言之，利害是每个人为了自身的生存所采取的手段，是对实际存在做出评价而产生的一种价值观；善恶则是每个人在要素统一的社会中生存所必须采取的手段，是人类对有意识的行为做出评价而产生的一种价值观。这种情况下的判断只能在那个社会范围内通用。在判定善恶、利害时，每个人争论的焦点会有所不同，这种情况就被认定是所谓的利害。

虽然善、美、利这三者和真之间的关系是完全不相同的，但它们在某种程度上具有共通性，任何人对此只要稍加考虑就很容易认可。它们各自和真之间不存在任何相似之处。恶也好，丑也好，害也好，只要有能够名副其实地表现它的事实，那么它就是真实的；反之，它就是虚假的。与此相同，善也好，美也好，利也好，如果这不是所表现出来的事实，那么它就是虚假的；如果就像所表现出来的事实一样，那么它就是真实的。在这种情况下，真假没有丝毫评价的意义。它仅仅是纯粹地在判断客观事实的存在与否，其中没有包含丝毫主观感情的因素。真假与价值是两种完全不同的概念。它们之间最重要的差别在于，前者指的是同形性，后者则指的是某种程度上的关联性。因此，它们一样都可以说是普遍意义上的妥当性，但一方是从质的方面而言，而另一方是从数量方面而言的。一方仅仅指的是同一性质，而另一方则指的是以评价主体的生命作为对象的关联性的量的程度。

六

在当今社会，几乎没有什么危害会比将认知与评价混淆的危害更大了。因为与使文章的理解晦涩难懂，以及对文章某些部分的取舍采取模棱两可的做法相比，没有比这更严重的事情了。甚至有相当一部分的有识之士，他们也没有意识到在日常生活的言论中自己也会频频将认知与评价混淆，甚至都没有理解就对赞成或反对进行激烈的争论，这样的话，不是随随便便就暴露了自己的好恶吗？宪法刚一颁布，就立刻做出判断，认为宪法的精神得到了实施的人，以及在教育敕语发布纪念仪式庄严举行之后就认为自己理解了教育敕语的人，他们都属于混淆认知与评价的那一类人。在学校，像教育敕语那样受到重视的东西到底有吗？每年，四大节时庄严地捧在手里读的总是修身类教科书，除此之外别无其他。因为自己想要尽力学习现阶段所有的知识，而且我也正在从事这方面的工作，所以我认为以上的那些做法是很有必要的。但是，目前我心中还是没有一些好的方法和好的提议。……

　　学生问老师："这是什么？"在这种情况下，老师却责问学生："连这你都不懂吗？"这不明显就是混淆了认知与评价的一种表现吗？询问的人并不是想弄清楚自身的能与不能，他只是因为不了解某个事情，所以才提问。换言之，他只是在求教。像这种对人进行能与不能等人格类评价的事情，人们多少是会有所理解的。然而，先抛开提问的目的不谈，不做任何要求，直接将注意力转向别的事情，一边胡乱地威慑学生，一边又想要以此来推动他们对事物理解的发展，这种做法看起来似乎会使学生的思维变得更加混乱。如果跟着这样的老师学习的话，落后的学生将只会是变得越来越低能。父母和哥哥姐姐在指导自学的孩子的时候，对于孩子不明白的地方只会起急冒火，严厉地斥责。他们误以为通过这种做法就可以达到教育的目的，这是因为他们同样也犯了将认知与评价混为一谈的错误。

　　可是，如果发问人提了一个非常低级的问题，回答者故意避开正面回答，只是加以评定，且稍微给他一些羞辱，就会使他的依赖心受到挫败。通常，这本来是作为一种使其成为一个独立思考的人的权宜之计，希望通过这种方法来让他奋勉。但是，这是在自己清楚明白的情况下故意做出的举动，这和前面的例子中无意识地将认知与评价弄错的情况是完全不同的。想要发现真理，于是就冷静地进行讨论，结果因为每个人的感情逐渐激动起来，导致最后变成了言语之争，使得重要的议题反而被搁置到一边，这种行为难道不是世间常有的事情吗？

七

为了明确价值的概念，最重要的是首先要弄清楚它和真理的关系，对真理与价值进行严格区分，以此作为整个过程的第一步。如果缺少这一步的话，就算是再多的讨论也终究是徒劳的，因为这是一个基本且重要的问题。赞成也好，反对也好，对荒谬地将不可能存在的概念弄混淆的行为置之不理，这种做法在学术良知上是绝对不允许发生的。

价值概念不像实际存在的事物那样容易描述。要解释清楚这个概念，无法使用其他的词语，只有通过直觉，除此之外，别无他法。对于价值概念，需要用主体和客体关系的概念来说明，这个关系概念相互关联，包含在实在概念范围内。价值概念只能被限制在这一点而不能进一步扩大。

真理将此还原为事实，使抽象的概念具体化，它到底是否和事实相吻合，就需要通过实验来证明。但是，价值仅仅通过这样的理性论证是无法证明的。本来，以客体和主体的相关力作为代表，只有通过对关系对象的反作用力实验才能证明其价值，除此之外，别无他法，这就是前面我反复说明的一个事情。

有一种争论认为，实用主义之外的价值是一种逻辑的价值，它将真理与价值混为一谈。对于这种争论，通过下一轮论证，我将不仅能够立刻肯定真理与价值两者之间易混淆的地方，而且应该也能进一步阐明这样一个问题，那就是：真理与价值两者是处于同等地位的，它们并非处于对立关系之中的两种不同性质的事物。换言之，因为有被通称为"真的价值"这种东西，所以不真实的价值，也就是伪价或者说虚价就会用一个与之相对的概念来表示。从这一现象来看，认为真理可以直接表现价值，以及认为真理必然具有价值的这两种见解的错误之处应该无须多言就已经很清楚明了了。或许，我们可以通过使用"有价值"这种说法来描述某个事物，然后对其真实与否进行判定，再以"真价""伪价"或者"实价""虚价"等词将其表现出来，这和判定某些对象的真假没有什么不同之处。总之，即使都是判定对对象的评价正确与否，但必须说明的一点是，切忌将价值与真理混为一谈。

实用主义认为，真理是一种逻辑价值，真理普遍有效性越大，价值也就越高。实用主义将真理与价值看作是两个几乎相同且具有相同性质的事物。即使承认将真理与价值视为同等事物的这种判断是正确的，如果将价值解释为对人有用的某种性质的话，在逻辑上，作为理所当然的结论，就必须归为"真理就是要对人发挥作用"这样一种实用主义的说明。对人有用，就称之为真理。为了弄清这种思想正确与否以及它的真假，我们必须确定下面两个问题中哪一个能被实践所证明：我们能通过实际的经验证明，因为一个事物有用，所以它是真的吗？我们能在真理与价值间划一个明显的界限，从而否定它们都属于同一范畴的断言吗？

因为认为对人有用的事物至少对人具有经济价值的这种观点，即使在某种程度上是谁都无法否认的，但是，如果承认价值与真理是一样的事物且把它们都归入到价值概念中的话，那就必然会归结到实用主义的提法上来。虽说如此，但是"因为是真理，所以它就对人生有用"这种思想与我们实际生活中的事实相联系，因此我们是不可能立即对其予以肯定的。因为也有许多事物虽被视为真理，却并没有对人发挥有效的作用，导致对人是否有作用这个问题被置之度外。但是，真理的探究是必须将此过程进行到底的。

....

发明与发现的动机未必只是利用事物的价值来改善生活，这一点肯定是事实。但是，如果不以此来作为大发明、大发现的动机而轻率地做出判断的话，恐怕也会得出一个与事实相反的结论。因为我们不能轻易断言说，圣人、贤人这些人的人类爱①的内容往往不在于对物质的利用。这未必就是说人文主义者厌恶利用价值来改善生活这种事情。只有将利用价值来改善生活这种事情限定到个人时，它才可能会带有令人厌恶的性质。如果利用事物的价值来改善生活这个事情超越了个人我，向社会我扩大，并且达到"愿以此功德，普及于一切，我等与众生，皆共成佛道"这种境界的话，不仅不会再有任何令人厌恶之处，而且不是也与主张者所期待的"只有忘我地追求真理的圣人才会有伟大的发明与发现"这种理论相一致吗？

……不过，是因为缺少社会这个解释，所以才会对于这一点不理解的。对社会无知的原因在于没有传授知识。从实用主义的角度来说，唯一可以称作价值的东西是生命，其余的除非是和生命扯上某些关系才能够称作价值。

总之，如果要理解客体实在的本质，并用一般地被社会所普遍认可的语言来恰当表述的话，可以用"真"这个词；否则可以用"谬误"这个词，又或者还可以用"虚假"这个词。所谓的真伪，仅仅只限于指明实在与表现之间的关系正确与否，而并未触及客体与我们人类生活之间的关系这一层面。与此相对，用美丑、善恶、利害的标准去评判事物的价值，则会表明客体对主体生命产生的某些或者说某种程度上的量的关系。真理与价值这两者完全不会形成

---

① 人类爱，指超越种族和民族的对全体人类的爱。——译者注。

对比，它们是两个不同性质的概念，我们必须清楚地意识到这一点。总而言之，真理指明了基于认识作用的描述与客体的质的关系的正确与否；与此相对，价值则表示客体对主体生命的量的关系的某种程度。这两者并非那种可以相互替换、具有相同性质但程度不同的关系，就像被说成是真价或是伪价，或是有价值的真理，或是实在，或是有害的法则等一样，它们之间是相互制约的关系，它们是两个完全不可比较的具有不同性质的概念。如果采用这种对比方法进行比较的话，那么利、美、善这三者都有一个不会与其他一方相混淆的特性。这种现象的原因就在于它们三者在某种程度上共同拥有均等地被价值这个概念所包含且相互之间没有任何影响的相类似的性质。与上文所说的性质完全不同相对，利、善、美三者可以说是具有相同的性质，只是程度不同而已，应该说这一点恐怕是没有任何异议的吧。……

第二节　认知与评价

一

反省我们的精神生活时，我们会发现两种完全不同的作用，那就是认识作用和评价作用。一般情况下，我们会认为两者差不多而将它们弄混淆，这对我们认识作用的发展会产生很大阻碍，所以一定要如上面所述，严格地区别这两种作用。

我们了解事物，这种内心活动就是认知作用。说到评价，它是一个哲学用语，虽说听起来与日常生活相去甚远，但这是一个小孩子都能理解的词，我们可以按照字面意思来使用它。

以前，威廉·冯特试图把思想方式分为感觉和感情，基于此，我们就能够区分认知与评价这两种作用。我们就能够知道，这两种相对应的作用事实上并不是完全不同的东西，原本所有的精神现象都只不过是同一种生命统一体的不同表现。主体在一定程度上意识到客体影响时，就会相应而动，我们称此过程为评价；而获得客体反映在主体中的印象的过程，我们称之为认知。认知意味着将我们的注意力转向客体，将它的性质状态形成观念并记在心中。换句话说，认知是对客体的性质以及它与主体关系的理解，而评价则是对客体与主体间的相关力的测定。也就是说，认知是客观的，而评价是主观的。

价值的合宜性不像真理那样具有普遍性。认知有客观标准，因为要按照这个标准来判断，确认有无、异同，所以，无论多少人看待真假、正邪，都不应有不同的判断。然而，评价的标准受各人主观特有的感情所支配，它也是无法表达出来的。也就是说，因为是通过自己本人都不确定的标准来判断外界对象，虽然偶尔会对使自己产生共鸣的事物持赞同意见，但对于除此以外的其他东西就再也无法认同。

············

认知的客体不仅是静止的、有固定意义的事物，而且也有动态的现象。认知就是心灵从不同和相同两种观点中形成观念的过程。或者说，它是从不同和相同——无论是生和死、出现和消失、静止和运动——的观点认知事物的工作过程。这在我们人类的日常生活中应该是谁都不会有异议的。说"这是什么"是指，这是和自己曾经历过后所知道的东西完全一样的东西；说"这不是什么"是指，这是和自己所知道的完全不一样的。因此，肯定时是相同，否定时是不同。肯定和否定表示异同，有什么和没什么表示有无，"这是什么"并不意味着存在。"狗是哺乳动物"这一说法是指，狗被包含在哺乳动物的概念之中。也就是说，狗这一概念和哺乳动物的概念在主要性质上是一样的。"这是狗"是指，现在眼前出现的实际存在不是迄今为止所知道的其他东西，它具有狗的性质，属于狗的同族，虽然不是真正的狗，但它在整体概念以及主要性质方面和狗是一致的。

"××是××"这种说法不是就存在说明某个东西，也不是就分量说明、主张什么，它只不过是在描述物体的形状和性质而已。"这里有××"不外乎是说明事物的存在，除此之外什么也没有表明。与"无"相对的是"有"。而且，说"什么"是以表述事物的性质为前提的。然而，说到"这是什么"，它并不是在追问存在与否，我们不需要考虑事物的外在，也不需要考虑其内在，它只是意味着较大的概念中包含有较小的词的概念。

当批判或者评价刺激主体的实际存在时，我们内心总有一些主观的标准，如"这好美"，或"这好丑"。按照这一点，在这种情况下，美丽、丑陋并不是在探究对象的真假，它只是在关注对主体的影响程度。根据被唤起的感动、愉快或不愉快等程度深浅，我们可以测定对象的相关力。

在此种情形下，有一些很强的理性因素。由辨别美丑的心灵概念而得出的判断美丑的基本标准，其实都是性质相同的东西，虽然它们所包含的作用与认识的作用是一样的，但是，真伪、正邪的辨别并不是我们主要的目的，而且我们也不能仅仅停留在这一点上，与其更进一步探究对象的本质，倒不如去关心、留意与考虑相关力的多少。

二

如前所述，真理是通过对实体以及与之相关的现象的刺激做出一定理智的反应而获得的概念，它具有质的合宜性。而价值则是通过对实体以及与之相关的现象的刺激做出某种情感的或者是半理智半情感的反应而得到的功能合宜的概念，或客体影响主体的关系的量的合宜的概念。

通过认知获得的概念，或者说由认知的结果而得到的概念是作为一个实体的性质概念或作为实体间的关系的概念，我们称之为真理。价值是主客体之间相关力的量值概念，它是根据评价或评价的结果而被接受的。

············

三

为了品味我们的日常生活，我们要充分认识存在于我们生活环境之中的现象与客观实在。之后，我们可以分以下几种情况：只进行评价，抛开认知进行评价，评价之后再进行认知。

当我们在追求某些东西的时候，也可以分以下两种情况。一种是在体会了解那种物质和自己生活的关系，即认识到它的价值之后再去追求它。另一种是因为听到别人说它很时兴，所以自己也认为它肯定是一件很不错的东西，然后就抱着这种想法去追求它。在这样的情况下，大多数人都把进行评价误认为认知。而且，在追求的过程中，如果不首先做出"很好"这样的评价的话，即使我们想要去认知，也是绝对做不到的。

换言之，在认知之后进行评价以及在形成正确的认知之后马上就进行评价，这两种情况大概是任何人都曾经历过的。每个人的评判中也会有相同的东西。自己都没有亲自去看一看，也没有去向人询问打听，更没有进行确认，也就是根本没有通过自身经历去认知，只是随意地相信别人的评判，一味地附和雷同，这就是以上所说情况的一例。

即使是那种只有在相当准确地认识事物之后才敢断言事物性质的毫不随便冒失的人，当他从别人那里听到某种说法的次数多了，他也会在某个时候变得逐渐相信别人所说的话。虽然刚开始的时候他坚持正确地看待人和事，但最终对于那个人他觉得很过意不去，到最后连他自己也相信那些话，并将它传播给周围的人，结果到头来就形成了无风不起浪的局面。我们可以推断出，这种评判之中，除了评判之外肯定还存在着某些缺陷。这八九不离十大概就是如今社会的现状。"认识"这个词在这种情况下和"理解"是同义的。

大致有这样两种人，一种是先理解了之后再敬佩的人，另一种是敬佩后才能理解的人。先敬佩后理解的这种人，如果是不先产生敬佩之情的话，他根本就不会想要去理解，这就是所谓的"无故地讨厌"或"有偏见"，这种情况很常见。先敬佩后理解的这种人，根本没有认真地去理解，总是抱着一种自己好像已经深思熟虑过的态度，仅仅因为是人们所尊敬的某个人说的话，就认定它不是虚伪的，并对其不持任何疑问，这正是所谓的"囫囵吞枣"。从事社会指导性工作且具有自我意识的人就暂且先不谈了，要是没有自我意识的话，不管是谁，对于自己的研究领域或者专业知识以外的事情，大概都是依靠别人的判断在生活，这再平常不过了。因为对于所有的事物，如果我们都凭借自身的力量去认识的话，这在实际上是不可能办到的事情。

四

认识的客体和认识主体的生命长短没有直接的联系，又或许它是一种和认识主体只有轻微联系的事物。因此，认识主体对这种现象产生了极其轻微的理智的反应，冷静地观察它的发展趋势，以一种客观的态度看待它。与此相反，所谓的评价对象，它和认识主体的生命有极大的关联。因此，评价主体无法安心地采取一种毫不相关的冷静的态度。换言之，评价主体不会满足于静观这种理智的反应，他们往往会在更加强大、更加全局的自我作用之上形成一种感情的、主观的反应，在把快乐与痛苦作为两端的主观状态之间对照着相关联的评价标准来看待对象，然后通过一定程度的感悟来评价对象。这两种作用就是认知作用和评价作用（即评判）。正如上文所述，人们经常将这两者弄混淆的原因就在于思考不充分。

五

经验和交际这两个作用是与认知和评价这两个作用相对应的。经验的作用是指，认识主体以一种冷静的态度，丝毫不考虑外在或者内在的客观现象与我们的生活的关系，如实地旁观其发展趋势；与此相反，交际则无法以一种冷漠的态度去静观，它会考虑对方对我们的生活有哪些影响，然后把对方作为与我们相关的人或物去观察，并在情感上积极地回应对方，在甘于接受对方力的影响以及享受快乐的同时，自己这一方也会根据对方力的程度付出相应的力量。我们和环境相接触以及发生联系的方式主要有两种，即经验和交际。如果那种接触与联系归根到底不是彻底的接近的话，认知就必然会受到制约而导致无法实现。因此，虽说有两种手段，但它们无外乎都属于在自然的制约范围内的接近这一类。可是，经验和交际只不过是赫尔巴特以及赫尔巴特主义者作为教育手段所列举出来的两个名称性的东西罢了。

甲　经验——感觉或者理智的协动。

乙　交际——感觉或者情感的协动。

甲把外界视为和我们人类一样的存在，认为它与自然界相对立，与我们人类的存在没有直接的联系，也不会对我们产生直接的影响，因此，正因为有它的存在，我们才会把它看作是一种对自身生命力毫无影响的东西，并能以一种第三者旁观的极其冷静的态度去客观地看待它。在表现其结果的时候，我们应尽量去除人类感情的、主观的因素，而仅仅保留客观的因素，这才是甲真正的目的。这就是自伽利略以来的科学家们所采取的态度。

　　与此相对，乙并不是这样一种和我们人类完全没有联系的存在，它和我们以及我们的生命有着密切的联系，从一开始它就作为好恶的一方与我们人类相接触。无论如何，它都不会像甲那样让人类以一种冷静淡泊的态度去接近它，就好像恋人约会时所作的这首歌一样："不管我怎样掩饰自己内心的爱慕之情，最终它还是表露在我的脸上。身边的人甚至问我说：'你是否在思念着什么？'"无论头脑多么理智，尽力想要抑制内心的动摇，心意的萌动却是怎么也难以控制的。与其一直凝视着对象，还不如通过被对象所打动，并对此发出惊叹这样的反应来了解对象。

　　前后两者之间存在着这样的不同，归根到底是因为它们与外界的接触方式和主观上的接近态度不相同。前者抱有的是一种纯粹理性的态度，自始至终都是想要把对方看透彻，然后才去凝视它；而与此相反，后者只是基于一种情感交流。

六

　　将认知与评价混淆有各种各样的表现。

　　吵架的双方都要受罚，简单裁定的方法就是这样。

　　弄错事实，然后向其他所有人复仇，并杀害了别人。

　　有这样两种思想方式，一种是无认知的评价，另一种是无评价的认知。

　　上诉到最高法院就是请求对先前的评价再行审议，最高法院传讯就意味着对认知与评价的重新修正。

　　那么，为什么会有误评和错判呢？

　　认识有对有错，它们分别是正确认识和错误认识。站在错误认识的基础上来对事物进行评价，这种评价就是错误的。

　　医生、律师等都总是装出一副没有任何好处的样子，与其说是为了使人对他们的技术和能力有正确的认识，不如说是担心他们的当事人产生不公正的评价。这只是他们采取的一种顺应手段而已，就像美女们精心装扮自己的外表也只是为了顺应人们的认识与评价一样。

有因为误判导致危害极大的例子。在东京大地震期间，由于谣传朝鲜人发生骚乱，当时的情景就好像被水鸟振翅的声音所惊吓而逃走的状况一般。在对待这类思想问题时，有一些人总是易于误解，他们不是智者，而是不用正确的认识来评价事情的人。

第三章 认 知 观

第一节 认知过程——相同和差别

一

作为认识事物的前提，首先必须具备比较前后感觉差异的能力。我们会说"这是我之前看过的东西"，"和前面的相同"，或者也会形成这样一种判断，"以前从未看到过这个东西"，"和以前见过的不同"。前者的"相同"是前后感觉相吻合的作用，后者的"不同"是感觉差别的作用。前者是相同知觉，后者是差别知觉，作为人类最原始、最基本的精神能力，就连动物都有。鱼通过好和坏来区别食饵，也就是所谓的取舍选择。在这里，我们应该能够隐隐约约感受到那种认知能力的存在。植物似乎都在选择营养物，决定对自己生命有益还是有害的营养元素，恐怕这样说也不为过。既然目前没有什么证据能够说明植物是否存在意识的作用，那么"甚至是植物都存在着辨别能力"这种主张显然是不妥当的，但是指出这种倾向也不是没有道理的。正因为存在着区分事物的能力和把握事物的能力即记忆力，我们才会产生对事物的判断力和推理力。

所谓"A 是 A"的判断也就是"A 不是非 A"。通过感觉表象

A 的概念，之前感觉记忆中的 A 的概念被再次唤醒。相反，"非A"，"与 A 相异"的所有的新旧观念都和符合 A 的观念相分离，沉降到意识的层面之下。这种正反两方面的力量，也就是合和分共同作用形成判断。结果，首先形成"这个和那个是相同的"肯定判断，然后形成与此相对立的否定判断。所谓认知，就是对我们识别事物的思维方式的命名。……

区分同和异的作用在于能够辨别空间上同时并存的事物和时间上相继发生的事物。前者是单纯的直觉辨别，后者则是与过去的感觉相比较。由于回应现在的刺激的感觉和以前的记忆存在异同，因此我们记忆中存在的东西被唤醒。

为了得出相同或不同的结论，我们只需要审视、比较两个事物即可，但是谈到推理，不仅需要辨别异同，还需要分析，也就是分析组成概念的所有要素。

二

这是什么＝相同的知觉＝和某某相同（肯定）。

这不是什么＝不同的知觉＝和某某不同（否定）。

无论是推理还是推论，都是一系列同类意识的作用。

……一方面，我们通过外形的差异来认识事物的各种存在；另一方面，我们承认同质要素，并且将其作为那类事物的本质，将本质的共同处抽象出来构成类观念。同时，我们还会根据同一事物不同时间的变化来形成认识。也就是说，尽管事物随着时间推移而改变，有时我们也认为它们是同一体。例如，人类的外貌虽说稍稍会有点变化，但绝对不会不变，肯定是会有一些变化的。这在理论和实际上都是成立的。然而，这并不会阻碍我们去认识同一个事物或同一个人。如果将变化分为甲、乙、丙三个阶段，我们会感觉到实体每次改变产生的差别。其中，反映不变要素存在的工作便是相同的知觉。

我们在考察心灵中的精神现象时，通常会把最初意识到的当作最简单而又最原始的东西，这不正是人类辨别异同的能力在起作用吗？通过"异"这种意识，我们就可以将一种个性与其他的个性区分开来；而通过"同"这种意识，我们则可以发现事物之间的共通点与相似之处。异，形成了区别和分析的基础；同，则形成了综合统一的基础。

如果违背以上所讲的规律去行动的话，我们到底能发现并捕捉到什么东西呢？要想理解并掌握以上规律，就必须使自身获得辨别异同的能力，除此之外，恐怕别无其他了。说到"力"这个词，它用于指示无法区别自然力与人力的同型同质的某个东西，除了这个词之外，我们无论如何也找不到另一个能够表现相同含义的词了。

三

所谓乙赞同甲，可以认为是乙将甲的事实如实地记录下来。也就是说，乙就像是给甲拍照一样，丝毫不掺入自己的主观意志，只是纯粹地描绘甲本身的面貌，这也就是所说的认知。

这就是自古以来人们通过观察事物所总结出来的朴素的认识论。但是，乙在观察甲的时候，不管处于何时何地，是不可能做到像给甲拍照一样，每次都可以准确无误地表现出相同的甲，每次肯定都会产生差异。换言之，即使是同一个人，也会因时间、地点的不同而千差万别。同样，关于某一事件的报道肯定也会因人的不同而出现分歧。因此，康德深知这一点之后，创立了批判性认识论。

根据康德的观点，人类的内心深处都有与生俱来的或者说先天的悟性，人类是在时空的世界里按照一定的法则去认识某个事物的。因此，当三个人同时观察某一事件时，即使三个人拥有相同的悟性，但因为他们对于范畴的认识以及灵活运用各不相同，所以他们绝对不可能写出相同的报告。

于是，我们明白了这样一个事实，那就是：我们通过康德理论来认识事物绝不是说我们可以认识被认识对象（即甲）的全部，而是认识者（即乙）按照一定的法则自己在内心形成一定的认识。

在这里，就出现了一个问题，那就是，所谓的认识就是我们对于应该认识的事物本身（即甲）去获取它的概念的过程。至于概念以外的事物本身真正的价值，可以说我们是完全不清楚的。康德也声称，客体自身的真正含义是无法认识的。康德的这种认识方法是基于这样一种观点，即事物可被冷静地观察，但它的原状不能被观察到，因为把被认识者（即甲）完全放在被动者的位置，认识者就只会根据自己随便定的标准或尺度去判断事物。（田中立野博士：《改革与哲学问题》）

虽然说康德是套用标准式的十二个范畴来对事物进行判断的，但在我看来，在套用标准式的十二个范畴之前，应先进行异同的辨别，然后再对此进行判定。也就是说，我们在认识事物的时候首先不要将甲与乙、丙、丁、戊等相混淆。换言之，要将那些与它共同存在的事物区别开来，只有具有甲的性质，我们才能判断它为甲。也就是说，它既不是乙，又不是丙，也不是丁。曾经保留在记忆中的因为和甲属于同一种类就被判定为甲的事物，事实上并非甲。这种情况不管多少人来看，都会毫无疑问地将其判断为甲。因此，我们称之为客观的概念。

的确，如果是在这种情况下的话，正如康德所说，我们想要了解事物本身真正的价值，却无从得知。概念以外的事物真正的价值很可能会不清楚，但是，可如实地捕捉到事物本性的正确表现。因为始终都没有任何错误，所以它作为具有事物本身独特本性的代表性东西而被人们普遍使用。但是，到底它是否会对事物本身真正的价值产生影响呢？

至少事物真正的价值的一部分是可以被认识的。不过，那只是事物的一部分而非全部。纵使自己有多么不喜欢康德的这种认识方法，但它是康德首次提出来的，它也并不是具有强制任何人都去认可它的这样一种性质的东西，因为它只不过是对人类自古以来认识事物的方式进行了说明，所以我们是不能够完全抛弃这种认识方法而只使用其他的认识方法的。

换言之，这种认识方法在对事物的认识上是理所当然且必需的，而且它可以作为一种弥补不足的手段，所以比起只使用康德的这种认识方法，还不如在此基础上综合使用其他的认识方法。

我们并不期待发现一个新哲学家，而应当认识那些自古以来只有少数人使用过的方法。说到底，我们应该采取一种既非概念的也非理性的方法。这样，我们能认识在事物概念外的事物的本质。

……要评价某个事物，仅仅靠人类外部的感觉器官即五官的作用是不够的。随着事物触动人的五官，潜藏在感觉器官深处的心境、心情、感情等生命的自我保护能力也会受到强烈的震撼，我们应该等待这种生命的自我保护能力开始活动以后再开始进行评价活动。

在冷静地认知事物的意识下，我们就会只停留在知道事物的层面上；如果接受了更加强烈的刺激，并影响生命的自我保护能力的话，我们就不会再安于静观的态度，而是会积极主动地反复促进自我保护效应，直至它表现出吸引或者排斥的反应，引发人类愉快或痛苦的感觉。

第二节　本质和非本质

一

从时时刻刻都在变迁流转、不知尽头的森罗万象里，挑选出某些恒常不变的事物，即使其他事物是不断变化的，但只有它们是永远都会存留下来的，而且永远也不会发生变化。正因为有它们存在，我们才能够从中抽出被人类认可的、形状和性质相同的那一部分，使其成为事物的本质。与此相比较，余下不断变化着的部分就成了非本质的东西，这样一来，我们就能对两者加以区别了。如果非本质的部分里再也没有任何重要的东西，人们就只会在那个时候下定决心将其丢弃，甚至不会再回头看一眼。于是，只有本质是永久和人类打交道的一方，它成为人类的研究对象。这是自然科学的研究方法，但它并不仅仅是自然科学的研究方法，也是我们日常生活中的一种处世方法与顺应环境的手段。所以，归根到底我们必须舍弃非本质的部分，把握住本质的部分并使它成为永久不变的事物的本体，或真理，或道理，把它作为一种只要信任它就不会犯错的东西去体验，并与它交往着。而且，事实上我们按照预期所想的去信任它，因为可以毫不费力地举出一些没有任何妨碍的证明来，所以它的信用度也逐渐提高。不管发生任何事情，它都早已作为一种无法质疑的真理而被人们所认可，人们一边接受着真理，一边安心地生活。

此外，在日常生活中，当我们和他人进行交往时，不管是有意识的还是无意识的，任何人都会先给对方定位，或敌，或友，或中立，将对手进行一个分类，然后对其进行评价，最后再给他定位一种价值。对于那个人而言，这种价值就是一个永久不变的因素。确定了对方的本质后，就继续那样安心或不安地和那个人进行交往。这种情况就好像自然界的法则一旦被证明之后就被人类作为一种具有永久不变的普遍有效性的事物来使用，并顺应它生活一样，这两种情况是相同的。因为人类以前都是通过顺应这种永久不变的法则来维持生命的，所以他们认为如果持续这样的话，将来也同样能够保持如此的生活。反之，如果做出和之前不同的反应，就无法再保持原样，而且仅仅在以前的那种关系状态中才能够维持的生命，这次也会因为关系的变化而陷入无法维持自身生命的状态。

通过自然科学的方法而获得的一般化知识不断地变化着，它可以捕捉到一刻都没有停止过的生命进程的某一瞬间的横断面并使其固定下来。也就是说，如果我们把它当作是生命进程结束之后的一个残骸来认识，就大错特错了，因为它可能从过去到现在甚至直至将来或者说永远都是这样的。所以，我们可以推断过去的认识和将来的认识是相同的，我们应该用一种系统的观点去认识。

理学博士石原合志曾说："只要对事实进行观察和调查，存在于事实中的法则自然而然就会显现出来。我们所说的科学也是根据认识事实之后总结出来的法则才得以成立的。法则并非要将事实以外的其他所有东西都用语言表现出来，事实的原因这一类东西未必就是法则所探究的东西。因此，精密细致地对事实进行观察和实验，这个过程对于科学来说是最重要的，也是首先值得我们赞赏的。在此基础上，科学呈现出了一个崭新的面貌，事实就是这样。"这种说法是正确的，因为它如实地揭示了事实的固有性，所以我们称之为真理。我们在对真理进行判断时，首先会把它和它所表现出来的事实进行对比，如果它没有错误，与事实相符，我们就肯定它是真的；反之，如果它与事实不一致，我们就会否定它，称其为谬误。

在判断时，判断的人应该丝毫不加入自己的主观想法，要如实地去表现事物，这一点是很重要的。与此相同，批判也应该完全是客观的。

·············

对客体进行观察而得出的结果肯定是通过精神作用而产生的。也就是说，它并没有如实地分析具体事实，只是根据人类思想作用的必然性而对事实进行胡乱分析，把个性的东西作为非本质的东西，而把共通部分作为本质的东西从中抽象出来。如此一来，人类总是把具有最多共性的某个要素作为事物的本质，然后把它当作概念或者法则抽象出来，再通过社会共有的语言、图画、乐谱等将其保存起来，就好像对待物质财产一样，把它们作为社会公有的精神财产保存起来。这样，更进一步说，就是通过文章、绘画、雕刻、乐谱、书籍等将这些概念或法则贮藏起来或者进行交流。这就如同物质财产的珍藏和交换一般。

二

那么为什么会如此呢？如果不弄清楚原因的话，那我们就无法坚信将来的认识也可能和现在的认识是一样的这种观点了。既然都无法产生这种信念，那人们又怎能承认"不得不为""不可不""不许不""当为"这些说法呢？对于无法认可的法则，人们为什么又能服从它呢？若是如此，那为什么法则会起作用呢？人们可以根据对某一事实的直觉性认识去信仰它。但是，光靠这种信仰的话，它只能保证在完全相同的情况下才行，此时的信仰只是停留在信仰的层面上。如果稍微发生某些变化，那种信仰就不可避免地会发生动摇。因此，在这种情况下，每个人的精神意识起作用的界限，也就是判断所依据的范围会受到每个人自身经验的限制，人类不可能超出这个范围。因而，如果在和自身经验稍微不相符的情况下，即使大部分是一致的，但只要不是全部一致，我们就会因为那只有一厘之差的微小不同而将其视为整体不同。这种想法会妨碍人的判断。因此，人类只在记忆的范围内进行思维的活动。除此之外，超过这个范围，人类不可能采取完全和无经验者一样的态度。

一切事都通过自我磨炼并获得成功，因此而赢得了社会尊敬的顽固老人，他对于曾经经历过的事情怀有磐石般的坚韧信念，这一点确实令人尊敬，但与此相对，是否有点差异呢？或者借此我们很容易类推，即使是商量其他事情，他压根儿也不会理睬。即使好不容易理睬了，但是之后不管你怎么去说服他，他也不会理解，或者说他根本就没想去理解。这完全就是拘泥于一种固执的状态，丝毫不懂得变通。总之，因为他只从一种经验的直觉出发，形成了一种信念，所以他就无法看到除此之外的其他事实，也就无法对它们进行比较考察。他也不会追问为什么会这样，因而也就无法彻底把握现象中的本质，而最终无外乎就是，他始终无法把握系统抽象的规律。这正是没文化、未受教育的悲哀。

如果满足于从一种经验出发并发现因果关系，但是并没有置之不顾，而是广泛地去看待和它相同的事实，对它们进行比较，并将存在于那种因果关系过程中的本质与非本质的要素区别开来，这样，在阐明了为什么会如此的理由之后，不管外表上如何不相同，只要本质没有改变，毫无疑问，我们就会确信这是相同的因果法则在起作用。至此，坚定不移的信念才得以形成。

第三节　认知的客体

一

认知意味着用我们的头脑把握客体，形成意识与物质条件的联系。但是，认知并不仅仅是临摹。正如太阳光通过透镜，被扩散的光线集中到一点上，不久之后我们看见了燃烧一样，通过眼球这个透镜微妙的调节运动，我们可以清楚地看见物体，不久那个物体的映象反映在人的头脑内。然后这种映象进一步与触觉等其他的感觉印象合为一体，于是就形成了对外界客体的一个清晰的认识。在这个过程中，精神处于警觉状态，注意力高度集中，各种器官协调地工作。就像两种力相互吸引一样，或者说像精子与卵子相结合，最后形成一个生物体一样，又像在空气中弥漫的水蒸气结晶后形成云雾霜雪一样，人在精神意念的内心世界里形成观念。同样，在外界，经过数千百万年漫长岁月，从过去那个单纯的世界一直发展到像现在这样复杂而繁华的世界。与此相对应，人类从蒙昧无知的幼年时代开始就不断充实自身发达且复杂多样的意识，最终在内心世界把握和拥有了整个世界现象。真理与实体是不相同的。真理并不是一种自然真实的存在。……

真理最简单的形式就像对自然物体的复制，它们进入到人类的感觉器官，然后人类如实地将其外形表现出来，但这并不只是复制，而是由人的主观意识和其他内心活动叠加在一起形成的。接下来，因为人类多少会对它的外形进行某些改变，所以它多少会与它的自然面貌有所不同。但是因为它们在某个地方具有相似之处，所以不管多少人都会同样地把它们作为表现同一实际存在的东西来表述。象形文字就是随着这种变化的进一步发展而形成的东西，乍一看，很难让人明显地想到它就是起初的复制的实际存在。虽然它与原形相去甚远，但是在两三次变迁过程中，通过对中间形态的补缀，我们很容易找到变化的方向。因此，这个过程也可以使我们了解事物的原形。

客观的符合事物的表述，我们称之为真实或真理；反之，如果不一致的话，我们称之为谬误。

二

根据李凯尔特的主张：认识客体并不是对它复制，而是一个认可其价值的过程。也就是说，认识的客体是价值而不是实体。判断某个命题为真并不是通过复制实体来证明的。我们不得不进行这样的判断，只有通过承认这个事实，我们才能证明命题为真。但是，李凯尔特所说的"当为"到底是什么呢？我们究竟要如何去认识"必须要如此"这个问题，才能让"当为"成为可能呢？李凯尔特一直在寻找支撑这个问题的某个论据，最终他找到了"当为"的知觉。但是当我们进一步深究"当为"的论据的时候，也就必须探寻实现它的可能性。李凯尔特对于这个问题恐怕也只能做出这样的回答，那就是"因为应该这样，所以应该这样"。……逻辑的法则反倒必须在直观的基础上才能站得住脚。相反，应是如此的论据也隐藏在是如此的某个事物之中。自不必说，像这样的某个事物指的不是经验上的实体，而是指意义上的某种存在。价值的合宜性也是基于意义的存在才得以成立的。之所以这样，是因为意义作为意义本身，自然而然地就形成了"真理的王国"。逻辑的必然性也是这样。当从意识的角度来看待它的时候，我们会发现它也是一种不得不这样考虑的应是什么的知觉。这种知觉的基础并不存在于价值本身，而存在于意识的本质之中。逻辑的必然性，无论是同一律还是矛盾律的必然性，都只是基于对意义的知觉，即对真理本身的直观。

"李凯尔特不得不从'应是什么'的意识转移到价值的概念上去，肯定也是因为这个理由吧。"（《改造》第8卷第1号）对于这种论点我是持赞同意见的。……

此外，给它加上一个姓氏，称之为实在，然后，对于和空间的与非空间的，或者外在的与内在的等相区别的实体，我们会不会没有认识到呢？没有被认识的事物，人类又怎会给它命名，又怎会对其进行分类呢？

被认识了的价值是非实体的、非物质的，如果让它背负实体的名义，把它作为一种包含在实体之中的事物的话，它所背负的价值就会被人类认识，而它所承载的真正的实体不是就难以被人类认识了吗？这种不合理的、缺乏经验的事情是不是没有呢？

认识的对象是价值，对于这一点，并没有不同的意见，但关于认识的对象不是实体这一说法的论据又到底在哪里呢？也就是说，纵使举出了关于认识的对象不是价值的反证，无论如何我们应该也能够放弃自己对于认识的对象是实体的信念。

事物也好，物体也好，实体也好，存在也好，它们难道不都是认识的结果吗？我们或称之为价值，或称之为真理。换言之，虽名称不同，但应该是认识的结果之间存在某些差异。

我好像听到过这样一句话，"我们不能够认识实体"，应该说的是实体无法成为认识的对象吧。倘若实体能够认识的话，那为什么又会说它不是认识的对象呢？即使认识的对象是价值，如果实体能够被人类认识的话，那么实体价值也是一样能被认识的。

三

认识与知觉，如果只从一个方面来考虑的话，人们很容易会认为它们是两个意识相同的概念，但仔细想想，又会觉得它们之间存在明显的区别。当我们说"认识某个事物"，或者"认识了某个事物"的时候，首先我们会在大体上考虑一下那个事物并意识到它的存在。很明显，没有进入到我们知觉之中的事物，我们自然是不可能通过知觉去认识它的。

在认识的过程中，并不是说仅仅某个对象进入到我们的认识领域，然后被我们意识到，我们还会判断我们所意识到的事物到底是真是假，或者说到底是善还是恶，是美还是丑，这是我们需要弄清楚的一个问题。也就是说，在认识过程中，我们常常会碰到事物与我们人类生命相矛盾的问题，这时，对于两者之间关系的判断就成了我们的主要任务。在某种意义上，我们甚至不能称与生命毫无关系的认识为认识。所谓认识之中存在着价值判断也是因为这个理由。知觉转移为认识时，我们总得在认识之外添加进某些东西。

如果从我们人类自身经验来评判这种精神工作机制，就可以说人对与自己毫无关系的事物无所认识或知觉，人类甚至无法意识到它们的存在。来自外界的刺激要想进入人的认识领域，这种刺激就必须达到某种强度。在考察进入我们知觉的东西时，我们总能看到，它很可能是之前我们曾有印象的东西，或者是当下为我们的感官所反映的东西。在它被人类意识到之前，即从没感觉或者不注意的状态到注意的状态，为了使我们的态度发生转变，我们必须稍微给它施加一些力。这种力到底是什么呢？尽管外界和内心的刺激程度应该被视为是相同的，但是根据甲、乙、丙各人的不同，在感觉或知觉上他们所受到的刺激程度也会不相同。从这一点我们可以看出，引起人的注意的这种力量的一部分存在于人的认识或意识之中。

换言之，这种力量是通过人的感觉敏锐程度表现出来的。但是，我们也不能只依靠这些主观的因素。这是因为，对于相同的主观，人类肯定能认识相同的对象，并意识到它们的存在，对于它们接受了一定程度的刺激这个事情，我们也是无法质疑的。

四

辨别事物与认识主体有无关系的过程和辨别事物存在与否的过程是一样的。人类起初只是认识了和主体有关系的事物，而没有认识与主体没有关系的事物。从这点来看，可以说被人类认识的事物大体上都是和主观有关系的事物。但是，在被人类认识的事物之中有这样两种与主体有较密切关系的事物，那就是：被主体意识到与主体有较密切关系的事物和未被主体意识到与主体有密切关系的事物。比起未被意识到的关系（仅仅感觉到某物存在的微弱的关系），我们可以把那种被意识到的关系看作拥有一定的强度。换言之，它特别能激发人的感情，能使我们注意力集中，是一种拥有一定程度的力量的关系。对刺激我们感觉器官的事物，我们不只是以一种客观态度去认识，而是用一种喜好或厌恶的态度去认识它。

就关系概念而言，当我们在识别有无的时候，我们会先弄清楚这个关系的程度或者说分量的多少，然后对此进行判断。在"引力与距离的平方成反比"这个关系概念形成之前，也就是当两个物体之间存在一种关系的时候，因为甲与乙相互吸引这种现象不管是在什么情况下都会伴随着发生，所以这个法则才被人们所普遍认可。换言之，只要存在着一个物体以某种方式影响别的物体的条件，这个规律就是真的。

于是我们就把这种关系命名为引力关系，将那个关系概念和其他的非关系以及别的种类的关系区别开来。通过这种认识作用，将同一性质、同等程度的事物联系起来形成一个概念，将它和其他不同性质、不同程度的事物区分开来，然后对其进行分析之后形成一个确定性的概念。

五

我们可以将客体分为绝对的实体和相对的实体两种。所谓绝对的实体是指，不管是否存在一个与其相对的概念，在客观上，不管多少人都不能否定其存在的这样一个事物。而相对的实体则指的是，就像父子、兄弟、君臣、夫妇这样的关系，因为有一个与其相对概念的存在，它才会存在，同样它也会随着对立概念的消亡而消亡。换言之，它是一个依附于其相对概念而存在，才被人们认识的事物。因此，与此相对应，对这种认识应分两种来考察。

这种与认识主体毫不相关的事物，和生命体中的安逸与焦虑毫无关系，我们只是作为第三者，可以冷静地对其进行观察，这可叫作"客观的"观察。对此，人类可从有与无、承认与否认、同意与拒绝等相对概念中采取二选一的态度，结果可用真理或谬误代表。如果一个实体与主体有关，对主体生活的升降有一定影响，从而加深了我们的关心，吸引了我们的注意力，那么，这绝不允许主体以一种冷漠旁观的态度来观察。因此，人类作为第三者，与其说是在客观地看待事物，倒不如说他们总会加入自己强烈的主观感情去看人行事。快乐与痛苦的情感就是这种态度的典型代表。进一步讲，人类从爱惜与憎恶、欲求与逃避等相对概念中采取二选一的态度，结果通过利害、美丑、善恶等价值评判的形式表现出来。与上文的观点相关联，我们同样也认为，真理这种东西虽然称作真理，但它也可分为绝对真理和相对真理，我们也相信这种分法是妥当的。虽然和价值相关的真理会随着相对的主体的变化而发生变化，但是与价值无关的绝对真理是永恒不变的。

第四节　直观及思维

一

人类认识事物的方法有两种，即通过直觉和通过叫作统觉的思维而进行的认识。通过各种感觉器官受到刺激而获得的直接感觉所构成的具体观念就是前一种认识，也称为知觉。然后进一步比较具体观念，分析和综合每个观念中包含的各种性质，抽象出其中所共通的性质，并舍去那些非共性的东西。用这些方法形成抽象的概念就属于后者，即统觉。

　　根据这些抽象的概念，其中一部分包含着同一性质的具体概念被视为同一类来解释和应用，这就是思考过程。

二

　　将事物的共性准确具体地表达出来的概念被作为那个事物种类的代表性概念。诗人、艺术家等在观念上力求把握外界客体，并通过这些概念表达出来。然而，科学家为了防止将对象以外的其他概念混入其中，明确它们之间的界限，以此来构成区别于其他事物的抽象概念。因此，他们自然而然地从作为对象的每个个体内在所具有的个性中抽象出共性，将之组合起来构成概念。

　　前者形成的概念是具体的、个别的概念或观念，后者形成的概念则是抽象的、普遍的概念。因此，前者陈述的是对象独有的特殊性质，后者则是对事物共性的陈述。科学家通过语言来表达抽象，而诗人、画家等艺术家则努力把握和表述具有完整性质的客体，以便人们能准确迅速通过观察来形成观念。

　　科学家们也试图给出与别的概念密切关联的某概念的外延。与之相反，艺术家们具体描述以独特的个性形成其核心的客体的各种性质。

三

　　思维也好，思考也好，推理也好，论证也好，这些词虽然不同，但代表着相同的精神机制。这些不仅仅是学者的专利，每个人在日常生活中，不知不觉就会使用它们。女佣早晨起床后首先生火。这是为什么呢？火能烧水，能煮东西。这就是自然法则在日常生活中的应用。同样，通过用火，不论在什么场合都能很好地达到同样的目的。也就是说，不管什么火都能煮东西，这一点是没错的。其他的东西能煮的话，这个东西就没有不能煮的道理。煮这个事情，对我们人类生活很有作用，现在重视它的原因只是运用了火能烧水这个自然规律。

这样，不论是推理或是思考，都绝不是除了学者，其他人就不容易做到的一个难事。毕竟，它只是一种将对象的概念进行对比，然后把其中性质上的异同点找出来的劳动而已。我们通过思维来构成概念，总的来说，就是通过将外观千差万别的现象进行对比，从中找出相同的性质，然后将其综合起来，进一步区别本质与非本质，将个性作为非本质舍弃掉，只留下共性作为本质，最后把握它并加以抽象。而且，我们还通过思维来认识，这仅仅是指通过上文所说的劳动来发现并肯定事物的共性，或者发现并否定事物的差别性而已。有学者这样认为，"真理是被证实了的假说"。但是，有必要在定义真理的时候提出假说吗？如果有必要的话，那就必须首先将假说与现实的事实对比来发现其中的区别。如果要诠释现实的事实，这不就又直面所追求的真理了吗？若逃避直面真理本身，强行绕过去，那么就没有将假说作为前提的必要了。如果那样，那么直截了当地被确定的假设或真实的事实是什么呢？

"真理的本质就是与经验相协调。换言之，真理的检验是不会造成某个经验和其他经验之间的不和谐的。"（选自永野芳夫：《理论学概论》，第324页）这种协调就是让人愉快的原因吗？如果将它作为真理的定义，结果究竟如何呢？如果将"协调"换成"一致"，又怎么样呢？是否因为意识到"一致"和"协调"之间的差别，才选用"协调"这个词呢？

四

"为了形成正确的思维，到底应该遵循什么规律呢？"这个问题是古往今来理论所研究的终极目标。其中，暗含着这样一种观念，即正确的思维与它的指导规则是可以分开的。因此，我恐怕这个观念可能会使逻辑一开始就遇到麻烦。每个人都希望进行正确思维，这一点不需要再另外进行论证。对此，最基本的要求就是首先要直面"正确思维是什么"这个问题，这才是所谓的捷径。要说为什么，这是因为，即使要寻求别的法则，也要先承认所谓的"正确思维"这个普遍的概念，这才是最先应该解决的问题。

总的来说，判断思维正确与否的标准就是看人们是否承认它。因此，这种做法也是将一定的个人主观所随意表达出来的思想随便变成一种多数决定的东西。像这样的事情，就是我们在发现客观真理的同时所应该警惕的。

为什么所有人都承认某一真理是正确的呢？这其中必须存在"让所有人都不得不承认"的特质。这就必须与其他的"不承认"有明确的区别。这归根到底就是必须要通过阐明事物来进行研究。"让所有人都不得不承认的特质"是否存在于对象中呢？这是要通过认识之后才能知道的事。所以，客体的性质必须是确定不变的，同时，必须是让多数判断者都承认的这样一个特质。如此一来，对象所必须被承认的特质，就必须被看作是所有人都不得不承认的特质。

每个人都必须承认，除了承认之外我们无法进行思维。与人的思维最相适应的就会被承认，而不适应的则不会被承认。可以预知，人具有一种每个人都不得不承认的原始本性。

这种本性就是一种把好感知为好，把美感知为美的能力。这种必须赞同真理的特性到底是什么呢？将其进一步分析的话，就是：(1) 相同意识；(2) 不同意识；(3) 排中意识；(4) 推理意识。这就是存在于思维之中的四个重要因素。

五

思维的终极目的在于形成概念，意识对直观的内容经过一定加工后，才能达到最终目的。从分析加工作用来看，首先是要将两个直观的内容进行比较，从不同的外观中发现并找出共同特征，然后将始终如一的要素抽象出来，这就意味着它的另一面是必须要舍弃那些具有不同性质的要素。

如果将思维与其他的精神现象做比较的话，我们会发现它有一个显著的特征。那就是，它具有天然的、不可避免的能动性和自觉性。我们必须这样思维，除此之外我们就无法思维。也就是说，思维具有必然性。这样，思维的结果就会给人一种确实的、不可置疑的感觉。

于是，不仅对于我们来说，用这种方法认识到的东西不仅对我们是真的，对所有的人来说它都是真的，而且这也意味着一旦通过思维被确定下来的东西，在其他任何情况下都是真的。这就是思维的普遍有效性。概言之，正确的思维就是对于判断异同绝不会出现差错的那种心理工作机制。

六

作为认识方法的一个事例，我们来考察一下关于博士论文的审查方法。

所谓博士，大概就是对在社会文化的层面上认识到了人类尚未发明及发现的真理的人的一个评价性学衔。如果真是这样的话，那么，对博士论文的审查跟专卖特许的审查基本是一致的。如若不然，如果这种审查和学校校长给学生颁发毕业证书，或者是社会给教师、医生、护士等发放职业资格证这些情况一样的话，它就与和我们具有相同想法的多数国民的期望是完全不相同的，甚至可以说是相当的名不副实。对此，我们是不是必须进行修正呢？若问为什么，那是因为，博士，他们在其专门的学术领域具有最高的权威。在世界上到目前为止，关于那个领域的认识没有人能够超越他们，所以通常他们会获得世人无上的尊敬。但是，如果事实与其称号或名誉不相符的话，这不就变成了所谓的"挂羊头卖狗肉"的做法吗？不知道这到底是误解本身不好，还是容易使人产生误解的制度不好。虽然制度与拟定方案最初的精神是相吻合的，但是，在不知不觉之中它就被人类误用了，最终的结果会不会是误解反倒变成了正解呢？

以前的审查方法，以及参与审查的教授等的想法或许就是以上思想的那个样子。如果是这样的话，我们是不是应该完全肃清这种思想呢？也就是说，像以前那样，如果学生做了违背教授的学说以及心意的事情的话，他就很难通过毕业论文审查，因此，学生就做迎合教授之类的事情，这样看来，这到底还是变成了学生对学校的毕业考试。这样的博士，与世人所期待的博士形象完全不一致。

那么，就像前面所说的那样，对于博士论文的审查方法或许不应该被消极的认识所限制吧。

1. 那种学说是不是全新的发现？

2. 它是不是通过正确的研究方法而产生的结果？

这到底是不是可以信任的真理？如果这是全新的发现的话，也就是它第一次被公布于世，因为关于它的知识除了本人以外估计无人知晓了，所以如果不通过实验来看待它的话，我们是无法对其进行批判的。但是，如果是极具智慧的优秀学者进行评判的话，和全新的发现发明一样，发现发明本身就已经很难了，但当发现发明大概已经完成之后，对此的理解，我们只要稍微听听说明就会发现，其实也并不是什么大不了的困难。这就像文学作品《哥伦布的鸡蛋》中的一个情节。在这里，对于真伪的判定，只有具有一定学识的学者才能做到。换言之，如果遵循逻辑法则的话，就会很容易。为什么这么说，那是因为，甲和乙是相同的，乙又和丙是相同的，那么甲和丙也一定是相同的。

因此，当我们承认了甲和乙时，那我们也就必须承认同性的丙，因为我们不可违背这种逻辑法则。

3. 理论正确与否，以及它是否与逻辑法则相吻合？

当我们通过实验来判断的时候，只要结果一致，我们就能轻易地对其予以肯定；但是如果结果与预想相反，当我们必须要否定它的时候，我们不能仅仅凭一两次的实验就草率地做出判断。大概因为实验越错综复杂，结果超出预想之外的因素或许就会增加。

由于结果很不满意或未能产生确定的效果，就形成某判断不真的草率结论，这是不妥当的。这样只会暴露我们自身的无知，对此我们必须小心谨慎，更何况是像教育事业这样极其复杂的东西呢？要说为什么，那是因为，不管理论有多么正确，人格对于成功是必不可缺的最主要的因素。如果人格很低下，而且做事缺乏方法的话，结果自然不会成功，这也是无可争辩的事。

关于认识的方法或者态度，有些文人和我们拥有相同的感受。我相信不久之后，他们普遍都会认识到。

"虽然我知道日本以前的作家或思想家都潜心钻研个性（那种钻研到底是否真的深刻，对此，我还持有疑问），但是如果仅凭那种钻研的话，我们对于远离自己的外界的认识领域就会变得极其狭窄，界限也会变得非常狭隘，因此，关于外界的知识也会变得很少。我想，以上所说的这些情况会不会也是其主要原因之一呢？自不必说，每个人并不仅仅作为一个独立的个体而存在，每个个体都是在和其他事物发生某种联系之后才开始存在的。因此，对于自己以外的事物的认识和探讨的过程，归根到底也是一个提升自我的过程。在广义上的思想界和艺术界，我虽然只是一个微不足道的个体，但是我还是希望大家能够自觉地意识到局限于专业知识的思想闭关主义，并抨击无意识主张的思想上的排外主义（即厌恶外国的同时，对本国有优越感）。可以说对于学术界亦是如此。"（石浜知行：《排斥思想上的锁国主义》，《读卖新闻》1930 年 8 月 15 日）

第四章 价 值 观

第一节 价值的概念

当经济学只是作为关于财富的学科而存在时，价值概念在经济学领域并未得到特别的关注。随着时代的进步，加上价值日益受到重视，价值概念也逐步推广，现在价值研究已经成为哲学中最重要的问题，而且价值作为认识论和所谓的文化价值的基本原则，正指导着新康德派在艺术、科学、道德、宗教等领域的研究。这一点其实没有必要特意重申。马克思唯物史观的经济价值观念引起了一场在现代意识形态上的大旋风，而且这一思想作为社会制度组织革命的原动力，给世界的各个方面都带来剧烈动荡。这一点也是不言自明的。那么，价值的概念是什么呢？

为了弄清价值的概念，唯一的捷径是考察在我们社会所通用的"价值"这个词的意思。就是说，此前，我们必须弄懂"价值"这个词表达的那个概念的内容是什么。

不是随意主观地分析以自己的方式承认的价值概念的含义，也不是剖析商人特殊的主张或他们正在使用的概念的内容，而是必须站在缜密分析的纯客观的立场，尽可能最公正地捕捉到我们社会所通用的"价值"这个词的本质。

这个词大概最早是在经济意义上使用吧。所谓价值就是某个物体具有价值，值得人们将它作为满足欲望的对象。有一件和服，假定它很脏，对富人来说，它怎么也不可能成为满足欲望的对象，因此是没有用的。但是对穷人来说，这件脏和服具有很大价值。像这样，价值作为满足欲望的对象，用于表明与评价主体的关系。因为存在对象，我们的需要就能得到满足，因此我们就可以说这个存在的对象具有价值。

这种价值的大小因客体与评价主体关系的程度而有所不同。通常用到的判断标准是"利害"这个词，当评价主体是单个的人时，就很容易做出评价。对主体生命延长有利的对象就是有价值的。对象对主体的利害可能会使他感受到一种足够的力量，可能是对他有利的吸引力，但也有可能会是对他有害的排斥力。当这种力量与主体相遇时，就会促使主体意识到利害。通过这种作用的程度，我们来判断这种力量，并将这种力量叫作价值。但是，即便是针对同一主体，有时候也会用"利害"和"善恶"这两个词来评价。假定因为铁路是由国家修建的，所以土地必须无偿捐献给国家。在这种情况下，铁路修建工程对国家有利，但对必须捐献土地的个人来说是有害的。因此捐献土地的行为对个人有害，但对国家来说，这种行为是值得称颂的善举。也就是说，"善恶"这一评价词，只有在社会衡量个人行为的价值时才使用。

"善恶"这一评价词也只用于社会对其自身的要素即个体的行为进行评价，换言之，这是社会所独有的。处于社会这种集体生活之中，也只有在集体对作为要素的个体进行表扬或批评时，"善恶"才适当地被大家认可。

············

第二节　关系及相关力

一

称作价值的关系与其他关系，都包含在关系的概念中，任何客体都存在这种情况。身处自然界的甲、乙两物体相互吸引的引力关系，不会被赋予价值。同样，即便是具有因果关系的两种事物也是如此。在只是主体影响客体的关系中，特别是对于成为影响主体生命延长与缩短的原因的关系，人们评价说是善恶也好，利害也罢，其实这些评价中都包含有价值概念。我们的意识得到加强，然后意识按照善恶、利害等一定的标准，判定的利害、善恶的程度就称为价值。利害价值、经济价值、道德价值、审美价值是有区别的。

价值不是被评价的客体的概念，而是作为客体的对象与人之间存在的概念。价值是客体与人之间的一种关系，如同客体的属性表明客体客观存在一样，就像人的认识把现实存在性赋予客体一样，在人认识人与客体的关系时，客体与人的关系也是由人赋予的。

把价值定义为"值得我们想望的客体"，这种说法虽然存在思考过的成分，但显而易见是矛盾的。价值本就不是客体，而是值得让人想望的存在，就像它的字面意思一样，"价值"这个名词来源于"有价值"这一动宾短语。

就像语言学家就价值的语源进行解释那样，价值就是"可交换"的简略意思。文彦乙树博士在《言海》中的解释是："'价值'可能是'分配'的缩写。（1）衡量商品的价钱；（2）商品的价格；（3）人们对价值的评定。"但我想还有"赋予"这一意思。环境通过其独特的性质来影响人类，人类又通过其固有的性质对环境做出反应。康德认为，客体可以通过与人的感觉建立联系来影响我们。

人类不会与之毫无关联，人类因刺激而受到影响，在理解外界的现象后，形成对它的描述，并把它呈献给高级器官进行操作。

漆树不间断地释放酸性物质，刺激着人的皮肤。不知不觉中，人的皮肤为了适应这种刺激被迫做出反应。这样，血液中就会产生某种特殊化合物，接着就会引发像急性湿疹这样的疾病。这就是漆树在其周围释放强酸性物质的价值，也就是对人类生存产生利害关系。……

二

正如前文所述，价值就是评价客体与主体关系的概念。即便是在客体中，与人类生命延长和缩短无关的对象不会产生价值。因此，价值表示人类生命与客体的关系。这与经济学家所言的物体的有用性或效用性没有区别。那为什么他们不用"价值"这个词呢？因为有害性也足以引起我们的重视，不能说有害性与价值没关系，正是因为有关系，我们才使用了能够将价值也包含在内的词语。这样，与其说是有用，还不如说有益更加合适。因为比起毫无什么实质的名称，用与之对立的词"有害"会更让人信服。接下来解释反价值。

关系仅为客体所固有的吗？不是的。即便在主体中，同样也是只有两者具有关系，才会产生关系，产生价值。但是，虽然是通过两者之间的关系才产生价值，价值却不能被看作产生关系的理由。以相关力为基础，吸引力或排斥力各自产生关系，因为它们永久存在，所以就产生了价值。因此，我认为价值是客体与主体之间的相关力或力的关系更合适。

三

客体的关系是客体的内在属性吗？也就是说，价值是以客体的内在性为基础的吗？对此，涂尔干先生做了详细研究，究竟结果怎样？

"价值在本质上是由构成事物的那些特征组成的，评价也只不过是对这些特征影响评价主体的方式的表述。如果这种作用具有良好效果，价值就是积极的；反之，就是消极的。……

"小麦之所以有价值，是因为小麦提供营养，维持人的生命。之所以说正义是一种美德，是因为在生活中有必要尊崇正义。相反，杀人行为就是犯罪。总之，价值就是一个物体的固有特征所引起结果的表现。"（涂尔干著，山田吉彦译：《社会学与哲学》，第173页）

涂尔干认为，对于一个客体的关系是否为其所固有，即价值是否建立在客体基本属性的基础上这个问题做了回答，但他的理解是值得商榷的。

"但是，更进一步的话，应该尝试追溯所有理论的基本原理，价值在物体之中表明物体的性质，这与所有理论推测一样。"

但是这一必要条件与事实恰好相反，客体的特征与其被赋予的价值之间，大多数情况下没有任何关系。

偶像是非常神圣的。神圣性是目前为止被人认可的最高价值。但是偶像在很多情况下，就像是石头或木块做出来的一样，自身不可能有很多种价值。在一定历史时期，不存在未被灌输宗教性的崇拜感情的生物（无论何种生物）或物体。人们不折不扣崇拜最不中用、最下贱、最温顺和最弱小的东西。通常，被崇拜的一般都是能给人的想象力极强刺激的东西，但这一想法与历史不符。物体被给予无与伦比的价值，并不是因为其内在的特性。若是稍微强烈些的信仰，就算是现代的东西，也无一都有可能成为不相称的崇拜对象。军旗只是一块布片，但是士兵就算冒死也要守卫它。道德生活也同样具有这种崇拜对象。（涂尔干著，山田吉彦译：《社会学与哲学》，第182页）为什么甚至连这样的东西都被赋予价值？这与人类崇拜祖先和追怀父母的恩惠其实是同样的心理吧。

不同寻常的昂贵的奢侈品之所以有价值，不是因为奢侈品本身的内部性质，而是被一种优越感，即别人都没有这种奢侈品而唯我独有的这种感情所创造的。这种价值被称为"交换价值"，这里，评价主体既不是单个的个人，也不是彼此独立的个人，而是社会。

四

在形成价值产生原因的客体与主体之间的关系中，应该区别对待直接关系和间接关系。对于人类环境的关系，因为在时间和空间上无限扩大，探索间接关系毫无止境可言，但即便是迄今为止探索过的，也必须考虑到作为直接关系的原因。……

第三节　价值概念的要素

一

价值不是对象的实在概念，而是客体与主体的关系概念。……

在此，我更深层次地分析价值的概念。这个概念可以分为评价主体、评价客体以及二者的关系，这就是价值的要素。

在这种关系中，可以看到被认识的关系和被评价的关系，而且还能区分为价值的客观要素和主观要素。价值的客观要素包含有意识和无意识的评价。根据关系程度的差异，又区分为理智的和情感的反应。

二

物质或者现象中包含各个要素的性质，而且根据程度的不同，还区分为理性关系和感性关系，只停留于理性关系层面的东西极其微小，它不具备我们将其作为不感兴趣的局外事物来对它加以认识的感性关系，即不具备触发人类思想感情的吸引力，也就是没有影响力。

根据对人类的影响程度，若只具备认知领域的关系力，不具备触发感情的力量，通常我们也只会像旁观者一样，无法意识到它的价值。每天碰见的数百人中，我们只和有联系的少数人有交往。即便是同一物质或同一现象，也会因评价主体性质的不同而产生不同的价值。就算评价主体相同，因为知识储备和环境的不同，价值也会不尽相同。之所以不同，是因为价值具有主观性。

三

价值的内容由客体与主体之间的关系表现出来。客体对对方即主观能施以多大影响，说的就是质和量的问题。

比起低价物品，昂贵物品会对我们的生活产生更大的影响，因而有更大的价值。以高价买进，我们才能得到付出更大代价的物品。

教育孩子时，刚开始的提问和回答还能很顺利，如果出现"这都不会吗"这类语句，情况就会急转直下。换言之，在长时间的教授过程中，施教者多少会有点情绪高昂，而学的人也会有些自尊心受挫感，从而萌发恐怖的念头，这通常让双方都会感到痛苦。年轻教师或者女教师在有其他人听课时很容易陷入这种状态。教师教学生，让他们理解和掌握知识，这一自古以来理所当然的事因为偏离到完全不同的评价方向上，即便本人没有这种想法，旁观者却看得一清二楚，无意之间想法也会发生偏离。教师的精神作用与教导学生让他们理解掌握知识这一目的毫无关联，不是有利，反而有害，这一直都困扰着广大教育者。现实生活中有很多类似的例子，当父母、兄弟姐妹等都在家时，在家里复习尤其容易陷入这种境地。

第四节　价值的有无

存在有用的事物，就必然也会有无用的事物，就像存在有害的事物，那必然也会有有利的事物。因此，我们希望能够将有价值和无价值的事物区分开来。有用无用体现了客体与主体的关系或相关力的有无，只代表了客体与评价主体之间的关系的肯定方面。但是，有害不就意味着存在一种损害评价主体的生活的关系存在吗？

认知与评价的对象提供了人类生存的基础，我们无法认识和我们无关的东西。那么什么是无价值呢？正因为有无价值的东西，我们才能注意到这一点吧。

有十袋木炭，假定某年冬天用了五袋之后还剩五袋。那么在来年冬天开始时还剩下多少，或者完全不够呢？这完全无法解释。木炭是用来取暖的，是不可或缺的对象。换言之，十袋木炭就应该具有很大价值。但是剩下的五袋到了夏天，对于起初的评价主体毫无作用可言，是无价值的东西。很明显，假定冬天再次来临，它们又会有价值，但是至少在盛夏时分，在取暖这一目的上，它们毫无价值。因此作为取暖目的的这五袋木炭，只要稍加思考，谁都可以看出它们是没有价值的。

下一个冬天来临，为了取暖，它们再次有了价值，但与前年的价值相比，有很大差异。这里我们通过取暖这一目的来评价，同时也考虑到了与此毫无关系的五袋木炭，于是我们就能认识到在某种程度上木炭的存在是无价值的。

木炭的价值在数月间完全消失，然后重新获得跟以前没什么差异的价值，在数值概念上，我们可以理解为消失和等同于零这一概念是一样的。这就构成了无价值的概念。

现在，因为人物、地点、时间的不同，就算是没有任何价值，人们不假思索就会抛弃的东西，有时候也会产生新的价值，这些都是很常见的。

例如，即便是没有任何作用的破瓦片，如果用来作为填埋凹凸地的土，即简单地把它作为填埋低地的物体，虽然破瓦片对土地来说力量微不足道，却也发挥着一定作用，因此多少有点价值。如果没有废物利用的方法，就必须雇人来清扫或搬运。

在目的明确的场合下，事物只有在足以满足我们的需要时才有价值。与此相反，当事物不足以达到我们的目的时，相应地也会成为一种麻烦，因此会产生有害的负价值。只有在一个事物被发现是有用时，它才会产生价值，因此，可以说即便是客体存在，有时候它也会没有价值。

在论证以上的研究时，我全面地考虑了经济学上的享乐递减法以及称为"戈森定律"（以德国经济学家戈森命名的边际效用价值，其内容就是欲望与享受的相互关系及变化规律，是现代效用论的基础）的经济学法则。

············

第五节　价值的正负

价值是作为一定的手段引起主体达到目的的全部力量（不管是物质的还是精神的）的总称。根据对人的生命的有利程度，价值可以叫作利、善、美。将这些概括起来说，就是有价值或者价值的多少。之后，根据对生命的有害程度，价值可以被叫作害、恶、丑。价值这一概念自古以来不会涉及价值存在的否定方面，但是若说对生命有用的方面就是有价值的话，那么，与其说有害是无价值，还不如说负价值更合适。要说原因，那是因为一旦变成与有价值相对的无价值，甚至再沿着同一方向上前进，就会形成相反种类的价值。这里我们可以解释为价值发生了变化，产生了新的种类的价值。

这样，如果认同负价值，那么我们就必须重新考虑之前所说的与此相关的价值又是什么了。迄今为止，我们只研究了价值的有或无。这恐怕是最近的经济学家或文化、科学等所有领域的学者都要研究的。但是，这次我主要研究正负对立的原因。通过研究对立，弄清正负价值，将前者称为肯定价值，将后者称为否定价值。……

在考察外界现象时，我们可把它们分两种：一种对人类的存在具有积极的作用，与此相反，是有害的。自古以来，讨论价值都只考虑积极方面，丝毫不会触及消极方面的研究，但消极方面也绝不应该不予重视。

恶相对于善，害相对于利，丑相对于美，因为恶、害、丑展现了人生的消极方面，我们就把这种消极的价值称作反价值，将积极的价值称作正价值。

....

第六节　价值的变化

一

代替油灯的电灯在明治时代是极为重要的宝物，但是在电灯普及的时代，油灯没有任何价值，相反，无论在哪个家庭，都被认为是一种麻烦。不过在发生地震后，有一段时间内油灯又重新有了价值。于是，同一对象即便是针对同一主体，因时间的不同，价值也会发生变化，而且即便是同一对象在同一时间，因为评价主体不同，价值也会不同，或者有价值也会变成无价值或负价值，抑或是变得完全相反。韩信这样的良臣因为时势巨变，在汉朝也被视为负价值的人物。源赖朝的源义经也是如此。这些都应成为人类处世的参考。

二

根据前述的享乐递减原则，我们能够直观感受到，即便是同一对象，价值也会逐渐减少。从这种享乐递减事实中，我们可以看出因时间与场所的不同，会造成价值差异这一现象。在经济学上，有时候生产价值论中的劳动价值说在价值说明上完全站不住脚。针对这种缺陷，在人们的主观评价上加以说明的奥地利经济学派的学说内容因推崇的人不同而不同，但是，这只是同一对象通过不同评价主体，接受种种评价的说法的片面观点。对此，卡尔·门格尔的说法足以论证我前面的看法。研究这个，会慢慢发现在定义价值方面有必要进行深入探究。即便是同一对象，因为评价的时间或主体不同，很明显会产生价值上的差异。

"据门格尔说，客体若具备满足人类需要的能力，则该事物在经济学上是有用的。"

人类欲望能否满足依赖物品的有用性及这种有用性与满足人类欲望的因果关系。人们认同这种因果关系，而且为了真正地实现欲望满足，通过对物体的控制，获得物质财富，对于认同这个物体满足我们欲望的目的来说，财富的意义就是价值。换言之，价值就是通过能否处理某种财产或者一定量的财富，通过影响我们欲望满足的目的，获得财产或者一定量的财富的意义（重要性）。

价值不是随意的，而是从我们对生活的重要性认识中产生的必然结果。价值是由人类形成的，不是只有财富才具有价值。价值是满足人类欲望的基础，但不是财富的基础。

价值包含使用价值和交换价值。直接使用财富时，经济主体持有的价值是使用价值；间接使用财富时，经济主体持有的价值是交换价值。价值量满足各种具体的需要，这对人类来说具有不同的意义（主观要素），在具体情况中，满足各种具体欲望的程度因一定量的财富的使用程度（客观要素）的不同而不同。

....

第七节　主观价值与客观价值

最后，最重要的是研究主观价值与客观价值。原本，除个人现在的主观对于对象所经历的价值感受之外，价值不具备实际的存在场所。A 对象的价值只作为某人在某一时间所体验的价值感受而存在。基于这一意义，就不难理解前文所述的价值只不过是主观价值的意思了。那么什么是客观价值呢？客观价值不是仅靠我们提供的事实就能证明的。但是如果不推定它存在的可能，我们的价值就会没有根基。若评价者具备完美的人格，那么此时的态度是理想的尽善尽美，而对象对我们的影响达到其力量和效能的顶点。因此，我们所体验的关于对象的价值感情，最初都受到主观影响，却没有被主观阻碍，这种价值感情就是客观价值。没有模棱两可，没有歪曲，也没有夸张，通过客体的本性与人类的本性直截了当的相互融合而形成的价值感情就是李普斯对客观价值的解说。这是经济学家为了方便起见，通常以经济人这一抽象的假定来解释经济现象，这与对价值现象的解释好像运用的是同一推理方式。

....

第五章 价值系统

第一节 价值的分类

一

否定真、善、美这一自古以来的价值分类，取而代之的是利、善、美这一新价值分类。

这种利的价值因为具备直接影响个体全部生活的相关力，所以可以将这种价值称为个体的价值。与此相对，审美价值直接给人以感观影响，因为对个体的生活只是间接影响，那么，把它说成情感的或者感觉的价值都是可以的。利这一价值对于自我的个体生命具有影响力。对以这些个体构成的上级实体即社会生命的影响力，相对利、个体及人的价值而言，可以称作团体价值或社会价值。

1. 美的价值＝对于个体部分生活的感觉价值。
2. 利的价值＝对于整个生活的个体价值。
3. 善的价值＝对于集体生存的社会价值。

承担美的价值的对象，与自我以外的所有生命没有直接关系，它刺激人的感觉器官，然后通过人的快乐或痛苦的情感反应进行评价，因为只是接受了美丑的判断，所以没有直接接触到生命存在与否。

再言之，按照善恶、利害、美丑等各种标准来判定的对象与主观的相关力，是按照这些价值标准而被认识的。不是根据客体的内在性质，而是根据受客体影响的评价主体的本性来判断。然后通过对象和主观的关系产生的相关力程度，可以判定价值的大小。这样，人们也就做出称赞或指责。因此，这种美的价值可以称作道德价值，它通过善恶两端的天平，表明测定关系的性质。经济价值也就是利的价值，美的价值或者说审美的价值也是如此。

二

善、美、利，都只是衡量评价对象与评价主体之间关系的天平。衡量的天平也好，尺度也罢，都是因为主体接触客体产生感应。如果用"漂亮""有趣"这些简单的形容词就能恰当地描述对象的状态的话，那就不会有生存的顾虑，不会不安，就会抱着悠闲宁静的态度去评价它。与此相对，用与自己无关这种安心感来品味快感，然后，若认为快感是自己值得拥有的，就会引发想要拥有的心理并想让其服从自己。如果认为它超出自己能够承受的能力，无法拥有，这是因为它既有崇高的一面，同时又有令人畏惧的一面，那么自然而然想要拥有的心理就会转变成崇敬、赞叹，然后服从。对象与主体之间的这种关系被称为审美价值。如若对象用"有用""有益""便利""有利益"这些词语就能贴切解释，我们就会以一种比上述感情稍微强烈的感情来对待，以忘我的状态来欣赏，并想要体味那种快感。对象与主体之间的这种关系就叫作利的价值。

如果对象值得冠以"善"名，只要不对自己有害，就爱护并尊敬，那么这种客体与社会之间的这种关系就叫作道德价值。

道德的也好，美的也好，经济的也罢，大概在客体的性质上，都应含有共同要素。简言之，这种共同要素就是要有足以吸引人注意力的价值，不是普通单调的东西，而是形式多样且统一的。换言之，就是与生命是否延续相联系，若没有这些，就肯定不值得引起大众的价值意识。所谓欣赏并鉴别美的、道德的、经济的对象，就是以对象所属的性质以及评价者的立场为根据。

利与善的区别，不是以对象性质的差异为根据，而是以评价标准，也就是以对客体反应的主观态度的差异为根据。

善恶成为道德评价的对象，是因为善恶是具有意志的人类才有的行为，仅限于利害这一经济的评价对象与以其性质差异为基础的对象。而且这是无界限的。与其说是对象的差异，还不如说是评价的标准，即以对客体的主观态度为根据更合适。

理由是，根据我们熟悉的经验，对于一个人的行为，其他人是从各自不同的观点以不同的标准来评价的，即便是对抱有相同目的的人的行为也是这样。

就算同样作为涉及荣誉的行为的客体，因为评价主体及其立场、境遇的不同，也会成为道德或美学的批评对象。

例如，就算同样是喝酒这一不礼貌的行为，对此没有任何感觉的孩子或是碰巧路过的少女会旁观这一有趣的行为，并轻蔑地嗤笑。对相信自己应该改正这种习惯并在维持风化上有责任感的相当一部分有身份的人来说，这种可笑行为仅仅被蔑视是不行的。他会试图通过指责来劝告，让人感到这种行为属于道德败坏，并加以警示，令其反省。

· · · · · · · · · · · ·

第二节　经 济 价 值

一

因为价值原本就是在经济现象中被认识的，因此价值这一概念是先由经济学家提出的，然后逐渐延伸到具有近缘关系的美学、伦理学以及哲学。夸张地说，才有了现在的价值概念。因此，利的价值就成为解释其他价值的基础。……但是，在用利和害两个概念所规定的标准来判定客体与评价主体的关系时，没有比用"利的价值"来描述更合适的。若是如此，那什么是利，什么是害？与评价主体或者主体人的生命的延长紧密相连的客体的相关力就叫作利；反之，使生命缩短的就是害。

马克思学派的考茨基这样说："马克思的支持者和反对者都容易犯的错误是将价值与财富混为一谈。'价值是财富的源泉'这句话就像是马克思自己的主张。"我完全赞成这种意见。于是，先解释财富，然后再分析、阐明价值的含义就成为所有经济学家解释价值的顺序。那么所谓的财富又是什么呢？

二

经济学家经常混淆财产与财富这两个概念。二者乍看一样，但若做严密比较，会发现无论是从宽度还是广度上来看，它们都不一样。总的来看，财富一般被视为积累钱财的术语。所有具备满足人类肉体和精神欲望的事物都被说成财富。换言之，所有有用的物体就是财富。不言而喻，所有马克思主义者都这样认为，其他所有经济学家也是这样认为，财富就是所有未经人类劳动加工的自然有用物的总称。

三

人不能凭空创造任何事物。就像本书开头讲的那样，人类能创造的只有价值。不是只有我这样说，所有经济学家都对此深信不疑，只是说法上多少有些差异。……

人类通过劳动创造一个事物，并改变其形态、位置，从而创造新的效用。

人获得并使用作为经济活动的对象的财产是为了通过这个来丰富物质生活。这是因为我们清楚地知道，财产具备满足人类物质生活的能力。我们可以说，效用就是这种能力及有用性。

只凭借财产内在固有的各种性质无法满足人类的需求。只有在它和人相关并能满足人类欲望时，才会产生效用。产生效用是人类生活欲望所必需的，当然偶尔它也具备满足欲望的性质，这是因为它适用于人的欲望。人类的欲望与事物固有的性质能够很好地融合，二者之间好像产生了一种引力关系，此时效用就产生了。

像这样，凭借二者的相互关系产生效用。如果一方或双方都发生变化，效用自然也会发生变化。也就是，即便引起欲望的对象即财产固有的自然属性不变，若人类欲望改变，产生于二者相互关系的效用也会发生变化。如果欲望变强，所想获得的财产的效用也会增大；欲望变弱，效用也会减弱。同样，即便欲望没发生变化，若财产属性改变，最后还是会影响到效用。

四

衡量一个事物效用的大小，或确定人类对它的依赖程度，描述它在日常生活中的珍贵程度时，我们称这种表达为价值，并把这种衡量叫作评价。因此，价值无非就是事物对我们的重要性。现在，"价值"一词不仅仅限于经济学，在哲学、伦理学及美学中成为有广泛意义的术语。

价值判断广泛涉及日常生活的各个问题，美学和伦理学中的价值表面上看，意义不同，但是从广义上看，其实都如出一辙，只不过反映了对人生不同程度的重要性而已。

评价无非就是衡量效用的形式，价值和效用在概念上肯定不一样，但是二者的关系是无法分割的。效用离开了价值还可以存在，但价值离开了效用就无法存在，不可能有没有效用的价值。

在经济学上，价值有两种含义：一种是使用价值，用于衡量效用；另一种是交换价值，意味着当一个事物的效用与其他事物的效用相交换的量的比例或关系，因此，在这种情况下，可以看成是表示一种财产与另一种财产的交换比例。

使用价值表示个体主观的利益，交换价值代表社会所普遍认同的效用价值。主观的个人的利在客观上得到社会认可的东西，就是交换价值。

如前文所说，价值可以区分为主观价值与客观价值。所谓的主观价值就意味着某种财产与人类生活的物质方面有很珍贵的联系，客观价值无非就是财产与客观效果之间的某种联系。其中，与经济有联系的就只有这种交换能力。那么在经济学中，客观价值就是这种交换能力，也就是前文提到的交换的比例。

第三节　道　德　价　值

一

"善""恶"这种评语是社会的专用语，仅限于社会对其中的一个成分或部分中的个体赞扬或批判时使用。

那么，善的定义是什么？我将做利于公共利益的事定义为善。

可能是过于简单的定义，所以我总有点遗憾。但是不管公共利益是不是善，目前也找不到更合适的词语。公共利益不是自己一家的利益，相对于公的私在反对公时，无视公共利益的自私就是恶，即为了私人利益而损害公共利益的行为就是恶。显而易见，与自私的利相对立的公共利益就是善。所谓"公共的"就是由个体和家庭组成的社会群体。

在群体生活中起主导作用并使自己的个人生活从属于这个群体的人被称为有道德的人。

因此，个体的利对所有人来说是共同的，就是善。无论是谁，只要他的行为不符合公共利益，那么他的行为就是恶。只要评价主体不是非正常人（傻子或精神病人），通过人的本性，就能判断出个人利益与善具有相通之处。要说原因，那是因为在以人的共性意义即普通人的共性为基础的判断上，个人利益是所有具有相同本性的人都不得不追求的，也就是所有人都想要的。

将人类共同的本能即生存欲望看作绝对价值，并将其作为判定其他价值的基础，那么所有的价值都是根据人类乃至生物共同的生存本能派生出来的。因为人类在拥有个性的同时，也同时拥有所有人都具备的性质。

这种所有人共同的利益，客观上只能被消极地规定。原因是人拥有独特的个性，即便在欲望这一本质上相同，在量上也会有很大差异。人所各有欲求的东西可以分成若干等级，但有一点对所有人是共同的，那就是积极的欲求有很多种，消极的欲求有相同之处。这里包含规定消极的道德限制的最高批评原则。

在此我将道德行为准则的界限称为"不情愿的边界线"。"己所欲，施于人"这一西洋谚语初看是积极的，但缺乏普遍的有效意义。……"己所不欲，勿施于人"这一东洋的格言在学术上可以视为真理，而且，我不得不赞赏这种科学表述。

但是，通过"己所不欲，勿施于人"的实践，我们只能避免自己成为无道德的人。因为不想做不道德的事是所有人共同的欲求。当我们反省自身时会发现，即便是不道德行为，有时也并不一定就会被指责说是不道德。

无论是谁，做让自己内心遗憾或感到耻辱的事，确实会被他人指责说不善良或没有道德，甚至会被社会排斥。

但是，就算不做这些，也不会就是有道德的人，只是能避免被指责说无道德。因此，不能说这是唯一的道德判定准则，尽管这种道德准则的某一方面确实是可以采用的。

犯罪行为是反社会的行为，就是坏人、蠢人、疯子等仅仅根据偏狭的判断，采取自以为正当的行为，给社会其他成员带来无尽的麻烦的行为。

如果不给周围共同生活的人带来麻烦，就不能在生活上实现自我意志的人，即不与他人发生冲突就无法自主生活，从而引起人们同情的无知的人，在意识到他是一种社会存在时，也会考虑自我得失与社会得失。在孩提时代，有时会有一些突发性的冲突行为，侵犯了他人的权利，虽然可以装作若无其事，但是善良家庭的家长会教育孩子，纠正他们的坏习惯，让他们变得更完美，最终他们都能独立生活，并获得生存权。话虽如此，一直被溺爱，在高贵富裕家庭中长大的孩子无法做到这些，只能另当别论。

法律规定了道德底线。法律一般不直接要求行善，但规定了不能作恶。这是法律从反面告诫人们。

因此，作为司法的执行机关，行政官员不会干涉管辖的人们即被统治者行不行善，但是如若他们违反了规定，就会把他们当成犯人或是恶人来制裁。因此，这些官员所关注的通常都是少数违法的人，即他们关注的是是否侵犯了他人权利，是否侵犯了他人生存权，他们只会着眼于"不情愿的边界线"。司法组织是惩恶的组织，不是扬善的组织；不仅不扬善，反而连防恶的作用也失去了。

把善恶置于天平两端进行评价，道德就是对社会生活的人类行为的利害程度加以评价的内容。法律将一边规定为恶，监督是否有人越过了道德底线，若有，就当作违法行为加以惩处。

二

善是一种与指称为"善的"价值的词相符合的行为。这个词有时会用于行为的精神状态。如若这是他人所行，就会根据他的行为评价它。如果是自己所为，就只会在心灵深处意识到行为的动机。善，最初的意义无非就是表现行为的某种状态。通常这个词不适用于人类行为以外的事物，其他的生物或自然物即便有与人类相同的善恶行为，也不会用善恶去评价，而是用其他的词取而代之。总之，善恶是仅限使用在人类行为上的特有的词。

——对人之外的某种事物引起的现象可以用善恶这一术语吗？有时候会用，但通常不具备道德意义。

——人类的所有行为都会是善的或恶的吗？不是的，也有不能被称为善恶的行为，只有一部分人类行为可以用善恶来评价。

——那么怎么区别？

（1）什么是善的或恶的行为？有意行为可以称为善的或恶的。

（2）什么行为不能称为善的或恶的行为？无意行为，它既不是善的，也不能称为恶的，可与自然现象等同看待。

——什么是善的或恶的行为？

（1）对于自身的有意行为能叫作善的或恶的吗？不能。但自杀就是恶行。（2）对人以外的某物的有意行为能叫作善的或恶的吗？不能。但对他人或社会产生影响时，可以这样说。……

三

苏格拉底认为行为是否伴随快乐不是行为的目的。因此，伦理学最早不是测量快乐与痛苦的科学。如同前文所述，在他的理论中，不仅是放弃心理学的快乐主义。行为、健康、财富和荣誉被看作生活的直接目的，但它们仅仅是作为达到终极目的而使用的手段，所以所有行为的目的都是为了善。

评定善恶的尺度是什么？不是快乐和痛苦。苏格拉底这样问波拉斯："若一言一行可能为善，可能为恶，那你是根据什么原则来判断的？"之后他又问："你想得到我对这个没有回答的问题的答复吗？若果真如此，那我就来回答。一切正义行为都是善，不正义的行为就是恶。"

不是根据人的欲望是否获得满足来确定某种行为是不是善的，而是以这一行为是不是正义的来判定。正义是行为判定的基本原则。如果不知善为何物，就无法判定善恶。因此，善的本性的研究就是柏拉图面临的真正难题。

善和快乐不一样，人们为了善才追求快乐。

我们和世间万物都可能是善的，因为某种德性存在于我们与万物之中。那么，以某些方式赋予物体、道具、精神以德性，这绝不是偶然，而是从它们内在的秩序即真理或艺术中产生的。那么，万物的德性是来自于其内在的秩序或排列吗？善不就是万物固定的秩序吗？

根据以上描述推测，柏拉图设想过一种生活的有机关系，在这种关系中，所有事物由于部分地分有作为整体的生命的善而能够成为善的。然而事物能够为善这一有机关系，并不是外界赋予的，也不与自远古以来就是事物自身所固有的一切有关。（柏拉图：《哲学与教育》）

总之，善恶判定的基本原则就是正义。

············

当用善恶这一尺度来判断人类行为的道德价值时，我们以什么为基础判断善恶、正邪。柏拉图主张，这个基础被置于人类及所有事物固有的那种东西之上。那么这又做何解释？

《论语》中的"己所不欲，勿施于人"与这有异曲同工之妙，孔子的本意是对别人做你不愿意别人对你做的事情，就是恶。根据他想做出的判断，不用教育就会做出。因为显而易见，这是每个人固有的本能，绝不会有人会曲解自己。这不仅能用于某个人，也能用于所有人及一切事物。

正义是什么？正义不同于真理，整体与部分或要素之间关联很大，整体利益被作为公共利益加以褒扬，部分或要素的利益被鄙视为个人私利，这就是判断某种行为是否正义的标准。

关于善是什么的问题，极端个人主义者会回答善就是爱自己，基督教徒会回答善是爱他人。答案截然相反。究竟应该如何去协调这种矛盾呢？在古希腊，善就意味着力量、勇敢、慷慨。拉丁语中的善表示力量和勇敢，在法语中，善同样有勇敢的意思。这些解释与现代的解释相差很大。

但是，先人肯定认为他们的解释是对善真正的解释。因为当时的社会正处于原始不安的状态，同时人类为了在与自然的关系中生存下去，不得不极端强有力和勇敢。很明显，随着社会条件的改变，善的解释也会随之改变。但是，在这种变化中，唯一不变的是善的意义是根据社会背景确定的。善只能被社会规定。……

第四节　审　美　价　值

一

　　什么是审美价值？它与善和利的价值相比，有什么独特之处？若要列举我通过经历、反思、探索，内心捕捉到的审美价值相比于其他价值的特点，那就是作为表现在精神上引起我们惊讶的感情变化的感觉对象，它具备值得让人称赞的价值。那么对于不值得引起惊讶感情变化的对象，我们把它们看作不能引起人们的关注，也无法引发人的兴趣的东西。

　　能引起这种惊讶感情变化的只有刺激感觉器官的一部分东西，当它们达到影响情感或意志的程度时，我们就不再感到快乐，不会在入迷欣赏一个事物时产生适意感，首先留意的是保护我们的生命，而不是那种令人愉快的感觉。此时，我们不会有任何审美感情，相反，出于保护生命的考虑而不得不对客体采取警备措施。这样一来，最初的美感就消失殆尽，剩下的只有忧虑。李普斯认为，审美价值只是一种自然现象。他将审美价值仅仅用于客体，他只根据感觉对象判断审美价值，像善的行为、美的心灵等非自然的现象被排除在外。但是根据我们的亲身经历来看，人的行为也和物体一样，可以成为美感的对象。我们不应该把它们轻率地排除掉，应该把它们与自然现象同等看待，把它们包括在美的概念中，这对把握它们的意义更恰当。

　　善行，是褒义的，具备道德价值，虽然很难与令人赞美的行为中的道德价值区别开来。单口相声或小说题材中的一些有趣的行为，明显是美感的对象，能成为世人的话题，并引人注意，但仔细研究会发现它们与道德没什么联系。

二

引起我们高兴这一快感的刺激的本源，即对象是什么？它与引起美感的对象有些不同。就像平常做的简单的事，不会因为刺激使我们特别不愉快，但也不会产生比平常感情更异常的快感。

然而，当一个性质相同的客体提供了更强的刺激并引发微弱惊讶时，相比起日常对该类客体的反应，我们会对它产生异样的兴趣。与有趣相对的是无趣。若硬要下定义，无趣就是对一种平常的刺激产生倦怠感的状态。

有时候，"无趣"这个词，也在"有点恶"的意义上使用，但这并非它本来的意义。

"有趣"与"无趣"表现的对象，虽然与"美"与"不美"一样，表示相反的意义，但并不像美与丑这样强烈相对或完全相反，"无趣"只表示否定有趣的行为时内心产生的快感。丑不但否定美，而且意味着一种否定的不愉快感情。

三

把"漠不关心"作为审美评价的一个独有特征，看起来并非恰当的表达，是因为评价本身表明感兴趣。不感兴趣与没感觉是不一样的。没感觉的东西不会引起人们的认识。既然认识并加以评价，就表明感兴趣。

如果说没有成为欲望对象，与其把这种情形归入"不感兴趣"，不如说是兴趣不浓，因为表示没有任何东西成为欲望的情形。它既不是致使一个人追求某物的那种关心，也不能说是处于意识阈限之下的关心。

具备这些条件的物质能够触发美感，这一心理上的真实感受并非评价美的标准。但是如果某物无论何时都能让人称作美，我们就有把握说它具有普遍的有效性。这种确定的条件可称为审美法则，它适合作为审美评价的标准。

如前文所述，审美法则是从审美现象的多样性中抽象得出的，并得到了社会的认同，成为直观明了的标准。对美术家来说，固然这一标准不具有让他们不得不遵从的能力，但是美术家或艺术家若要创作，如果不遵从美的法则，他们的作品就不会被视为创作，因此他们必须遵从美的法则。想要创作的欲望让他们自发地利用这个法则。因此，现在的法则就成为一种"什么应该存在"的标准。美不仅基于被评价的客观事物的本性，也基于评价的主体。但前文只列举了事物的客观性质，丝毫未涉及主体的原初本性。

就像我们深信客观物象的性质与其他事物的性质相同一样，我们也确信某个主体的性质与其他主体的本性相同。只要不是很奇怪的人，都会遵循那一法则，因此我们可以判断，现存的法则就成了一种行为标准。

四

正如前面所述，只有人类的行为应该接受善恶评价。但是就像李普斯说的那样，善行就是令人赞美的行为，是类似于令人感兴趣的行为。其实不然，令人感兴趣的行为中，恶行也不在少数。美学多样性中的统一的东西，应该会有值得大众关注的恶性行为，这类东西叫什么合适呢？应该称之为丑陋的行为吗？恶魔和无所顾忌的人的行为有时更能投其所好。善行绝不是像其他审美对象那样引起人们快感的美的行为。什么样的行为才能成为审美对象？如美学家所说的那样，当行为超过了变化的某一点而又没破坏统一性时，人和非人的一切事物就会成为审美对象。毫无疑问，就审美价值而言，善和恶并不关心它。要成为审美对象，行为不应是普通行为。成功失败，欢乐痛苦，生命的延续，正是因为有这些巨大的变化，它们才会成为美的对象中极重要的条件。

被评价为善的东西肯定也存在美的成分，但善行未必就是美好的行为，美好的行为也未必就是善行。有时，善行和美好的行为还会严重不对称。

但大多数情况下，丑行、恶行是一致的。我还从未碰到是丑行但不是恶行的情况。小说创作者的各种奇怪行为往往就是这样。很多人因为有一些令人感兴趣的行为，就成为艺术家或小说中的对象。……

实际上，丑行、恶行是一样的。艺术的丑行中也有令人感兴趣的行为。刺激物的刺激强度弱或中等，由于引起足够的兴趣而被感到美和丑，这种刺激物纯粹是理性认知的对象。但当它们从认识的情形进入到是美还是丑的判断范畴，并获得成为审美评价对象的资格时，就其使人远离伤害、维持生命而言，它们必须保持多样化中的统一性。

五

触发人类美感和善良感觉的对象是同一类型吗？这是区分审美价值与道德价值的第一步。若问为什么，那是因为美、善与其他价值一样，都是人类命名的。没有人会拒绝同意或赞成存在于二者之间而又没有被混淆的某种特殊条件。如果这一点没有得到认同，就算是权威学者提倡的，"善""美"也不会变成通用的词。总之，善恶、美丑都是人类赋予的价值本性，既然已经得到大众认可，且都毫无疑义地在使用，那我们就暂且相信可以找到让人们不会质疑的特征。

美、善是一样的吗？若把这一命题也带入到之前的问题中，美学家和伦理学家都有可能会将它们混为一谈，目前他们还未做出令人满意的清楚区分。

固然，就像我们有时候说美的行为、心灵一样，就算对于不是物象的行为和灵魂，有时也会用"美"这个词。但此美非彼美。严格来说，这应该是美的行为、美的心灵。通常，美的行为、美的心灵都具备某些特质，例如，就像命名为和谐、匀称、自由一样。

这些行为或心灵的美是不是以我们的感情为标准来判断的？我们必须将它与事物区分开来。在以感情为标准时，美的价值具有显著特征。混同看待行为、心灵的美和客体的美，是美学研究的第一步失误。只有表现在容貌、姿态、动作中，美的心灵才能获得美的价值。只要不是通过感觉对象表现的，就不是美，只是善。

美、善一样吗？李普斯想要通过感情本性的有无，区分美与不美。但是像滑稽美，是通过超越关系的行为和特殊的时间条件才产生的，甚至李普斯也必定不会反对把这种美放进与对象同样的范畴。既然这一说法已经站不住脚，那么对于其他的行为，就必须不涉及感觉因素，在其他立场上来考虑。

那么应该归到其他范畴的美的表现方式值得我们去探求吗？就像前文所述的引发轻微惊讶感的东西，能被说成是统一性中的多样化，即便没有感觉对象，也能获得美的价值。固然美、善有时会一致，但在道德上，就算应该被称作丑的东西，也能获得审美价值。在大众面前，像有愧于自我良心、被迫从那里转移目光的裸体画等正在接受美的欣赏的实例数不胜数。

以十分邪恶的行为情节写成的小说和传奇等艺术品，因为惩恶扬善这一特别之处，受到社会的广泛关注。这也可以说是一个例子。人们对有趣的事和善事的关注点不同。谁都会被善行打动，从而内心产生崇敬感。但被有趣的事打动并吸引，只能算作是欣赏它，人们不会产生尊敬感，只会觉得有趣。只是无论是看表演还是听滑稽故事，善事总让人避开，相反，有趣的事却能吸引各个阶层人的关注，因此有趣的事也具有审美价值。

善与恶的标准应当撇开对感觉对象存在的考虑，从不同立场来寻求。若只是普通简单的事情，没必要大惊小怪，就算是出于道德应该称赞的行为，也不会引起人们注意并可能会被忘记。但变化多端、波澜起伏的事件会一直受关注。人们会通过自己的经验，好奇事件的发展是否与自己的想象一致，而且事件穿插跌宕起伏的情节，从开头到结尾，事件的推移都牢牢抓住读者的心。小说家、故事讲述者、相声演员，都是利用人的这种心理，完成自己的创作。

对于同样反映在感觉器官上的人类行为的评价，在美丑与善恶之间做了区别。美丑因随时间变化的行为和形式的排列与组合而引发强烈的快感，而善恶给包括行为人在内的社会生存带来利益。这两类行为由于能引发兴趣和受到尊重而获得价值。

审美的主旨着眼于兴趣，尽管感到"有用"不能直接归结为某人的感觉，但价值这种模型基于至少没有伤害则是不可否认的。当人生单调乏味，让人感到疲惫时，价值发挥着化忧郁为开心的安慰作用，发挥着转换心情的功能。

"透视客体的特殊能力的强、弱、偏、正，是产生个人审美评价差异的原因。

"固然，一般来说，其影响程度应该随对我们自身产生反应的内容的存在与否而产生差异，但是当对象无法与我们联结时，就算有应该引起反响的内容，有时也不会有反响。这种情况下，应该作为一个联系通道发生作用的东西是我们为了一种目标生活而强化的特殊能力，即抵制来自于除对象以外的所有诱惑和欲望的能力。简言之，就是欣赏善的能力。若缺乏这种能力，无论是多么伟大的人类，也不会知道如何将这种能力应用于对象以达到目标。特别是按自己意愿活动的人不能停止自己的活动，不能为达到目标而节省徘徊的时间，进而没有足够力量抑制从一件事转移到另一件事的欲望。既然如此，就有相当一些人不愿做审美沉思。探索能把全部日常活动集中到一点即一种目标的能力，是一种特殊的能力。"（《李

普斯与美学》，第3—4页）

．．．．．．．．．．．．．

第五节　宗　教　价　值

为了区别真、善、美以外的神圣的价值，人们提出了宗教价值，属于这一学派的众多哲学家认为如果没有这一分类，价值体系就无法成立。提出这一概念肯定有据可循。……

据我个人研究，神圣的价值也可以说是利的价值。宗教的存在除去救人救世，还有其他意义吗？救人不就是利的价值吗？救世不就是道德价值吗？功德、利益，都只是听起来高雅，实质内容没什么差别。

佛教中最高经典，是在释迦牟尼五十年的讲经中居于最高地位的《法华经》。其中，《寿量品》第十六中说，让所有受人世烦恼折磨的人成佛，满足他们长生不老的心愿。在本尊说"南无"时，就表明他已经从生的烦恼中解脱出来，达到了乐于生命的境界。达到这种境界的对象具有价值，这种与我们之间的绝对关系就是利益，就是善。

在个人利益、社会的善这些感情以外，难道没有纯洁的感情吗？可能会有这种抗议性的言论，但纯洁也是因为利益是纯洁的，因此我们不禁会想到这与单纯的赞美是一样的。

将神圣的价值作为价值的研究对象来研究时，如果不想象与神圣的价值相反的概念，就无法得出合理的解释。

若我们赞成把包揽这一切的终极价值看作"神圣"，那么除了在恶的和有害的客体中，哪里还能找到包揽假、恶、丑的终极价值呢？我明确宣称，除了利、善、美之外，没有任何其他的价值类别。

第六节　宗教与科学、道德、教育之间的关系

一

众所周知，在善和道德价值的关键之处，我们规定了善恶的判断标准，作为世俗的法则即社会法则，还没有什么能超越它。

虽然如此，这些都只是相对的善，不是至高无上的绝对的善。以人类现世生活法则为对象的道德、科学也不是绝对的善。科学力量也无法超越，但人的欲求不会停止，因为人的欲求已经扩展到了宗教领域。

以三世常住、永生不灭的灵魂的生活为对象，找出一贯的因果法则，确立至高无上的正邪、善恶的标准。遵循这一规则，实现幸福生活是人类内心深处的希望，也是产生宗教的原因。

二

我深谙自己还没有品评宗教的资格。但是在世间，很多人凭着与宗教、道德以及科学相悖的解释，抱着彼此对立的、一方不理解另一方的错误，而且自己还抱着好像已经理解了的自高自大的心理乱说话。

我们所做的是通过事实说明真理，并试着将科学运用到现实中。《法华经》明确记述的道理和现实证据之外的文字材料，值得信赖。……

法、则、宪、道、规、准，虽然文字不一样，但内容大同小异。这些普遍通用的法则就是自然的法则，都没有脱离人类的轨道，因此，也不会和置于科学基础上的道德相抵触。

就连相当有学识的阶层，都认为道德与科学毫无关系甚至相

悖，但是我认为道德就是顺应社会学对象的社会法则形成的生活。如若我的看法是对的，那么宗教与道德就不是相悖的，对此再另外详细说明。

"佛法就是世间法，世间法就是佛法"，这是释迦牟尼教说的最高境界，它不仅意味着道德、科学、宗教是一致的，还意味着它们都包含在佛法中。有人不了解宗教的初级的科学解释，连谤法之罪难以避免都不知道，只奢望别人来指正自己。

如果有不同之处，那就是伦理道德即社会因果的法则仅限于现世，而科学的因果法则是针对各个领域。佛教的教义在于阐明凭借我们肉眼以外的天眼、慧眼、法眼等，弄清世间以及出世间即现在、过去、未来这三世所经历的因果循环的法则。

在发明了显微镜、望远镜等种种研究工具的今天，虽说大到浩瀚无垠的宇宙，小到极其微小的电子，都可以探究，但总的来说，因为人的能力限制，我们不能脱离肉眼和天眼的范围。

释迦牟尼五十年的说法，并将他圆寂后的佛法进行了恰当分配，即分为正法、像法、末法三个时期。……

《涅槃经》中的法四依——"依法不依人，依义不依语，依智不依识，依了义经不依不了义经"，以及"国依法而昌，人因法而尊"的教条，和 20 世纪先进国家所信奉的立宪政体的本质一致，所以与科学的期待也一致。

无论哪个国家，都是在经历了专制政治的时代之后，才了解与依人治国比，依法治国才是正道。君主或贵族大臣随意的情感和意志有着无限的权力，他们不问是非曲直、正邪善恶，一旦发出命令，就算错了，也会以改正会有损官方威信为理由，以武力这种专制政治的常用手段来镇压。因为他们认为若不专政，就无法治民。虽然这样能守住眼下的部分威信，但是，他们没意识到这样就是失信于民。若说没有这种顺应时代的进步，公开说明这种浅显易懂道理的人也未免太有失志气了。话虽如此，就算注意到了，若想要蒙混，从有可能会打乱自己的生活的角度来看，最终也是"胳膊拧不过大腿"，只能用这种谚语来自我安慰。而且由于普通人民的知识开化程度不同，很多人认为法重于人，制定了包括君主在内人人都要遵守的宪法。约定不无故违背就是现代宪法政治的宗旨，也是对法则的认识……

对佛教的奥秘以及东西方历史感到震惊的博学人士三谷素启发表了日莲大圣人的《立正安国论》，并明确论述了以上真理。

最近的天文学家因为太阳出现黑点，就判断今年是冷还是热，传染病是多还是少。也有人说佛教幼稚，只是毫无价值的消遣之物以及在其他古书上写到的类似的说法。很多类似的说法传播开来之后，这也作为一种新知识进行传播，就像太阳出现黑点问题一样，只不过是从古至今被驳倒的万千例子中的一个。近代科学中尤为引人注目的发现，也是人类文明的桥梁——无线电广播的使用。但是在释迦牟尼在世时，其实无线电广播也已经被广泛使用了。电波具有极快捷的特点，能够实现以心传心的目的。总之，现代科学认为，不仅限于我们，在宇宙间生存的所有东西，表面上各自独立生活。这样的见解，其实彻头彻尾错了。……（三谷素启：《立正安国论精解》，第99—101页）

谁能污蔑说佛教只是与人的真实生活毫无关联的部分职业和尚产生的呢？谁又能僭称《南无妙法莲华经》只是法华宗所独有的呢？虽然伦理学已经拥有两千多年的历史，但或许因为社会发展还不健全，如今的时代，思想混乱，而且依然无法确定道德价值的标准即善恶的定义，那么佛教不刚好赋予伦理道德以至高无上的原理吗？《法华经》是释迦牟尼最重要的一部经书。……

三

"依法不依人"，释迦牟尼这一最后的规诫正好暗示了从依人生活到依法生活这一人类进步。因为后文提到随自我意志、随他人意志的生活阶段都是依人生活，而信仰的本体是特定的具体人格，或许是因为在这种个人自我生活中我们具有直接价值，信仰作为受人尊敬崇拜的对象，始终都无法脱离具体的人格。信仰作为一种自认为理所当然的结果，原本就不是以清晰理性作用而得出的认识为基础，或许因为包含主观的感情因素，还会经常与其他有分歧的宗派信仰互相冲突。以慈悲为怀、四海平等、一视同仁为宗旨的宗教教派越是积极地宣扬自己的主张，就越是不能让不相信、排它之丑恶的人感到羞愧，这是不能脱离具体人格崇拜的结果。所有人都无法超越依人生活这一客观事实。恋爱对象只能是恋人，其他人绝对不行。在这一点上，宗教也是一样，我们必须冷静地对各种宗教进行对比研究，经过辨别异同，存大同，求小异，但其实这种客观的科学态度也不行。

但是，随着人类智力的逐渐发展，主观感情因素逐渐变得淡薄，理性作用逐渐显著，原本离人类很遥远的法意识也日益受重视。一直以来备受崇拜、尊敬的人，在集体中就像是大海里的一滴水。只有凝聚结合才能形成集体，这一事实如果上升到意识层面，就可以看作如同太阳升起，灿烂耀眼的群星就消失一样。法律意识作为我们生活的原动力，现在它不仅对个人产生利害关系，而且对所有人都具备公平、平等、普遍的社会力量。自然的法、宪、则、理、真、规、范等等，这些虽然名称各异，但内涵都一样。

....

因为从我们的立场来看，这和所有人的体会一样。这与我们相信的人类的进化发展过程有阶段区别完全一致。第一阶段的生活是，小孩将来自父母和教师的思想教导原原本本地全盘接受，并对此深信不疑和遵守，认为这是最保险的做法。这种观点就相当于无条件地相信同时代或者以前的先知者的教说，不加思考和理解，只是一种感情信仰的生活方式。在这种一直没有任何自己理解的模仿性的生活中，因为没有斟酌教义的精神后再加以应用，只是形式上的机械模仿，很多情况下，这种做法都不可行，因此到了第二阶段。此时，我们就会产生怀疑，有时候通过自己的努力发现了新的生活方式之后，就会注意到之前的模仿生活没有任何意义，之后就可能会否定所有的信仰甚至是已经确定了的真理，认为"人是万物的尺度"——又陷入自我才是最正确的独断主义。"哥白尼的地心说成立之后，就推翻了之前人们相信的日心说。这样看来，以以往的知识程度确定的真理，随着知识的进步，不知何时又会被推翻。世间没有永久不变的真理。"这样又陷入了怀疑一切，否定所有真理的生活方式中。在实际生活中，完全认为别人所说的不合适。……

　　一切科学都把宇宙作为研究的对象……尽管有许多其他的分支学科被发现，但是，在它们之间既不应有争论，也不应彼此轻视。所有这些领域一般都是相互尊重、密切联系的。……今天宗教和科学绝对不相容已成为常识。人们认为科学家不可能去追求获得通往上帝和佛的世界之路。科学世界和宗教没有任何关系，科学研究的结果、对事物的科学态度都与宗教世界无关。

　　……真正的宗教是这样——它的研究态度是科学的，它的结果在逻辑上必须能被系统化，在科学上能被证明。此外，它的所谓原则和准则必须具有普遍的有效性。它的系统化原理必须明确它将回答什么论题，它的研究对象是什么，而且它建立的原则不应该受时间或空间的影响。它不应该只是在日本发生影响而在印度不重要的宗教，或者在一百年前有效而在今天没有效的宗教。……这种宗教的哲学对象是什么？它是生活，人类、所有事物、社会、国家，甚至大千宇宙的生命都包括在这种研究对象之中。……这种宗教也建立生活的至高无上的哲学和最高的、最有价值的公式，在人类活动中实行这种宗教，是为了带来生活的幸福。……这种宗教最高的、最重要的原则，不是纯粹的理论，而且被物质化为大御本尊。……

宗教哲学的研究在释迦牟尼的时代就已开始，释迦牟尼详述的最高经典是《法华经》。……天台大师在对《法华经》的研究方面向前迈进了一步。在他的《摩诃止观》中，他完成了佛教理论的"一念三千世间"原理。……末法时代的真佛大圣人日莲以普通凡人的形象再临，深思所有经典中的哲学原则，认识到自己是真佛和常行菩萨的再现。他为了拯救全人类，雕刻了大御本尊（崇拜的对象）。这个大御本尊与释迦牟尼的《法华经》和给《法华经》做过详细解释的天台大师的"一念三千世间"理论，是相同的。所以，大御本尊可以称作大圣人日莲的《法华经》和实践的"一念三千世间"。……真正的宗教必须是给人的生活带来幸福的宗教。换言之，真正的宗教应该是个体和社会的利益中的利、善、美价值标准的基础。道德只是宗教实践的一部分，应该把它叫作对善的价值标准的实践。……家庭道德可以被定义为，为了整个家庭的幸福，家庭的每个个体应遵循的品行准则。同样，村庄的道德是为了村庄的幸福，村民应遵循的品行准则。对于职业团体、组织、国家和民族来说，同样能够这样说。所以，那些没有确立善的观点的人不可能把握道德的意义。

教育的目的在于训练人们正确认识人类生活和人的价值的创造。……

总之，人的品质的价值创造在于培养能创造利、善、美价值的富有活力的生活力量。那些被美的价值所吸引而忽视利的价值的人，**应该称为蠢人**；那些由于过分喜爱美和利的价值而不顾善的价值的人，必须称为邪恶的人。教育，就其实际意义而言，只有当教育者清楚地把握了认知与评价之间的区别时才能提供。

第六章　人　格　价　值

第一节　人格价值的概念和等级

一

在此，我们讨论的对象不是人格的价值，而是人格价值。所谓的人格价值，不是像人格的价值，而是人格本身的价值。人格价值同时也意味着与人类创造社会生活时所属的社会群体生活的积极或消极关系。往往人格的价值这一名称容易被人们接受，估计是我太愚钝，难以弄清人格价值的意思，因为不能将它理解为是人格一样的价值。在和不在都没有任何遗憾的人，是可有可无的人。平常，与一般人一样与他人一起做事时，普通人会倾尽全力，而能力强的人只会用一半的力。表面上看起来没有任何差异，但一旦出现紧急情况时，所有人都必须倾尽全力。此外，所有人的人格价值或者真正的价值都会在社会中得到彰显，然后得到正确评价。

在大的国家、社会中固然如此，市町村、学校、班级也是如此。既然都是自然的团体，即便是小团体，也会有三个等级的区别。通俗地说，以上、中、下或优、中、劣这些名称来区分人格的三个等级。

1. 通常被希望出现的人。太平的时候，他们不引人注意，一旦出现紧急情况，如果他们不在，会让人想念。这种人的存在是有影响力的存在。

2. 出现的话不会有什么影响，但不出现也不会有影响的人。也就是，他们的出现几乎不为人赏识。

3. 出现则给人带来困扰的人。就是别人希望他们不在，这种人遭人嫌弃。更甚者是那种遭到整个社会唾弃的做坏事的人，这些恶势力般存在的人通常会给社会带来威胁。

像和气清麻吕、西乡隆盛这些名垂青史，现在也会受到很多人尊敬的人，就是第一等级的人。平时太平无事时或许人们不会关注他们，但一旦碰上紧急情况，至少他们的存在会发挥很大作用，他们就是那种被世人信仰和敬仰的人。一所学校和一个班级必然有一个居于领导地位的人。这种人众望所归，不在意自身的生存问题，只是一步一步地着眼于自己所属的社会团体，一心一意地工作。这种人的社会价值得到大多数人的认可，最终他的功绩也受到大家的尊敬和赞扬。另一种人，他们的存在给社会带来危害，并且对所属社会没有任何贡献，他们是社会的麻烦，而且是让人感到危险并带来伤害的人。像这种或多或少给社会带来危害的人，若与前者相比，虽然同是人，却有相当大的差异。社会生存是出于生物本能即保护种族这一目的的产物，同时社会生存也是所有人的目的。出于生存的目的，社会赋予人类价值，并将其区分为各种等级，通过尊敬或批判或制裁这些形式进行各种不同的对待。

....

二

"人格"一词表现了人类评价的结果，也明显包含了人类的价值。若说为什么，那是因为某人人格高低或者高尚与否，就好像表现善恶、美丑、利害等价值的词语一样，是通常无意识间使用的词语。所谓人格高尚的人，就表示受人尊敬。与人格高尚或者伟大的人格相反的人格低或是没有人格，都包含着卑微的、不足以与之为伍的不快和指责的感情成分。

这样，"人格"一词就意味着某种评价，于是表示结果的价值与"价值"一词大多时候被当作同一意思在使用。价值的高低、有无、尊卑，可以用"人格"一词来替换。

但是在美学、伦理学等的价值学中，到处可以看到人格价值和人格的价值，估计是在价值认识的最基本观念上产生了错误，因此，以此类推，其他价值观念中也有错误。

印度的等级制度就是以人格价值为区分标准，日本封建时代的士、农、工、商的区别也是同样。就像明治维新之前的随意斩杀平民的制度，以及中世纪的东洋和西洋的奴隶制度，都给人格价值贴上了相当严重的等级标签，但是随着人类知识的进步，这种不平等观念也在逐渐改变。出现了立宪政体之后，至少在法律上，无论是王侯、贵族，还是平民、奴隶，都拥有平等的生存权，这也得到了普遍认可。在这里，比起任何物品的价值，人的价值具备绝对价值。……"法律作为人类社会生活的规范，承认人的生存权，为了实现这一目标必须不断提供能使其实现的保证条件，这作为人类生存的价值，必须以在社会生存中尊重这一价值的要求为前提。通常，人类的社会生活是按照普遍适用的法则，在应该受约束的根本的先决条件中，认同普遍适用的法则的绝对价值，这是自不必说的。与此同时，通过人类的社会生活，体现普遍适用法则意义的价值也必须得到我们的认同。"（《改造》1923年9月）

第二节 人格价值的判定

一

所谓自觉，就是自己评价自己的人格价值并正确认识这一评价，而并不只是实在的认识。通常，我们的自觉观念就是自己单纯的实在的反省，这还没有充分表明自觉的意思。……

苏格拉底呼吁个人的自觉，想要在我们心中找到神。他说"汝应自知"，还说"我们必须认识自己。像特尔斐这种神一样，若我自己都不了解自己，却反而对与我无关的事有兴趣，这不是太可笑了吗？"，从而敦促人们自我反省，通过这种自我反省，获取道德和学问。

那么苏格拉底说的自觉是什么呢？小孩和未开化的人还无法区分自己与他人，内心其实一片混乱。随着逐步成长，人们渐渐开始能够区分自己与他人，也能够区分自己看到的"我"和他人看到的"我"。之后对客观更感兴趣，然后又回归到"迄今为止我到底做了什么，究竟对不对，将来这样就好了吗？"这种自我思考中，并以社会生存为前提，批判自己的行为。曾子曾对反省自我加以赞颂所说的"吾日三省吾身"，就是这种境界。我们会反省说以往的生活状态不行，并反思自己之前的失误，然后幡然领悟到"以往的生活方式不行，并想改正"。我们或者会忏悔之前的失误，将思想提升到一个新境界。如果社会生活对我们是必然的话，那么这种反思行为也是一种理所当然的。

"丰臣秀吉、拿破仑、袁世凯、吴三桂都是非常精于算计的，但最后还是落得了悲惨下场，这是因为他们弄错了算计标准即自己真正的价值，而且不仅弄错了自身价值的大小，还弄错了衡量的对象。"(《国民报纸》1921年10月）这是德富苏峰用德语以《大胆、冒险、算计自己》为题写下的评论。

他的意思是，不能盲目地自信。只相信自己的力量，加上自大这一外部力量的推动，容易陷入过于相信自我力量的牢笼中……

如果一贯目刻度的秤没有作用，那就用十贯目、百贯目刻度的大秤。完全估计错了和不用秤只凭自己的主观独断从而弄错是同一道理。首先必须正确衡量自己的能力。因此，了解自己是第一关键。为了了解自己，避免错误评价，必须客观评价自己的实力与评价主体即社会之间的关系。首先，将自我行为、生活目的、精神状态与社会生存做比较，站在社会立场上进行评价。如果没有正确认识，就谈不上是真的自觉。因此，为了真正认识自己的人格价值，除了自我评价以外，还有必要听取他人的评价并进行对比研究。

二

人格评价必须有自觉和他觉。正确的人格价值判断会综合比较自觉和他觉，之后再进行取舍。将本质内容转换为量，再将量转化为数之后就可以判断了。他觉就是他人对自己进行评价，也就是他人的评判。将他人的评判与自觉加以对照，是认识自己真正的人格价值的有效方法。只凭他觉发现自己真正的人格是件很危险恐怖的事情。

实际上，自觉或他觉或多或少可能都会有误判的情况存在。这不仅体现在认识上，也体现在表现上。伴随自大、谦逊、迎合、嫉妒等感情，人们往往会失去理性判断。因此很多情况下，对人物的评价都失之偏颇，尤其是对当代人物的评判。受其他因素的影响，无法得到正确合理的判断，只有一些主观评价，也是常有的事。总之，得到正确而又能够普遍认同的客观评价是件很困难的事。

如果历史学家能够抛开自身感情喜好来评价古今中外的历史人

物，那就不会有与善恶同一程度的评价了。也就是说，世人的评价中没有完全的善人，也没有完全的恶人。像平清盛、德川家康这样的人，到现在对他们都没有合理的评价。

那么即便是对于他觉，也必须分析并综合考虑评价主体的立场、生活环境、个人才能等很多因素，忽略那些偶然附加给评价主体的不必要因素，只抓住那些必然的本质的东西，还原评价主体纯客观的状态，然后再进行公平的评价。……

三

显然，实行普选制度是人类文明发展的进步……

若问为什么，是因为这个被选中的人应该能够代表我们的意志。他不会背离我们的意志做坏事，而且无论在什么场合都只会发表能够体现我们主张的言论。毋庸置疑，要选一个有胆识的代表的看法，什么时候都不会改变。不管是以前还是现在，只有社会评价能够成为判断代表合不合适的根据。

对代表来说，社会评价就是他觉。不管他觉正确与否，他本身是期待的。这之中也有两种情况。

一种是与这个人直接接触。因为这种情况下能充分了解这个人的日常生活，从而能将他与别人做对比研究，进而客观地把握这个人的情操、智慧、勇气等社会因素。因为存在利害关系，有时可能无法得出正确的判断，通过这点，明显可以看出有必要重新审视陪审制度。因此，这种情况下的比较研究必须抛开个人感情。

另一种是间接了解。这种情况下，主要是尊重"物以类聚，人以群分"这一真理。如果能够获得有关过去行为的正确信息，那么这种行为也会成为判断的一部分要素。如果无法获得，那就有必要推敲斟酌对这个人的评价。

特在此以对政府官员涉嫌收受贿赂这件事的评价为例进行说

明。那样的人究竟为什么能多次当选工会议员呢？像因收受贿赂而被检事厅传唤的人的名誉职务，也只是在所属市町村的氏神祭祀的神佛前才会被尊敬的职务。领导类人物的评价与此类似。因为世人的无知和不会亲眼看见等原因，领导类人物不顾给社会带来巨大危害的影响，采取不正当行为，谋取私利。他们在生活中行侠义之事，以博得不明善恶之人的欢迎。因此，只凭社会评价很难决定其价值。除此之外，还必须考察评价主体。与实际、有无、真假的认定不同，像只与价值相关联的人格的高低、尊卑等这样内在的判断很难得到。至少也要在处于利害关系密切的地位中，共同生活数十年，看清一个人的本质，换言之，就是必须洞悉千变万化中不变的方面和他的生活目的之后才能判断。这样，才能如实地正视与他相关联的态度中的纯真特质，才不会弄错正邪、善恶的判断。但若是不善之人，他会从自身利益出发，想尽办法判断周围的情况，绝对不会是可靠之人。即便如此，他还是有良心的人，因为他还是有人情味的。对没有直接利害关系的人，估计是因为没有真实的正邪判断，陪审员也不会很在意。在有利害关系的人之间，对坏人做出不好评价的善人的行为反而被说成是反善的行为。若非如此，就无法决定谁是谁非。……

因此，也要相信评价人格价值的善恶等判断，在只有自觉，或只有他觉，抑或是二者共同作用这三种情况中，差别非常明显。

第三节　人格价值的要素与人格教育

一

在人格论中，虽然列举了下面三个要素，但据我观察，事实并非如此。因为这不应该只针对人格，而应该针对所有东西。

1. 多样中的统一。

2. 因果过程。

3. 个体性。

在群体生活中，人类擅长有意识的方面，还是所有目的的统一体。任何人在这种生活中不会有任何改变，只有死亡才会让人失去这种统一。在统一的时空中，不仅外形，连内部都是统一体。当某人人格失去统一，如同昨天与今天的精神不统一，他无法得到信任。这不是区别对待，而是相信各人的人格都是独立对等的，所谓的疯子就是精神方面的不统一。……而且在有意识这一点上，动物与人类不同；在有意识有计划方面，小孩、低能人以及精神病患者在人格上也有区别。

精神病患者和低能儿没有正常的生活状态，没有表里不一（没有表面上装善，内心却不这样想）。与纠结于刹那生活和永久生活、表里不一的正常人比，他们没有人格，因而被排斥。但是既然是人，就肯定都会想活着。

想要活着，就应该行善。每个人的生活不同就是因为采取的手段不同，也可以说是掌握的知识有缺陷，从而会误认为自己达到目的的手段是好方法。因此，对于与其憎恶还不如可怜的无知的人，我是这样看的，他们只能看到眼前，没有能力看清更深层次的东西。……

二

……如上所述，我能够发现人格中的种种要素。其中最核心的是这个人理想中的目的观的差异。这种目的观形成思想结晶的核心，而且通过这种目的观，还能够得出各种体系和思想，这些体系和思想就相当于六方体、八面体等矿物的结晶。

以核心的目的观为依据，人们被划分为三个等级：（1）以个人生存为最高目的，并以此为中心考虑处理所有事情的人。（2）比起个人生活，还有更重要的集体，个人只是其中一部分、一个要素，认为个人受这一重要群体支配，并以此作为行动指南的人。（3）有两种处于上述的两个等级之中的人。一种是虽然他注重自己，但同时注意到叫作社会的组织，尽管他的认识还不清楚。另一种是，他只注意到那些和他相联系的人，而不能把社会看作个人所构成的集体性共同体。如若像下面写的那样重新解释前述的等级，会更清楚明了吧。（1）抱有纯粹个人主义生活观点的人——将社会看作自己生存手段的人。（2）把个人看作社会的要素的人，即对事物能采取全面观点的人。（3）虽然意识到社会的存在，但没有得出正确的认识。因为误解或曲解，认为自己万能，社会也只能从属于自己，认为社会与自己不对等的人。第三类人还能够进一步分类如下：（a）在力量和价值方面，认为自己与社会对等，但对社会价值没有明确观念的人。（b）认为社会明显高于自己，并对此深信不疑的人，即异常虔诚地相信自然和造化威力的人，却对社会有机团体一无所知的人。

而且在（b）中，其实也有下列差别：（Ⅰ）他的活动范围被限定在本地组织的人；（Ⅱ）他的活动被限制于党派范围内的人；（Ⅲ）他的活动受制于国家，不再进一步扩展的人；（Ⅳ）考虑达到国际事务的人；（Ⅴ）没有任何国家观念、玩弄空洞的"国际"概念的人，或者是只相信宗教家，将超越国家的宇宙作为生活原理的人。

如果改变上述研究范围，又会发现以下两种区别。

1. 内心充实、懂得循序渐进的人。

2. 内心空虚、宇宙观狭窄的人。

三

············

虽然这种人格分裂的现象与生存方式和实际受教育程度有很大关联，却是从未研究过的问题。应该被视为促使意志稳固的原动力的目的观念的明确，根本生理生活的确定，以及运动神经、感觉神经相互协调的发育，都是人格分裂产生的重要条件。

四

人们经常倡导要实行预测伟大人格的感化式的人格教育。不用说，社会也非常渴望这样。精神十分完美，但过于完美，超过了极限。我只能感叹未实行的手段只是一种设想。谁会反对人格教育？古往今来不会有人反对人格教育。人类意识到教育的重要性并大力提倡教育，就表明人类不反对人格教育。虽然如此，进入 20 世纪的现在，也还是必须提倡人格教育，通过这个就能判断出教育不适应时代进步的理由。那么原因是什么呢？正如科学是合理的生活所要求的，在其他社会没有那样的主张，我们也只能一笑置之。那又是为何？

人格是什么？这一伦理学上的重大问题至今还未弄明白。人格概念的清晰是人格教育的大前提。比起"如何创造人格"这个问题，认真思考"如何发现人格"才是当务之急，那么"人格是什么"也成为必须先解决的问题。这样追溯的话，草率地对待根基，忙于培养枝叶，就像是在沙滩上建楼房一样，因此就得出了上述结论。

评价或者欣赏只能针对美术或者艺术品，假如是人类生产或者创作的东西，因为都倾注了人类心血，必须一样同等对待，其他的就另当别论。如果审美技术或艺术作品是欣赏的对象，经济产品也应该是欣赏的目标，那么在同一意义上，应视为道德作品的人格也应该被欣赏。而如何欣赏，就是要比较研究对人物的评价。不仅只有他觉，自身的反省自觉亦是如此。这样一来，日常生活中注意取长补短，就像"以人为镜，反躬自省"这句谚语说的那样，这是值得期待的人格教育。除此之外，没有更好的方法。总之，无论是人格价值还是一般产品的价值，都受同一法则的支配。对此我在下一章进行深入探讨。

⋯⋯⋯⋯⋯

我们所向往的教育就是培养真正的具有高尚人格的人。那么到底存在多少所谓的具有高尚人格的人？释迦牟尼在《涅槃经》中说："因为佛教而成佛的是指甲微尘，因为佛教而坠入地狱的是大地微尘。这种如指甲微尘般的珍贵稀有的人格是如何才能够成为教育学的对象的呢？"如果教育者本身以此为提高精进的目标，固然好，但若自以为是地说这种理想能马上实现，所有的教师内心都这样盼望，作为还未实现的基础，就像论述实际的教育一样，只能缘木求鱼。何况"邑无不学之户，家无不学之人"？我们要遵从明治天皇的圣心。国民教育总动员的结果与不能违背产业革命的潮流相同，教育和大规模生产的限制是不管你愿意与否都必须进行的。就算不在乎，可以若无其事地大谈未做过的事，若只是想让俗人安心也就罢了，但若这是学者的行为，就是可耻的。无论怎样受大众欢迎，也不能忘乎所以，最好忘记发表毫无作用的言论。但是如果我们轻率判断这种做法是讨厌人格教育，就不对了。在渴望人格这一点上，我们也不甘人后。只是感情上说起来容易，实际计划实行却是困难重重。

第四编

教育改造论

第一章 教育改造政策的要点

第一节 教育改造政策的价值

教育改造政策是一种能促进将来理想社会建设的人才培养方案。就像艺术家通过组织画布、大理石等素材来创造美的世界，实业家通过对货物的加工来谋求利润一样，教育者应鉴于现实社会的缺陷和弊端，力图为后代子孙建设一个更加美好的社会。但是，这是只有通过所有种族、所有阶级的共同努力才能达成最大规模的、创造出最大价值的事业，所以更适宜根据教学经验而不是书斋里的空想来拟订计划。专于社会统治的政治家们应该采用由此而产生的计划，广泛听取相关者的意见，接受家庭的协助，并通过作为教育专家的教师来实施这一计划。

即使是相同的价值创造活动，也有明显的不同之处，在以纯洁无瑕的物质为素材的美和利的世界里，通过挑选现成的素材，可以马上着手进行美好社会的建设，但若身处以心存妄念的人才为要素的善的世界，首先就要进行人才的培养，使他们意识到各自在社会生活中的价值，然后让他们通过实现自身的价值来完成美好社会建设的任务。正如前面屡次谈到的，国家就是主权确立了的社会。

无论什么样的科学，都离不开与之相适应的技术。美国学者威廉·亚瑟·沃德提出"政治家就是应用社会学原理的技师"一说，我赞成并认为它是真理。的确，政治家作为应用社会学的技师，就如同医生作为治疗人类疾病的技师一样，他们对弊端百出的现实社会对症下药，是治疗这一社会的医生。二者的区别在于，医生的对象是个人、个体，政治家的对象是社会、团体。不管是医生也好，政治家也好，他们都致力于已发疾病的治疗。与此相对的是，教育家则致力于疾病的预防，并在其基础构成上下苦功夫。总的来说，一个与现在相关，一个与未来相关；一个要消除已发生的病变，一个要预防这种病变的产生。

这种关系可与家庭中的父母分工相对应，即父亲负责外面的事务，负责现在的生存问题，而母亲负责对孩子的教养和为他们的未来生活做准备。

从这一意义上来看，我们可以认为母亲是最根本的教育者，是未来理想社会的建设者，教师只是因分工而代理的人。教育改造的根本动力就在于此。的确，对于家庭教育，如果把它们当作单一的个体来看的话，其力量是微乎其微的，但是一旦把它们集中起来就会变得很大。现今汹涌澎湃的思潮就是发源于家庭教育。以这一思潮为契机所进行的教育改造政策的研究对我们提出了更高的要求，使我们不得不探讨一下其原因。

第二节　所谓思想善导的本末和缓急

一

阶级斗争、生活困难、思想混乱、世态险恶等，这些就是现在呈现在我们眼前的社会状况，如今的燃眉之急就是如何才能顺利度过这一动荡不安的时期。

实际生活在这一险恶世界的民众，不论是谁，很显然都没有意识到这并不是远离日常生活的事，可以让我们袖手旁观，而是与我们的切身利益息息相关的。于是先知者也好，执政者也好，学者也好，宗教家也好，都被卷入这一混乱的漩涡中，陷入一种茫然自失的状态。这种可怕的动荡不安的国内形势将会如何发展下去呢？

对我国来说，阶级斗争也好，思想混乱也好，尽管如此大规模地波及全国是空前的，却不能说在其他的国家也是空前的。只是其他国家发生动乱时，它们的领导层并没有像近来我国作为前辈的领导阶级那样丧失领导权。

前辈对于后辈的威信的丧失意味着教化源泉的枯竭，对于国家将来的发展来说，没有比这更恐怖的事情了。我们不可以仅对事态的某一侧面或局部感到震惊、悲观，这是徒劳无益的，因为不论在任何时代，这种病态现象都是无法杜绝的。我们唯一要担心的就是指导思想的教育或教化机构的瘫痪，真正应该担心、害怕的是教育教化源泉的枯竭。

二

……释迦牟尼在其经文中明确地预言"世界分为正法、像法、末法三个时代，处于末法时期的现今是浊恶恐怖的"，这一预言的确成为现实，实在让人感到惊叹不已。并且在650年前，日莲大圣人把经文上的预言与当时的世态相核对，惊叹于二者间没有丝毫的出入，于是写了《立正安国论》一书，以期能警醒世人并为他们指明一条道路。更让人瞠目结舌的是，此书也强烈地训斥了当今这一时代。下面摘录此书的部分内容。

"自近年至近日。天变地夭饥馑疫疠。遍满天下广逵地上。牛马毙巷骸骨充路。招死之辈既超大半。不悲之族敢无一人。

"然间或专利剑则是之文唱西土教主之名，……若拜天神地祇而企四角四界之祭祀。若哀万民百姓而行国主国宰之德政。虽然唯摧肝胆弥逼饥疫。乞客溢目死人满眼。……观夫二离合璧五纬连珠。三宝在世百王未穷。此世早衰其法何废。是依何祸是由何误矣。……倩倾微管聊披经文。世皆背正人悉归恶。故善神舍国而相去。圣人辞所而不还。是以魔来鬼来灾起难起。不可不言。不可不恐。……所诠，天下泰平国土安稳。君臣所乐土民所思也。夫国依法而昌。法因人而贵。国亡人灭。佛谁可崇。法谁可信哉。先祈国家须立佛法。"（三谷素启：《立正安国论精解》）

谁可以忽视它与现代社会的关系呢？特别是肩负思想善导重任者，他们又该如何做呢？

<h2 style="text-align:center">三</h2>

思想善导的呼声要大且持久。于是为了善导，我们有何行动呢？虽然必要的宣传做得很到位，却没有进行任何方法上的指导，善导的目标也没有被明确地指出，甚至没有就不可或缺的思想善恶认识上的指导进行充分的说明。因此人心困惑依旧，不知何去何从，如此情况不是反而更加恶化吗？

让我们来看看文部省的所谓的学生思想问题调查会，于是不由得对美化宣传手段的巧妙和其愈演愈烈的趋势感到害怕。虽说如此，但文部省的做法仅限于表面数据的收集，没有对事情为何会发展至此的原因进行本质性探究，这的确让人感到遗憾。于是对于人们的思想，除了用暴力来严加管制外，并没有进行任何善导，这种一如既往的结果让人失望不已。

"世间应该已经发生了根本性的动荡吧！因为生活已经安定不下来了。从真正的意义上来说，警视厅的工作就仅仅是处理民众生活中的各种小事。"虽然这只是已故大藏大臣井上准之助被暗杀时大野市警视总监的追述，但与前面一比较，反而觉得他的思考很有道理。那么应该如何对待这一根本性的动荡不安呢？

四

到底要怎么办才好呢？为了能找到答案，首先必须探讨一下何人才能担此重任。毋庸赘言，学者、政治家、宗教家等所谓的先知者、指导阶级都肩负这一使命，但不正是在这一点上，他们暴露了自己的无能从而威信扫地吗？要说原因，一是他们没有远见，面对动荡的社会不知所措，二是他们口中主张善导，行动确为恶导。这种身为恶导的模范却叫嚣着善导的行为，与掩耳盗铃没什么区别。

对于这种现象，如果以一代文豪德富苏峰①的高声疾呼代替我们的微弱呼声的话，多少也能够引起世人的一些关注吧。德富苏峰在犬养内阁组成时的新年伊始就说："又一次在地方长官会议上，听到有关思想善导问题的发言，言者以怎样的自信演说，听者又怀着怎样的诚意倾听，这些都和我们无关。"并以太阁丰臣秀吉②对其外甥丰臣秀次③言行不一的忠告，不仅不能引其向善，反而使其向恶的事实为例，最后以"思想恶化的源泉不在于政党，就在富豪，我为此感到悲哀！"于《东京日日新闻》为自己的发言画上了句号。在他如此赤裸裸的言论中，即使带有愤慨，但带着抗议的勇

---

① 德富苏峰（Tokutomi Sohō，1863—1957），本名德富猪一郎，日本著名的作家、记者、历史学家和评论家，同时是个狂热的天皇主义者和大日本膨胀论者。著有《中国漫游记》《七十八日游记》等。

② 丰臣秀吉（Toyotomi Hideyoshi，1537—1598），日本战国时代、安土桃山时代的武将及大名，原名木下藤吉郎、羽柴秀吉等，绰号秃鼠。因事奉战国大名织田信长而崛起，自室町幕府瓦解后再次统一日本，并发动万历朝鲜战争。

③ 丰臣秀次（Toyotomi Hidetsugu，1568—1595），丰臣秀吉养子。1585年，因征伐四国有功，受封近江43万石的领地。1590年，因征伐小田原有功，被加封尾张领地，成为清州城主。

气又有几分呢？就像政治家要看实业家的脸色行事一样，学者、宗教家难道不也是甘于忍受政治家颐指气使的曲学阿世之徒吗？教育家又如何呢？

<h2 style="text-align:center">五</h2>

在解决思想善导的问题上，还隐藏着一个难以解决的隐患，那就是对指导目标即善恶自身没有一个明确的认识，这也是善导一直没有取得什么成果的最主要原因。

"虽然现今政府一谈到取缔危险思想就会引起轩然大波，但他们都还没有明白什么样的思想才是我们真正应该担心的。即使很有能力，却没有自己的信仰，没有什么比这更可怕的了。"这是在基督教界享有盛名的本间俊平所说的话。什么样的事为善，什么样的事为恶？一眼就能看出其愚蠢之处的事，在实际生活中要对它做出判断却存在出乎意料的困难。从这一点来看，我们也可以体谅为何发生口角的双方都会把对方称为恶人。明知自己理亏却仍无理取闹，如果不是极度的无耻之徒是万万做不来的。

这种现象并不仅限于缺乏教育的下层阶级，即使是在上、中流社会里，人类集体生活中的争论、口角也是无法杜绝的。这是因为在善恶的本质上还存在未知之处，还存在不缜密、认真地思考就无法阐明的东西。

要探究其原因，只要在现今的水平上再向前跨出一步，大概就会想到是因为善恶判定标准的不确定吧。或善或恶是依据什么来断定的呢？如何才能看出孰善孰恶？参照善恶的标准，符合这一标准的即为善，不符的即为恶，那么这一标准又是什么呢？价值构成了人类生活的原理，为了明确这一标准，必须要探讨价值的概念。因为我们把事物定义为善或定义为恶，并非单纯地为了表明它的客观存在，同时也反映了掺杂了主观感情的对事物的评价。这样就不得不深入研究伦理学和社会学，但我们不必在哲学的漫漫长路上艰苦摸索，仅通过对日常浅显的生活现象进行直接观察就能寻找到我们想要的答案。

首先要明确利害的概念，只要比较它与价值的概念的异同就很容易得出结论，这在第三编"价值论"中已经论述过。

六

如果不依赖教育，而是把教育的改造放在第二位，不管是危险思想也好，思想国难也好，目前要对它们进行善导是不可能的，这是毫无疑问的。有识之士中，不乏以世间高等教育学校危险人物辈出为由而诅咒教育的人，但是怎么还会有像过去那样，期望能通过仅受过低级教育的国民来建立立宪政治的错误想法呢？如果回顾一下中国或俄国的现状，它们凭借教育的力量确立了立宪政治，对此我们无法否认，但同时立宪政治无法发挥其应有的效用，无法改变弊端百出的现状，这些问题也与教育脱不了干系。这只是由于教育上存在不足和缺陷，并不是无可挽回的失误，在这一点上我们不应该持有怀疑的态度。

因此，我确信只有通过对教育的改良、提高才能排除这种危险。虽说对此赞成与否是个人的自由，但教育改革的要求是不应该被压制的。不得不承认，要进行思想的善导，除了改善教育外别无他法。

七

德富苏峰曾经在其文章《二十世纪的世界和日本青年》中，以几万字大费周折地想要阐明的，归根结底就是要培养社会意识。不管在政治、经济或者其他的社会政策上如何煞费苦心，结果也只是临时应急的对症治疗而已。欲速则不达，就像前文所述的一样，要想实现根本性的治疗，即使要走很多的弯路，也只能依靠教育而别无他法。与以那些病入膏肓、完全颠倒黑白善恶、顽固麻木、不会自我反省的成人为对象的教育感化运动相比，以天真无邪的少年或者青年为对象的思想善导，且作为唯一能长盛不衰的思想善导，难道不就是挽救国家的根本方法吗？

那么要怎么做呢？政治家或经世家提出"要培养社会意识"，就可以功成身退了。那教育家该做些什么呢？现今教育指导阶级的教育成果都体现在国体概念的培养和道德教育的振兴上，于是用不着我们为"如何培养国体观念""如何振兴道德教育"伤神，教育家自然会采取一些措施的。话虽如此，但不知为何，几年过去了，教育家们也拿不出一个好的方案，甚至连人影也消失不见了，于是就陷入这种停滞不前的僵局。事到如今，面对草率的宣传这一仅存的措施，我们还能安下心吗？至此，经世家也好，政治家也好，他们应该亲切地鞭挞、督促、拥护、协助教育家，使他们能想出系统的方案，这样的时代不是已经到来了吗？

如果那样的话，教育家接下来又要做些什么呢？不论这样的宣传如何，教育家必须就"为何无法培养国体观念和为何不能振兴道德教育"这两点进行反省，认真地寻求发展的策略。但是事到如今，外部的鼓励监督已经变得不重要。注重外界的鼓励和监督不正是我国教育从一开始就标榜的吗？想到这里，不论是谁，心里都会感到些许羞愧吧。

坦然地面对失败，并正确地认识它。正是由于对其原因的探究，才能找到未来的策略。一成不变地把视野仅仅局限于欧美各国，不论经历多少岁月，都无法找到适合我国国情的策略，六十多年的实践也证明了这一点。

八

也许会有人追问："这么说来，你是不是反对思想善导？"当然并非如此，过去日俄战争前后大约十年的失业生活，使我一时萌生了这种想法，即已故的伊藤银月氏在当时唯一的左翼报纸《平民新闻》上对我的新刊拙作《人生地理学》发表了评论，因为那时我深陷危险中，受到他们严厉的批判，于是我提出："的确由于现代社会的构成上存在很多缺陷，进行改革是很有必要的，这一点我赞成，但是仅仅是破坏原有的社会机构，而没能想出一个建设方案，在此期间民众苦不堪言，这难道不就宛如应仁之乱后的战国时代的再现吗？"对于我的反问，他们认为："维新革命又是怎样的呢？当时所谓的志士们并没有什么对策，但他们在破坏了原有的社会制度后，建立了美好的维新社会，并且这种社会不是一直延续到今日吗？"对此我已穷于辩解。那个时候，作为我唯一的避风港并且给我坚持下去的力量的，就是给世人留下巨额奖金的著名的诺贝尔氏所说过的格言"遗产可以继承，幸福却无法继承"（参见第二编第二章）。自原始祖先时代开始，生活上各种不间断的威胁所带来的恐惧就一直无法消除，伴随着这种恐惧感进化至今的人类，不论身处何地，对于私有财产都有一颗极其执着的心。正因为这样，才出现了现今如此丑陋的世态。因此，拥有一定的财产并消除了威胁后，人类的欲望却继续无止境地膨胀，今后可能连肃清这种丑恶事态的想法都不会有了。但是，那些欲望得到了满足的富豪们，一旦他们静下心来思考子孙后代的未来时，一定会赞成上文所说到的格言。假如果真如此，不必单纯地通过破坏性活动，依靠建设性的稳健手段及资产阶级的理解，使改革成为可能的时机也应该会到来。那么，这应该就是教育者适宜采用的方法。因此，作为在不触及国体问题的前提下所开展的社会改良运动，同伴们并肩作战也仅限于普选前，之后就分道扬镳了。就像过去内务大臣大浦兼武①由于岛田三郎②在议会上的弹劾而被迫下台时一样，立宪政治的发展也给我们带来无限的感慨。由于稍有左倾的思想，我的名字可能已被列入当时的黑名单。因此，我与那些在相互的无谓之争中成长起来的所谓的教育者们相比，在思想的复杂性上多少都会有些不同。正因为如此，即使被人讨厌，我也要唠叨几句，并决定今后更要以"豁出性命"的决心来极力主张这一点。在那些以稳健、顺从为最高自保术的教育者看来，没有什么事比这更愚蠢了，因为他们认为世风改善的时期是不会到来的。

的确，在这一不论身处何地满眼皆是丑恶现象的浊恶恐怖的末世，我这一类人的所作所为只是杯水车薪，且愚蠢得无以复加，不仅不会被世人忽视，反而成为众矢之的。

"如果你说了那样的话，一定无法博取世人的同情。"在我亲切的前辈中，也有人担心我并向我提出这样的忠告。就像日莲大圣人以"夫以灸治加于小儿，必怨其母，投良药于重病，必忧苦口"来解释为何护持《法华经》会招致众多的怨恨嫉妒一样。如果站在指导阶级的立场直言这一世俗社会缺乏远虑的话，也必然会遭受无数的嫉妒和迫害，不得不说这两者的理由是一样的。虽说如此，但不论世态多么浑浊险恶，忧国志士总是不会绝迹。孤军奋战，实力就会逐渐丧失。如果模仿恶人的装扮，至少也能够领导那些弱小的小善者。

既然这样，也只能任其自生自灭了，现今所面临的问题就交由政治家们通过应急手段去处理，我们只能把希望寄托于未来，为子

---

① 大浦兼武（Ōura Kanetake，1850—1918），日本明治到大正时期政治家。

② 岛田三郎（Shimada Saburō，1852—1923），日本记者、政治家，曾任文部省书记官、每日新闻社社长。著有《开国始末》等。

孙制订一个长远的计划。因为这个时候，不论是谁也无法想出比实施教育更好的解决办法了。

九

因此，犬养毅①首相在登台组阁后的第一年，于地方官会议上的训话"近来作为一直悬而未决的议案，思想善导的问题是最为重要且最让人头疼的……我相信，要使人们能领会诏书的主旨，应该对他们自发产生的求道心进行引导，这一求道心源于家庭的教育，而小学的教育应该为这种求道心的形成奠定基础，而为师者要实现自我求道心的培养，就有待于师范教育的改革"中，论及了教育改造的根本。

对自发形成的求道心进行指导，并对促使其基础形成的小学教师自身的求道心培养机关，即师范教育进行改革，教育界一致认为这是迄今为止教育改革的所有措施中最明智、最出类拔萃的。

这才是我们积极回应"健全国民的养成有待于为师者的德化"这一号召的理由吧！

十

没有什么事情能够脱离人而单独存在。就像江河诸流都要汇集于大海一样，社会各方面陷入僵局的根源都可以归结于人才的欠缺，而人才的欠缺又可以归结于失败的教育策略，因此，打破所有僵局的关键就在于教育方法的改造。

怎样改造帝国的教育？这已成为了现今全国两大政党、学者、

---

① 犬养毅（Inukai Takeshi，1855—1932），号木堂。日本政治家，第 29 任内阁总理大臣。与中国的关系向来友好，1931 年底就任内阁总理大臣之后，对于"九一八"事变始终希望采取和平的途径解决，对于关东军所成立的满洲国持反对的立场。1932 年 5 月 15 日遭到右翼分子闯入官邸枪杀身亡。

实业家以及忧国志士们悉数关注且担心的问题。于是在明治、大正年间，反省了教育的功过，从而得出了几个关于教育方法改造的提案。

对于社会教育和成人教育突然崛起的现象，政府及大学者们纷纷为寻找相应的对策而忧心忡忡。这不仅限于我国，作为世界大战所带来的自我反省的结果，社会教育和成人教育被当作一种社会救济政策在欧美各国大行其道，由于能从整体上把握社会生活，也被执政者当作一种从物质性产业政策上开始追溯其根源的政策，事情发展至此大概也是历史发展的必然趋势吧。虽说如此，但如果从经济性角度来考虑它的价值的话，虽说施行这种以成人为对象的教育政策聊胜于无，但与付出相比，其效果之微不得不让人悲叹。于是，为了提高效率，不得不寻找更有价值的根本性政策。要逐步采用何种教育政策才能适应这一无法预知的时代的要求？想到这，我们的心中难道不会感到忐忑不安吗？

现今教育的缺陷

文部省的学生思想问题调查委员会为了确立防止学生思想左倾的对策，设立了分委员会就学生思想左倾的原因开展了调查，调查结果的大纲中对教育的缺陷做了如下的陈述。

"（1）国体观念方面教育的不彻底；（2）修身、历史、地理、国语、汉文等各个学科教授的不彻底；（3）人生观、社会观方面教育的不充分；（4）培养创造力及批判力方面教育的不充分；（5）情操、意志陶冶的不充分；（6）教师作为教育者的自觉、学识及修养的不充分；（7）教师和学生之间个人接触的机会和设备的缺乏；（8）在编学生数过多所导致的训育的不彻底；（9）教育制度不能适应社会的需求；（10）家庭及学校中教育观的功利性倾向；（11）家庭中宗教及道德的形式化。"（《东京日日新闻》）

第三节　教育的重要性及特殊性

一

　　家庭也好，地方也好，国家也好，时代越进步，在教育子女上的花费就越多。这是随着生活的不断发展进步，人们逐渐意识到重视教育是父母应尽义务的结果。事实上，如果生活达到中等以上的水平，父母为了养育子女都会无怨无悔地献出自己的一生。把这种现象看作文明国家的常态大概也会得到众人的肯定。因此，在众多的社会改良事业中，特别是眼下直面的问题中，恐怕没有什么比教育事业更迫在眉睫了。虽然平时能意识到这一点的人很少，但只要稍加思考，对事物价值进行一番比较的话，作为万物灵长的人类，既然以其他物种无法比拟的绝对价值存在于世间，我们也许可以认为没有什么事情比改良人才培养更耗损钱财了。虽说在交通工具的发明、治疗方法的研究以及电器的发明等方面的花费也不少，但不管是在量上或是质上，这些带来了极大影响的事情一旦被拿来与教育相比，就变得微不足道了。虽然教育的花费很难被有形化和物质化，但如果考虑到受教育者的学习能力以及必需的费用和时间等因素的话，受教育者人数之众、教育时期之长以及教育费用之多都是我们无法想象的。

　　就因为局限于传统的做法，再加上忙于日常生活，无暇顾及孩子的生活，虽然孩子们因此而产生的不满和烦恼并不是很多，但当改良的必要性逐渐凸显出来时，对于以往做法的迂回和不经济，我们多少也会生出一些悔恨之情。那么，有什么事实能证明这一点呢？现在的老人们，虽然在他们少年时期学习了《论语》《孟子》以及日本野史等，但一直到他们长大成人才能真正理解其内容，这是不争的事实。在这一点上，西方和东方是一样的。卢梭、夸美纽斯①、裴斯泰洛齐等前辈教育改革家为寻找能解决这种迂回和不经济的办法，进行了孜孜不倦的努力。托他们的福，世界上的青少年才能从牢狱般的学习痛苦中解脱出来，享受今天愉快的学校生活。它不仅和医学上的大发现有着同样的价值，蒙受恩泽的是众多的青少年，在这一点上其价值是非常大的。不管是对蒙受恩泽的众多儿童来说，还是对实际运用其方法的教师们来说，都是极其了不起的成果。虽说教育方法的改革一如既往地重要，为何如今却被忽视了呢？其原因是非常复杂且广泛的，就像向湖面投小石子，其影响在没有波及整体前是不会停止的。关联性极其广泛，所有的结果可以是由同一个原因造成的，所以即使是对某一局部进行改良，也必须要对与之相关联的所有部分进行充分的考虑，这必然与物质性生产事业不一样。

二

执政者、政治家以及社会大众首先要意识到这一点，不能误解教育政策。那些教育监督者的思考方式与一般的行政官员无异，盲目地更替校长和教师，这大概是不能理解这一点的结果吧。其对孩子们所造成的消极影响是无法估量的。

综观日本的初等教育制度，全国的小学校被有序地组织起来，形成一大体系，呈现出一种文部大臣号令二十万名中小学教师对一千万名儿童进行教育的状态。可是其他的行政活动没能突破消极的限制，仅仅是施行一些限制性的法令，唯独在教育上开展了积极活

---

① 夸美纽斯（Comenius，1592—1670），捷克伟大的民主主义教育家，西方近代教育理论的奠基者，编写了多种教科书。主要著作有《母育学校》《大教学论》《语言和科学入门》《世界图解》等。

动并设置了文部大臣，即使说国家通过这一机构亲自指导教育的各种活动也不为过。这是它与其他方面的行政活动在性质上的显著不同，也是我们在寻求教育方法时必须注意的要点。

在其他的内政、司法、农林、工商等方面，只是单纯地监视人民的自由活动，只要不过分危害治安，不威胁国家的生存，国家都采取袖手旁观的态度，至多也仅限于一些奖励性的措施。与此相反，对于教育工作，国家亲力亲为，制定了有关学校制度的法令和施行法令的规则，不仅指明了教育的目的，甚至详细明示了作为达成最终目的的手段的各学科的目标。各学科的内容不仅标准化了，还设立了国定教科书之类的制度，教材的选择排列及出版方面的注意事项都体现着国家的意志，事实上干涉了教育者的活动。

国家进一步通过文部大臣来限制教师的资格，授予地方官任命教师的权利。为了监督规则的实施状态和教科书的使用情况，在中央、地方的政府机关设置了督学官、视学官等，并派遣他们管理国民教育。

因此，我们小学的教师并不能通过自己选定的教材，按照自己的想法对国民进行教育，他们只是行使国家意志的一大教育机构中的末端机构，遵从国家的意志，服从其命令，遵照其方针，选用其指定的方法和手段，甚至连一举手一投足都得根据国家的指令进行。统观全局，我们知道了与以往单靠教师自身的想法就能解决一切问题的时代不同，当今的政府极其关注教育政策。

虽然谴责其为统一主义也并非没有道理，但从教育事业的性质上考虑的话，就不能笼统地把它和其他的行政事业归结到一起而不加以区别对待。

如果要从其他方面寻求对比的话，唯独有军事活动可与之相提并论。军队为了应对可能的突发事件，必须在平时做好充分的准备，一旦遇到紧急情况，就可以行使所谓的大权，即在参谋总部制定作战计划，进而才能形成无懈可击的组织性极强的大规模行动。这一点与教育是相同的，国家则承担了教育的日常准备工作。

像军事活动这类关乎国家生死存亡的事情，的确需要国家行使其权利进行管理，其他的活动则应任凭国民自行开展，国家不应加以干涉，只有威胁到国家自身的生存时，才可以进行积极的干涉。如此一比较，我们可以推测出教育事业和军事活动一样重要，且被看成一项在国家生存上有着举足轻重作用的重大事业。

因为其他的行政机关大体上都是消极地开展一些禁止性活动，当局只需粗略地了解其规则，注意它的适用场合，在适用上不疏忽就足够了。因为误用会带来一系列的危害，在用人上必须有所选择，但只要具备能正确解释规则的常识，大体上都不会有什么问题。换句话说，现今在各政府机关任职的官员们的工作，只要能解释规则、法令，谁都可以胜任，但对于国家委以其开展积极性活动重任的教育者来说，在这一点上与其他的政府官员有着显著的不同，这让我们感到惊奇。

如果是普通的政府官员，即使默默无闻、毫无建树，只要没有重大的失误，在其岗位上长年工作也无妨。幸运的是，如果处于天下太平的时代，不论警察或裁判官如何无能，也不会成为大问题。虽说在和平时代对当局行政官员的人格和能力不抱有过多的期待也没关系，但对肩负教育未来国民、培养现代文明的继承者重任的教育者来说，仅仅以不误人子弟为目标而努力是不够的。换言之，他们不仅担负防止儿童们犯错或受伤的养护之责，恰似艺术家在画布、大理石上实现了自己的理想一样，他们还需要赋予怯弱的儿童们生活理想和实现理想的能力，以及对他们进行有价值的人格培养，因此教师的挑选必须十分谨慎。

如果是其他的行政机关，只要大致了解相关领域的法令、规则，具备掌握基本知识的能力就已足够了，但对于教育者，成败暂且不论，世人理想地把他们描绘成应受万人崇拜的社会一流模范人物，在期待他们能与理想中的教育者相一致的同时，让他们积极地投身于儿童的教导工作。从这一点上来看，教育者的责任是非常重大的。

对以上陈述的教育事业的特性进行简要归纳：

1. 其他的行政官员可以以局部的生活目标来开展活动，但教育者必须以整体的生活目标来开展活动。

2. 一般的行政官员的工作具有消极性、禁止性和保守性，而与此相反，教育者的工作具有积极性、进取性和建设性。

3. 一般的行政官员只需关注国民生活的最低水平就足够了，而教育者需要以最高的国民幸福为理想，并为了实现这种理想而不懈努力。

4. 一般的行政官员只要具备一定的常识，能够处理寻常的事务就没什么大问题了，而教育者却不能仅限于此。因此，仅拥有一般的常识、品格还不行，必须要有超乎常人的品格和特别的技能。在这一点上，对于教师不良品行等方面的处罚是非常严厉的。对于政治家、实业家、行政官员以及公司职员们来说，即使品行上有些不足，也不必受到世间极其严酷的惩罚，而如果是教育者的话，必然会立刻受到社会的强烈谴责。也就是说，如果身处其他领域，可以免除遭受社会苛刻的谴责，而在教育界却不能。在这一点上，社会对教育者的期待极高，就像对待道德家、僧侣一般严格。和往常一样，国家对教育者的期待越高，就越应该谨慎地对待教育者的培养和选拔。

这样，由于与其他行政事务的消极活动相比，教育工作富有积极性，教育者本身就不用说了，担负监督指导教育之任者，不管是身居要职还是基层，都必须认识到教育工作和其他行政事务的不同之处。

5. 与其他的事务相比，非常复杂也是其特性。其他行政事务相对来说都比较简单，只要符合规则、法令就无大碍，然而由于还没能完全弄清教育工作的原理、原则，再加上适用这些原理、原则的儿童们的性格十分难以琢磨，且五花八门，因此教育工作成功与否在短期内不能轻易判断，而且其影响范围很广，最终必然会带来不同凡响的结果。维新以来的教育政策的缺陷到了今天才显现出来就证明了这一点。我们即使对这种结果感到惊愕，事到如今也是无计可施，只能在将来提高警戒。

6. 其他的职业只是对局部提出要求即可，但教师的工作以创造完善的人格价值为目标，并为培养全才创造条件。所以，教师必备知识的范围必须涉及以下两个方面：涉及各个学科的教材的知识；对各个学科教材的理解、应用、引导方法方面的知识和技能。这两个方面缺一不可，且不应该有轻重之分。特别是执政者和监督者，必须在理解这一点之后再去制定教育政策。

三

政治上，基于普选的最能公平体现国民意愿的立宪政体已经实现，经济上各阶级间已从斗争发展到相互理解，共存共荣，道德上以社会意识为基础的奉献性生活以及学术上社会学的发展都日臻完善，并逐渐被大力提倡，于是，在法国大革命中觉醒的个人本位思想经受了世界大战的洗礼，如今已被社会本位思想所取代。正因为是在这些明确意义的基础上建立起来的，以世上独一无二的国体发展至今的日本应该可以实现其理想王国的梦想吧。

与这一愿望相背离的现实社会的丑恶，如果其根本原因真的如前文所述，在于精神上的缺陷的话，这种缺陷只能通过教育进行弥补。虽说教育最终也必须以至高的宗教力量为基础，但是往昔独揽思想善导工作的僧侣或宗教家们大部分都失去了信徒，脱离了现实社会，在这种情况下，除了教育外应该不会有其他的对策。

而且与行政、司法等惩恶机关事倍功半的活动相比，我们似乎更应该依靠把祸害防患于未然的教育机关的活动，并把它当作一项最有效、最经济的国策。

于是，教育机构中也一样，与通过奖励独立研究、把大部分的经费投放于需求已经饱满的高等教育上相比，我们更应该为幼苗提供充足的养分，即倾注更多的精力于初等教育上。

而且在开展初等教育时，必须把主要精力放在推动核心教育机构即教师的改善和提高上。

需要认真考虑这一点的并不只局限于从事教育工作的小范围内的人员，全体国民都要理解好它，进而制定教育政策。

国家、社会必须真正地理解教育的价值和使命，然后确立教育政策，并从外部给予教育机构鼓励和支持。与此相对，教育者必须洞察国家、社会在经济上的沉重负担，以提高效率为目的，从内部对教育事业进行整体改善。

四

通过对法则的运用来发挥其职能的机构，如果仍和以往一样处于不完备的状态的话，不管如何改进法规，如何整顿制度，改善的目标都无法实现。因为人才是社会的根本，要改良教育，首先必须要以改善人才培养机关为基础。

与财富、资产相比，人才的培养才是国家发展的根本源泉，逐渐意识到这一点的日本社会，必须清醒地认识到教育的改造要以机构的改造为切入点。虽显得有些迂缓，但欲速则不达，如果不以此为基础的话，一切改革最终都难以持久。政治家们经常叫嚣着要打破统一、放弃形式，但一直以来机构都保持着其原有的做法。如果能打破陈规的话，又将如何呢？正是因为局限于形式，虽然有些死板，最终也在教育上取得了一些成果。如果完全把以前的那套做法抛弃，追求无形式化的话，虽然获得了充分的自由，却只能以放纵散漫、难以控制的结局收场。就如同依靠拐杖才能行走的人，如果扔掉拐杖就寸步难行一样，我们不得不担心教育也会陷入这种局面。只要打破原有的形式，应该可以找到其他更合适的方法吧。由于不了解教育的实际情况，才会盲目地得出这种结论。领导阶级在着手进行改革前，应该先考虑一下其后果，不可以草率地进行。

第二章　教育机关的体系及其演变的考察

第一节　教育机关的构成及整顿

一

施行达成教育目的的政策的当局，我们通常把它称为机关。教育机关大致可以分为两种，即直接教育机关和间接教育机关，这有利于我们方便地看出其特有的价值。

在直接教育机关中的是活跃于教育活动的第一线，直接对教育者进行教育的教师。其在教育活动中充当的角色，就如同土木工程建造业中的现场作业者，或者是战斗队伍中的战士，在教育大业的完成上发挥着最重要的作用，其他所有的机关都以提高教师的工作效率为它存在的价值。因此，如果没有教师，或者他们的作用不能顺利地发挥的话，不管如何对其他的机关进行调整，也发挥不了任何作用。

我们应该包容在教师身上并没有体现出作为最高指导原理的精神的状况，并把它作为完善整体目标的一种手段，就像为了实现整体的生活目标，各部分或各细胞肩负着这一使命，在有机整体中各司其职一样。

二

如同处于各种有机整体中的生活那样，在国家的教育上，实际活动都是由基层机关开展的，中枢机关的存在只是为了行使指挥命令的职能。最初，社会的经济活动可以不受政府或中央的影响而自行发展，当其发展到一定的程度，中央政府即中枢机关为了社会全体的生活，开始对其进行管制和调整。教育事业也一样，最初它源于以国民各自的自由意志为基础的个人行为，以私塾的形式在民间产生并发展壮大，在其自我发展完善后，国家开始对其进行干涉、保护和监督，并最终把教育的经营管理纳入其权力范围。

国家的教育直接肩负着实现教育理想的重任。进行价值创造工作的基层技术机关，以及处于核心地位负责策划管理、监督经营工作的行政机关和研究机关，这三者必须紧密合作，只有通过它们共同协作的、有计划的活动，才能使教育理想成为现实。

三

"事实上，教育并非孤立，它是由处在同一社会中的相互协助、为了共同目的而努力的各个部分所组成的一个体系"，涂尔干的这一叙述并不假。从文部大臣到中央、地方的各种大小、高低、直系旁系的机关，通过相互间千丝万缕的有机联系，形成了一个体系，这一点毫无疑问。

因此，如何改造日本的教育这一问题所涉及的范围非常广，至少应该从政策和技术两个方面进行讨论，这在第一编第二章中已谈到过。如今在论及政策方面的问题时，必须先从教育机关的改造问题着手。因为教育的组织也好，制度也好，只要其原动力的机关没有得到革新，所有的改良最终只能是徒劳的。

为了维持社会全体生活的繁荣，必须从社会学的角度通览、看清现今我国的教育机关体系，弥补其不足之处，除去多余部分，调整重复的地方，合并分散的内容。这样一来，消极地估计的话，至少可以节约维持生活的基础经费；乐观估计的话，可以在一定的范围内提高教育机关的效率，并以此谋求组成国家教育机关的各大小、高低子系统之间的协调和合作。要达成所期望的目的，必须从这几个方面去努力。

那么，改废整顿的标准应该如何确定？这就要求我们要确立目的的价值意识。换句话说，就是通过对目标的确认，评价各部分或各要素对于其所依存的整体生活的重要性，在明确它们存在意义的同时，也把这种意义当成选择达成目的的手段的原则。

在第二编第三章中，我们已经阐明了教育目的观念的内容。因此在选择达成目的的手段时，社会必须先对它们进行政策性方法和技术性方法的区分，然后再进行研究，这在前文也已陈述过。

现在终于到了要讨论其中最重要的一个方面，即社会的政策性内容的时候了。首先略微研究一下历经明治、大正、昭和三个时代且一直实施至今的现代教育制度和中央、地方各种大小、高低的庞大教育机关，参照既定的目的观，对它们价值的大小、强弱程度进行讨论，并就实施时作为选择取舍标准的各自价值的轻重缓急进行进一步讨论，这是对现今我国教育机关体系的过度及不足之处进行改废、分合、整顿、补充的必然要求。

作为与教育目的达成相关联的社会政策性方法的根本，从整体上展望、考究教育机关时，至少必须对以下问题的整顿改造进行研究，这应该会被大众所认可吧。

1. 作为教育执行者的教师的改善。

2. 教师培养机关的整顿改造。

3. 教育行政机关的整顿改废。

4. 教育统治机关的整顿设立。

5. 教育研究机关的设立。

6. 教育争议调停机关的设立等。

以上各问题在以后的章节中将会逐一论及，特别要强调的是，作为教育执行者的教师是促使教育目的达成的主要方面，就像处于战斗队伍中的步兵一样，其他机关只是发挥辅助作用而已。

从教育事业的性质来看，教师不应该从属于其他机关，或者沦为部下受人差遣。教师和美术家或艺术家一样，他们通过自己独特的想法进行价值创造，如果蒙受来自于外界的过多干涉或压迫，反而会使其作品的价值受到损害。这是教师与其他行政官员显著的不同之处，唯独在违法或者是不合常理的情况下，才应受到社会的干涉，除此之外，国家不应对其行为进行过度干涉。即使是代理教师，在受教育儿童的眼中他也和神佛一样，是他们崇拜的对象。教师的价值也正在于此，所以监督官或其他的权力机关不应该有损害教师威严形象的言行。

此外，我们也应该牢记，教师对于自身违法或不合常理行动等过失所需承担的责任也是很重的。

四

就像在艺术界里的作者和评论者，即创作家和评论家总是对着干一样，在教育界，教育技术家和教育评论家或者教育思想家也总是对立着，这是研究教育学时不可忽视的事实。

作为所谓的教育专家、教育技术者，能被他人认可且胜任者，大多都对教育工作超乎寻常地熟悉，从而才能创造出非同一般的优秀成果去吸引社会的注意，博取世人的尊敬。他们在从事本职工作的过程中，经历了无意识性活动向意识性活动的转变，最后完全达到超意识的境界。长年从事同一工作的结果，就是熟练性的不断增强，不必刻意去想自己下一步该做什么，也会和大多数艺术家一样，自然而然地适应了规矩、准则，在不知不觉中顺利地向着目标前进，这也是他们能博得外行人或普通人一定程度的赞叹和尊敬的原因。

在戏剧、相扑、柔术、剑术或者其他的艺术领域，超越所谓的埋头研究技术的境界，在不知不觉中成为大师者，都是在无意识间达到超意识的境界的，教育也一样。在其他的艺术领域有流芳百世的大师，有流传于后人的妙技，但为何唯独教育界没有呢？教育也是一门技术，而且还是一门非常复杂的技术，既然如此，它应该传给后世的技术也必然与其他领域的技术有所不同。教育法的研究必须以解决这一问题为目标。

第二节　教育机关的进化论考察

一

在教育活动的中心机关的教师，应该以何种行动来完成其特有的使命，回报社会的期望呢？在教育事业中，社会应该把哪一方面划为教师独特的领域，给予他们充分的自由，又需要在哪一方面进行补充和拥护，以促进其发展和完善呢？即使不是直接从事教育工作，假如要进行教育改造，首先必须对这些问题有明确的认识。

"让受教育者与德高望重者接触的话，不知不觉中他的人格也会高尚起来"，如果怀着这种单纯的教育观胡乱地批判、评价教育事业，不论到何时，都不可能建立起完善的教育制度。如果欠缺明确的认识，即使再多这样的人聚集起来讨论教育改革问题，也如同盲人摸象，最终人多反而误事。这是很可怕的。为了寻求何为明确的概念，我们有必要稍微回顾一下教育事业演变的过程。

二

明治维新以来，自从国家掌控了对教育的客体即学习主体的儿童的教育权后，出现了一些小型的国民总动员运动，所以相应地，教育机关与往昔相比也变得庞大且复杂起来。

教育组织的变迁及教育方法的改进，根本原因在于受教育者数量不断增多，不论哪一个国家都是如此，我国也不例外。最初教育活动只在贵族阶级间开展，然后逐渐扩展到武士阶层，受教育的人数也不断增多，从而导致教育机构的扩张。换句话说，在社会大众还没有闲暇去思考教育必要性的时代，就像手工艺是为了给贵族欣赏而存在，工匠根据贵族的要求制作工艺品，只有少数熟练者才能得到器重一样，教育机关处于贵族的领地内，在他们的庇护、奖励下发展成长，只有少数学者、有德者被选拔出来作为教师进行培养。

世间持续太平，在人民生活的安定逐渐得到保障的同时，就如同农民中产生了地主阶层一样，工商业者间也出现了富豪阶层的崛起，并带来了教育事业的第三次扩张，但从社会全体来看，这种扩张也仅限于局部而已。因此，各藩设立了所谓的藩学。相应地，在大都府建立了所谓的私塾教育。虽说这也只是小规模的教育，但在那个时代不存在任何供给不足的问题。

明治维新的改革要求我们必须对全体国民进行教育，这样以少数贵族、富豪为对象的小规模组织已经不能满足需求，教育机关开始迅速膨胀，使这一机关发挥效用的教育者也急剧增多。如今仅靠少数有识的品学兼备者已无法满足需求，所以不得不培养大量速成的教师。这一大变革带来了教育整体的大革新，且其影响一直持续至今，这一点是众所周知的。

三

因这一大变革而发生变化的事物中，最显著且最引人注目的就是教师本质的变化和各种教育机关的工作人员受到教师人格的影响这两点。在教育的萌芽时期，因为教育单纯地被解释为一种体现教师与学生关系的现象，所以一提到教育机关，所能想到的除了教师别无他者。也就是说，在教育萌芽时期，教师是教育机关的唯一。

于是，这一时代所要求的完善的教师资格应该具备的要素有以下三个：能充当教材的知识和运用这种知识的能力，以及能够成为学生模范的品格。这的确是完美的教师资格。随着文字的出现，作为教材的知识开始从教师的人格中分化出来，但是在印刷术还不是很发达、贮藏知识的书籍还很罕见的时代，人们极为重视对自古以来的各种经验、知识的准确记忆。所以那些头脑中储存着大量知识、拥有超强记忆能力者被当作最伟大的教师而受到世人尊重。像《古事记》的作者稗田阿礼那样的博闻强记者是最理想的教师。

之后，文字出现且被广泛推广，知识开始被记录到书籍上。可是在书籍稀有的时代，就像轿子、飞脚等工具最初只有贵族才能享受一样，书籍也成为贵族或者世袭藏书家的独占品，教育的权力也随之成为其囊中之物。换言之，书籍的所有者可以在必要时自由地获取书籍，利用这一便利，他们成了学问的特权者和门第尊贵的教师。平安时代的藤原家、大江家、菅原家，以及德川时代的林家，都是很典型的例子，藏书家成了教师资格中重要的一个要素。

然而，由于印刷术的不断发展完善，人们逐渐可以轻易地获取作为教授素材的各种知识，于是作为教师资格之一的德行开始受到重视。德川幕府中期的藩学盛行时代，有德的儒者被推举为教师，并受到世人尊重。山崎闇斋①、木下顺庵②、中江藤树③等人应该可以称得上是这一时期具有代表性的教师。然而，随着时代的不断进步，人们开始期待户户向学、人人受教，于是作为教育客体的儿童数量大幅度上升，这样一来就进入了不得不大力扩张教育的时代，这与以往的时代截然不同。

四

受教育者人数的增多和印刷术的发展完善促使教育机关发生了重大变革，小学、中学的教科书制度开始登上历史舞台。这样，人们得到的教科书开始变得廉价且随处可见，知识也越来越独立于教师人格之外独自发挥作用。

往昔，从教材的选择排列到说明，全部由教师一手包办，他们可以根据自己的意愿自由地授课。随着国家逐渐把教育权力收归掌中，它开始意识到让教师完成所有的工作很不经济，于是也把教材的选择排列及内容的选择权收入掌中，而且还限定了教科书的编撰者及编撰时间，以此使得一直以来都由教师一手包办的教材的编纂朝着有利于教学的方向发展。原始时代或者是生活在山间海边的人们，对于从自然界采集回来的原材料，从加工到烹饪都是在一个家庭里完成的，但在文化发达的大城市，初级品、半成品和成品的制

---

① 山崎闇斋（Yamazaki Ansai，1618—1682），日本江户时代前期的儒学者，垂加神道的创始人。虽然非常尊崇朱子学，但主张神儒相互融合。以他的神儒习合思想为基本特征的"崎门学派"为江户时代著名学派之一，对后世产生了很大的影响。

② 木下顺庵（Kinoshita Junan，1621—1698），日本江户时代前期的儒学者。

③ 中江藤树（Nakae Tōju，1608—1648），日本德川幕府初期的儒家学者、教育家，被后世尊称为"近江圣人"，一般被认为是日本阳明学派的开山鼻祖。创立了独具特色的道德理论（尤其是孝道）。主要著作有《大学解》《中庸解》《论语解》《孝经启蒙》等。

造和贩卖盛行，甚至食物已完全烹饪好，家庭所要做的就是把它端上餐桌。教科书也类似，教师逐渐成为服侍学生们食用准备妥当的食物的侍者。在这里，教科书的编纂者和运用者相分离。于是，在教科书的编纂和制造过程中又进一步分化出许多机构。

五

各学科的知识从教师的人格中分离出来，与此同时，教育方法上的知识和经验逐渐被重视，大有取代学问之势。于是，出现了在学科教材知识方面颇有建树的学者与专攻教育方法的教育者相对立的局面。

各学科的专家们认为，不管方法上的研究如何成功，欠缺关键的教材知识者不可能胜任教育工作，并警戒世人不可过于注重形式。

暂且不论在这种场合下提出"形式"一说是否合适，如果对学科的内容不精通，不管在方法上如何熟练，最终一切都将归于零，这一点毫无疑问。这是因为大部分的教授方法就是教材的运用法。但也必须训斥"只要学科的知识丰富，就没有必要顾及方法上的知识"这种观点。那是因为，众所周知的具有大学学历者未必都是良师，也未必都是掌握与其学历相称的教学方法上的达人。

当然，我们不能否认学历是教师资格中重要的要素，但教科书不断被研究，且渐渐得到改良，现今即使没有教师，在一定的程度上受教育者也可以依靠自身的能力进行学习。这样，能充分运用教材的不再只是具有学历的教师，而且随着教科书的解说和词典等工具书的出现，学历的重要性大概会逐渐丧失。

至此，我们明白了教师最重要的资格就是方法上的知识和经验。

六

那么接下来不能忽视的一个变化就是对德行的重视。藩学时代最显著的特点就是把德行作为教师的唯一资格。在维新改革前，各藩要求儒者必须要有高尚的人格，在各个方面为武士提供榜样。可是，世事总是变化发展的，对于这一点我们应该如何看待？

毫无疑问，教师的人格越高尚，其教育感化的能力也就越强，所以社会对其怀有憧憬也是理所当然的。但是，具备完善的教师资格者果真如人们所期望的那般多吗？不管如何通过提高教师的待遇来招揽人才，在整个社会中都不可能存在大量的理想中的教师。因此，即使把理想定位于此，由于实际人才数量很少，所以它不可能成为现实。毋庸赘言，像孔子、孟子、颜回①之类拥有完美人格者，千百年间仅有一两个。如果要贯彻这种理想，结果只能是失败。寻求20万名这种千百年难得一遇的人才的愿望是极其不现实的。人格的教育者及人格的教育学者说过，如果人们梦寐以求的人格的意义在于此，即为教师加强自身的修养提供一个目标的话，无可非议，但如果要想使它成为现实，无异于痴人说梦。

于是，我们不得不做出让步，即使不是值得世人尊敬的学者或德行兼备者，只要能充分理解和运用教科书，就可以成为教师。对于这种状况，我们只能忍耐，结果只能在教科书这一便利知识载体上下功夫。以往的那种教师非学者、有德者不可的传统已被打破，教师资格中最被重视的学历、德行两个要素，现今只要达到一定程度即可，且两者已经从人格这一整体中分化独立出来。换言之，即使其在德望上不像有德者那样值得世人尊敬，只要凭借学历和普通的人格能保住教师的名誉就没什么大碍。但是与一般人相比，道德

① 颜回（前521—前491），字子渊。孔子最得意的学生，七十二门徒之首。

上的资格被更多地保留在教师的人格中，对于普通人来说谈不上是很严重的问题，对于教师来说却有可能是不可饶恕的。换句话说，虽然不得不降低了最高限，但最低限也必须比一般人更高些。这一点和对学历程度的要求一样，不论到何时都应该保留。

七

教师的工作应该随着时代的变化而不断变化。现今的教师，下至小学教师，上至大学教师，都必须结合时势对自己的工作进行反省。在印刷出版技术不断发展进步、书籍价格逐渐低廉化的今天，教师仍把讲授原版书、参考书当作其本职工作是极其浪费资源的行为。概括以上内容，大概可以分为四个时期。

第一期，以知识的传授为其本职工作的时代。博闻强记是这一时代教师最重要的价值体现，在印刷术还不发达的时代，记忆力超群者最受尊重。在印刷术发展的初期，由藏书丰富的藏书家执掌教育权。

第二期，同样是进行知识的传授，但开始致力于整理便于理解、记忆的知识的时代，即从教材的选择到排列都由教师一手承担的时代。随着印刷术的进步，教科书开始出现。授课的笔记是这一时期的遗留之物。

第三期，知识的选择排列等权力从教师手中转移到编纂教科书的学者手中，与教材的选择排列相比，教师把更多的精力倾注于指导受教育者对知识的理解、记忆、应用上的时代，但仍然无法摆脱书籍束缚的时代。

第四期，让学生直接对生活中的自然现象、社会现象进行观察，教师作为领路人通过运用教科书来指导学习的时代。像《国语读本》这类书所提供的相似的表现形式也被作为一种有效的教学手段来使用。

第三章　教师即教育专家论

第一节　对教师本职的进化论考察

一

在教育中发挥核心作用的教师，其工作就如上文所述，其工作状态之所以会随着时代的进步不断变化，是因为顺应了时代潮流的需要，并且具有充分的理由。因此，现在的教师的工作状态必须与时俱进，如果与这一要求相悖，工作效率就会低下，结果大约只能以失败或者无意义的活动终结。

因此，应该说眼下教师工作的本质在于指导儿童，培养其对于教育素材的感应能力。如果进一步分析这一指导工作的内容的话，它包括作为教材感应能力培养媒介的教材的提供以及能够引起大众对教材的关注并促使这种关注继续下去的教材的说明。要尽可能地以"让儿童直接接触、阅读教材"作为宗旨，但对于年幼的学生来说，教师代替教材成为其代言人，以及鼓励这种感应能力的培养就显得更为必要。但这终归仅限于辅助作用，如果学习者本身不亲力亲为的话，不管教师如何竭尽全力从旁协助，也产生不了任何效果。只有本人采取行动之后，其效果才会显示出来，这一点我们一定要记住。

今后，教师应该了解包括地方区域在内的自然环境和社会环境的内容，以及让受教育者的生活与自然及社会环境接触并被其同化，旨在指导学生通过享有包括幸福在内的所有价值来实现实际意义上的幸福生活。如果明白了这即为教育最本质的任务的话，教师就应该牢记并意识到自己在教育中所处的地位，即自始至终都仅仅是一个从旁协助受教育者的辅助者、诱导者以及充当助产婆的角色帮助受教育者进行实践的协助者。

二

有言论家认为，在主张要绝对尊重受教育者个性的同时，如果不注重其人格方面的影响与感化的话，教育就不能算是成功的。这是很明确的思想上的矛盾，却也是很多人容易忽略的地方。最大限度地尊重个性，就是说要极度地减轻外界事物的影响。虽然只是环境中的一个小小的要素，教师自身人格的影响力却是不可小看的。或善或恶，或损或得，都是教师自己的主观判断，夸大好的事物，低估甚至是忽视不好的事物，把希望存在和实际上存在混淆，把主观希望错看成客观实在。由于这些极端论的存在，我们在其取舍上一定要注意！

相反，如果把教师的人格感化看作教育最大的一股力量的话，事实上这是不可能的妄想，但在实际的教育实践中是屡见不鲜的。的确，对论者而言，人格感化是不可企及的、单纯的一种愿望。鼓励教师，让他们加强自身的修养，就已经足够了。但是，在艺术家们看来，他们由于对这种愿望过于憧憬，仅仅在心中描绘是不能够让自己满足的，他们希望通过自己的意志或者是精神力量来把这种愿望变为现实，结果却令自己更加痛苦。就如前文所说，如果以人格的感化来要求自己的话，我们内心应该有些羞耻心和无惧吧。在

"改进教材"的条款下，正如我们所观察的那样，为了能够把自然或社会环境不加任何修饰，以其本来的面目作为教材来影响受教育者，我们应该把提升受教育者的认识能力及评价能力作为宗旨，希望在今后的教育工作中教师应该意识到自己的这一使命，并且不误解这一使命，换句话说，与担心自己不能引导学生向善相比，更应担心学生是否会染上恶习。

总之，在过去教师们倡导"通过自身的传授和解释，以使学生理解及记忆书本上的知识"的教育观点，并以此为自身最重要的任务，就好像领会了剧本并在舞台上表演的演员一样，以口头传授及肢体语言为主要手段来实现教育感化，但是在这期间，绘画、实物、标本、模型之类的物体逐一被引入课堂，代替了教师的口头传授，甚至连修身养性的伟人也被从历史中唤醒并作为一种教学的辅助手段提供给学生。今后要以受教育者日常生活的环境为教材，让学生自己去认识它、评价它，弄清它的本质并获取相应的价值。为达此目的，教师充当着帮助者、鼓励者以及告诫者的角色，且应该意识到这就是他们必须完成的使命。这样，从进化论的角度来观察教师在教育中所处的位置时，至少其变迁可以分为以下三个时期。

第一个时期：教师直接以其渊博的知识和高尚的道德作为教材，以书籍为唯一媒介，口头解说、传授知识的时代。第二个时期：仍然以解释书籍的内容为主，解释的手段除了口头讲述外，绘画、实物、标本、模型等物体也被逐一被引入课堂的时代。第三个时期：以自然、社会环境为教学的舞台，教师以旁观者、辅助者的身份参与，忠实谦逊地充当受教育者交流经验的媒介的时代。

三

对中等学校以上的教师进行实际观察的话，就会发现他们大致有两种类型：一种是通过研究教科书之外的各种各样的参考书，引用其中的内容，使说明更富于趣味性，以自己的博闻强识让学生对其心悦诚服；另一种是忠于教科书，凭借娴熟的教学法，在增加课堂趣味性的同时，对研究方法以及如何理解运用所学知识进行指导，从而受到学生的喜爱。

要讨论这两种类型的教师中哪一种更好的话，我们不得不说，教科书是由专家从公认的学生必学的浩如烟海的知识中挑选出最有价值的部分编辑而成的，比由那些缺乏经验的教师根据自己个人的见解随意选取的东西更具有权威性。因此，把教科书扔在一边白白浪费掉，根据学生的喜好来选择教材并进行有趣的讲解，并不能让学生充分掌握教科书的内容，他们只能勉强应对考试前教师详细说明、补充的问题。所以，我们不得不认为，迎合学生喜好来选择教材，只能吸引他们的注意力而已，由于最重要的教科书被忽略，教育的目的并没有达到。可是，如果所教的内容仅限于教科书的话，不但不能引起学生的兴趣，还有可能使教师的威信丧失。所以，许多教师怎么也要想个办法让自己显得学富五车，才高八斗，于是向学生提供大量的参考资料。可是，从教师的忠实使命来看，遵从教科书才被看作正道。因此，今后教师们应该毫不犹豫地把那些可以忘却的价值极小的教材扔掉，一心一意地使学生理解、记忆及应用教科书中的内容，并以此作为自己的终极使命。

虽然这样会让人觉得教师已经和以前不同了，任何人都可以胜任这一工作，但是初等、中等学校的教师和其他阶层的学者相比，有其特殊的使命。即使是知识丰富的学者，如果对教学方法不在行的话，也会使受教的学生很苦恼。这些让人困惑的学习指导就是今后教育所面临的主要问题。因此，今后教师的使命就是改进教学方法，即运用教材，彻底了解学生，坚持让他们熟记和应用所学知识。对于这一点，学者之间大概会有很多反对的意见吧！过于拘泥于形式的指责是有一定道理的，但对于所授内容，教师自身也不能很好理解、体会的话，这样的教师根本就不值一提。教师必须具备相当的专业知识，这一点是不言而喻的。

教科书早就成功出版，教材的选择及排列也是由国家的特别机关提供的，既然社会已进化至此，那么教师工作最重要的任务就是充分利用教材，让学生理解、记忆、活用教材中的内容。然而，多数学者误解了教师的本质，换句话说，他们虽然处于印刷术高度发达的时代，却仍然向往知识被秘藏的时代。例如，把欧美珍贵的新学说等原版书秘藏起来，暗中悄悄向自己的学生讲授等。不得不说，像过去这种不适应时代的教学法是极其不经济的。因为这种想法的盛行，在中等及高等学校，学生们不得不记大量的笔记。从教育的根本价值来看，把时间浪费在记笔记上是不经济的。虽说为了那些因能力有限，无法阅读原著的读者进行翻译是情有可原的，但在这翻译机构已十分发达的时代，故意把宝贵的时间浪费在抄写笔记上，不仅不经济，也是教师在人格上必须反省的问题。某一原著，在它还没有被学生广泛认识时，它可能会被当作一种全新的知识而受到尊重；一旦学生能在市场上找到该书及相关的参考书时，对该书一直以来的崇拜就会消失。在这书籍廉价、翻译唾手可得的时代，中等学校自不待言，即使是专业学校、大学，也必须完全停止这种白白浪费劳动力把知识一点点地拿出来讲解、炫耀，以及以经验丰富、对知识运用自如的学者、前辈的著作为教科书，让学生理解、记忆、应用，以形成方法上的指导的行为。

总之，教育的工作是随着时代形势的变化而不断演变的结果。从前，教材及方法是蕴含在教师人格中的，渐渐地，教材及方法从中分离出来，被看成教师特权的教材的选择也分离出来，教材的排列及运用也逐渐分化出来，于是适合的教科书应运而生。凭借教科书，谁都能够获得一定的指导学习的能力，教师的工作量与以前相比大大减轻。因此，考虑到这一演变过程，我们不得不思考如何停止浪费师资和节省学生的精力。

四

如果情况如上文所说，"在计划大幅度减轻教师工作强度的同时，教师数量也要有一定的减少的时代"将会到来。

这意味着例如历史、地理或者其他的科目，如果能研究出把浅显易懂的教师讲义交给学生并让他们在家中自学的方法，即写出学生凭迄今习得的读解能力能够理解的文章的话，在一定的时期内，教师就可以不必跟在其身旁进行指导。如果这样，教师就没有必要对浅显易懂的教材进行详细解释，其仅剩的工作就是指导学生理解、应用教材。各个学科不逐一配备相应的教师也不会有多大的问题。将来，一门学科配一名教师这一现行的教育制度将会继续发展完善，几所学校共同使用几名重要的骨干教师，或者一名教师同时指导几个科目，教师通过这样的分工来指导全体学生。即使要对其教学成果进行检验，以决定是否承认或鼓励这一制度所取得相当的成绩也是不在话下的。一定的时间内，一门学科一名教师这一迄今为止的惯例还将继续存在，它明确地把价值意识引入教育中，注重学生的自主学习，在学校制度被改得面目全非的时代，应该说这一惯例是对学校制度的一种很好的改良。但从教育的开源节流上看，几所学校共同使用几名教师的时代也必然会到来。

第二节 教师品性及其阶级

一

针对昔日的文部大臣尾崎行雄①发表的无聊、愚傻的演说，已故的志贺重昂②慷慨激昂地谈道，教师是世界上最令人反感、讨厌的人，他们阴险，度量小，缺乏面对面堂堂正正、冷静沉着地进行真理探究讨论及以光明磊落为处世原则的勇气，在暗地里巧妙地拉帮结派，若无其事地重伤诬陷同事或他人，完全不感到一丝羞耻。对他们的恶语谩骂不绝于耳。我当时虽然处于失业状态，但作为那些所谓教师中的一员，也感到不快。虽说如此，因为评论是有凭有据的，且在与教师的交往中我也深刻地感受到这种现象的存在，所以对于这种评论，哪里谈得上反驳，反而觉得无地自容。那么如何才能摆脱这种可耻的陋习呢？这种陋习为何仅在教育界根深蒂固呢？我观察并思索着，得到的却是更多的痛苦。于是，偶尔虽然感到很抱歉，却不得不忘却同事、朋友之间的亲疏远近及敌我之分，把他们作为评价研究的对象以继续今日的考察。从这一立场上对教师社会进行分析观察，以期能获得一定的结论。

二

就像一般的社会被划分为三个阶级一样，教师也可以进行同样

---

① 尾崎行雄（Ozaki Yukio，1858—1954），日本政治家。1890 年日本举行第一次大选，当选众议员，此后直到 1952 年连续当选 25 次。1912 年参加护宪运动，守护宪法，被誉为"宪政之神"。

② 志贺重昂（Shiga Shigetaka，1863—1927），号矧川、矧川渔长。日本明治时期国粹主义代表人物、地理学家。代表作为《日本风景论》。

的划分。这是与其生活权利的确立过程相对应的。(1) 在实际上还没有能够充分确立其生存权,战战兢兢,唯恐犯错,一心一意地巴结讨好所谓的掌权者,并在他们的庇护下过着苟安的生活的阶级。(2) 终于确立了生存权,却还不能消除对于内外压迫的警戒,可以独自防御来自他人的迫害,对于自我保护以外的事,不敢插足一步。仅仅确立了生存权而已,如果与来自前后左右无休止的压力对抗,必定会消耗精力,所以,只专注于个人的飞黄腾达而无暇顾及他人的阶级。(3) 更进一步发展的,就是完全确立了生存权,把精力花费在消极的自我防卫上的必要性已经减小,生活有了些闲暇,并把这些闲暇花费在同事、伙伴身上的阶级。

一般来说,在教师中以第三种阶级为最高一级,并作为优秀教师而受到尊重。超越第三阶级的似乎还没有实现,在此,存在着很大的缺陷。

一旦有放高眼界,把国家、社会作为对象而生活的人出现,就会受到排挤和迫害,而对于这种现象,人们早就司空见惯,见怪不怪了,这就是存在缺陷的证据。

三

根据我三十多年的经验、应酬来判断,虽然很遗憾,但不得不说几乎没有哪个社会团体像教育界如此专注于本职工作而无暇顾及其他的。虽然没有像在所谓的实业社会中的那种极端的利己主义者,却不得不承认拥有侠义精神的人极其稀少。虽然不能说对于和自己有直接利害关系的友人们,个人的侠义绝对很少,却也无法承认在间接利害关系上公共侠义的存在。即维护自身的手段即使再小也不可以马虎对待,没能完全抛弃功利主义,以国家、社会为对象之类的志士行动,在教育界是很难看到的。对于这种现象,我在感到羞耻的同时,无限的寂寞凄凉感也涌上心头。至此,我深刻地领悟到佛祖释迦牟尼在四十多年间一直谴责"二乘不做佛""永不成佛"的本意。不管是技术或艺术表现手法，最初都以看得见的速度在发展进步着，一旦到达一定程度就会陷入僵局，能够打破这一僵局有所超越的人是极少的。这样的事情在生活中随处可见，人格的修养大概也是这个道理。停滞于某一程度，完全失去了向前发展的志气，这样就无法避免被后来的年少气盛者追上并超越。贸然到达某种程度后，在这一过程中所产生的骄傲自满成为向前发展的障碍，因此得到的结果与预期相差甚远。想到这一点，起初有些迷茫的我们应该恍然大悟。《大集经》上说，"人有两种，且必有一死，不能知恩不图报，一种人处于声闻乘，还有一种处于缘觉乘。比如说，有个人掉入了深渊中，这个人只可能使自己获益而不会使得他人获益。声闻、缘觉层的人也是如此。陷于解脱深渊的人既无法使自己获利也无法使他人获利，等等"，"即使声闻、缘觉被认为是自我解脱之道，也不缺乏利他之处。即使有与其身份相符的利他行为，如果把父母置身于不成佛的道路上，反而成为忘恩负义者等等"。（日莲大圣人：《开目抄》）这种言论是不是可以看作是在强烈地批评我们这些占教育界大多数的只懂得在大都市里上演恶俗竞争丑剧的所谓的善良阶级呢？

四

那么，应该属于"永不成佛者"的教育界的大多数善良阶级，应该如何朝着它所渴望的社会最上层阶级发展呢？佛祖释迦牟尼四十多年间不断责备其两大弟子舍利弗①和摩诃迦叶"让二乘遭受谴责"的主张，虽然这样，在八年后《法华经》突然提出"二乘成佛"一说，这的确有点自相矛盾。"必须在人间与天上的佛法大会

---

① 舍利弗，释迦牟尼十大弟子之一。

上清醒过来"，受到这样的谴责也是有一定道理的。《法华经》上说，"品尝了不死药而生存的各种物种，就像碎石复合，枯木结出美丽的果实一样神奇"，"声闻这一层的人如果远离法华佛法，就像鱼离开水，猿离开树，幼儿离开母乳一样。……各声闻层的众生要经过重重磨难才能超越肉眼，获得天眼慧眼。通过研读《法华经》可以获得法眼佛眼，等等"，这些日莲大圣人直接简洁的教义，不仅仅是对世人超世脱俗的苛责，对于那些热心于尔虞我诈并心安理得享受着人们的尊敬的教育者来说，更是深深地击中了他们的要害。

大多数教育者就像人们所批评的一样，深陷于解脱的深渊而不自觉，完全不思进取，完全不想着去接受别人的意见或者是学说。简直就像是朽木一般顽固的我们难道不就像那种被指责为"永不成佛"的声闻、缘觉层的人吗？教育者如同声闻、缘觉一般，只要身披袈裟，就会得到人们的尊重，就会被那些天真烂漫的儿童们像崇拜菩萨佛祖一样崇拜。他们居于这一被万人敬仰的位置，却无法超越利己主义的桎梏，这也许可以归结为单纯个人意识的发展、欠缺社会意识所造成的吧。

那么，被拿来和四十多年间一直受到谴责的"永不成佛的二乘（声闻、缘觉）"比较的教育界的小善者们，怎样才能从这种利己主义的深渊中解脱出来呢？最终还是除了《法华经》里所说的不死的良药之外，没有别的治疗方法。由于日莲大圣人的教义至今仍未被重视，所以对于那些自己违背了释迦牟尼的教义却从不知道，还理所当然地生活的人来说，像我们这些牢骚，他们当然也就不会接受。所以我们在继续等待时机的同时，至少也要通过对社会学的直观研究来唤起社会意识。如果不这么做的话，不管怎么热烈地讨论教育的组织和制度，毕竟也是徒劳无功的。

五

在此，如果仍继续上面的话题，虽然让人觉得佛教味十足，但即使是二宫尊德①（又称二宫金次郎）他老人家也不能对此提出任何异议。作为在修身养性方面不可或缺的模范人物，他在学校工作。二宫金次郎在青年时代听了《观音经》而受到启发的故事广为流传。不知是不是由于这一缘故，即使是那些佛教信奉人和对外不公开姓名的人也可以在有识阶级之间进行观世音经书的诵读。不可否认，这的确是件好事，但遗憾的是，他们的信仰仅仅局限于观世音菩萨②的功德，并没有涉及远在其之上的具备"三德"的释迦牟尼佛。无尽意菩萨③折服于观世音菩萨的无边功德，向其献上在三千世界无可取代的项链，并跟随其研习佛法。观世音菩萨却说："你煞费苦心的盛情厚意实在是很难的，但实际上我并没有什么过人之处，只是充当一个传话者的角色，功德的本源在于我身后。"然后把项链一分为二供奉于二佛前。

那么，释迦牟尼佛和多宝佛④又如何呢？《法华经》的讲经说

① 二宫尊德（Ninomiya Sontoku, 1787—1856），通称二宫金次郎，日本江户时代末期著名的农政学家、思想家和农村改革实践家。

② 观世音菩萨，又称作观音菩萨、观自在菩萨、光世音菩萨等，是西方极乐世界教主阿弥陀佛座下的上首菩萨。

③ 无尽意菩萨，又称无尽慧菩萨、无量意菩萨。贤劫十六尊之一。此菩萨因观一切事象之因缘果报皆为无尽，而发心上求无尽之诸佛功德，下度无尽之众生，故称无尽意菩萨。密号定惠金刚、无尽金刚。

④ 多宝佛，也称宝胜佛、大宝佛，东方宝净国佛名。佛教汉传并经世俗化后，"多宝"之意与人们"求财"之意相吻合，多宝佛遂演变成佛门的财神，而受世人供奉。

法会和虚空会上，寿量品尊者就像观世音菩萨、大势至菩萨①那样，一起皈依三身（即三种佛身：法身、报身、应身）的本尊。若果真如此，难道对修建神社并强制人们信仰、皈依它以及引起近来思想动荡的做法不需要再仔细想一想吗？如果真的想发扬这种伟大的人格精神，与祭奠伟人本身相比，我们更应该祭奠的难道不是伟人奉献力量的本源吗？不然的话，神灵反而会因这种不受欢迎的好意惶恐，就宛如前文的观世音菩萨一样。

这暂且不谈，就二宫金次郎受《观音经》的启发而成为伟人的轶事，如果问，不管是谁读了《观音经》后是否得到了同样的启发的话，那又是怎样的呢？把读经当作每日必修课的僧人就不用说了，古往今来读过《观音经》的人不计其数，但为何他们没有像二宫金次郎那样受到启发呢？其原因何在？我认为这就是是否能唤起社会意识的差别。在二宫金次郎还是个半大孩子的青年时代，他被征集去修村里的道路，考虑到自己的工作量无法与成人相比，他就在夜里加班编草鞋以弥补所欠缺的工作。这一美谈足以证明他意识到人际关系上的无形社会的存在，明白不论是谁只要把集体中要素的不足弥补了，整体的效率就会提高，从而能够达成预期目标。

现在，即使不涉及宗教上的问题，我们难道不应该皈依从属于直接保证我们生活的被称为社会的集体吗？就像鱼儿离开水活不下去一样，人类一旦离开社会这一集体一刻也无法生存，因为自然生存能力的欠缺是我们在今天的文化生活中的真实面目。就像前面所说的，社会确立了主权，就可以称为国家了。

---

① 大势至菩萨，阿弥陀佛的右胁侍者，又称大精进菩萨，与阿弥陀佛、观世音菩萨合称"西方三圣"。

六

在家庭里，如果孩子向父母撒娇要糖果，一定是最小的孩子首先向父母提出要求，接着就被训斥，而其他的兄弟姐妹则在旁观看。于是，胳膊拧不过大腿，父母只好屈服把糖果给他。旁观的兄弟姐妹以一种理所当然的权利来要求分享成果，他们不劳而获还显出一副若无其事的样子。大人的社会也是如此。

善人反对世间专横粗暴的恶人并与之战斗。这种场合，一般情况下都是善人大部分孤立无援，相反，恶人一定有强大同伙的支援。大概善人独自生活，在生存上并没有任何的困难，只要没有感觉到巨大而直接的压力，就绝不会想到与他人合作而让自己受到约束。所以，他们即使看到有善人在自己的眼前受到迫害，也熟视无睹。而犯罪的恶人不管身处何处总是战战兢兢，害怕被人发觉。因此，为了对付共同的敌人，他们很容易团结起来，共同忍受伴随而来的不安与压迫。

这样，善人不感到恐惧，也没有与他人协作共同抗敌的意识，而与此相反，因为恶人有一旦孤身一人就寝食难安的这种生存上的缺陷，他们马上就会与他人团结起来，特别是希望能在强者的庇护下免受伤害。古往今来，善人总是会遭受强大的迫害，对此其他的善人们虽然表示出很大的同情心，但因为没有任何实力，只能在旁观看，所以善人失败了。

故而能抵抗到底并获胜者是极少的。他们在四面楚歌的困境中坚持奋斗，历经千辛终于获得胜利，并成为所谓的英雄豪杰被当代或后世人尊敬、崇拜。实际上，人们如此尊敬、崇拜的是这位善人以自己的牺牲换来了众人可以共享的利益。这和前文所说的借年幼弟弟之手白白得到糖果的兄弟姐妹们没有什么区别。现在在日常生活中逐渐获得的利益，我们把它们看成理所当然的权利，实际上它们都是先人牺牲自我为我们换来的。

我们尊崇伟人，参拜祭祀他们的神社时，为其歌功颂德，是因他们为我们带来利益。伟人们为了万人同胞拼死抗争，而当时懦弱的小善人们却冷眼旁观、见死不救，我们在鄙视、怨恨他们的同时，也应该反省一下在现在的生活中遇到类似的情况时我们是如何处置的，以便确立将来的生活法则。我不得不想，希望凭捐出的一点香油钱换来自己的幸福是多么自私的想法啊！诸天神佛是不会保佑这样利己主义的忘恩者的。

对于我来说，如果没有学习社会学及信仰《法华经》的话，我也许就会和那些善良的友人们一样，尽可能不得罪周围的人，对丑恶现象视而不见，谨言慎行，坚守如果不被人喜欢就会吃亏这种想法吧！这一主义迅速成为时代的宠儿，作为一种自我生存的方式，它的确是英明的，至少在如今这一五浊恶世的末期是这样的。但是，如果每一个人都奉行这种"贤明主义"的话，社会最终将会如何发展呢？人类的数量不管如何增加，终究和石头的堆积没有什么区别。没有水泥的加固作用，小石块是无法变成坚硬的混凝土的。可是，恶人出于自我保护的本能，很快就会与他人结成同盟，与孤立无助相比，共同协作的力量就会变得强大无比。这样，即使伙伴的人数很少，也能把如同一盘散沙的大多数人轻易打倒。恶人越来越强大并不断迫害善良群体，而善人自始至终都是孤立软弱的。如果一方不断强大的话，另一方就会越来越畏首畏尾。如此的话，社会不是必然会变得险恶起来吗？想到还可以把希望寄托于教育上，总算寻找到了些安慰。如果是处于愚昧无知、单纯靠武力斗争的时代，善人们自我保护的方法也很单纯，就像处于战争时代一样，他们很容易就能团结起来，但现如今，因为知识越来越丰富，恶人们迫害善人的手段也越来越复杂、高明，与此相反，善人们只专注于自己的生存之道，想要让他们团结起来和恶人对抗并不是那么容易的。

归根结底，虽说与以前相比人类的智慧有了很大的发展，但这些所谓的生存竞争的智慧只不过是自我保护的小聪明，唯独没有意识到在我们之上还有一个社会大集体的存在，它保护着我们的生命财产和安宁幸福，因此善人们很难团结起来。这也许是释迦牟尼佛预言在他涅槃两千年之后的今天为佛法衰落、五浊恶世的时代的理由吧。于是，《法华经》为处于这一五浊恶世的时代的我们指明了道路。《涅槃经》注上说"没有仁慈心，相互欺骗，亲密的人也会反目成仇……为了他人而改掉身上的恶习，所有人都会与之亲近"等等。根据社会学的研究所构想的至高至上的理想生活最终也都归结于此吧！法官及警官早就把服从国家的命令当成自己的本职工作。安于奴隶地位的专制统治下的国民，因为立宪政体的确立而获得了参政权，既然已经成为能与国家讨价还价的重要人物，使自己具备与身份相符的精神并拿出相应的成果应该是理所当然的义务吧！认识到这一点并真正付诸实践的话，即回归到《法华经》的精神中，世风将会有所改善吧！宗教与教育无关，如果这么认为的话，怎么会有教育成果出现呢？

七

暂且不谈善人居于统治阶级的时代，在恶人为统治阶级的时代，那些软弱的善人们只能温顺地追随在他们身后，因此从价值上看，他们并不比恶人强多少，只是五十步与百步之差，仅仅是作为组成社会的一种元素而没能形成一种向心力，也没能成为防御分解的力量。这就是为何凡夫俗子无法以自己的善来影响社会的缘故，因为他们所关注的仅仅是自我的生存而已。

就连身处向往非暴力主义小善生活的基督教界的本间俊平氏也发表了以下的言论，虽然最近人们已经觉醒并开始皈依大乘教，可惜他们不知道乐存在于不做佛的深渊中，也没有发觉到其根本教义的空洞。

"如今的时代已经成为一个仅仅依靠善人是无法创造任何价值的时代，每一个人都必须和神一起共同工作。因为热爱神，热爱这个世界，我们奉献出自己的一切，如果不是这样的话，不管做什么，都创造不了任何价值。……我们国家欠缺的东西不计其数，但最关键是生命的根本的欠缺。教育也好，事业也好，所有的事物都失去了其该有的生命力。如果树木的根虚空了，就不可能长出繁茂的叶子。如果这种现象出现，那是极其不幸的，等等。"（《读卖新闻》1931 年 10 月 23 日）

若不成为与恶人为敌的勇士，就难以成为善人之友。算计自己的利害得失而陷入迷茫，无法辨别善恶的人是没有资格成为教育者的。即使能够辨别善恶，如果没有把它落实到行动上的能力，作为教育者的价值就无法体现出来。教育者自始至终都必须是善恶的判断者、以其行动来体现其善恶观的实践者。

第三节　什么是教师必备的资格

一

讨论教师理想资格的前提是，我们要有这么一种意识，即教师为人师表在受到社会尊重的同时，如果不具备相应的资格就无法胜任这一工作。在这一点上，下至小学，上到大学，都应一视同仁，而不是根据受教育对象的年龄大小及学习能力的高低加以区别。如果不幸，担当教师一职的人无能且不值得我们尊重或只是一个极其普通的人的话，结果会如何呢？这不是所谓的"挂羊头卖狗肉"又是什么呢？

那么，相应的资格又是什么呢？那就是能够赢得他人尊重的人格。毋庸赘言，一定程度的水平能力是其中一个重要的因素。换一种说法，言行一致、表里如一的人格即为教师的理想资格，只要拥有这种人格，不管制度如何发生翻天覆地的变化，世间的道德如何败坏，不管如何受到政治家们的压迫和小人们的嫉妒排挤，他终究会被大众所认可、所尊重。这是以人的自然本性为基础的，而人性本善。

习惯于凭外观直觉就轻率地做出推断的忙碌的生活监督者，通过一年中的几次巡视就得出肤浅的推断，少数从自己的利益关系出发而得出评价。学生的监护人以教师闪光的人格为基础所做出的评价与生活监督者采取的方式所得出的推断和评价不同的是，这种教师对于已经受教好几年的学生们的实际学习成果，也就是自己的教学成果，不管如何努力也无法说服自己去弄虚作假。只有这样得出的评价才能真正地体现出教师的价值。

以前，师生之间关系的严肃程度可以用"尊敬师长，走路让三尺"来说明，但是现在学校骚动无处不在，让人感慨的地方很多，这是没有就其原因进行探究而导致的结果。如果不探究其原因，就无法确立未来的方针。那么，这个原因又是什么呢？我认为与其把它归咎于教师选择上的错误，即错误地选择了被讥讽为"挂羊头卖狗肉"的教师，还不如说是因为无意识、无计划的政策不能引起大众的注意，社会对教育的不理解。

在以前的私塾时代，根据优胜劣汰的自然法则，众多的教师中，只有那些因兼备比较出色的学识和品德而受到世人尊敬的人格高尚者能够生存下来，他们成为名副其实的为人师表者。即使这样，仅作为当时少数贵族阶级的教师，因为需求量少，也能充分满足当时的需求。然而，由于维新改革，不得不对国民的所有阶级实行教育，突然间对教师的需求量急剧上升，甚至连像巡警那样处于社会最底层阶级的受教育需求也不得不满足的时代已经到来，人格高尚的少数教师已经无法满足社会的需求。这时，完全没有闲暇去看清教师的本质，或者去鉴别他们是否适合做教师，为了应付燃眉之急，学校教育的不完善是必然的，追求速度赶制出来的师范制度导致教师的粗制滥造，这也成了教育不振的原因。故而再次重申，对于应该在人格上受到尊敬的教师，如果不是经过精挑细选出来的人才，是无法担此重任的。

那么，怎样才能挑选出符合期望的教师呢？首先一定要有一个标准，接着就是参照这一标准进行挑选方法的研究。那么，应如何定义这一标准呢？它应该是现代社会所期望的教育总动员面貌的最低限度，也是作为教师应该具备的资格的最低限度。

二

关于教师资格的最低限度，通过以下的几项概括，应该可以让我们对其有个大概的了解。

1. 工作上不可或缺的一定程度的专业知识素养，即能够把教育学应用到工作中的能力，以及不落后于时代的研究热情和理解能力。如果作为小学的正式教师，既然人们信任他并把孩子的一生都托付给他，如同医生要掌握一定程度的医学方面的知识，律师、法官等要具备专业上的知识一样，教师作为教育专家必须有能够引以为傲的教育学知识。

2. 作为理解专业知识所必需的基础知识，以及在指导学生认识、评价教材上不可缺少的基本准备，要有达到中等学校以上的学习能力，换言之，即普通高等教育的素养。

3. 在学校这一小社会中维持与他人的集体生活的社会性意识，即不仅不会引起他人的不快，而且还足以作为指导阶级为学生们提供榜样的人格，可让不甘于专制统治、正处于立宪政体统治下的学生们了解自己所生活的集体，意识到共同的目标，形成进行人际关系判断的人格修养以及这种人格修养核心精神的明确的社会意识。再进一步详细论述的话，作为教师的本职而被社会所期盼、所依靠的地方就是教育的技能。就像医生对医术的精通一样，教师是教育方面的专家。与常人相比，在教学方法上更胜一筹，这就是教师之所以为教师的独有特征。如果能兼有丰富的学识的话，那是再好不过的了。但在这一需要大量教师的时代，这只是一个说起来容易而很难使它成为现实的愿望，从而不得不把对教师的要求降低，只要他们能读懂、理解教科书或参考书并能指导学生的学习就足够了。这一要求是很必要的。此外，就是对教学技能的熟练程度了。因此，我们更需要的是作为教育技能原理的学问和从事教育的科学性修养。就像医生未必都是名医、良医，各个学科的学者也未必都擅长教学。但是仅凭多年经验进行诊断的医生即为庸医，同样，仅凭经验来教学的教师是盲目的和让人感到不安的。总之，说到教师最本质的资格，无论如何一定程度的学问修养、教育技能以及作为教育技能基础的对教育学的理解，这三者缺一不可。

道德在教师的本质中本来就是不可缺少的要素，这一点毋庸置疑。但是在目前这一形势下，期望教师能成为一种模范，在道德上比在学问上更加难以实现。因此只要不缺德，心地善良就满足条件了。实际上，就像前面所说的，不管社会如何期盼，这种道德上的要求就像海市蜃楼一样，只是一个虚妄的概念，不知何年何月才会成为现实。但是它又和各个学科的学问一样，不能安于某一程度而不思进取。只有道德才是组成技能指导原理，即教育学的根本的主要元素，因此，必须把所有教师的道德水平提高到一定的程度。这并非像那些误认为教师的本职工作就是传授知识的旧式思想者所期待的那样，教师必须以完美的形象来作为学生道德上的模范，也并非从这一点出发而主张要对教师的道德有所要求。就如前文所述，道德和一般的学问一样不能拘泥于现状。这是为何呢？这是教师在社会上所处的地位带来的必然要求。既然作为指导阶级对整个社会进行指导，作为处于这一位置所应具备相应资格的教师，即使微不足道或者现在还没有被别人所认可，不仅在传授知识方面应成为程度比较低的学生的富有魅力的模范，还应对自己的道德提出更高、更广的要求，不能辜负社会对他们的尊敬、期望。那么，这种程度怎样才算是合适的？

法国著名哲学家奥古斯特·孔德提出人类发展的三个阶段中，其中一个阶段是个人没有生存权，只能依附于他人。我们当然不能成为这样的人，我们不能安于"只要自己能生存下去，别人身上发生的任何事情都与自己无关"这种生活状态，也不能满足于拥有能够充分确保自我生存权利的知识和实力，我们应该有更高的追求，必须为共同生活的伙伴，为所从属的社会，甚至是为国家做出一点贡献。不仅在少有的紧急场合如此，在日常的生活中也必须做到这一点，且应该明确地意识到如果达不到这一程度的话，这将是作为教师的最大缺陷。那样的话，这一程度的要求，并不像某一分支学科的教材那样可以等闲视之，它是教育目的论的核心组成部分，是作为指导教师技能的原理即教育学的基础的重要组成部分。总之，作为以教育技能见长的教师，其本质资格就是不论何时都要熟练地掌握教育方法，以及达到某种程度的科学教学所应有的修养，其中的核心部分就是基于社会意识的社会生活法则，即所谓的道德。但是对于这一点，不管是教师自身还是社会都没能察觉到。因此，存在于教育的根基的巨大缺陷没能得到弥补，也就很难取得教育成果了。

其他的事情暂且不谈，对教师及其他教育者来说，道德教育不正是他们注定的使命中的一个吗？这不也是教师区别于进行着其他价值创造活动的所谓工匠、艺人、技师的最重要一点吗？教育者与非教育者的本质区别在于，在凭借一般的价值创造活动依存于社会的过程中，教师所进行的直接的价值创造只能归结于道德上的价值创造。教师作为受教育者的模范，与其他方面的价值创造活动相比，唯有在道德上的价值创造才能体现出其模范性人物的作用。假如果真如此，我们迄今为止无意识忽略的一些重大缺陷，逐渐变得引人注目。其他的事暂且不说，教师必须意识到，像会分解、破坏他们自己所属社会团体之类的行为，不管多么微小，都是不道德的。因为以被揭示出有不道德行为的人作为社会生活的指导者，就宛如把钥匙交给盗贼保管一样。

大概没有哪个社会团体像教育者或教育界这么缺少团结力吧！而且对同事如此排挤、嫉妒，除了教育界外，还有哪个领域会存在这种现象呢？

不管是同一学校内或是对于其他学校，以宽宏大量和别人共处，过着和谐圆满的社会生活的人，在全国到底能有多少呢？于是，秘密地揭发他人的丑事也不感到羞耻，若无其事地捏造谣言，像这样的事在教育界数不胜数。连把这一弊病公开来讨论的勇气都没有，更不要说诚心诚意地向别人提出忠告，以把这种丑恶的行为防患于未然。以道德教育为己任的教师，怎样才能促进社会道德向好的方向发展呢？以文化教育部为首的肩负监督重任者，对此种现象有怎样的看法？这难道不就是我们应该担心及同情的所谓的"社会对教育的不理解"吗？如果要推荐有一定成果的学校，首先应该推荐的不是那些集体生活和谐圆满的学校吗？即使在体操、绘画、手工或其他方面再优秀的学校，在和谐集体生活上也存在缺陷；如果推荐平凡的学校，就相当于认可了耍阴谋手段，对其大过睁一只眼闭一只眼，让人不得不担心这是否会适得其反，助长不正之风。

同理，不管在排场、外观、账本、恭维话、应酬这些方面如何努力，如果随着时间的流逝，校长、教师们内心的丑陋渐渐显现出来，欠缺和谐圆满的生活的话，就像警察即使只做了一件很小的坏事也是十恶不赦一样，极大地毒害了社会风气。

实际上，我也生活在教师这一集体中，与其担心有许多这种内心丑陋的教师存在，还不如感慨对于这种现象的存在，人们内心的麻木和习以为常，以及让他们随心所欲、猖狂横行的视学（日本的地方行政长官）和监督官们社会意识的低级化。这也许归咎于官尊民卑这种专制的官僚余弊至今仍根深蒂固无法动摇，对于没注意到自己的上司，使出浑身解数投其所好，对于下层的大多数平民大众不闻不问的这种陋习的存在吧。不管是培育教师的学校还是担任教师监督工作的官员们，都忽视了社会意识的培养，这就是当前国家教育最大的缺陷和隐患。我对这种行为无法置若罔闻的同时，回顾迄今为止肩负教师培养重任的学校对此所采取的对策，只觉得遗憾万分。

我并不赞成教师间的那种敷衍的假和睦。万一不幸甲、乙之间发生冲突，应该让这种冲突进一步白热化，直至是非曲直变得明朗，我相信只有在这之后才能达到真正的和睦。万一不幸与伙伴的意见产生分歧，在发生感情冲突前，应该先倾听对方的看法。如果这样还不能达成共识的话，就应该毫不犹豫地结束这种合作关系。双方若即若离，在日常生活中相互戒备，就像越人对吴人那样，即使双方可以隐藏起内心的不快和平共处，双方的那种令人厌恶的关系已经暴露。这就要求我们意识到，虽然对方不会公开加害于你，但暗地里使的阴谋手段绝对不少。其他的职业是怎样的暂且不谈，为了能让教师们意识到这种交际法的价值并指导集体生活的团结，教师的首要任务是能够辨别正邪善恶，但他们没有意识到自己的行动已经背离了这一准则，不得不说这是对教师这一职业的极大亵渎。没有清洁教化的源泉而愤恨下游的浑浊，这种愚蠢的想法使得教育界的恶性循环不断持续下去。

第四节　教师的楷模——裴斯泰洛齐

一

　　瑞士教育家裴斯泰洛齐的功绩在于"一切为人，毫不为己"，并且人们把它写在其墓碑上，到底这样是否得当？以此作为裴斯泰洛齐唯一或者是最重要的特征，以及其最高价值的体现，他本人是否赞成首肯？如果仅以此作为裴斯泰洛齐独特的功绩加以赞赏的话，这在教育界适用，在其他领域却不适用。在其他领域，拥有"一切为人，毫不为己"这种特征的杰出人物也不少。不管是谁，如果作为道德家被社会所尊敬，其身上或多或少都会有点"一切为人，毫不为己"的这种品格。

　　那么，裴斯泰洛齐的特有的性质、个性是什么呢？是道德的人格吗？不！他个人的生活充满了矛盾，在当时，这一方面他不能算是成功的。

　　似乎他缺乏政治上的管理才能。于是在他管理的小学内部暴露出了不统一，这是他的失败之处。或许从另一个方面来看，也可以说是由于其道德上有所欠缺而导致的，但我们也有理由为其感到惋惜，如果能在其现有的水平上再有一步超越，那该有多好啊！

　　似乎在经济方面他也没有什么过人之处。那么，裴斯泰洛齐与他人完全不同的个性到底是什么呢？他的价值在何处才能体现？和其他人共同拥有的特征，我们可以称为相似性，但是我们还是没能寻找出其特有的个性。

　　裴斯泰洛齐被称为社会性人格的到底是什么？德国教育家凯兴

斯泰纳①在论及教师的人格时，把它分为以下三种：（1）政治性、统治性人格；（2）社会性、道德性人格；（3）学者性、理论性人格。还特别谈到了裴斯泰洛齐，并把他归入社会性、道德性人格中，极其推崇他作为社会改良家所具有的特性。

裴斯泰洛齐忘我地为了他人尽心尽力，这就是他价值存在的理由之一，这一点毫无疑问。但是，恐怕这种价值只能适用于教育界，无法适用于其他领域。正如上文所述，被尊称为道德家而受到人们尊敬者，都具有这种特性。

那么，他人所没有而裴斯泰洛齐独具的长处，能够展望世界、洞察古今的是什么呢？我所了解的和裴斯泰洛齐的崇拜者的见解有些许不同，我认为他是教育学上真理的发现者，至少也是作为探索的先驱、教育的革命者、教育的科学性建设的先知，在教育史甚至文化史上占据着不朽的地位。

在道德的发展史上没有什么值得歌颂的人，政治上、经济上也一样。如果有的话，一定是在教育的发展史上留下不可磨灭功绩的人。作为这种人物的代表，被贫苦的儿童所围绕并保持着教师的热情，这的确是很合乎道理的，但是断定它是裴斯泰洛齐的特性似乎不太能让人信服。那么，他在教育史上占据着怎样独一无二的地位呢？他并没有研究过大量的教育素材，也没有优于其他教师的完美人格。如果非要列举出他的功绩，那就是致力于教育方法的研究。

当时瑞士的教学方法和亚洲各国所采用的一样，以书本为唯一的途径。因此，知识的传递灌输成为唯一目的。对此，他提出了与此不同的理论，即凭借实物来进行授课，以知识的启发作为教育的

---

① 凯兴斯泰纳（Georg Kerschensteiner，1854—1932），德国著名教育理论家和教育改革家。主要著作有《德意志青少年的公民教育》《劳作学校要义》《性格与性格教育》等。

目的。虽然这在今天看来并不是什么了不得的事，在当时却是伟大独到的见解。换句话说，在当时那种情况下，提出自己独到的见解，不顾世间的毁誉褒贬，毅然奋进坚持下去的勇气、见识、自信，正是他独特的功绩。

什么是科学性？自古以来在苏格拉底、柏拉图①、亚里士多德之后的哲学家，其数难计。和他们对比，很遗憾，不得不承认裴斯泰洛齐教育思想体系上的晦涩难懂。

两千年以来，在各国各地区绝不缺乏热心的教师。把一生奉献于教育事业，教育感化其弟子，至今仍被人们铭记于心的教师很多。宛如艺术家一样，世界各地都能看到他们的身影。对于艺术家来说，由于他们的作品能够很好保存并遗留给后人，我们通过这些作品可以想象他们昔日伟大的风采，其间少数流传下来的方法上的格言被当作文化上的珍贵遗产，以及艺术家们的精神性遗产受到人们的珍惜爱护。然而，教育者的产品、成果并不能像这样一成不变地流传于后世，也并不是单纯靠个人的努力能够制作、创造出来的，所以教育的成果很难流传于后世。而在此期间，裴斯泰洛齐的功绩就是他在教育上遗留下来的格言，即他所发现的教育方法上的真理，这和亚洲自古以来那些哲学家们待在书斋里通过冥想所创造出来的东西是不同的。它是教育者一生宝贵经验的凝聚，是从教育者的血与汗中提取的精华。

因为他就教育方法进行研究，为教育学带来了希望，所以是值得我们尊敬的。他对教育的热情及他的人格，确实是教育者的模范。此外，他还致力于社会改良，即使遭到大多数人反对，他那毅然坚决斗争到底的勇气和热情，使得我们全人类不得不永远怀着一

---

① 柏拉图（Plato，约前427—前347），古希腊伟大的哲学家，也是全部西方哲学乃至整个西方文化最伟大的哲学家和思想家之一。

颗感恩的心来看待他。但他并没有把希望寄托于学生身上，让他们去改良社会、拯救人类，而是以极大的热情向担当教育重任的教师们传授改良方法。从其效果的显现来看，他不是直接的而是间接的社会改良者，通过间接的社会改良，拯救了全人类特别是儿童的教育。

二

裴斯泰洛齐在他的著作《林哈德与葛笃德》中，致力于寻找人类精神发展不变的原型。于是他尝试着从精神的本性中引出一种教育的方法，虽然得到了在这一方面有较高造诣的尼德拉的协助，随后又掺入了德国哲学家谢林的思想，但我们不得不感慨他的本意被曲解了。不论在什么场合，他自始至终都极力主张自己提出的教育方面的学术性特质。甚至在他去世前的一年，他还提出教育学应该更进一步地建立在哲学基本原理上，以人性为基础。他认为，如果教育缺乏理论性的说明，各个个体为教育所做的努力就会失去相互联系的基础。总之，对于教授方法的研究，裴斯泰洛齐在承认经验重要性的同时，还在思想上不断进行艰苦的探索。

裴斯泰洛齐只是单纯的实践家，称不上思想家。针对这种说法，伊藤宗一郎①提出了强烈的反驳，认为他们没有了解到裴斯泰洛齐重要的一面，我也赞成他的看法。但是，就像确实存在"认为裴斯泰洛齐不是思想家是因为他们没有能够全面地了解他"这种事一样，也有人认为他不是实践家，或者轻视他作为实践家的价值，不得不说这种人对他的了解更不全面。在此，伊藤宗一郎倾向于将

---

① 伊藤宗一郎（Itō Sōichirō，1924—2001），日本政治家。1960 年首次当选众议员，1981 年首次入阁，任防卫厅长官，1996 年 11 月成为第 69 届众议院议长。

以下的言论作为"裴斯泰洛齐是实践家而不是理论家"的依据，我不太赞成。

"的确，裴斯泰洛齐教育活动的经验产生于他自身的理念，也作为实践的成果被世人所认可，所以成为世人所依赖的对象，但他自己也意识到并多次说，他不适合理论性或者使理论系统化的研究。"

我觉得以此来论证裴斯泰洛齐不是理论家似乎不太妥当。那是因为这只能作为他是伟大经验家的证据，就像不能以此证明他是理论家一样，也不能以此来证明他不是理论家，即这与他是理论家的事实并不存在什么矛盾。

的确，他是经验家这一点无可否认，但他并不是那种停留在单纯的经验这一层面上逃避困难的理论探索的胆小怯懦者。世间的大多数实践家，动不动就把枯燥无味的理论研究和探索这种难题扔给学者们，自己置身事外，尽可能地避免从事这种工作。可以用以下的例子来证实他不赞成这种做法。他意识到自己无法胜任理论家的不足，积极正视它并想方设法去弥补它。因此，他必然不是那种只进行一般性的学者思考，沉迷于概念的理论性游戏的理论家。换言之，他虽然并不是纯粹的理论家，但也并不是满足于经验层次，他希望能把这种经验系统化、理论化。他的确只是一个经验家而算不上一个思想家，但无疑最终也提出了"教育学应该更进一步建立在哲学基本原理上，以人性为基础"的看法，并进行了苦心的研究。在这里我们可以领悟到裴斯泰洛齐的思想的力量，也可以看到他独特的价值。我坚信这也许就是别人很难超越的，能让他在古今日外占据独一无二的地位的特殊之处，也是使他成为后世模范的最重要的一点。

"不能使具体观念具体化的抽象概念是虚无的，同样，不能上升到抽象概念层次的具体观念是盲目的。"最理解这一真理而且又努力不让自己陷入这种弊端之中的人无疑又是裴斯泰洛齐。这一点使他在教育史上绽放着特殊的光彩，成为我们这些后辈憧憬的目标，也成为他永远无法磨灭的特性。

正如裴斯泰洛齐经常提到的那样，"我自己的理念是从我的教育经验中来，也是作为直接的实践结果被世人所认可，所以是值得信赖的事"。这是事实，而且也是真理。这不仅是他自身的觉悟，而且也是全世界都应共同承认的。如果他所说的不是基于他的经验，那谁又愿意倾听他？谁又愿意信赖他？谁又愿意尊重这一想法呢？后来的教育者们特别是中青年教育者们信赖他的原因不正在于此吗？

但是，如果年轻的裴斯泰洛齐的业绩只是这些而已的话，这也只是他极为平凡的一面。如果只有这些业绩的话，不必刻意去古今日外到处寻求，在我周围就有大量这样的人存在。这些经验和自信是卑微地把一生都献给了教育事业的人都有的品质，但社会根本不珍惜这种品质。

如果只有经验而没有作为学者的其他方面品质的话，不管是多么热心，那只能是在任何国家都会有的司空见惯的平凡的教师。倘若单以此来作为赞扬裴斯泰洛齐的事例的话，简直就是对他的亵渎。

实际上他真正的价值来源于其热心的经验和熊熊燃烧着的一丝不苟的学习研究激情。只有具备了这两方面，才能称得上是他的真正的价值，缺乏了其中的任一方面，都无法与他相提并论。

三

无论如何，裴斯泰洛齐最主要的功绩在于他作为我们实际的教育者的模范独步古今般被崇拜着。但尽管如此，在他之后，虽然经历了百年岁月，如今这个世界的教育始终没有如他的理想一般进步。这又是什么原因呢？

他采取的是"从人类精神的本性中引导出教育方法的法则"这种演绎式的研究态度。这种态度被他的继承者完整地传承下来。在我看来，这会不会是重要的原因呢？

像裴斯泰洛齐这样在教育史上有重大建树的功绩者也依然没有摆脱这样的老套，虽然一直说要建设科学的教育学，却免不了依然远离哲学。如果在培根发现归纳推理理论之前不得已而为之的话，还情有可原，但这种研究态度不应该无休止地延续下去。……

我采用了"从教育的实际出发，力求能归纳出教育的原理"这一研究方法，也就是把实际经验的成功或失败的事实用自然科学的方法来观察、比较、综合，以求能发现真理，这样，可使教育学成为一门经验性的应用科学。我坚信，只要我们教育实践者真正地以裴斯泰洛齐为榜样，并忠实地为了实现这种理想孜孜不倦地奋斗的话，我们一定会有一天到达那种境界的！

第四章　小学校长录用考核制度论

第一节　无标准选拔小学校长的危害

一

　　为了能够通过小学圆满地完成与社会需求相符的教育事业的建设，对于负责这一事业的小学校长在教育素材方面的知识、教育方法上的知识和技能以及管理学校的知识和能力等方面，必须要加以一定的限制，设置相应的审定制度，在规定的范围内选定校长，这就是本文的宗旨。因为它是近来愈演愈烈的"如何消除校长言行的危害"这一涉及整个教育改革事业的核心问题。

　　回顾过去，不得不说一直以来校长的选定是极其散漫且毫无方针性可言的。作为管理机构的当局虽说也制定了各种各样的标准，但大多数都是带有强烈的主观性，最关键的客观标准没有确立。所以不难想象，传统的做法只不过是根据一般的常识性经验、随机应变的能力、社交方面的才能等来胡乱地进行校长的选定。因此，即使偶尔会有优秀者出现，但大多数都是以领导活动、社交能力等与教育目的相距甚远的条件为选定校长的依据。即使他们发现这一做法的危害之大，也无法想出能取而代之的方法。因此，在论及解决办法时，担此重任的校长们或投身于漩涡之中助长危害的滋生，或虽能全身而退、远离纷争，但由于内心害怕荒废职守，结果也和众人一样渐渐陷于困惑之中，因此不得不考虑视学制度的作用。

虽说视学制度有了一定的发展，但因为仅靠少数的几个人对一府一县或是一个地区进行监督，即使他们经常到各学校视察，由于停留的时间短，不可能对学校的内容、教师的品质、学校的管理状况等有正确的认识。只要不是外行，学校是好是坏一眼就可以辨别出来，这的确是事实。但是他们也只能看清个大概，对于详细的内容还是无从得知。于是向上级递交的复命书的内容，说到底也只是道听途说而来的一知半解的评论集而已。

所以，首先必须要确定小学校长选择的标准，然后参照这些标准进行选拔方法的研究。这要求我们要对在实际工作中小学校长到底该被授予何种职务，这一职务到底是否合适进行探讨。道理虽然浅显易懂，实际上却得不到社会的理解，就连小学校长自身对这一点也没有正确的认识，所以面对来自监督官员或者其他方面的种种不合理的要求、压迫时，大多数情况下连抗争的勇气都没有，只能忍气吞声。

1. 教育法规所规定的校长的行政事务，即在法规的监督下管理学校，防止各种弊端产生的消极行政工作。

2. 积极的、直接有利于儿童教育的价值创造工作。指导其下属教师提高工作效率，如果做不到这一点，至少也要做到不阻碍那些雄心勃勃的年轻优秀的教师发挥自身的才能，这是校长的首要任务。而与此相比，那些账册的整理、对上级机构的汇报以及其他各个方面的应酬等则是次中之次的价值创造工作。但因为其中有些是积极开展本职工作的基础，所以并不意味着所有的这些次要的工作都可以省略掉。总之，从有关教育本质的价值观来看，这类行政性、机械性的无关紧要的工作交由事务员等辅助人员去完成即可。

因为行政工作就是进行是否与法规相抵触的区分，并做好记录及汇报，使之成为实行监督职能时的依据即可，所以不论是谁，只要有明辨是非的能力都可以胜任。至于直接有利于儿童教育的积极性价值创造工作，这才是教育的根本任务，普通人不具备胜任这一工作的能力。

二

那么，优秀的小学校长所应该具备的条件有哪些呢？作为校长，其首要任务就是建设和谐的学校。就像确保家庭的和谐是家长的首要任务，确保国家的和谐是君主的首要任务一样，对于校长来说，没有什么工作比这更重要的了。如果这一基础不能确立，不管学校如何粉饰其外表，如何风靡一时，如何开展宣传性演说，最终都只不过是沙上楼阁，难以持久。凭自身的某种特色而风靡天下的小学，之所以在不到几年的时间就销声匿迹，是赋予学校特色的教师流失的结果，就像没有打好基础的建筑，最终难逃倒塌的厄运。可是，年轻且野心勃勃的行政官和视学官们，只对诸如体操、唱歌、烹饪、绘画、手工等速成的易引起世人关注的部分学科进行奖励。为了迎合上级的喜好，渴望能力得到认可从而获得飞黄腾达机会的校长们，对其下属的教师实行严格的监管，经常使他们工作到深夜而让那些家中有孩子的女教师们叫苦不迭，甚至牺牲其他的学科来以确保受上级重视的学科的发展，以此来博取些好评，进而能调任到条件更好的学校，并为自己的这种能力感到自豪。如果我们了解到大多数校长都是通过这种急功近利的短时间的努力才能被选入优等学校的话，就会深切地感受到确立选拔标准的必要性了。

第二节　校长考核制度的内容

一

　　当前要求行政整顿的呼声很高，这也是我国目前所面临的紧急要务。换言之，为了推行紧缩政策，必须节约经费，精简多余的机关。为了应对紧急时局而必须设置的应急性机关，一般来说在进行整顿改废时要贯彻节俭经费这一原则，这是理所当然且很有必要的。虽说现在所开展的行政整顿也很有必要适用这一原则，但谈到教育行政情况，多少都会有些许不同吧。我们应该意识到这正是我们对现代教育抱有希望的理由所在。

　　我的前一任职地白金小学，其他区域特别是郡属地区的人争先恐后地要把他们的子女送到该学校就读，人数在逐年增多的同时该问题也一直都没有得到解决，直到上一年度提出了要以向该校所在区即芝区缴纳特定的捐赠金为入学的交换条件，势头才有所缓解。我们可以通过这一事件洞察现代人的心理状况。为何即使每年要缴纳额外的捐赠金，他们也要舍近求远送子女到自己精心挑选的学校就读呢？

　　从这一现象中，我们可以看出已经解决温饱问题的现代人，必然会对爱子的未来寄予殷切的期望。换言之，现代家庭的生活水平已得到提高，家长开始关注教育的内容，并逐渐倾注更多的精力于子女的教育上，尽可能地追求完美。这是对我们全体教育者的期望。现代人所期盼的无外乎是尽可能地使爱子能接受与同类学校相比哪怕只是略胜一筹的教育。

　　"仓廪实而知礼节，衣食足而知荣辱"，这的确是不朽的真理。对下一代殷切的期望，使现代人不再满足于以往的那种公立学校，甚至对所有教育工作的原动力即教师的人格和系统的教育组织也感到担心，这也是理所当然的。

这并不仅限于特殊的资产阶层，也是具有觉悟的所有知识分子的共同心理状态，更是献身于教育下一代的所有现代人的共同愿望。要应对和处理好这一反映大众心声的愿望和期待，不能只是单纯地节约经费和机械地精简机构，必须要有一个通过对其目的和价值进行考察而形成的具有进步性、积极性、改革性的好方案。

就像《论语》上所说的"粪土之墙不可杇"那样，不管如何从旁协助、加以鞭挞，也无法改变那些本质顽劣者。与无关紧要的应急手段相比，确立根本性的治疗方案才能最终满足大众的需求。

提出行政整顿者常常把"淘汰"二字挂在嘴边。的确，冗余人员及年老无用者是必须淘汰的。可是，如果取而代之的竟是更加无能的人，这对将来的教育所产生的影响不是显而易见的吗？在教育界，人才难求的叹息不绝于耳，其程度之深没有哪一个领域可以与之相提并论。可是借行政整顿之名，迫使那些想凭自己多年的研究和经验来实现其抱负的深谙教育之道者离开教育界，这对于国民教育来说，的确让人扼腕叹息。更不必说那些玉石混淆、鱼目混珠，无法识别真正人才的改革。对于心甘情愿地领取比一般的行政官员更低的报酬，内心却仍为国家的未来感到担忧的教育者来说，过于计较报酬的多寡，以报酬的多寡来左右教育者的行为的这种整顿，在现今为人才的枯竭而感到困惑不已的教育界，不得不说这种整顿与理想是背道而驰的。

正如前文所述的那样，教师作为教育活动主体，如果不注重其素质，不管在其他方面的监督如何面面俱到，最终也无法摆脱徒劳无功的结局。因此今后务必要弄清这一点，并应致力于教师素质的改良。如果能以慎重的态度来选拔教师，招揽人才，并找到一个拥有统领和指导这些人才的能力的人，那么不管如何精简负有监督鼓励之责的机关，也不会带来丝毫的不利影响，这在前文也已说明。

如何才能挑选出真正有能力的教师？怎样的能者才能领导这些教师？鉴于目前的状况，最好的方案就是建立一套井然有序的考核制度，并依此挑选出校长的候选人，充分地信任他们并给予相应的尊重，赋予他们随心所欲地指导和淘汰无能者的权力，在防止效率低下的同时提升有能力者的效率，并明确地指出以年轻有为的人才为未来奋斗的目标。关于优良教师的培养需要制订另外的一系列方案，这里仅就与如何对现成教师进行整顿淘汰有直接关系的考核制度进行论述。

二

1. 考核的机关。仿照现今的高等文职人员、律师、医生、技术人员等的考核制度，以文部省中等学校教师测试考核制度所选出的教育学者为主，再加上社会学等其他方面的学者，组成机关的委员。当前学校的校长以及作为校长候选者的正式教师必须通过这一特别的机关来选拔，以此来杜绝迄今为止的由教龄和人情所导致的种种弊端。

2. 考核科目。与小学教师这一职业直接相关且必需的知识即教育学，特别是教育方法方面的科学修养以及经验汇总的论文。但唯一让人感到万分遗憾的是，鄙人才疏学浅，至今仍未能在实践中发现与这一目的相符的教育学。

在我们实际的教师生活中，多如繁星般的哲学性教育学是远水解不了近渴的。不仅如此，在明治、大正时期教育的实际情况中，也无法找到一个可以支持哲学性教育学的实例。能在教育中发挥作用的教育学必定诞生于实际的教育活动中，这一点是我多年所坚持的信念，也是学问发展史所要阐明的内容。在此，针对这一点我仅提出个人的愚见，并希望能听取世人的看法。为了实现这一制度，有必要专门设立相应的教师培养机关。在接下来的一章中，将会以《教育研究所设立方案》为题，重新进行讨论。

3. 考核的宗旨。不管是个人精神发展的途径还是全人类发展的过程，都经历了模仿、独断、科学这三个阶段，这已得到大众的认可。而对于我国的教育事业来说，现今应该正处于科学性研究的时期。那么在这一时期，教育者在恪尽职守的同时，凭直觉对他人进行徒劳的模仿自不待言，以个人狭隘的经验为基础的独断行为也要杜绝，必须通过对正确经验的积累和综合来进行科学的研究。虽说如此，但身居学校领导要职，肩负管理部下和培养下一代国民重任的教育领导者，大多数都是依据自己贫乏的经验行事，这不得不让我们感到万分不安。

众所周知，在医生、律师、药剂师等这些高级领域从事工作并拥有一定的社会地位者，都必须具备与其职业相称的高等专业教育的修养。即使是小学教师，要想享受与其职业相称的待遇，除了要具备中等程度的学历外，对自身所从事的职业的了解还必须达到一个较高的水平。只有这样，才能带着有计划地进行管理、科学地开展研究的态度，直接到达以兴趣为师的境界。那些水平只相当于师范学校程度的教育学，极端一点地说，与接生婆、护士等的速成法没有多大的差别。

不知道这对于教师来说是幸运还是不幸，因为对象是没有价值批判能力的小孩，所以即使教师们对工作敷衍塞责、马虎行事，小孩们也不会直接地提出意见，从而使得教师们即使不从事任何研究也可以继续工作下去。这样一来，很多人虽然在职10年或20年，却没有任何成果，没有创造任何价值，最终落得个老而无用的下场也就不足为奇了。仅以自己那少得可怜的经验为基础所开展的独断的活动，是无法真正地调动学生兴趣的。因此，肩负教师的管理、指导之任者，在职业上的知识和技能必须达到高等教育的程度。

而且一旦到了施行的阶段,所涉及的领域极其广泛。总之,五十多年以来对这一问题的研究从未间断过,种种的弊端已经酿成,如果想在一朝一夕之间就改变这种现状的话,其所产生的影响不可小觑,所以我们应该期待更有计划性、不存在遗漏点的种种调查的开展。处于现今的这种状态,对校长的录用要首先推行这种制度,开展考核,而对于作为校长候选者的主要正规教师的录用,也要采用这种制度,以期待借此能重新改革迄今为止的不完善的选拔制度。

第三节 校长由谁评价

在深入研究现代教育界的革新时,最让人担心的问题就是谁能够公正地评价校长的人格和工作态度。

根据现行的制度,视学或者市区町村的首长是评定工作的负责人。于是,表面上看来由视学、市区町村的首长等人员组成的评定机构似乎已经建立得很完善了,但实际上直接进行接触,做出具有说服力评价的是其下级官员,而视学以及町村的首长们,仅仅是为了防止下级官员们出现不正当的行为而进行监督而已,这种说法似乎更贴切。

那么,这些形式上的或者是实际进行监督的官员们该如何完成自己所肩负的重大使命呢?在局外人看来,因为这是与他们生活无关的事情,所以不会进行深入研究,并且认为这样也可以得出名副其实的正确评价。虽然这种说法也有一定的可取之处,但一旦剥去表面的伪装深入研究的话,其结果必定会让人感到茫然而不知所措。因为自始至终担任监督的官员们都没能做到亲自视察学校、与教师们进行谈话开展讨论,也没能严谨地详查学生的成绩。

一个月进行一次视察已经算是频繁的了,根据地区的不同,有些地方一年能进行一两次的视察已经是极限了。依靠官员的这种看似严厉的例行公事般的临时检查，到底能够让我们了解到什么？当然类似于巡警面对犯人这种显而易见的事实还是可以反映出来的，但偶尔不也是有连这种明显的事实都无法发觉的情况吗？如果是此类明显的事实，就没有必要去劳烦优秀出色的视学官。如果是偷盗之类的事件，为了直接消除其危害，就会及时处理，不会让其自生自灭，又因为在消除其危害上需要行使国家所赋予的权力，所以特权也成了社会的必需品，而在防止教师常识的缺乏的工作上，其情况却是截然相反的。那样的话，诸如此类的评价就不需要依赖特定的官员了。经常关注孩子成绩的家长、居民早就对此有了深刻且充分的了解，而偶尔来巡视的视学官们实际上只不过是在暗中进行调查而已。这样一来，在当前这种状态下，视学这一工作只要能听得见，即使是盲人也可以胜任。眼力过好反而会注意到不应该注意的细节，从而被小人钻空子，最后造成了贿赂、糖衣炮弹政策横行的结果。

总之，就如前文所说，教育改造的根本在于教师，如果不在这一方面下功夫，不管如何改良各种机关，充其量也仅仅是枝叶问题的改善而已，想要最终消除其弊端是不可能的。

现在社会发展所处的阶段还无法做到这一点，所以对于教育的不满不绝于耳。面对这一社会现状，我们该采取何种对策？这就是我们当前所面临的问题，下文将围绕这一点进行进一步的讨论。

第五章　教师待遇改革论

第一节　物质待遇的改善

一

教师待遇的改善，对于教育界来说，无论何时都是一个重大的问题。对于这一问题，我们必须冷静地站在国家立场，从整体上考虑教师的待遇应该怎样定才是合适的。当然，对教育者来说，物质报酬越多越好，但是站在国家立场，再结合当前社会大众的生活水平，不难发现，教育者的要求是无法得到满足的。因此，必须要对教师物质上的待遇设置一定的限度。政治家通常都会迎合教师或教育者，所提出的政策大部分都是要求改善教师待遇的，虽然这对于我们教师同仁来说是值得庆幸的事，但如果进一步深入思考就会发现，所有向教师提供的报酬都源于国民税收，所以必须就教师报酬的限度进行反省。

那么，教师现行的待遇是过高了还是过低了，接下来很有必要结合实际状况进行讨论。当然这由经济繁荣与否，即社会是否景气所决定。在世界大战爆发，经济比较繁荣的时期，由于教育者的待遇与民间创办实业者相比具有天壤之别，于是有一段时期许多优秀教师接二连三地投身于实业界。之后，随着战争的结束，突然间经济开始萧条起来，相应地也就出现了许多教师退出实业界重返教育界的现象。由此看来，教师待遇的标准会因为经济的景气与否而有所不同，不可以一概而论。所以，以某一时期的标准为准的话，当社会经济的状况发生变化，比如说上文所提到的突然变得繁荣或是萧条时，就会出现其标准与现实不符的状况。由此可以看出，没有必要就这一标准进行仔细的斟酌，进而讨论是必须提高还是降低该标准。话虽如此，但假如立足于现状，从教育体系的内部出发来观察、讨论现今教师的待遇到底是好还是不好的话，可以说，其待遇绝对谈不上是差的。这一点可以从师范学校等教师培养机构竞争的激烈程度推测出来。可以直接一点地说，现在教师的待遇已经优厚到令实业家们嫉妒的地步。当然，这里并不是要与一般的官员或者其他以薪金为生者做比较，而是与普通的个体实业家相比较所得出的结论。

师范学校毕业的刚参加工作的人，其月薪一般男的为五十日元，女的四十五日元，这一水平与大学或者是高等专业学校毕业生初次任职的月薪相比绝对算不上是低的，被人羡慕也是无可厚非。

二

如果真的如上文所言，想要招揽多少优秀的小学教师都不会成为问题。可事实并非如此，这又是为何呢？

这其中必定另有隐情。教师待遇的目标不是着眼于现在，必须着眼于将来。就如上文所言，年轻的教师刚参加工作所得到的报酬相对来说有些过高。但是，二十年、三十年过后其最高薪金将会达到多少，其未来的发展空间与其他的官员、军人以及其他各界依靠薪金生活者相比，可以说加官晋爵的机会几乎等于零。这也是让人感到失望的地方。鉴于现在各地经济发展的状况，这并不是一个容易解决的问题，所以奉行以往的制度也是不得已而为之。招揽、留住人才，壮大教师队伍的一个大障碍也在于此。因此，不得不说教师的待遇论并非对最低水平的限制，而是消除了对最高水平的限制。薪金的最高上限该如何规定呢？在欧美的先进国家中，许多优秀人才在其一生的就业生涯中也只是享有与其职务相称的待遇。

因此，在某种程度上，我国也很有必要采用一定的方法，多多少少也要向欧美靠拢。

三

这是最佳改革方案的核心。当然，就像在其他地方所提到的那样，因为认识及评价教育者即所谓的人才的标准没有确立，从而陷入玉石混淆、鱼目混珠，优秀人才得不到公正待遇的状态，在教师的待遇上设置了一个最高的限度，这一点必须得到改良。以被称为教师这一职业上的知识，换句话说，也就是系统性的教育学为基础来建立标准，各个阶级则可以实现自身阶级的定位。

第二节　精神待遇的改善

一

比上文所谈到的物质上的待遇更为重要的另一个方面，就是无形的精神上的待遇。这必须结合达到一般水准的智力和技术上的特殊知识进行考虑。虽说现在优秀者能够升职为校长的这种趋势越来越明显，但不得不说这种教师待遇，只适合在没有意识到技术的重要性的时代推行。

兼任校长这一行政官者和教育技能熟练者，这两者是截然不同的。即使没有能力担任校长一职并管理学校，但作为一名教师，还是拥有应受尊敬的从教经验的，这样的人现在多少也会有一些吧。对于这样的人，给予他们的待遇必须能够促使他们在将来的工作中能安心地运用自身的经验。教师应该得到像对待医生、工程师或者艺术家们一样的礼遇，不应该受到作为监督者的行政官的胡乱干涉、欺压，其特有的在技能上的熟练性的价值也必须得到认可和尊重。现在在这一方面还做得远远不够，甚至连教师自身也倾向于否认这种做法的价值。所以，首先要让教师自身意识到它的价值，并得到社会的承认，这是很有必要的。对于诸如《歌舞伎十八番》中的《劝进帐》《伽罗先代获》等以剧本为依托的艺术，由于堀越家永久地享有其版权，其他的演员想要把这些剧本搬上舞台时，必须缴纳巨额的版权使用费并获得堀越家的许可，但是在教育界，从来没有听说过这种技术上的成果得到如此的保护。但即使是教育事业，也与其他的一般性生产事业或者是戏剧家、画家、雕刻家等一样，在教育人类的方法上必定有值得流传于后世的可取之处。

这种以熟练性见长、不可或缺、千金难求的教师，在现今的这个社会或许还是有的。如果真的有这种人存在的话，必须想方设法使其身上宝贵的经验能够传给后继者。如果置之不理，让它就这么白白地失传，无声无息地从世上湮灭，这对于社会文化来说，是让人感到惋惜和悲愤的事情。因此，国家、社会在提高教师的自我觉悟的同时，必须要意识到这一点并给予教师充分的尊重和必要的礼遇，以便使这种文化上的成果流传于后世。

二

事实上，与其他的官员相比，小学教师物质上的待遇即使达到了最高的顶点也是极其微薄的，精神上的待遇也是如此，小学教师所能获得的最高的荣誉，充其量也只不过是成为能够享受奏任官待遇的校长而已。奏任官级别的待遇，这在小学教师看来可能是史无前例的荣誉，可是立足于整个社会大局来看的话，奏任官是否真的在社会上占据着名副其实的崇高地位？以这种虚名来激励和鞭挞教育者的行为愚蠢得无以复加，也是对教育者人格的侮辱。以此为荣并为了能够爬上校长这一宝座而小心翼翼地在上司面前惺惺作态者，简直有辱教育者的圣名。

该给予教师什么样的待遇才合适，应该推行一些能够保持教育者风度的待遇政策。

当然，如果这种特殊的政策行不通，在教育者身上采用与其他行政官员一样的待遇政策就无可厚非了。

文部大臣鸠山一郎[①]也曾提出要进一步改善小学校长的待遇，使其不再仅仅局限于奏任官这一级别，这无论如何都是可喜可贺的。可是这样一来，就难逃"沐猴而冠"之嫌，最终有可能导致反动局面的出现。作为解决这一问题的对策，当务之急就是要果断地推行小学校长录用考核制度。

第三节　优待教育者的宗旨

在使教育创造的价值大打折扣，给国家、人民带来损失的严重性上，没有什么事情能够与教育者遭受冷遇相提并论。虽然已经有人意识到这一点，但实际上人们仍对教师遭受冷遇感到习以为常，见怪不怪，这又是为何呢？

既然把自己的宝贝子女的教育托付给了家庭教师，相信没有谁

---

　　① 鸠山一郎（Hatoyama Ichirō，1883—1959），日本政治家，第52、53、54任内阁总理大臣，被认为是第二次世界大战后日本最重要的内阁总理大臣之一。一生坚信议会政治，并敢于坚持自己的主张。因战争期间曾站在议会政治立场公开反对东条内阁独裁式的推荐候选人方法和《战时刑法特别修正法案》，一度被迫隐居。

会愚蠢到把这位教师当作奴隶来看待。但是，如果这样的矛盾公然地存在于社会中的话，当务之急就是要尽快地开展行政整顿，消除这种矛盾。

在国家出现财政危机的多事之秋，并不适合讨论教师物质待遇问题。

但是在明治维新时期，虽然封建时代那种官尊民卑的官僚遗风一而再再而三地得到消除，但唯独在教育界，没人能够提出教育上存在的问题，从而导致了至今教师仍一如既往地受到冷遇。因为担心这种状况会一直持续下去，我才斗胆毫无顾忌地提出忠告。身处被统治地位的在职者竟然说出这种话，对于这种人，拥有直接监督权的管理层想必是恨之入骨吧。但在力量薄弱的忧国志士们看来，对此采取沉默、旁观的态度是极其不忠的表现。

首先，要从有关教师录用的法律用语开始改革，因为教师遭受冷遇的根源就在于这些法规的措辞。如果教师的职务和家庭中的掌柜、仆人等雇工的工作性质相同的话，我无话可说。但是，忌讳用在家庭教师上的字眼，一个社会居然这么满不在乎地使用于教师，真是太不可思议了。在此，曾经肩负行政监督重任的友人所提出的"用'招聘'一词来替换'教师聘用'这一说法"的意见似乎是合情合理的。国家也好，市区町村也好，或者是家庭中，正因为教师被当作受被教育者尊敬的对象而加以礼遇，其教育感化的作用才得以发挥。可是，不知从何时起逐渐演变到了教师被当成仆役来使唤，身价、名声一落千丈的地步。既然已经意识到教师真正的价值所在，虽然不能要求立刻有所改变，但为了更接近理想中的状况，以前在各藩中，其做法都是首先修改法规，恢复儒者的尊号。

因为如果不严格禁止监督官员对于弱势教师的傲慢不逊的态度，不知不觉中就会给国家和社会带来巨大的损害。当然，为了使招聘的教师名副其实以及进一步提高他们的资质，还应该革新教师鉴定和培养的方法，这一点是毫无疑问的。对于与法规相抵触的不道德、违背常识的行为，在处以严厉制裁时不应该有丝毫犹豫。此时效仿一下宪兵制度，在教育界设立类似于警察的职位又何妨呢？

如何改进精神上的待遇才能达到一个令人满意的水平呢？恢复以往私塾时代的那种待遇法，由于私立学校与一般的营利性事业有着本质上的不同，所以从这一意义上来考虑，国家甚至地方会向私立学校发放特别补助金。如果对学校的监督指导仅限于这一程度，结果会如何呢？现在的学校教育到底被破坏到了何种程度？希望意图推行教育改革的人能优先考虑这一点。

在监护者制裁的严厉性上，不论对哪个学校都没有公立和私立之分。公立学校存在的弊害竟然比监管极其薄弱的私立学校还要多。公立学校的监督极其严格且面面俱到，却不像人们所预期的那样，比私立学校产生更好的效果。如果这样的话，在这生活艰难的时期，毅然地缩小无效用的权力又何妨呢？

唯有如此，尊重教育的价值才能真正地得到体现。再进一步详细说明的话，由于过分地担心委以国家教育重任的小学教师们会产生不安的情绪，为了防止失败的出现，自然也就制定了各种从旁协助、干涉教育的制度。虽说在教育事业的起步阶段，多多少少也发挥了一点特殊的作用，但在教育事业的发展已经日趋成熟的今天，这种干涉制度已经不再必要了。而且就算对最低限度做出规定有益无害，势必不可避免地让人担心会产生对最高限度的不利影响，所以行政权的界限仅局限于最低限度即犯规的防御上，对于其他方面则任其自由发展，不加规定。

即使以法规为依据对违法行为所进行的监督很严格，无法给出明确理由的主观性评价、学问方法上的指导等也不是那么容易就能做到的。行政监督的官员们在巡查时，应回归到与普通人民亲密接触的最原始阶段，不应仅仅局限于防止各种消极弊害的出现，也不应该过度地滥用毫无效果的权力来命令、指导或者是奖励教育者。当然，出于善意的指导我们是无法拒绝的。可是在这种场合下，即使是出于好意且态度也不失真切，指导、奖励也必不能超越一定的限度。大概与生活在"民可使由之，不可使知之"思想盛行时代的人民抱有同样思想的教育者，已经无法满足时代的需求，想依靠他们来创造教育的价值几乎是不可能的。所以，应该以从根本上改变教育者的本质为基本前提，除此之外的一切事情都应任其自然发展，不应加以硬性的规定。行政监督官员们滥用职权，对教育者所做出的与身份不符的指导、评价，最终是弊大于利。

必须废除一切人为规定的待遇，重新对待遇法从根本上加以修正。否则，到头来是捡了芝麻，丢了西瓜，错失了身怀大志者，保护的却是一些无名小卒，最终导致教师遭遇冷落。虽说迄今为止的教育仅凭一些虾兵蟹将也足以应付，但今后的教育界必须引进一些大人物。虽然这种情况不仅限于教育界，但鉴于现今的社会状况，提出这种要求无异于缘木求鱼。

第六章　（甲）师范教育改造论

第一节　关于文部省的师范教育改革方案

　　昭和五年十月的内阁会议上提出了文部省的师范教育改革方案，新闻界对该方案的内容做了极高的评价，称赞其虽是由对教育一窍不通的以大臣为代表，再加上下级的几个局长所制定出来的方案，却让师范教育系统出身的教育专家们望尘莫及。并提出："审判不应该只是听从被告的陈述。在此我们希望在文化教育政策方面属于门外汉的当局，以及一直以来都没有与教育界存在多大联系的文部省能够站在提出改革要求的社会大众的一方，而不是代表作为改革的对象，也可称之为被告的教育界。"当然，也涉及一直以来教育者是如何不断地受到社会的谴责这一问题。这一问题暂时不加以讨论，如果可以毫无顾忌地畅所欲言的话，这一方案也只是为了应对当前这种停滞不前现状的一种应急手段，让人不得不怀疑该方案在今后的几年内还能持续多久。在此，迫切地希望对现行的教育者抱有怀疑的态度，毅然决定制定新方案的当局者，以及对此与当局者产生共鸣的社会各界能够把目光放得长远一些。

　　对于这一顽疾，仅仅通过对局部的诊断来对症下药是远远不够的，它不像外伤、肿块之类的疾病，通过局部的外科手术就可以治愈。由于病因在于内脏的宿疾，所以必须改变一直以来仅把着眼点局限于表面的做法，寻求能够真正成为将来教育动力的源泉的对策，希望当局者至少能够做到这一点。如果外行人提出的方案确实有一定的价值，那他们轻视现行教育者的观点也就无可厚非。同样，完全的门外汉也可以瞧不起一知半解的人，这一类的想法大受欢迎的时代的到来也不是不可能的。对于前几年在《国民新闻》举办的有奖征文活动中摘取桂冠的《教育改造论》一文，现行的教育者自然不在话下，就连文部省也不被他们放在眼里的所谓教育上的门外汉们不也是赞不绝口吗？

与建立在局部需求基础上的对现存缺陷的应急政策相比，此时不正是从本质上考虑整体的需求，制定符合教育本质的政策的大好时机吗？换句话说，就是要结合社会实际，从教育的本质出发考虑问题。这对于那些因为应急措施而忙得焦头烂额的行政官员、技师们来说或许过于费事、过于麻烦，但即使是名医，在诊断微不足道的疾病时也要把握整体的生命特征进行判断，希望行政官员们的身上能具备名医的这种耐心。

毫无疑问，社会生活中的各个局部与局部之间，以及局部与整体之间的联系是极其紧密且广泛的。

制定方案者应该是谁？首先，进行这样的探讨是有其价值的。行家不因自己是行家的这一事实而感到沾沾自喜，像门外汉那样，对现实社会的真正需求进行冷静、客观的考虑，只有这样才能制定出合适的方案。

在这为出路感到困惑不已的时候发生了政变，犬养毅内阁诞生。因此，如果要从根本上改革教育制度，首先最重要的就是要强化犬养毅首相提倡师范教育改革的意识。

第二节　师范教育三方面的并行

一

在从根本上对师范教育进行改革时，虽说有些遥远，但还是有必要进一步地深入认识师范教育的本质。这就必然要论及教师的分工。在教育系统中居于核心地位的教师应该凭借什么来完成其特殊的使命，回应社会的重托呢？在教育活动中，哪些部分应当被划分为教师能独自支配的独特领域，假如社会要干涉教育改革，特别是师范教育改革的话，首先必须对这一点有明确的认识。

1. 教育素材的学习和掌握。应该作为教育素材加以利用的各学科内容的习得。

2. 教育方法的学习。教育方法即各个学科学习方法指导方面知识的习得及其应用。

3. 师范品格的培养。是以上两点的基础，教师作为模范所应具备的品格方面的知识及这种品格的培养。

一直以来的师范教育观，都只是对第一点大力倡导，而对于剩下的两点则采取忽视的态度，使其居于从属的地位，这是以教育还处于起步阶段时只追求教师数量的比较单纯的师范教育观为基础的。可是随着所有机构的不断发展，日本的文化也得到了发展，在教师的数量已经供过于求的今天，在提高对国民教师要求的同时，人们对师范教育的期待也发生了很大的变化，这就要求我们对于以上的三个方面要一视同仁，不可忽视任何一方面。

二

在判定以上三个方面孰轻孰重，即哪一方面的价值更大时，必须要意识到师范教育与一般教育明显的不同之处并不仅仅在于学生个人的学习上，更在于培养指导这些学生的教师上，即所谓的第三阶段的指导。

	受教育者的任务	指导受教育者的教师的任务	指导教师的师范教育的任务
一般学习活动	学习知识并应用于生活中	学习知识及价值创造的指导	学习研究方法方面的知识及运用的指导
道德生活	以教师为模范形成自己的道德观念并加以实际运用	作为指导道德性价值创造基础的堪称模范的品格	进行人格陶冶的指导
准备工作	进行文字语言等的直接传授时所必需的记忆活动	学习上基础知识的传授及记忆法的指导	基础知识的一般性培养的指导

1. 作为教育专家，必须具备教育技师的资格，即在教育方法或者说指导学习方面的知识和熟练性必须达到足以胜任社会分工的高等教育程度。

2. 至于师范的人格陶冶，目标定得很高，但想要实现是困难的。品性低于一般水平者必须作为不合格者予以排除，而在品性上存在可疑之处者也必须淘汰。

3. 在学识上要求教师要比作为指导对象的学生更胜一筹，这对于前两项来说是不可或缺的基础。换句话说，如果是小学教师，其学识要达到中等水平，如果是中学教师，则要求达到专业学校的水平。这里的学识水平并不是指向受教育者提供知识，而是指导他们学习知识。

在今后的师范教育中，第一项是应该被采纳的，对于第二项的品性陶冶，需要在今后不断地变更，不断地加以研究，而第三项的内容也应该随着受教育者水平的不断提高而适时地加以修正、更新。

三

根据传统的教师培养观念，只要有能够提供教育素材的学力就可以完全胜任教师这一工作，这种肤浅的见解对于技术性的要素完全不加以考虑，只是进行职业上的指导而已。大学生一毕业就自然而然地具备了中等教师的资格，而要成为小学教师则首先必须具备被称为普通小学许可证的比较初级的资格，这种做法表面上看似乎经过了一番斟酌，但所考虑的并不是技术性的要素，而是考察他们有没有歌唱、体操之类讲求技能的学科方面的知识。这也是职业上的指导还未体现出其价值、教育学尚未形成的时代所无法避免的现象，但是在我看来，在科学的教育学产生于实际的经验中这一事实逐渐受到认可的今天，技术方面的重视还是很有必要的。换句话说，虽然在技术上的认识还没有取得任何进展，但这都是因为作为基准的教育原理没有确立，一旦教育学得到科学的完善，技术上的指导原理得到确立，可以对一直以来教师的盲目性工作给予明确指导的话，所制订计划的成功自然是意料之中的事，日常生活中的不安也一扫而空。随着常被人们提及的工作效率的提高，工作自身的趣味性也源源不断地得以发掘，并且随着其熟练性的日益提高，最终达到令人惊叹的可称之为艺术的领域。在这一点上，我们不应该怀疑它与其他各种高尚的技术存在差异。这就是师范教育最重要的特色。

第三节　师范教育的种类认识

至今，社会上普遍认为，师范教育只要停留在以教材知识为依托的阶段即可。从上一节的内容来看，这一阶段方针的制定必须从以下三个层面入手。

1. 以教材、学历为基础。受教育者学历不同，所提供知识的水平也应该不同。据此，可以分为普通师范学校和高等师范学校两种，还有就是一些以这两种学校为标准所建立的教师培养所。

前者以教授小学儿童所必需的知识水平为目标，以使学员大体上具备与中学、高等女校同等的学力为指导思想，除此之外，还开设师范教育所特有的教育学课程以及与之相关的作为预备知识的其他学科的课程，其本意在于使学员能够对教育方法加以运用。

而与此相对，后者则是以使学员的知识水平达到教授中等学校学生所必需的水平为目的的学校，以赋予学员与高等学校或者是专业学校等同的学力为指针，此外还设有师范教育所特有的教育学以及其他相关联的学科，并注重教育方法的训练。一直以来，一谈到师范教育，人们就会觉得像这两种以学历至上的学校实在是太多了。因此，唯有学力只达初级水平的教育技师，在教育学方面的知识及知识运用的操练上，没有必要进行更深入的区分。这里所谈到的高低问题被认为与教师这一阶层的人完全没有关系，一般根据学历高低的不同来区分小学和中等学校，更高一级的高等学校也参照这一标准进行划分，并依据学历提供与之相应的待遇。虽说高等师范、国立或者是私立的大学都设有教育学专业，但和其他的学科一样，仅仅是对教材的知识进行运用，没有涉及其他方面。

从师范教育的本质来看这样到底合不合理，这应该是一个值得探讨的问题。作为解答这一问题原理的本书第二章，即教育工作的进化论考察也就有其存在的必要了。

2. 教育方法、技巧方面的知识。回顾迄今为止的师范教育，一般的社会团体就不用说了，甚至连专门研究教育的团体也一直没有认可这一点，但在一心一意专注于增加教师数量而无暇顾及其他的教育扩张时代，这只是一种暂时的现象而已。一旦进入教师数量趋于饱和的时代，人们必然会觉悟到这一方面有其存在的必要性。就像本书的第二章所推测的那样，熟练的教学方法、技巧在受教育者未来的发展方面发挥着极其重大的作用。

作为划分标准的实际教育学，因其发展的停滞不前，这一阶段没有被大众认可且这种状况一直延续至今，但如今既然科学地发展教育学已经成为可能，这自然也成为师范教育改革的重要方面。

3. 师范教育中的人格修养。在军队中，人们可以明确地意识到存在着兵和将两个不同阶层的人，并且各自在人才的选拔和培养上形成了自身的标准。对于教育界来说，这种类似的分类不也是很有必要的吗？

那么，在教育界使用这种划分标准时，应该引起我们关注的是明明不该被划分为士兵这一阶层的人员的教师，实际上其地位却与士兵相似。社会对于这种现象完全不予以重视，一如既往地因袭旧的方针，这对于师范教育来说的确是让人感到万分遗憾的事。理由何在？不论小学教师的社会地位如何低，至少在法律法规上看，也是相当于领导着数十名学员的小队长，如果人数达到七十人则可以组成一个年级，教师要对其负责。因此，虽说是小孩，既然各自都拥有宝贵且独特的生命，在领导他们和领导成人上不应存在区别。既然决心要抛弃那种机械地生搬硬套那些受各种条条框框限制的做法，仅对小孩实行更严厉的教育，不得不说这的确是困难重重。进行校外教学、远足旅行等活动时，突发性的意外事故是无法避免的。不管是损失微小的事故，或者是成为备受世人瞩目的爆炸性新闻，都不应该轻率地采取听之任之的态度。然而监督者们平素所采取的听之任之、毫不关心的态度，成为他们虽身为监督者，对教育的实际情况却一知半解的证据。正如前文所说的那样，既然与每一件作品的创作都是由自己一人独立完成的美术家等存在本质的区别，且以人为对象，至少教师也必须作为一名小队长去工作，这是他们从一开始就肩负的使命。虽说这是教育改造政策方面极其重大的基础性问题，但一直没有被人们所理解，不论何时教师一直都只被当作无足轻重的小喽啰来对待，这在前文也提到过。而真正身处领导阶级的将领们，其待遇就更不用说了。这样一来，对第二和第三两个阶段的考察，才是师范教育上比较重要的方面。那么，这两者之间的区别又是如何产生的呢？

两者在个人的努力程度上恐怕没有很大的差别，唯有因目的观的高低、远近、大小、广狭等的不同，从而导致了工作方向上差异的产生，也使工作的效果产生了显著不同，两者的区别就是以这种不同为基础的。把其中的任何一个置换掉都违背了效率节约的原则，造成了很大的浪费，所以很有必要把合适的人才摆放到合适的位置上。不论身处哪一阶层，既然具备充当将领的才能，通过对其目的观念着眼点的选定进行指导，促使其自我觉悟能力的提高，在其灵活性达到一定的程度之后，得到提拔也是有可能的。从某一方面来说，教育的作用就在于提高这种灵活性。有关相当于军队中的军官的指导阶级的培养，日本的教育政策完全不予以重视，因此教师的队伍之中，都是凭在职年限的长短来获取升迁机会的工薪阶层，其他途径并没有被明确地指出。这会误导后来的青年们，这里对他们所进行的引导，只不过是如何通过被称为巧妙的处世之道的卑劣的竞争手段来使自己符合要求而已。科学的教育学从本质上规定了教师的评价标准，由于对教育学研究得不充分，这种现象的存在是必然的，这也是教育的内容在实现质的飞跃上停滞不前的最大原因。

第四节　师范教育的改革方案

一

在推行师范教育制度的改革之前，必须首先就其基础原理进行讨论。若对其等闲视之，操之过急地研究实际问题的话，绕来绕去，结果还是要再次回到原理的讨论上才能把问题解决，一直以来所遭受的失败也证明了这一点。

在迫切需要推行新的教育制度的时代，由于在全国普及教育，使人们尽早地享受教育恩泽的愿望过于殷切，质优与量多相比，不得不把重心放在后者上，但是现在的日本教育界已经到了应该由注重数量向注重质量转变的时候。换句话说，相对于校舍、教具等物质设备来说，运用这些设备的教师显得更为重要，并且现今教师的数量已大致满足需求，所以今后与追求教师的数量之多相比，必须把侧重点转移到素质的精选上。在此，有必要首先就以下亟待解决的问题寻求定论。

1. 今后师范教育的内容是应该一如既往地局限于普通的程度，还是要定位于中等学校或者是专业学校的程度，开设特殊的高等专业课程，反复锤炼应用的技能？

2. 是推行知识的填鸭式教学，还是对知识的学习及应用进行指导？换句话说，是构建一所为所应教授知识量的不足而感到忧心忡忡，从而向学员提供数量惊人、种类繁多的知识的学校，还是组建一个向学员们传授作为一名教师指导学生的学习所必需的知识，并且使其反复练习指导方法的场所？

二

凭借门外汉的一般水准的常识来对这种专业性很强的事情加以判断，无法让人心安是理所当然的。对于这一问题应该向谁征求意见呢？

1. 众所周知，不论是博学的大家还是颇具名望的实业家，对于这种局部事情都无法提供超越常识的参考。

2. 向师范学校的校长会咨询是最恰当不过的了，这一直都是教育行政官员们所坚持的不言而喻的信念，事实上却是一种谬论。因为要征求根据需求的变化而产生的有关制造品的改良意见，最便捷的方式是征询需求方而不是制造方，这一点是不容置疑的，但听取师范学校校长会的意见和向制造方征集意见这两种行为没什么区别。

换句话说，即使向那些恪守文部省制定的规则，对文部省唯命是从、默默工作的师范学校的校长们征集意见看法，明眼人一看就知道不会有什么结果的。他们所扮演的角色只不过是传达毕业生的聘用者即小学校长的意见而已。

3. 最佳的途径就是直接向作为实际需求方的小学校长们征集意见。可是，因为校长们归根结底也只不过是被聘用教师们的监督者而已，不可能所有的人都可以给出合理的意见，所以咨询对象的选择也是很有必要的。小学校长中，只有那些在管理学校方面的经验丰富者，以及能够科学地研究教育改革的优秀者才是合适的人选。

三

作为判定的前提，必须重新思考教师，特别是小学教师的本职。小学教师的本职工作到底是什么？看起来很简单的事情，实际上却没有弄明白，这就是弊端产生的根源。

1. 小学教师的本职工作是向学生们提供知识，还是指导他们学习知识呢？不用多说，自然是指导学生们学习知识。一直以来，人们都误认为教师是知识的发源地，许多弊端产生的源泉也在于此。早在远古时期，苏格拉底提出的"知识无法传授"一说已经驳倒了这种观点，但是让人感到不可思议的是至今苏格拉底的这种思想还没有彻底地得到贯彻。

为何苏格拉底会有此一说呢？乍一看，似乎知识也是可以传授的，但是这种传授和金钱、物品等的实物交接是有所不同的。如果所传授的各种概念的表现符号即语言文字等不能使受教育者能够独立完成概念的再创造的话，这种传授绝对不能算是成功的。换言之，虽然教师的工作被误解为是在向学员们提供知识，实际上却是在指导学生们学习知识。如果意识到这一点，这种指导方法的研究以及方法的练习方式的指导才是教师培养者首先应该侧重的地方。很显然，教育方法最重要的部分就是学习指导方法的指导，师范教育的首要任务大概也在于此。

对学习知识进行指导的意义不仅仅局限于做学问本身，也适用于被称为事业的其他方面。与学习知识的心理活动相同的认识逐渐得以显现出来，并在事业的计划及实施等创造性活动中得到发展。在这里，就像知识的学习那样，必须把针对在生活中运用知识并进行价值创造以及方法操练等的指导进行的再指导，当作教师培养的首要着眼点。而且因为人生的价值创造活动统统都可以归结于利、善、美这三个方面，所以教师的指导也应该与此相对应，从而教师培养的指导也必须从这三个方面进行考虑。

2. 价值创造活动的三个方面当中，善即对道德活动的指导是教育最重要的一个方面，特别是因为教师必须成为能够在直观上给予幼儿、青少年感化的榜样，所以教师的人格即道德水平必须比一般的普通人高。换句话说，这也是所谓教师培养即师范教育中第二重要的目标。

3. 毫无疑问，以上所提到的有关知识的学习和价值创造活动的指导方法上的知识，对指导方法的熟练运用，与师范这一名称相匹配的道德人格上的修养，以及作为前三者基础的达到一定程度的学识，这四个方面都是必需的。这也和各个学科的教授内容大体一致。如果基础没有打好，不管在其他方面如何努力，最终都只能像沙上楼阁一般难以持久，因此一直以来都把侧重点过多地放在基础建设上。今后，必须要像本书第四编第二章"教育机关的体系及其演变的考察"所提出的那样对这种做法重新进行探讨。

四

在研究教师培养机构的改革方案时，首先亟待解决的根本性问题就是要唤醒沉睡的职业意识。如果在社会上教师这一独立特殊的重要职业没能享受到与医生、律师同等的待遇，教师的培养方针就不能算是确立了。再加上在社会上各种独立职业中，尤其是从以培养人格价值为目的这一点上看，教师这一职业具有其他任何一种职业都无法与之相提并论的复杂性，是一种目的和手段必须综合统一的工作，即要求大小、远近、粗细等相互结合的系统且有计划的工作。因此，根据与行使教师职责所必需的目的及手段相关的法则所形成的特殊知识，以及在实践中处理问题时随机应变的能力，这些都是必备的。而职业方面知识的学习以及能够熟练地运用这种知识，都必须要经过长年累月的不断反复积累、练习。我们必须明白这是教育所具有的特殊性。

五

教师的工作与负责一般行政事务的国家公务员有着本质的不

同，熟练性是必不可少的。可是，有监督权利的社会大众却没有意识到这一点，甚至连教育者自身也缺少这种比较彻底的觉悟，这就给教师的待遇、教师的淘汰以及教育技能的演变流传造成了极大的影响，进而也无法避免波及教育的效率。所以，必须彻底认清这一点，宣传这一几乎被遗忘了的教育的特质。

教育技术和绘画、雕刻、园艺、游艺等其他以价值创造为目的的技术或者是艺术在性质上是相同的，但教育技术的性质更具有复杂性，其复杂程度之深大大超出人们的想象，恐怕需要更长时间的练习和更多的指导，才能真正地掌握。

如果不讲求反复的练习和指导，不了解实情的行政监督官员们玉石混淆，不问青红皂白，随意地把这两个方面给淘汰掉，这种做法与粗暴地对待用金山银山也无法换来的熟练职工一样，给社会造成的永久性损失是无法估量的。迄今为止，由于教育技术一直没有能够像礼、乐、射、御、书、数即所谓的"六艺"那样作为一门技术被人们所承认，也就不会通过像师傅传授给徒弟那样得以流传，且一直都没有被重视过，不论是谁都把它看成只要稍加讲解并进行一定的练习就能够掌握的东西。虽说现在这一时代，应把各个独立的个人所特有的技术综合统一起来所形成的学问还没有得到很好的发展，但既然美国的社会学家华德提出的"一切的学问都与技术相伴相生"的状态终究会在教育技术上显现出来，我们就要坚信，即使是教师，其中的优秀者也必须得到与社会上那些一流的技师、艺术家等同等的尊重。不论是教师自身也好，还是负责管理监督的上级也好，都没有意识到技术所具有的这一特征，所以通常认为只要智力正常即具备一定的常识，就可以胜任教师的工作，这种想法一直延续至今。因此，肩负监督教师之任的校长们也一样，这些技术上的特点从来没有被列入考虑的范围，只要掌握达到一般水平的社交术，谁都可以担任校长，教师的富于技术性和艺术性的特征完全被忽视，甚至有身怀与教师身份相符的技术、认真踏实的人反而被视为另类的倾向。就像行政官们随心所欲地解雇、聘用自由劳动者或公务员一样，监督官员们随意地浏览教师名册，盲目地更换、淘汰教师的原因就在于此。对教育这一神圣的、与个人一生的命运息息相关的极其重要的工作放任不管，使教师和自由劳动者一样，一直处于可以任意被人解雇的状态，不知道这样做到底是好还是不好。

什么样的东西才可以称得上是技术或者是艺术？它并不是一两次偶然的行为所得出的结果，为了做到能随时依据场合随心所欲地制作出作品，一定量练习的积累是必需的。这种不论何时，只要所提供的条件相同，就保证能够制作出差别不大的作品的能力，如果在某人的身上显现出来，我们就说这个人身怀特殊的技能。只有达到能杜绝普通人的那种不断重复的失败、修正以及各种失误决策的境界，能灵活、圆满且准确地完成预期目标之后，才能称其有别于外行人士。虽说对于原因，他本人没有觉察到，也无法做出说明，但是在不知不觉中其技能得到了超出预期的提高，能够做出连本人也惊叹不已的作品。而所谓的名人或者是达人则是这一类人中的佼佼者，以惊天地泣鬼神的技能创作出来的作品，可以称得上是"此物只应天上有，人间难得闻几回"。这并非仅仅局限于美术、音乐、文艺表演等领域，人类生活的方方面面也是如此，不论是何种技术，只要熟练性超越一定的限度，就一定能达到这一境界，所以也可以统称这一类技术为艺术。不仅是中国的"六艺"即礼、乐、射、御、书、数，无论何种工作，只要其熟练性能够达到上文所提到的水平，大概都应该称之为艺术家吧。

第五节　熟练教师的培养和学徒制度

一

在研究教师的培养机构时，我们必须要把它分为以下的两个阶段进行考虑。

第一阶段，被比喻成士兵的新教师培养机构。

第二阶段，相当于将校、下士官等军官，应该立身于指导阶层的优良教师培养机构。

长期以来教师培养机构即所谓的师范教育一直存在一个问题，那就是只有第一个阶段受到了社会的关注，而对于第二个阶段，教育专家也好，教育学方面的学者也好，大体都没有把它放在心上。这是因为他们对于教师工作本质的富于技术性这一点没有明确的认识，再加上作为一门应用科学的教育学并没有能够真正地成为学者们的研究对象，有关教育的改革也还没能研究出一个有条理的系统方案，从而不得不满足于这种着眼于局部的应急性方案。这也是为何所期待的改革效果一直没有出现的原因。

的确，依据明治维新以来的教育制度，只要凑够教师的人数就算是大功告成了，这种官僚主义很强的方案使得研究的重点侧重于教师的数量，而对于教师的素质，不论是教育专家还是社会上负有监督教育活动重任的先知们，都没有认真地就其进行过思考。大概正是因为如此，才导致了现在这种停滞不前的局面的产生。

每年来自师范学校的那些粗制滥造的毕业生都被盲目地分配到各个小学，这种分配具有强制性。由于聘用这些毕业生的校长们并没有权利对他们的素质进行考察以决定是否聘用他们，所以只能把他们安排到受上级责难概率最小的中年级。如果这样还要招致上级的不满或指责的话，即使要把有优秀教师执教的班级牺牲掉，也必须绝对拥护这种不合理制度的施行。完全是整个社会，不论是门外汉或者是专业人士，从未重视过教师素质的结果，也毫无保留地体现出了教育研究上的幼稚。然而，这只不过是冰山一角而已。暂且不论对于不良教师的制裁，他们的确是直接受到了上级的非难和攻击，但另一方面，优秀教师并没有得到与其所创造价值相对应的评价。即使偶尔有一两个幸运儿，由于缺少客观的评价标准，并没有能够引起社会关注，或者退一步看，就算成为社会关注的焦点，由于能给他们带来相应报酬的待遇法没有制定，最后也只能不了了之，什么也没有得到改变。总之，教育不振的根源就在于没能处理好赏罚问题。

二

不论是何种工作，要想成为一个合格的技师，独立经营自己的事业，具备在以有思想意识的人类为对手的自然竞争中生存下去的能力，除了基础知识之外，数年乃至数十年的反复练习也是必需的。当然，如果甘心安于做他人的帮手且所要承担的责任也是有限的现状的话，那就另当别论了。

如果一直以来的这种粗制滥造的教师能够满足社会的需求，以下的讨论就可以停止了。为了能够得到真正的优秀教师，比较推崇的方式就是效仿我国古代作为培养优秀技师的唯一方法而得以施行的学徒制度，换言之，就是把学徒托付给可称为大家的优秀师傅，在几年的时间里使其接受各种指导，并反复地加强练习。

前文中曾屡次提到过，致力于培养在家庭中如同如意宝珠般宝贵的孩子们的纯洁无邪个性，陶冶他们与文化生活相适应的美好人格的教育技术，是人类有目的、有意识的活动中最复杂、最困难，也是最高尚的一项工作，任何其他的物质性生产技术都无法与之相提并论。

要想创作出能够作为商品出售且在市场上具有一定价值的作品，仅通过在学校进行的对各种模型的反复模仿的练习是根本不可能实现的，除非是天才。完成的作品无人问津就很好地证明了这一点。要成为能够独立经营的技师，少则几年多则十几年的熟练性的积累是必不可少的，这也是实业界的惯例。

第六节　德、美最近的师范制度改革

立论于教育的分工性这一本质的教师培养机关论与最近在德意志推行的完全从另一个角度进行论述的师范教育制度，这两者所能够带来的成果是相同的，我们坚信这对政策的取舍有着很大的影响。

一

欧洲大战前，德意志的师范学校录取那些完成了小学八年学业的人，通过设置的三年预科和三年本科来培养小学教师。

然而在大战前后，师范制度改革的运动逐渐抬头，谴责旧制度的呼声也高涨起来。……并提出了相应的改革方案，根据该方案的规定，今后小学的教师应该接受与大学入学资格处于同一水准的一般高等教育，甚至还必须接受身为教师所应接受的专业教育。

大战之后的德国政府借鉴这一说法，在其宪法的第一百四十三条中做出了规定，想要统一师范教育机关，但是由于并没有明确地给出实际标准，导致这九年以来除普鲁士之外的各个联邦一而再再而三地召开会议，就宪法中将师范教育机关升级为大学的规定进行讨论，以期望能得出具体方案，并对该方案进行民意表决。虽说在将师范教育提升为大学教育这一点上达成了共识，但一旦付诸实施时又出现了另一个存在争议的问题，那就是到底是应该将小学教师交由综合大学的一个院系进行培养，还是交由与大学无异的专门的教育机关培养。……

对于培养教师的大学即师范大学的设立，有赞成的，也有反对的。在今天德国的各个地区，像萨克森、图林根这两个州以及汉堡自由区，它们并没有刻意地去建立专门的师范大学，而是在原有的综合大学中划分出一个专业来培养教师。而普鲁士则恰恰相反，建立了新的师范大学。普鲁士的师范大学是以原有的或者是新建的高级中学的毕业生为对象、进修年限为两年的教师培养机关。

普鲁士对于师范大学的毕业生，并没有直接赋予其小学正式教师的资格，而是先向他们发放临时资格证书。必须再积累五年的实践经验，然后参加考试，只有考试合格了才具备成为小学正式教师的资格。

二

文部省的有关学校教育制度的方案中，存在争议最多的就是是否应该建立师范大学和设立大学预科。而其中师范大学的建立是否有必要，不仅仅是当前日本所面临的问题，就连师范教育的发展在世界上处于领先地位的美国，以及大战后的德国，都无法在这一点上达成统一，并在国内形成了态度截然相反的两股势力，或赞成或反对，所以也就出现了两国内部有些地方是特别设立师范大学来培养教师，而有些地方则是利用综合大学所划分出来的一个专业来进行。美国也好，德国也好，其师范大学或者是综合大学所培养的只是小学教师，而中等教师资格的获得则要另当别论。

美国的师范制度会因所处的地区、州的不同而有所不同。东部和西部，尤其是东部和南部之间存在的差异是很大的。但是在文化比较繁荣的各州，多是经过以下的两种渠道来培养小学教师的，即：（1）聘用毕业于师范学校的毕业生；（2）录用综合性大学的毕业生。美国所谓的师范学校招收的是高等中学的毕业生，所以自然称得上是名副其实的师范大学，与综合性的大学不存在任何差别。但到底是通过特别设立的师范大学来培养小学教师的方法好，还是通过综合大学的一个专业来培养的方法好，仍然是个问题。教育制度论上的可行性暂且不予讨论，单从经费上考虑师范大学的建立是否是有价值的，这也会带来一些问题。所以，在美国文化比较繁荣的各州，大体上同时采用以上的两种方法。

第九章　论学制改革方案

第一节　文部省学制改革方案的反响

一

昭和六年九月，在内阁会议上文部大臣提出了一个有实施可能性的草案，即学制改革方案。该方案得到了会议的认可，其大纲及根本精神如下：

（1）缩短年限；（2）完成各阶段的教育；（3）开放学校门户；（4）大学里男女同校。

学制改革方案的大纲：

1. 幼儿园和以往一样采取三年制。

2. 一般小学改名为国民学校，修学年限为六年。

3. 高等小学、中学、高等女校、实业学校统称为高等学校，修学年限为两年到五年。但传统的中学仍以四年制为主。

此外，还提出：

1. 现在的高等学校改为大学预科，修学年限为两年。

2. 大学维持原样不予变更，修学年限为三年或四年。

3. 在大学之上，以特殊的学术研究者为对象设立大学研究生院。

4. 专科学校也维持原样不予变更，修学年限为三年或四年，特殊情况下也可延长至五年。

5. 师范学校以两种制度为主：如果招收的是新式高等学校毕业生，修学年限为三年；对两年制的高等学校（即现在的高等小学）毕业生，便要设置两年的预科，以预科弥补其不足。

6. 除高等师范和文理科大学这两种制度外，设立新的师范大学，修学年限为四年。针对有志成为高等教师的其他专科学校和大学的毕业生，则要设立修学年限为一年的教师培养所。

7. 青年训练所和失业补习学校合并成为青年学校，普通部学习年限为两年，中等部为三年。并设置与高等部相同规格的以训练为主的青年学校训练部，学习年限为三年。

二

针对文部省的改革方案，"教育研究会"又提出了教育制度改革方案。

第一点，以《现行制度的欠缺》为题，谈到现行的学校律令以及教育律令发布后已经过了三十余年，虽说其间也进行过一些修正，但仍无法满足现今的教育需求。并列举了以下六项现行制度的主要缺陷。

1. 现在的教育机构不能满足教育机会均等的要求。

2. 以小学为首的各种学校成为其上一级学校的预备机构，这样一来，为了少数大学和专科学校升学者的利益而牺牲了大多数学生的教育。

3. 现行的教育过于奉行教条主义、本本主义。

4. 偏重智能方面的培养。

5. 学生毕业后享有特权。

6. 由于现行教师的培养和考察制度的不完善，造成如今教师匮乏现象。

第二点，以弥补上述缺陷为改革方案的目标，提出了以下十项措施。

1. 普及中等教育。

2. 完善补习教育。

3. 振兴普通的社会教育，特别是要创立和扩建研究指导机关。

4. 各种学校要发挥其特有的作用，不再停留于预备教育这一层面。

5. 打破教条主义的束缚，在满足受教育者需要的同时，也为他们在教育上自由地进行各种尝试创造更为便利的条件。

6. 消除偏重智能培养这一弊端，培养勤劳的精神，特别要重视创造精神的陶冶以及社会生活能力的训练。

7. 废除随着学业的完结所附带的特权。

8. 缩短修学年限。

9. 改善师范学校。

10. 教育费用分配的合理化。

第三点，以《改革方案的要领》为题，将学校分为小学、青年国民学校、中等学校以及专科学校，废除现行的高等学校和大学；将现行的补习学校改名为青年国民学校；设立大学研究生院作为最高的学术研究所。……

三

"教育评论家协会"也以以下的八条原则为改革方针，提出了教育制度改革方案。与前两个方案相比，这一方案和现行法案更接近。

1. 各学校以陶冶人格与习得职业知识为目的。

2. 整顿教育系统及其内容，缩短学校教育年限。

3. 各学校在规定的学习年限内完成教育内容。

4. 整个教育系统承认男女共学制度。

5. 废除毕业生所享有的一切特权。

6. 公正地分配教育经费。

7. 有关教育制度的修改要依照法律法规进行。

8. 扩充与社会教育相关的设施，以期彻底地实现教育的普及。

四

针对这一学制改革方案，各方面提出的意见褒贬不一，在众多的意见中，东京《朝日新闻》所刊登的社论大致与我们的观点一致。

"教育的相关者多次对文部省的学制改革方案提出反对意见。……这些反对学制改革者的言论让我们感到遗憾万分，不论哪一种反驳的观点，都只不过以自己身边的事或是狭隘的经验为中心，并以此为出发点所得出的主张而已，同时也深刻地感受到他们对'现今学校制度存在着重大欠缺'这一事实缺乏根本性的认识。在推行学制改革时，需要尽快付诸实践的重要问题有很多，但其中最关键、最根本的还是教育的实用化和修学年限的缩短等核心问题。而在这一点上，许多教育者的态度却是截然相反的。他们将必修学科复杂化，增加其难度，哪怕只是一年，也要想方设法延长修学年限，误认为只有这样，教育的效果才得以体现。殊不知这只是由于狭隘的思考所导致的错误判断而已，等等。"（1931年9月2日）

直到如今，如果对教育的认识还只是局限于学校教育这一层次的话，可以说这种想法从根本上就是错误的。这是还无法摆脱"不从小学开始接受十六七年的学校教育就无法成为有识之士"这类传统思想束缚而形成的谬论。国民自我修养的加强贯穿于生命过程的始终，妄图通过学校教育让公民习得终其一生才能习得的修养，这种想法是极端错误的。这样的披露对于那些坐井观天、两耳不闻窗外事的教育者们来说可以称得上是一针见血。志士们在纵览了社会生活的整体，视野得到拓展之后都会有类似的感慨吧。可遗憾的是，那些学者们为何就不能百尺竿头更进一步，把目光放得更长远一些呢？不管是把修学年限缩短一年或是两年，也只是权宜之计，只不过是五十步笑百步而已。我们该如何应对这样的诽谤？既然已经走到了这一步，不如一鼓作气，毅然推行一场大的改革，将修学年限延长，使学习成为一生的事，这又有何妨呢？对于学、业并行的半日制学校制度，我并不持什么异议。

第二节　现行制度缺陷的再认识

一

匆匆一瞥社会各界就教育改革方案所做出的反响，我深感遗憾，但同时也为人们在现行制度缺陷的认识上存在着巨大差异而感到悲哀。对于缺陷的认识是将来制订计划的基准，如果对这一点的认识仍存在差异的话，在提出改革方案时很难达成共识也就不足为奇，这让我们的一切愿望都破灭了。因此，不得不进一步深究其原因，并最终追溯到教育的本质观上。我再三强调过，教育从本质上说是一项具有广泛关联性的庞大且复杂的事业，同时也是一种难以理解的人类活动。因此，只要是与教育相关的事，无论是多么细微的问题，如果不进行深究论及根本的话，就无法达到真正解决问题的目的。

因此，既然已经决定要着手推进教育改革，即使有些迂回费时，也要深究其深层的原因以形成正确的认识，在巩固了基础之后再让讨论继续下去。

二

教育制度作为国家在其生存上不可或缺的一项事业一直实行至今，国家要想制定所谓的百年大计，必须要就现行的教育制度进行讨论。为了弥补其现存的缺陷，以便在将来能制定出堪称完美的改革方案，必须首先确立评判标准。

一览现在各种改革意见，由于在评判标准上有不同程度的认识，因此对于方针是否能够确立也存在着种种不安。

对现行制度效果的检讨不彻底，认识也不足。我们必须从国家生存的角度出发，参照这一教育目的对现行教育内容进行分析，慎重予以评价，并以正确的形式表现出来。这样一来，我们所需的并非是细枝末节的对症疗法，而必须系统地建立起根本性的治疗方针。

1. 首先来看一下国家和社会对教育投入了多少力量。虽然对教育的关注超过对国民生活水平的关注，但不得不说，教育的效率并没有得到相应的提高。

（1）教育费用的膨胀，包括国家、府县、市区町村、家庭——总称为整个社会——它们在教育上的花费统计下来达到了巨大的数额。那么，其效果又如何？

（2）统计学校毕业生的总量，是否与社会生活的需要相适应。因就业困难、生活困难而造成高等游民的显著增加对社会来说难道不是一种威胁吗？其原因是什么？

2. 大多数学校都沦落为上级学校的预备校，而与国家存在的目的一致的真正教育并未实施。这一弊端的根源在于毕业生因毕业而能享受到的特权，毕业生们把这种特权作为获得幸福生活的唯一手段，以此为目标而努力升学。

如此一来，学校教育便完全偏离了整体的人生目标，这就是如今的教育现状。如果是在从前的那种对人才的需求大于供给的时代，这种做法还是有其可取之处的，但是现在人才市场远远超过了饱和状态。如果现在不废止这种特权，便会催生更多弊端，使青少年受到诱惑走向堕落。大多数的国民依然无法洞察时势的变化，在处理这一问题上不够明智，让这种特权永无止境地在学校延续下去，从而使得越来越多的人不断地进入学校。他们正不知不觉地逐渐走向教育中毒的深渊。

3. 教育是非实用性的。教育制度一致与否并不构成问题。虽然将教育制度完全统一也是一个缺陷，但达不到必要程度的统一同样也会造成弊端。所以必须矫正观念，说明教育是非实用性的。

4. 教育是非生产性的。

（1）虽然从生产性上看，单就教育的经济性进行考虑会失之偏颇，但以利、善、美三个方面的价值创造为目的的教育并未得到充分实施，而是在中途偏向了其他方向。

（2）劳动教育必须源于创造价值这一教育目的。

所谓有实用价值的教育，对于如今深受非实用教育所毒害的社会来说，就像久旱之后所盼来的甘霖，很容易受到人们的欢迎。但如果只是一味地追求浅近的实用主义，陷于这一深渊中不能自拔的话，反而会适得其反，只会导致更多弊端的出现而已。因此，我们必须三思而后行，也很有必要把部分实用与全体实用区别开来，分别进行讨论。

5. 偏重智能教育的实际情况又是怎样的呢？有关这一点，我们的看法与一般见解有所不同。与其担心对智能教育的过度偏重会带来的弊端，我们更应该感慨轻视智能教育这一思想的泛滥，使得教育的效率无法提高。事实上，现在的学校教育中，何处真正体现出了对智能教育的偏重？如果是与德育受到轻视这一实际情况相比的话，虽然不能说这不是一个问题，但这和将自家的贫穷与邻居的富裕相比之后妒火中烧，于是就散播不利于邻家流言的行为没什么两样。这也是智能教育让人感到迷惑的地方。不能以轻视智能教育为重视德育的前提。相反，我认为德育要实现其振兴，就必须建立在尊重智能教育这一基础之上。如果为了消除偏重智能教育所带来弊端而减轻对它的投入的话，那又将如何呢？这难道不会让知识本来就很贫乏的国民们变得更加无知吗？与其说现在教育的缺陷是偏重智能教育，倒不如说是陷入了智能教育方法的误区，即以填鸭式教学方法为主。必须指明，实际上教育的弊端在于轻视智能教育。

诚然，对偏重智能教育的非难越多，学校所要消耗的时间和劳力就越多。可实际效果又如何呢？我们必须意识到，之所以会产生对偏重智能教育的非难，实际上是因为智能教育方法的不充分。

6. 虽然偏重智能教育会直接让人想到轻视德育，但实际上德育并未被轻视。不论在哪个时代，先知也好，当政者也好，都不遗余力地强调德育，但遗憾的是与其说是德育方式有误，倒不如说是德育方法欠缺，结果造就了道德意识薄弱的国民。

7. 以陶冶情操为名，从古时候一直倡导至今的鉴赏教育——主要是审美教育——也暂时没有定论。虽然对它的鼓吹从很早之前就已经开始，但因为一直在暗中摸索，所以至今仍无法脱离这种不安定的状态。

以上是对教育事业的目的缺乏明确的认识所导致的缺陷，所以由此而推导出来的方法缺乏也是理所当然的。

8. 由于教育的当政者与实际实践者在教育事业的目的观上缺乏明确的认识，也就无法制定出合适的方案，自然也就无法顺利地实现改革目标。实施新式教育六十多年以来的现在依然处在暗中摸索的阶段，没有丝毫的进展原因不正是在于此吗？因此，计划的制订者、当政者以及将来计划的实践者，都必须对教育系统的整体有一个透彻的认识。

9. 由于教师培养与鉴定制度的不完备，教师们无法到达需要的标准，即使偶尔出现的优秀教师早晚也会另谋出路。

10. 在教师的录用上没有一定的标准，完全由行政官一人任命，难以避免人情世故的影响。

11. 关于教师的监督指导也没有任何标准。超越一定限度的行政权干涉以及压迫，打压了教育者自主研究的热情，使得教育连其最低限度的效率也无法达到。

12. 以上各方面的教育政策都尚未得到确立，而应当对政策的确立进行审议的机关也依然不完备。

13. 教育方法是教育政策确立的源泉，而教育政策的研究及实证的机关还没有建立。

第三节　学制改革的方针——改革的范围及程度

一

最近几年来，教育界关于文部省提案的学制改革论的争论甚嚣尘上。这与本编的论点也有很深的关系。为了通过追求普遍性的学术性考察来找出判定时事问题的原理，我们投入不小的努力。即便如此，也应该适当地考虑一下朝野舆论的流向。本篇的观点一直延迟至今才提出，也是这个原因。

一切都朝着我们所预料的方向发展。即使没有发生政变，这一切的发生也是理所当然的。为了寻求解决的办法而变得焦躁不已，这有点让人百思不得其解。不论这种事关国家生活的根本的重大问题，就算是燃眉之急，也不能如此简单地草率行事，这一点是毋庸置疑的。在我看来就算是政局稳定，没有发生政变，这一问题也不是轻易就能解决的。我相信虽然现在在国家看来，推行这种方式有些困难，但在将来必定具有可行性。那么究竟要何去何从呢？

必须提出有意义、有条理的学制改革方案，从根本上把存在的几个重要问题解决了。伴随着时势的变化时时刻刻顺应其要求，只要一有新的想法便不断添加上去，如此这般才有了今天这一庞大的机构。这一机构如同一座供人修行的寺院，如此费尽心血的机构竟然漏洞百出，这让人感到极其狼狈。由于从根基到支撑的顶梁柱早就已经腐朽，无论采取何种应急手段以求亡羊补牢，无论花费多少资金也都如同投入无底洞般不会有任何结果。在整个体系土崩瓦解之后，不得不着手重建。

似乎很难找到第二个像重新修建旧宅那样毫无经济效率可言的工程了，所以当务之急的英明举措，就是重新建立新的制度。关于这一点，至少以下的几个要点是必需的。

1. 首先要对明治维新改革时所谓的新式教育制度效果做出透彻的检讨。

2. 虽然以前那种与欧美先进国家的教育进行比较研究的方法也很有必要，但也要与和我们一样到达中途陷入死路的中国这样的后进国家进行比较。

3. 意识到各国因各自的国情、职业等的不同而各有所长，这的确很重要，但更为重要的是，要对教育的本质有一个比较系统、科学的认识。

总之，对过去半个世纪的实验与经验效果的反省，对批判时所需的理想标准的理解，再加上有关国内外的参考资料，这三方面的研究是必不可少的。我相信，只有代表社会各方面经验的学者和诸位名士、教育实践家的代表以及教育学者这三方面能够综合统一起来，才能提出完美的改革方案。

二

教育的实践家们把文部省制定的教育法令及实行规则和教授要目视为金科玉律，认为只要忠实地执行就好，而行政官员只要做好监督工作即可，并把考虑职业权限以外的事情当作多余的行为。正因为被这种专制主义所禁锢，人们无法提出从国家大局出发的改革意见。即使偶尔提出与分内的工作有直接关系的意见，也会被以"这是那些长老与政治家们分内之事，不是普通的教育者可以插足"为理由惨遭驳回。在这个问题上，实践家过分地谨慎小心，陷入无人敢言、不敢对以往的做法进行反思的状态，从而导致了如今这种停滞不前的局面。

可是转眼间制度变为立宪政体，国家迎来了需要实际经验者提出建议的时代。既然如此，我们就不必再拘泥于地位与阶级，不论是谁都可以自由地站在爱国志士的立场上，就根本性的改革方案开展讨论。这样的时代已经到来了。既然要从这样的角度提出根本性的改革方案，那么顺势废除从前的制度也就是理所当然的了，从而对在明治、大正教育建设中立下汗马功劳的诸位专家做出失礼的事情也就在所难免了。把握这个时机，对那些所谓的专家、政治家以及自己过去做出的努力进行批判并适时地废除不合理的制度，或许会出现无法以包容的态度来心平气和地予以处理的状况，但这是关系到国家未来的重要事项，且和我们子子孙孙将来的祸福有着重大关系。一想到这一点，就必须排除无足轻重的个人情绪，以"万事以公论决定"的雅量，超越地位和阶级来展开讨论。

如果人人都能认可这样的立场，那么教育改革论中必须实施的工作所涉及的范围及其程度必然会极其广泛。如果这样的话，首先我们必须着手解决那些作为改革案议论前提的先决问题。就算这种做法再一次得到诸位大家的热心迎合，不论怎样地重新审视考虑，如果未论及根本而只是在一些枝叶问题上纠缠的话，最终还是必然要回到对其根本性的问题进行讨论的状态，无法走出循环论的范畴，至今许多尚未解决的问题就证明了这一点。欲速则不达，认真地讨论现存的缺陷，追溯过去的失败并加以反思，这是摸索将来的改革方案的基础。如此循序渐进，最终追溯到教育的本质，以此作为根本改革方案的方针并予以实施。

三

学制改革方案所要解决的先决问题至少有以下几个。

1. 抛弃原先的知识传达主义，转变为学习知识的指导主义。而且要着眼于价值创造，摆脱偏智主义这一弊端。

2. 研究学问成了青少年生活的主旋律，这不论是从个人的幸福还是社会的需求出发都是不合理的。

3. 节约教育经费是理所当然的，同样，讲求学习的有效性也很重要。这样一来就很有必要进行科目的彻底整顿，即对现行教材进行一次重新选择和编排。教育方法的改良这一问题是重中之重。事实上第三个问题已经包含在其中了，由于这是贯彻全书体系的重大问题，即使在此不加以详论，如果有意要推行学制改革的话，不论如何迂回曲折，如何困难重重，这一问题早晚也必须触及。如果因胆怯而回避这一问题，不去解决它，讨论出来的改革方案也只不过是一时的应急策略而已。

4. 从前三项的大意来看，现在所面临的一个先决问题就是学校到底是要实行"官营"还是"民营"。哪一种经营方式才能顺应时代要求，有必要在此开展讨论。

5. 学制改革的立案者由谁来担任最合适，在本改革方案中有必要对这一最根本的问题进行更深层次的研究。

6. 如何规定受教育者的修学年限，这也是学校经营、科目分配上的重要事项。

我国现在正面临着以上的各种先决问题，因此在教育制度即学制改革方案上绝不可以采取敷衍姑息的态度。就如前文所说，要做就必须从根本做起。对于以极其广泛的关联性和庞大复杂性为特征的教育，我们必须要认清其本质。为了能提出形式、内容两全的改革方案，即使绕远路，也必须从本书的开头至结尾不惜笔墨对这一问题进行探讨。在这里回望本书的计划大纲，列举了以上的问题，而详细的内容在本书的前后章中会分别涉及。

第四节　学制改革的目标及要领

一

以上的篇章对现行教育的缺陷进行了一番深刻的批判，所谓的缺陷和正常到底是根据什么标准来判断，在此进一步追本溯源就其标准展开讨论，这就必须论及教育的目的观以及在该目的观的指导下所形成的教育方法观。总之，教育并非只是为了教育国民而诞生那样简单，它是产生于社会生活需求的一种社会现象，与诞生于偶然的、盲目的自然现象有着本质的区别。这一点我在本书第一章就有详细说明，所以在此没有必要再对其展开论述，而且独具慧眼者应该早就意识到这一点。这样一来，即使有些茫然，也必须顺应社会需求，以有价值的目的观来指导各种计划性事业的开展，重新组织教育的体系。既然教育的各种缺陷已经被揭露出来，就应该从这一基础性观念出发，以此作为手段来寻求能够弥补这些缺陷的教育改造方案。这一工作不论由谁来开展，都能得到最优方案。如果要以与此具有相同目的的本书的体系为基础来提出议案的话，那么在改革之前必须要通读本书，这个道理是不言而喻的。所以我认为不管是行内人士或者是门外汉，假如诚心地为国家的未来着想，而且费尽千辛万苦才寻找到了解决途径，即推行教育改革是推行所有改革的基础，就必须进行更进一步的努力，从对教育本质的根本认识出发，不辞劳苦地把握好整体开展研究。当然这并不是说以本书的体系为基础提出的方案是多么有价值，这只是以我三十多年来的经验为基础，归纳自己的思考所得出的一个结果而已，希望能为教育改革案的草案讨论贡献自己的一份力量，在这一点上我还是自信的。

二

以下试着归纳了本书提出的学制改革方案的要点。

1. 把教育的主力放在传授知识与价值创造的指导上，不追求专攻学问的片面性生活，而是以学、业并行的生活为目标，并且通过具有广泛意义的更有效率的手段来实现这一目标。从前文所提到的先决问题出发，对初等、中等、高等教育整体进行彻底的整顿、改革，并加以必要的补充。

2. 谋求不同阶层不同学校教育的实际化，即使不实行强制就学，学校也能正常地运营，尽量使教育更生活化。

3. 废止从学校毕业后随附的特权，对特殊职业所需求的人才设置特殊的考试制度，以这种方法来消除赋予他们的特权，从而使预备教育自行走向灭亡，并解决入学难问题。

4. 追求学校教育的社会化，培养缺乏社会意识的社会成员的社会意识，推进教育的改革，使生活更富于计划性。这样，教条主义的利弊等问题就会自然而然地得到解决。

5. 追求教育的大众化，不让智能超群的优秀者或者是特权阶级独占学校，而对于会成为社会生活的累赘、在各方面都略逊一筹的弱势群体，公立教育机关则要多多给予照顾，以体现出教育面前人人平等的精神。

6. 强调提高教育效率，奖励各方面在教育方法上的研究成果。

7. 为了培养能担当以上改良教育重任的人才，必须要对教师的培养机构，也就是师范教育进行改革。

8. 改革教师的审查制度和任用制度。

9. 为了实现教育权的确立，在对监督权加以限制的同时，还要利用自治机关对学校进行指导。

10. 对教育行政和教育管理的各机构进行整顿改革。

11. 对教育争议调停机构以及教育拥护机构进行指导奖励。

12. 设立教育研究机构。

13. 在改良教育方法的同时，着手于作为重要教育素材的国学的改良。

三

再摘抄若干学校教育改革案的要点，如下所示。

1. 学校的种类。大致与学制研究会的分类相同。

（1）学校的种类分为小学、国民学校、高等国民学校。

（2）中等学校和专科学校作为职业指导的学校，应根据各自的环境自由设立。

（3）废止现行的高等学校和大学。

（4）合并青年训练所和补习学校。

（5）在大学研究生院设立各种学术研究所，并以它们为最高学术机构。

2. 各种学校的课程。

（1）各阶级的学校全部以半日制授课为主。

（2）对于剩余的半日，小学和国民学校的全部学生主要从事家庭劳作。

（3）职业指导的各类学校应根据土地的利用情况，充分利用学校的设备资源，灵活设置日校与夜校。

（4）高等国民学校以职业上的指导研究为主要的授课内容，主要在夜间授课。

（5）以上各类学校应当以对社会集体生活的训练和指导为其最重要使命，所有工作的开展都必须围绕这一使命进行。

（6）对于不同年龄层的所有青少年，如果没有特殊情况的话，除学校的授课以外，还要让他们从事生产性活动，这样的奖励以及制裁的制度必须建立起来。

3．小学。

（1）小学的修学年限为六年。

（2）教学课程上的大规模整顿，教材的选择排列、综合统一上的彻底修正，以及改良国学等措施，使得即使把授课的时间缩短为半日，也不会使教学效率下降，并且还能促进中学课程的改良。

（3）中等学校以上的男女教育的改革似乎是一个永无止境的难题，各种无法解决的问题层出不穷，但归根结底都是源于处于核心地位的先决问题，并受到它的支配。将从中学到高等学校的修学年限缩短一至两年，这类微不足道的小事与那些堆积如山的难题相比就更显得微不足道。但这一问题的解决也是极其困难的，因此人们很难找到切入点，从而也就有了回避该问题的倾向。这些举措仅因为与现行制度十分贴近，而被看成一项十分切合实际的改革方案并受到人们热烈欢迎，虽说这些举措也触及了根本，但绝不能算得上是切合实际。不管大家如何回避，冲突早晚也会发生，无可避免。要真正地解决这一问题，恐怕迄今为止所有实践了的改革方案都将化为一张废纸。既然大纲已经形成，之后的细节问题交给所谓的法制技术专家们，这样似乎更明智，所以我们所要考虑的范围仅限于此。在本章中，仅对"学制改革的立案者"和"官营还是民营"两个问题稍加补充，而有关整体改革方案中最重要的半日制学校制度，我在其他章节会试着进行讨论。

第五节　学制改革由谁立案

前首相田中①曾经发表过"大臣如果是外行的话就能果断地进行教育改革"这样的时代评论，这极具讽刺的意味。如果只是新闻记者半开玩笑的报道，大可一笑了之，但大众对此没有任何异议，如此一来我们就无法对此保持缄默了。这句短短的评论中，多多少少都体现出对专家的不信任，意味着即使是外行也能完成教育的改革，也暴露了国民对此坐视不管、隔岸观火的态度以及国民对教育认识的严重不足。我认为国家万万不能以这样的错误观点为基础，轻率地推进事关百年大计的改革。那么我们应该做些什么呢？

唯有经过特别选拔，寻找出在使人信服的研究上从不懈怠的教育专家，以及理解了教育并积极投身于其中开展研究的门外汉这两类人，再经过不断的深思熟虑和反复审议，才能制定出完美的改革方案。如果不这样做，国民教育的基础将无休止地受到动摇。

这里所提到的研究究竟指的是什么？忙于自己本职工作的政治家、实业家的片面性经验，师从古人的那种怀旧思想，堆积如山的欧美教育的相关译文，毫无意义地纠结于枝叶问题小规模改革的教育实践家的一己之见，以及难见成效的富于哲学性的讨论等，这些实在是难以让我们心安。它们必然有其存在的必要性，但是这些研究就像是群盲评象一样，都具有片面性。归根结底只不过是对各种片面看法的简单集合而已，所以除了寄希望于议而未决的马拉松式会议，以及缺乏主要内容的法案外别无他法，因此也就导致了今天

———————

① 即田中义一（Tanaka Giichi，1864—1929），日本第 26 任首相。

这种停滞不前的局面产生。

当今教育走入死胡同，使得我们不得不求助于各种权宜之计。匆匆忙忙地处理如此重大的问题，这份责任究竟要谁来担负呢？倘若要责备如走马灯般频繁更迭的傀儡大臣们和无时无刻不提心吊胆的属下的话，确实有些过分。要苛责上任后首次开展研究的调查委员们也略显勉强。

"越俎代庖，多管闲事"，面对世间以及同僚的嘲笑能够坦然处之，即使被众多的教育相关者当作反叛者来对待，受到众人的嫌弃和猜忌，也能一笑置之。对于着眼于国家未来的长远发展而不进行各种研究积累的忧国志士，尤其是能给出实用性意见的实践家，不论其身份、地位以及阶级如何，都应该以厚礼相待，并给予充分的尊重。而现在不正是提拔这些人才的大好时机吗？

第六节　学校该官营还是民营

一

在研究教育制度和学制改革方案时，横亘在我们面前涉及教育根本的重大问题，就是教育是应该官营还是民营，也就是说在学校经营中居于主导地位的应该是官还是民。

在古代，当产业还处于无法依靠自身力量独立发展的阶段，官营这种保护政策确实是顺应了时代要求，但在现今民营企业已经蓬勃发展的时代，还固守创业初期的精神，使官营企业与民营企业竞争，这样下去很有可能导致"滥用官权压迫民权"现象的出现，这种出于自卫或是繁荣经济目的的手段已经是不必要了。教育事业也同样如此。在明治维新时期，基本上不存在民间自发经营的教育事业，即使有，也为数不多。在以谋求国家统一为当前要务的紧急关头，统一实行官营本位并不是什么坏事，但是随着时势发展，对于知识分子家庭来说，比起教育费用的多少，他们更关心的是教育效果是好是坏以及教育是否有效率。既然注重教育质量的时代已经到来，在解决学校经营问题上，现在不正是重新确立根本性方针的大好时机吗？这种情况下，作为判定的指导原理，我们必须牢记，正是因为存在各种会妨害国家生活的缺陷和弊端，才有必要进行干涉、监督，对美好且进步的民营制进行限制是完全没有必要的。不仅不应该加以限制，反而要大力提倡。

二

要说明官营学校的无能，有一个很好的例子，那就是许多公立大学和专科学校一发现有革命倾向的学生，便毫不犹豫地勒令其退学，生怕与其有所牵连。这是他们虽然热爱学校，却尚未树立起为国分忧意识的证据。他们似乎不知道放虎归山，教育者是逃脱不了干系的。这和把自家门前的泥土悄悄地扫到邻家的庭院前，反而摆出一副若无其事的样子的人有何区别呢？都是一样不知廉耻。官立、府立、县立的各学校行使着能够招入最适宜教育的优秀学生的优先权，理所当然地利用这种特权来与私立学校竞争，这样的行为也一样是违背时代发展的极其错误的行为。

三

如果让官员来经营营利性事业，则必定会失败。与谋求事业向着更好的方向发展相比，官员们更在乎的是如何逃避失败的责任，对于这种在工作中不求有功但求无过的人，就算不断地加以鞭策以期望能在他们的带领下实现盈利的目标，这种想法简直就和缘木求鱼一样荒唐。在结果能够立马显示出来的物质性经营活动领域，这样的行为不用说也知道是不可取的，所以此类错误基本上都可以避免。然而作为性质相同的价值创造事业，这种行为却在教育界被理所当然地采用，施行者从来不会考虑它的后果，而且也没人觉得有何不妥。这简直是不可思议至极，大概是因为其后果难以以有形的数字表现出来，而且需要在数十年后才会走向明朗化。教育事业的外观不论如何金碧辉煌，就算其入学率已进步到与世界文明国家相比也毫不逊色的地步，但其内容的充实度与经济事业的发达程度并不适应，并且明治教育失败的恶果逐渐显示出来，导致昭和教育陷入死胡同，找不到出路。这种累积下来的弊害一直无法消除而遗留到今天。如今只能惊慌失措地苦心钻研各种善后政策。即使能够拿出应急的学制改革方案，也为时已晚，已经犯下的错误不能再挽回，但至少不能让这种失误继续延续下去。教育家们为了能纠正这种失误而焦虑不已，可是由于缺少好的提案，他们就算绞尽脑汁也是徒然。这一切都起因于顺从上级官员监督指导的准官员们，即学校教师"不求有功，但求无过"的心理状态。他们像机器人一样工作，对上级言听计从。这样一来，又该如何是好呢？我们应该毅然地抛弃教育只能限于官营的这种错误观点。

然而，作为事关国家存亡的重大教育事业，如果全部放任民营的话，也是不可行的。谁会愿意投资无法从物质上获取利益的非营利事业呢？当然，这也并不是说校舍、教师等一定要由国家包办。因此，管理监督工作由国家来实施是理所当然的，但对教育内容上的干涉和压迫必须排除，让教育技术者能自发地进行技术上的创造，本着这一精神对教育的方方面面进行改造。

对于频频发生而又永无休止的学校暴动事件，其应对方案也必须与由这种精神催生的学校自治权的确立相结合。学校暴动被政府当作瘟疫、火灾发生时的大暴动一样，统统予以无情的镇压。或许是我孤陋寡闻，在对学校暴动这一问题上，至今还没能制订出一个合适的解决方案，这实在是遗憾万分。

第十章　半日学校制度论

第一节　半日学校制度概要

一

依我之见，从小学到大学的学习生活都应采用半日制度。此乃本章主旨，是我国学制乃至教育制度改革案中最根本的问题。

此问题若被认真讨论并能得到一定程度的解决，将是帝国教育机构划时代的大改革，具有非常深远的影响。迄今为止，在学制改革问题中引起广泛关注的七年制高级中学问题以及中等学校实业教育问题，也许将变得不足挂齿。

直截了当地说，教育界趋炎附势之风气盛行。吾等卑贱之徒即使提出如此之大问题，恐怕也只能被付之一笑而已。更有甚者，可能被斥责冒犯了神圣的前辈及诸大家的领域，抑或是由于对权威不够尊重而被置之不理。数十年来我常因自己空怀一腔抱负而懊恼不已，今将自己的看法发表于此。时势发生了剧变。以前，姑娘们都想自带陪嫁金嫁给那些文人雅士们；但在现今生存竞争之下，他们已经变得一文不名。也许有人已经预想到了这种就业难的现象。

大抵基于此，憎恨理所当然涌向了教育制度。我确信即使会迁回曲折，但最后如果不谈及半日学校问题，学制改革将无所适从。剩下的也许只不过是时间问题。果然，高中教育的价值大部分被否定的同时，中学以及女子学校也失去了经济价值，直到最近还被认为无所作为的实业学校一下子变得重要起来。为此，中等教育实业化被认为是教育界最合时宜的事物。尽管如此，所谓实业教育化的中等学校毕业生到底何去何从？即使被认为是保守之源的教育界的当权者们，也难抗决堤之势，甚至不得不承认青年学校的存在。即使当今的教育专家置之不理，立足于现实社会生活战线的人们，谁也无法隔岸观火。

二

总结前半个世纪教育制度的经验，并作为半日学校制度改革方案的参考是最可信的。在此之所以提倡半日学校制度，是因为现在正值整治我国教育制度的弊端之际。减缓教育改革的过激之势，应使其负面和弊端最大限度降至最低。下面就阐述其概要。

1. 把以往一天的学习内容压缩在半天，并以此为前提，将小学到大学的学习生活改为半日制，以增进效率为目的制定教学方法的改革方案。之后，以我的《创价教育学》为蓝本进行研究。完成后定能将效率提升到半日便习得一日之内容。……

2. 从国家经济的大环境着眼，要改变对校舍、师资进行上午、下午甚至晚间两至三次反复的利用。让多数涌至校门的学生能步入学校的殿堂，以期消除现在的考试地狱，也能减轻因校舍问题产生的费用，并且还有其他更为重要的原因。

3. 学生半天在学校学习，剩下的半天可以投入到实际生产活动中去。利用学校生活以外的半天让学生们做些事，例如给父母的工作帮帮忙，或从事一些力所能及的职业。学习跟将来生活有关的专门知识，或者对特别的个例进行针对性教育或者搞点体育活动。

为避免学生们终日游手好闲，可以官民协力、举国一致设置奖惩办法及制裁措施。

4. 在消除应试地狱的同时，为学生步入社会后更好地适应工作，而从在校期间就开始准备体力训练。

以上为改革的概要。为营造身心两全的生活，从小学就应开始同时实施一般性的基础教育和专业性的职业教育。学生生活不单单界定在青少年时期，成年后同样也要学习。从小学到大学，以及将来的成人教育都要进行基础教育和专业教育。把基础教育和专业教育作为人生的常规教育和义务来营造身心健康的生活。

长达半个世纪之久的旧观念已在现代人脑中根深蒂固，我担心突然提出这样的方案能否为人们所接受。……

三

换句话说，半日学校制度的根本要点在于，学习不是生活的前奏，而是边生活边学习。没有实际生活，就没有学习而言。再换个角度来看，不学习也同样能生活吗？学习和生活是同等的吗？如不是这样，通过学习应该可以更好地生活，生活的实践也能促成学习的进步。如此反复，一生可不断提高自身的素养。

四

学校以外的半天如何度过，是具体实施过程中的实际问题。人们受明治时期教育的影响越深，此问题就越是棘手。回顾维新之前，教育系统可以说是一穷二白，没有像今天这样完备的教育体系。说到当时孩子们沉溺于游戏，完全放任自流，就不能不归咎于我们祖先没有对这种情况进行教育。像今天乡下的青少年，大多数都是整天无所事事，越是这样他们就越感觉勤奋劳动卑微，少数人甚至会感到勤奋劳动很丢脸。但是，如果大多数人都辛勤劳动，不屑于那些游手好闲的人，反过来，游荡懒惰的人会遭到同伴的排斥而感到没脸见人。因此，在社会生活中，接受能力很强的青少年很容易受到大人的影响。……

第二节　半日学校制度的价值

一

·　对我国教育制度实行大改革，先要从小学到大学，以半日制度为本体予以实施。先不说任何人都能轻易想到的经费节约问题，仅坚持勤奋劳动这一点就需要从少年开始抓，一直要抓到青年时期。学校和家长配合，让孩子们养成热爱劳动的好习惯。直到现在，学生们普遍偏好对书本的钻研，而错过了身体的锻炼，这难免会产生厌恶劳动的思想。因此，要纠正其弊端，减少在学校所做的无用功，抽出半天转向有奖励性质的劳动。例如，帮家里干点实事，或者在有特殊设备的田间、工厂甚至补习学校干活。这样可以防止以前由于不合理教育制度所带来的身心发展不平衡，思维和运动神经不均衡所导致的神经衰弱的发生，也可以减少游手好闲的人的出现。让人们从青少年时期就参加社会活动，这是我所提倡半日制学校最大的原因。明治维新教育的改革，废除了武士阶层的青年的习武训练，同时也取消了平民阶层的青年实业的实践，让他们都步入学校进行学问的钻研。其结果增加了高等游民的数量，他们离开祖祖辈辈留下的家业，领取公务员及准公务员的薪金，成为所谓的脑力劳动者。这就形成了今天人们寄生于社会的尴尬局面。

二

青少年时期是个人学习的最佳时机，一旦错失便再也无法挽回，乃至终生遗憾。与少时乃是最佳学习时期同理，如不在这段时期养成勤劳的习惯，错过这段时期悔之晚矣。等到中年以后，就不容易变更职业，特别是从事要求勤快的职业就更不可能了。……

现在大城市的工商业者都从乡下招收少年学徒，这并不是说他们压榨劳动力，而是他们认为高小毕业再从事真正的实业工作已经晚了。这是工商业者从多年痛苦经历中总结的经验，也与以前合同雇佣制的习惯是一样的。在招工这一点上，如果仔细观察实业社会的情况会发现，无论是古今还是东西方，其观点是一致的。从实业教育的角度来看，在人生中印象最深、最好的教育时期只是喜好学习书本的知识，会耽误实业实践的好时光。因此，真正担忧国民未来的老练的实业家们会举双手赞同我的观点。

三

提倡半日学校制的另一个理由是，它是彻底的实业教育和指导教育。无论是社会、父兄还是本人，都期望能得到经得起今后实业社会竞争考验的专业性训练。手工教育、劳动教育的设立，乍一看填补了此前教育制度的缺陷，被新的教育工作者盲目追捧，但是仔细思量，因为以前的缺陷太深，就像口渴极了的人喝水一样，根本顾不上去选择。盲目的迎合，即使一时实行了实业教育，这样的权宜之计姑且就算真正的实业教育，也是不可靠的。这一点，从被称为作业主义的简易农业学校的毕业生身上就能看出来。即使是这些人，仍然有许多会从事实业性的脑力劳动，成为靠俸禄生活的人。……

四

…………

现在的青年的精力绝对不比以前的人差，而且在大学毕业之前都是由父母照顾，过得无忧无虑。如果不是这样衣食无忧，就会被人笑话。每年夏天，城市里的学生会去游玩或去游泳，所到之处的少男少女但凡都虚度时光，挥霍、炫耀之风盛行，使全国的风气每况愈下，难道就不痛心？……

如果能将这些青少年过剩的精力，尤其是那些对社会造成危害的不良少年的精力转化为有用的价值，既使个人幸福，也造福社会，一举两得，何乐而不为？其价值更是不可估量的。

五

天生低能的人、身体虚弱的人不能从事普通劳动，即使周围的人对同自己相同的人没有好感，大多数人也不会向命运低头，他们并未受到排斥，而是受到同情。但是，表现出同样性质的另一种人，被作为懒人遭到别人的排斥。这究竟是何原因？

就身体的活动能力而言，懒惰的人同前者没什么两样，尽管自己知道，但仍然不具备有目的地调节身体而生产价值的能力。就思维来说，显然是正常的。前者作为病人受人们同情，而后者却受到道德上的指责。这样的区别多少有些过于残酷。前者虽然不能为社会做贡献，但也不会危害社会。而后者大都会有对社会有害的不道德行为，甚至以后有犯罪的倾向。

总之，前者作为病人可以享受医疗，相反，后者却没有办法治疗。这不能不说是社会的缺陷。不管怎么说，一个是生理上的，另一个是心理上的。虽然有差别，但同样作为病人是没有差异的。相对前者是医学上的问题，那么后者则是教育学上的问题。教育学者为造福社会应首先开始这方面的研究，对当前不良青少年危害社会的研究是当务之急。

当前懒惰的原因是因为运动神经和感觉神经发育不平衡。也就是说，与感觉神经发达相比，运动神经相对萎缩。可以断定，神经质的神经过于敏感，身体的活动就不能随心所欲。

陷入这样的状态是身心使用不均衡的结果。在明治、大正的教育中偏重知识的学习，不到半个世纪就培养出怠惰的人。今天，危机意识的兴起让人感到吃惊。与其说吃惊，倒不如说是不可思议。人们肯定，这是偏重智力教育的弊端。就从这一点，我要坚决主张实行半日学校制改革。

六

看看女子学校的一日制度，会感到有些滑稽。女子高中的女子教育应该是以培养家庭主妇全面的家政素质为主。先将职业主妇的专业培训放置一边。女子学校的教育应该以培训家务为主，但矛盾的是，其教育偏要脱离家庭，把一些支离破碎的、抽象的家政科知识灌输给未来的主妇们。不仅如此，学校竟然教授在家庭生活中派不上用场的英语，这可谓把虚妄的教育弊端表现得淋漓尽致。

模仿欧洲的新式教育，再过 60 年也还为时尚早。最近有了英语广播讲座，我们也效仿来个家庭讲座如何？试用女子高中教师作为播音员，每天早上广播体操让全国的家庭准备好抹布、水桶、砧板、菜刀等，老奶奶、小姑娘都系好背带，跟着号令干活。想象一下当时的情景是如何之盛大，这就是所谓家务练习的创新，比起在榻榻米上练习游泳更有效果吧。

七

完成现在的教学内容只用半日已足够，对此仍有很大改良空间。对迄今的教材进行整理，改变教课方法，以谋求高的学习效率，解决教学内容问题并不难。何况有很多东西是为考试而背的，考试后便忘得一干二净，像这样的知识可以毫不犹豫地删减。……

第五节　对延长青年受教育时期的
要求和半日制学校

基于对义务教育年限的延长，以及同样理由下对青年在校受教育时期延长的要求，在此，我肯定半日制学校制度的价值。这是从以前的"高强度短时间"向"低强度长时间"的转变。在不影响国民生产能力的基础上，教育效果的有效取得作为适应生活困难时期教育方针的优点，当政者或指导阶层必须对此进行规划。现代实业教育系统的缺陷在于只注意青少年生活的一个方面，而忽视了另一方面，即只注意让他们早点挣钱，却没有考虑指导他们如何处理挣到的钱。机械工艺类学校尤其具有代表性。对希望眼前生活得到帮助的中等阶层以下的人们来说，这种教育无疑应该极受欢迎。但是，人们不知道这一方面的利益一直在给另一方面的利益带来损害。也就是说，孩子早早独立成人挣得工资，孩子的父母自然也不能保管并监督孩子对工资的支配。这种不得不让孩子自由支配工资所带来的结果，以及不可避免带来的孩子在职业上成熟而人格上不成熟的教育结果，就是孩子容易陷入人性的弱点——诱惑，特别是容易与不良人群为伍。

现在的教育制度对这样的危机毫不在乎，这很令人担心。要缓解这种危机，就有必要把学校教育期延长到征兵年龄。也就是说，即使是中等程度学校的毕业生，也有必要延长几年，在学校接受监督、照管，而小学的辍学者就更不必说。

在每次调查只有小学学历的失教青年这类人的现实状况时，列席成年人检查的教育者们总会痛感做些什么才是必要的，这也许就是其原因之所在。补习教育之所以一片蓬勃，就在于对这种教育的肯定。可遗憾的是，由于社会、学校都没有充分意识到，从不适应实际需要的现状来看，现在盛行的制度已经过时了。所有中等学校都以半日学校制度为标准进行改革是当务之急。

第五编

教育方法论

第一章　国家教育的破产和对策

第一节　知识的贩卖商或学习指导的技师

一

　　教师应该是贩卖知识的商人，还是指导学生学习的技师？虽说这一疑问自从三百年前夸美纽斯提出教育革新案以来就一直存在，但至今仍无明确的定论。这是教育的一大缺陷，也是将来阻碍教育革新的最大祸根。在历代的文部大臣中，怀着这样的想法管理我国教育事业者究竟能有几人？让这样的疑问继续存在下去也无大碍吗？传统的教育学书籍中，又有多少能提出这一虽浅近却涉及整体的重大问题，并以它为基础进行论述的呢？日本的教育政治家也好，教育学者也好，恐怕都把它当成常见的问题而等闲视之。正因如此，盲人评象般的、议而不决的马拉松式会议才导致今日这种僵局的出现。这么说是否有些过激呢？事实胜于雄辩，下至小学，上至大学，不论是学校等级还是教学科目，不都是建立在零碎讲授主义基础上的吗？因此，虽说制造笔记的填鸭式教学在最初是不得已而为之，但在印刷术发达、书籍已经普及的今天，说其必要性已经丧失又有何不妥呢？既然如此，当前进行教育法改革时所面临的紧急问题不正在于此吗？突然提出这种忠告，可能会给人一种杞人忧天的感觉，但如果稍微想一下，我们不难发现，在这一点上认识不充分造成了往昔教育的缺陷，也将会成为未来教育改革的障碍。这是一个不容忽视的重大问题，如果是关心教育问题的人，肯定会赞成这一看法。（参见第四编第二章）

　　如果教师的职责是前者的话，大学的教授就成了批发商，中等学校的教师成了中间批发商，而小学教师则成了小零售商。幸田露伴①在三十多年前写了小说《新浦岛》，强烈地讽刺了日本学者对于舶来的书籍照搬照抄、现学现卖的行为，称他们与那些边走边叫唤着"豆腐欤"的商人无异。而且如果是前者，教师不论到何时都只是兼职学者，其数量多得数不胜数。可是一般的商人在商品的采购、市场的占有率上必须进行激烈的竞争，这就要求他们不得不付出更多的心血。那么，教育上的商人又是怎样的呢？

　　商品也好，客户也好，以及被称为学校的店铺和销售方式，都由政府操办，甚至还设置了视学之类的调解人，面面俱到，无微不至。而教师们只要能够获得教师许可证，即使是轻度的低能者，凭着其让人惊叹的熟练性，终究也会有出人头地的一天，如此轻松悠闲的商人在其他的行业不会存在。不过在印刷术进步和书籍普及之后，知识的储藏库毫无保留地向众人开放，特别是在连通俗易懂的教科书已被编纂出来的今天，甚至连制造自动教学仪器都已不再是遥不可及的梦想，社会开始对教育内容有了初步了解。如果其要追求教育的经济性的话，大部分的教育者都逃脱不了失业的命运。我们必须要有此觉悟。相反，如果教师的职责是后者，那么他就和医术、工艺方面的技师，或者是绘画、雕刻方面的艺术家一样。而且

---

　　① 幸田露伴（Kōda Rohan，1867—1947），日本小说家。主要作品有《五重塔》《命运》等。

作为其中以人类为素材的最高级的艺术家，教师获得了生生不息的生命，随着文化的不断发展，其价值也逐渐得以发挥出来。那么，现在社会究竟是如何看待教师的职责呢？

二

涂尔干在他 1893 年公开发行的《社会分工论》（1933 年，田边寿利译）中说："德堪多等人甚至预言了与现今仍紧密联系在一起的学者的工作和教师的工作，在不久的将来必然会分离。"由此可见，即使在欧美，现今两者也没有被明显地区分开来。恰好在此时，虽然横滨市为年轻笃学的教师开设了教育学课程，还是有一名教师在教授六年级的理科课程时产生了意想不到的失误。事情大概是这样的，"唯独今天没有好好备课就站到了讲台上，突然被学生问道'海参有没有骨骼'，有点不知所措，由于没有闲暇考虑就回答道'当然没有啦'，总算逃过了一劫，但是在讲授教科书时发现上面赫然印着'有'，这下真是一筹莫展，只能投降"，这里我们可以看到教育的根本性错觉。我认为教育法研究必要性的理由以及本课程的使命不正在于此吗？大概教师就是知识的传达者这种祖上流传下来的思想，不知不觉在我们的内心逐渐变得根深蒂固，挥之不去，才导致了这种失误的产生。教师没有必要进行这种传达，因为教科书上已有记载。如果只是教授这些东西的话，教师必然在很久以前就失去了他的价值。然而为何教师这一职业还是出现了分工呢？我们必须明确地知道，与知识的零售相比，教师的本职在于指导如何获取更多的知识。这位教师绝不是普通平凡的人物，而是在私立大学潜心钻研哲学、经济学的优秀人才，是人格、能力等方面的价值一直未得到认可，在注重资历和党阀的当今小学中一直被埋没而让人感到惋惜的教师。虽说如此，但从这不怎么光彩的事件中，我们不是可以窥知日本教育的内容吗？现在我再举一个例子，与东京市内某著名小学校长的教育观有关。他经常训斥部下的教师"知识的填鸭式教学主义在修身课上已经行不通，必须推行启发主义"。这也是一份向我的教育学研究会递交的教师报告，大体上还是有道理的。但有人不禁会反问道："修身课以外的科目又该怎么办？"由此可知，他还是一知半解或持有半信半疑的态度。根据文部大臣鸠山一郎的优待小学教师的宗旨，教师不仅可以享受奏任官一级的待遇，优秀者还会被挑选出来受到奖励。要是如此的话，他们必是日本初等教育界举足轻重的阶级。然而他们对于教师本职的性质的认识仍然只是停留在这一层面，于是日本教育界的状况不就不言自明了吗？试问，在这数十年间，教育者们是抱着何种信念来开展教育的？其他大多数校长们的教育观念又是怎样的，采取了哪些具体的行动？要解决这些问题，不得不再次求助于以文部大臣为首的日本教育界指导监督的官员、前辈、学者、政治家等。这是不可以当成平常之事而一笑置之的。

国家的教育投入有一亿日元以上，对地方、市区町村自治体及家庭的教育支出的统计也接近这一数目。这一在国民生产总值中占据极大比重的教育费的使用效率问题，不就是管理监督的执政者应该认真进行考虑的重大问题吗？

三

现在日本教育界的状况就和处于萌芽阶段的医学界一样，政府对于疑难病症的治疗不管不问，把希望寄托于药店和庸医。在高等教育上，针对将来可能患上的疾病提前购入治疗的药物，以备不时之需，于是，知识的零售和笔记的摘抄极度盛行。所以，学生们就有一种仿佛走进了药店，面对着一排排陈列着各种药品的货架的感觉。而与此相对，在初等教育上，国定教科书发展完善的结果就是使得教师成为护士或者是侍者，在专业上进行钻研、下苦功夫反而会使他们永无出头之日。积累前人所流传下来的低劣经验，通过运用被美国教育家帕克赫斯特①讽刺为"自己孩提时代受教育方式的不断循环往复"的方法来开展教育。而中学的教育则是两者的混合。不管怎样，医学界终究是发展起来了，而表面看来设备等在世界上都是屈指可数的日本教育界，其内情却并非如此，受到"成绩出不来，不能在实际生活中发挥作用"的指责也是理所当然的，用"群盲评象"来描述是再贴切不过的了。认为忽视教育改革也可以扭转时局的政治家们，其心态现在也和那些被生活压得喘不过气的穷苦人民一样，感到前途一片黑暗，他们的想法是多么落后和肤浅啊。

四

虽然没有论及批发商级别的大学教育，但对于小学、中等学校中教师的分工，正如在第四编"教育改造论"第二章"教育机关的体系及其演变的考察"中所说的那样，由于印刷术的进步，凭借教师的记忆储藏知识的时代已经成为过去，以书籍为载体，可以便利地向人们提供知识的时代已经到来。特别是随着教科书编纂事业的发展，从教材的选择排列到插图、设问等指导方法，都如同菜谱中向人们提供的菜肴一样，成了已经制好的成品。即使没有教师从旁指导，学生也可以完成自主学习，所以从前的那种相当于向学生提供教材的知识贩卖性教学法已经不适用。如何运用教科书来指导学习，怎样才能更有效地理解、运用它，使它能在日常生活中发挥作用，这才是今后教师们工作的重点。换句话说，教师已不再是进行知识的批发或零售的兼职学者，他必须意识到自己特殊的本职工

---

① 帕克赫斯特（H. Parkhurst，1887—1973），美国教育实验家，道尔顿制创始人，程序学习创始人之一。主要著作有《道尔顿制教育》。

作，并全身心投入其中。那么，到底有没有哪一方面的工作可以让教师独自承担呢？现在国定教科书已经投入使用，甚至连指导运用的教师用书也已问世。由于教学用书就使用时的注意事项进行了详细说明，于是就连那些收入偏低的在职妇女都有可能把教师作为其副业。或者如果自动教学仪器的研究取得长足的进步，广播也普及了的话，除教科书的供给外，甚至连其运用法的指导都可以自主完成。就像前文所述，我们大概可以认为，唯有此时，才会真正出现让社会感到头疼的教师失业问题。不知小学教师们要在哪一方面下苦功夫才能摆脱失业的命运。裴斯泰洛齐所提出的"不是自己去吸收大量的知识，而是必须尽可能地提升儿童吸收知识的能力"，难道不能让我们感到眼前一亮吗？

五

如果教师的职责是进行知识传达的话，在印刷术发达、书籍完备的今天，已经没有必要刻意去尊重和雇佣那些伟大的杰出人物。但为何不仅教师这一职业依然存在，更为重要的是他们在其他方面也发挥了重大作用，所以即使包含于其中的知识传达这一作用分离出来，教师仍可在其他方面发挥作用。那么，这个其他的作用到底指的是什么？那就是把被冠以知识之名的真理、道德运用于人生中，培养价值的创造能力。进一步说，就是不仅要理解、牢记通过文字表现出来的真理，还要在生活中运用它，对受教育者进行引导，以提升创造美、利、善的能力，这就是教师的本职工作。不仅要防止害、恶、丑的出现，还要对它们进行利化、善化和美化，引导和培养受教育者创造幸福生活的能力。如果每一个人都能意识到教师的本职工作就在于此的话，与作为知识的传达机关相比，教师应该发挥更大的作用。所有教育改良的措施，大概都需要教师的参与。因为坚信在这一点上认识不足是教育进步的最大障碍，我特别对它进行了反复的强调。但是，这能否轻易地被人们接受呢？

通过以下的一段引文，我们可以发现对于教育法上的弊端，教育者等闲视之，而实际生活中的局外人却对此深感不安。虽然只是山崎氏以《日本的资本主义改造》为题在《读卖新闻》上连载发表的论文中的一部分，其标题为《时代停滞不前的表现之———大学教育》，却指出了日本教育界整体存在的通病。

"国家也好，一般民众也好，甚至在资本家看来，随着我国资本主义结构逐渐陷入僵局，大量的问题需要讨论，但以上的论述大体上已经涵盖了所有的要点。唯独必须进行补充的是，除了经济，现今国民生活的其他方面也都走进了死胡同，而且这些都与资本主义不无干系。例如，现在教育制度的停滞不前是谁都可以感觉到的。大多数未成年者都盲目地立志要进入大学，当然绝大部分都是为了将来就业而不是基于对知识的渴求。属于政治学、经济学或社会学范畴的文化科学，如果像今天的大学那样，教授提供笔记，学生背诵然后进行考试，我不得不怀疑究竟它们还是不是具有研究性质的科学。所以，今天的大多数大学毕业生都只是机械、肤浅地掌握各种五花八门的知识。这类大学生，面对着生活中层出不穷的新问题，他们该运用何种在大学里被灌输的既成观点才恰当并简单地把问题解决？大概是马克思的唯物史观，而且是极其唯心地利用这一唯物史观。不考虑问题的远近和轻重，就像小孩子画画一样只注重问题表面的人并不少。历史不可能重写，我们的生活也是不断地发展，不断地变化着。为了能在生活中认清事实，明确其意义，必须要有丰富的经验、多角度的观察、随机应变的判断力以及敏锐的直觉。但是今日的大学教育，特别是在文化科学方面，并不注重这种对生活百态把握能力的培养，只是标准化地推行某种知识的记忆而已。……大学教育，一方面它有利于知识面的扩展，另一方面，由于欠缺判断力、观察力和当机立断的魄力，又带来了我国在经济

政策、外交以及其他事务上的诸多不顺，等等。"（1934 年 2 月 1 日）

六

通过下面的例子，我们可以了解到，如同资本主义的经济结构使得现代社会的各个方面都陷入停滞不前的困境一样，基于填鸭式教学法的教育机构也使得现今的整个教育界都为教育的搁浅而叫苦不迭。这一例子是《读卖新闻》上《儿童教育咨询》专栏的一组问答。（1934 年 3 月 13 日）

"我是地方某一中学的教师，现在对师生间的关系感到非常的苦恼。

"着迷于自由主义的学生们把教师看成他们的同辈，而且受近代阶级斗争余波的影响，事事都要与教师对着干。特别是临近毕业的五年级学生，挖空心思搞破坏，损坏学校的公物，反抗教师，无所不为。对于这些学生的行为，教师如果苦口婆心地好言相劝，他们反而会越发放肆，如果铁面无私地严厉批评的话，反而会马上激发他们反叛的情绪。我想这应该是六十年间教育上残留的弊端吧，也是那些思考着应该如何爱护学生的教师们所面临的最大烦恼。我们教育者应该采取何种态度去处理这种问题呢？"（铁面冠者）

对于以上的问题，心理学者青木诚四郎做出了以下的解答：

"这是高中和初中共同存在的问题，是由于训练不足造成的。原因在于学校一味地严加取缔，用升学考试来牵制他们，从而使得这些青年的生活过于枯燥、压抑。应把重点放在秩序的维持上，一到四月份，首先要让学生们全面地了解如何确保学校甚至是国家的秩序，向他们灌输这种思想，使他们意识到维持秩序是一种崇高的理想，并要经常不失时机地从多方面刺激学生以提高其觉悟，以求最终能实现促使学生意气昂扬地投入维持秩序这一目标，等等。"

仅此而已的回答到底是否道出了要领，换句话说这一解答是否能有效地解决问题？提问者所说的"这应该是六十年间教育上残留的弊端"是极其肤浅和不可取的。虽说解答者给出的答案简洁，但作为教育方法的研究者，这是一个必须认真考虑的重大问题。真正的答案必然贯穿于本书的整个体系。所以我斗胆断言，填鸭式的教育才是六十年间教育的弊病所在。正是以这种错误思想为基础的教育，才造成了"用升学考试来牵制他们，从而使得这些青年的生活过于枯燥、压抑"的结果。从教育者的悲叹来看，这并非通过维持学校秩序之类的训练就能解决的小问题。

第二节　教育本质的再认识和对策

一

敷衍偷安的教育改革方案，其产生的祸害会殃及未来、子孙后代。教育应该是着眼于子孙后代的长远未来而设立的、与广阔的社会及自然环境相关的修身养性的领域。它是最高层次的人类文化经营事业，拥有着即使是声名显赫的名士大家、热情勤恳的教师，仅凭对局部生活侧重于表面或内部的片面认识，也无法窥知其本质的复杂性。所以，身处教育体系内部的作为技术运用者的教师自不待言，不论是从外部给予支援的同情者、把子女托付给教师们的家长，还是监督奖励教育事业的官员、评价它的评论家、指导它的政治家，只要参与教育事业，首先必须防止认识不充分的局部偏见和主观独断的产生。虽然这一点在第四编"教育改造论"中已被反复强调过，但鉴于教育实践家在教育中处于核心地位，故在此再次阐述。

二

这是只要有点常识，谁都可以轻易想到的极其普通的事。可是在新教育已推行了大半个世纪的今天，还来讨论如此显而易见的道理，难道不让人觉得不可思议至极吗？理由如下所述。在教育体系内部，特别是处于基层的分支机构，由于过度地把视野局限于自己的本职工作，不可能对整体有全面的认识，而那些处于教育体系之外，一面对全新的工作就感到局促不安，无暇顾及其他的人，也不可能了解复杂烦冗的教育内容。即使偶尔出现了能很好把握内外关系的人，不进行大量常识之上的学问研究，想真正地理解教育的内容也是很困难的。

换言之，上面所谈到的两种类型的人中，后者完全缺乏接受新事物的能力，前者虽然有一定的理解能力，但毕竟也是有限的，所以都发挥不了什么作用，于是我们只能向其他的人寻求帮助。换句话说，我们需要的是虽然身处教育体系之外却致力于解决教育问题的慈善家，且必须有闲暇去倾听有关教育的说明。其中，虽然多少有些闲暇，却不能静下心来听取有关整个教育体系的说明，对相关说明缺乏敏感性，这样无论如何也不可能理解教育冗繁而复杂的内容。

逐年不断壮大的知识分子失业群体和由此而产生的危险思想，使人们终于开始觉醒，教育应该是逐步有意识地推行国家百年大计的事业，而不应取决于以往的那种群盲评象式的、由大量门外汉聚集在一起召开的马拉松式会议。

三

教育是人生中最高的艺术，也是一门最难的技术，没有优秀人才就无法取得成功。它以在这世上无法取代的被称为无价之宝的生命为对象，所以也要体现出母爱与父慈才能获得成功。家长们强烈要求，首先担此重任的教师必须从值得他们尊重的性情纯朴、学业优秀的阶层中选拔。相应地，国家要给予他们能够安居无忧的社会性和精神性优待。被选中担此至高至难重任的教师，要想维护自身的尊严，首要的就是要继承先知们流传下来的经验，在此基础上再把它们具体化，且为了不误人子弟，还必须像医生那样不断地进行练习。只有这样，教师们才有可能对工作的目的观有明确的认识，才能防止陷于盲目、死板、不经济的活动中不能自拔。

这一目的观不能只停留于当前各学科、各局部所面临的问题上，还应对其追本溯源，从而最终达到人生最高的目的观，让人们对有机的人生观的整个体系有比较全面的了解。教育与其他物质性的机械化社会分工相比，堪称至高至难的原因就在于此。为何教师必须理解如此高水平的目的观呢？因为它是形成当前作为技术基础的方法论的根本原理，不依靠它，不可能真正地理解教育方法，从而也丧失了在教育技术上的自信，无法体会其中的趣味。

四

那么，其方法论又如何？因为它源于人类的特性，所以不论是谁，要寻求新的教育方法，就要对人类的特性进行研究。但即使是对高智商的哲学家来说，这也不是件容易的事。放手让他们进行研究，所得出的成果即为教育哲学，也成为自古以来教师们唯一的依靠。但不管行为人是谁，其结果都是一样的。虽然一直以来关于这一点学者之间的争论从未停止过，但实际上实践家所要求的确切方法，很少能从远离实践的学者的空想中得出。眼下这种停滞不前的局面也很好地说明了这一点。因此从现在开始，必须改变研究方向和方法。意识到这一点，抛弃以往那种期望从人性中推导出某种教育方法的想法，改变方向以研究出另外一种系统性的方法，这就是本书的意图。

医术在成为医学家们的研究对象之前，最先是从病人的需求中诞生的，而与此不同的是，教育方法则是由自古以来的哲学家、教育家从心理学、逻辑学、伦理学等领域的研究成果中推导出来的。所以，虽然迄今为止实践家的愿望丝毫都没有实现过，年轻有为的教育者却依然循着以往那些实践家的足迹，在同一条道路上继续前进。就在他们历经千辛万苦终于到达终点时，却发现终点空无一物，只能落得空手而归的下场。于是，近来这种偷鸡不成蚀把米的行为成了震惊长野县初等教育界的重大事件。

五

最近，意大利的首相墨索里尼①发表了与政治相关的言论，借用这一言论来证明上文的主张是再贴切不过的了。

"政治是最高尚、最伟大的艺术，是人类全身心投入的唯一的最有价值的事业。它需要人类及大众心理方面的渊博知识、一定的经验、果断的决策和公认的统治能力，同时也要具备明确且渊博的地理、历史方面的知识，以及能够指导世人的社会经济问题上的见解，是一项追求创意性、平衡性和综合性的工作。因此我相信侧重分析性的敏感细腻的感情，或者动不动就走极端，不会灵活地随机应变的性格绝对不是政治家所应该有的，等等。"（《读卖新闻》1933年4月9日）

教育和政治，一个与未来相关，一个与现在相关；一个以儿童为对象，一个以成人为对象。虽然在这两点上二者有所不同，但在以人才为基础推行社会改良这一目标上并无差异。暂且不论认为把

---

① 墨索里尼（Mussolini，1883—1945），意大利政治家、独裁者、法西斯主义的创始人。1922年至1943年任意大利王国首相。

教育事业单纯地看成知识零售业就可以高枕无忧的知识分子们，如果要以培养人才、指导学习为目标，就必须具备作为政治家所必需的各种条件。但是这一点至今仍被忽略，是因为教育的对象是缺乏判断力的儿童，且其结果成功与否不经过数十年的时间是判断不出来的。虽然见效比较慢，但一旦成果显现，必将是不同凡响的。毛奇①将军的名言"普鲁士的胜局是在小学教师的讲台上决定的"，大概没有给大众留下什么深刻的印象，就像发觉子女教育上的失败时，家庭却早已濒临破产一样。明治、大正时期教育政策的失败，导致了近年来险恶思想的泛滥，也使得家长、政治家、学者和先知们在面对这种状况时感到束手无策。

六

如果要重新认识教育的本质，接下来要面临的问题就是应该如何招揽能胜任这一至高至难重任的优秀教师。在物质和精神上给予其优待，这就是我们一直寻求的答案。我在前一篇中也毫无顾忌地提出了这一观点，并大力宣传了作为教师选拔方法的小学校长录用考核制度和师范教育改善论。所以，如果在此再进行论述，难免会让人觉得重复啰唆，但唯有以下的这一要点不可不谈。为了能让如玉般纯真无瑕的青少年们健康成长，拥有充分的发展空间，在选定其指导者时必须极其慎重。不管能力、本事多强，如果在性格上有歇斯底里、冥顽不化、怪癖等倾向，即使只是有少许的与众不同，也绝不适合从事教师工作。如果是从前的私塾教育时代，父母就有自由选择学校的权利，但在现今这一时代，国家掌控了教育权之后，即使对教师不满意，在某种程度上不得不强忍不满把爱子送到

---

① 毛奇（Moltke，1800—1891），德国军事家、军事理论家、元帅。主要著作有《毛奇军事论文集》《军事教训（交战的准备）》等。

所属区域的学校。

因此，国家在这一点上负有保证义务的同时，在一定程度上还必须亲切地倾听家长们的心声，了解他们的要求。虽然这些要求中有些可能是掺杂了任性、主观的情绪，有些可能是个人冲突的结果，但辨别的方法应该不少吧。遗憾的是，迄今这一要点一直都得不到重视，这是无论如何都必须消除的最大的弊端。仅仅改善教师待遇，不管如何努力，终究也会有一个限度，即使这一点可以忽略，社会所期望的那种优秀人才的数量也是有限的。优秀人才的招揽说起来容易，真正实施起来却是困难重重。因此，必须研究把普通平凡的教师优良化的方法。这也是有必要科学地研究教育学的理由。当然这只是众多理由中的一小部分而已。但一如从前仅凭哲学、教育学的基础性知识就想解决这一难题，根据我个人微不足道的经验来看，这种散漫的观念光是想想就让人感到不寒而栗。

七

日本的教育界还没有意识到教育学对于教师这一职业的重要性。这到底是不是好事？这难道不是与国家的未来发展相关的重大问题吗？假如医生如此的话，会怎样？我们马上就会明白，不但治不好病，反而会越发严重并最终死掉。不正是因为如此，社会才不容许这种医生的存在，政府也对之严加取缔吗？教师和医生有何不同吗？如果与职业有关的学问变成多余之物的话，文明国民又指的是什么呢？没有医学根据的经验，即使他积累得再多，我们也无法把珍贵的生命托付给这种令人感到不安的医生手上。所以，现在不论是在制度上还是实践中，都对这种庸医严加取缔。与此相反，虽然都是以珍贵的生命为对象，教育界却从未把教育学上的根据等当一回事。政府也好，家长也好，认为教师只要获得教师许可证就已足够，这是多么不幸的事啊！教育虽然不能像治疗疾病那样，其效果可以马上显现出来，但不管是善也好，恶也好，都会给儿童的一生造成无法磨灭的影响。为何这一点没有被世人所察觉呢？好事没有谁不喜欢，但世人之所以对这一重大的事情等闲视之，大概是因为他们对教育学弥补教育上缺陷的可能性持有怀疑态度吧。于是，我们不得不说导致这种局面出现的，是自古以来无价值的哲学、教育学。

八

迄今为止的教育学，只不过是在四年间强迫立志成为教师者学习的一些肤浅的东西和教授一些基本常识的有名无实的学科而已。已具备教师资格者，在实际的教育中不能激发学生学习的欲望，起不了丝毫的引导作用。家庭，特别是家庭中母亲的见解已基本上逐渐高明起来，注重儿女学习效率的观念被唤醒，并摆脱了不注重教师的旧观念。教育效率的高低逐渐成为热门话题，教师的酬劳也与能力挂钩。这时，就像学问和经验兼备的医生受到社会极大的欢迎一样，大概只有到了这个时候，教育学的价值才会被承认吧，上一编也对这一点进行了详细的论述。……

第三章　教育方法论的研究方法

第三节　德国最近的教育学研究方法及其反映

伏见猛弥教授以《德国最近的教育学》为题所介绍的教育学研究法革新的论文值得我们关注。对于那些死心塌地墨守旧式教育法的教育学者们来说，这恐怕会给他们带来巨大的感官冲击，因为它毫不掩饰地介绍了通过新式研究法从根本上对现行教育学进行颠覆的现状。其要旨如下：

"德国的教育学在很长时间内，都是作为哲学的副产物发展着，所以许多先验哲学的研究方法都可以直接适用于其中。但先验性的演绎法最初是规范科学所特有的方法，针对这种直接将其适用于教育学的做法，德国各界都提出了反对的看法。相对于以往的先验性演绎法，以梅伊曼①为代表的实验教育学通过实验归纳法的导入，为德国教育界开拓了全新视野。可是先验性演绎法作为自然科学所特有的研究方法，将其直接应用于教育学，从教育学的学术性质来

---

① 梅伊曼（Ernast Meumann，1862—1915），德国教育学家和心理学家，也是德国教育心理学和实验教育学的创始人。主要著作有《实验教育学》《心理学》等。

看确实是不太合适。原因是教育学的对象既包含着实际存在的物质，也囊括了抽象的思想意识，就像单纯依靠先验性演绎法无法把握全体一样，单纯依靠实验归纳法，恐怕也无法掌握全局。究竟用哪种研究方法才能够从整体上把握好全局？世界大战后德国教育界尝试了种种方法，希望解决这个难题。大致分为以下三个方面：

"第一种是从把握现实出发，并附之以理念的领会式方法。

"第二种正好与第一种相反，站在理念构成的立场上，再通过构成的理念来把握现实的辩证式方法。

"第三种是现实把握与理念构成两者同时实行的现象学式方法。

"当然，这些方法还属于尚未完善的半成品。因此，采用这些方法来组织的教育学到现在为止也还未能摆脱试验阶段。这些都只是局部性的尝试而已。

"如果站在以领会式方法来处理教育问题的精神科学即心理学立场上，按照斯普朗格①的观点，对某种事物所做的说明，也可以看作是从现实出发的一种归纳法。但在其与全体所对应的关系上，把握有意义的事物，即把赋予的对象看成综合价值体系中的一个构成部分来把握，它与实验性归纳法的不同之处就在于此，在现实把握的同时也兼顾了价值构成的任务。

"辩证式方法指的是将矛盾综合起来的一种思维形式，是通过概念性方法来获得真理的一种手段，也是一种价值创造的方法。但同时如果从认识论的观点来看的话，思维方式本身也是把握现实的一种形式。

"现象学方法通过分析现实对象，从中发现以意识形态存在的对象的性质。从分析实在性与对象性这点来说，它与辩证式方法有

---

① 斯普朗格（Eduard Spranger，1882—1963），德国教育学家和哲学家。曾任莱比锡大学和柏林大学的教授。

些相似，但对各自之间关系的把握没有侧重点，仍停留在均衡对待的层面上，和辩证式方法一样也没能抛弃概念图解的方法。"（《帝国教育》1931 年 10 月）

通过本文的介绍，我对德国教育界的情况有了些了解，印象最深的是教育学者们的研究对象不明确，他们对"在教育学的研究上什么才是最重要的"这一价值观的认识不够充分。换句话说，在教育学研究的结果到底对多少人产生了实质性的效果这一点上没有明确的认识。虽然离实践家所期待的那种能对教育方法直接加以指导的要求还很远，仅仅是教育学的基础工作而已，但已从根本上对以往的研究法感到怀疑，并抱着一种怀疑的态度来推行改革，这一点是毋庸置疑的。

正因为学者们漫无目的地为了学问而做学问，胡乱地按照自己的意愿让实际教育者在死胡同里囫囵吞枣地学习，只顾埋头于和日常职业相隔甚远的精神现象的探究，对于解决疑难问题却不得要领，这样一来，就不去考虑指导工作法则的演绎问题了。以这种方式来研究改革方案的话，通常都会对教育上的新发现不闻不问，仅仅是从偶然的经验出发提出教育改革的诸种方案，这即为证据。夸美纽斯也好，裴斯泰洛齐也好，其他所有的改革家也好，最初并非因为受了学者们的照顾才有了自己的发现。这种情况至今也一样，爱伦·凯①和帕克赫斯特也是如此。

虽然也有单从经验出发的灵光一闪或发明忽然间在全世界受到欢迎的例子，但能在实际生活中真正发挥作用的少之又少。即使赫尔巴特主义极度盛行，实干家们却几乎完全无法理解透彻，只在形式上模仿并弊害百出，随着时代变更也会被人遗忘在脑后，直到现

---

① 爱伦·凯（Ellen Key，1849—1926），19 世纪末 20 世纪初瑞典著名的女教育家。主要著作有《儿童的世纪》《生活之路》等。

在世界还受着这种影响。

综上所述，哲学家们在大学里担任着职位，教育学的课程内容却与教师的实际生活无任何关系，仅是理解这些内容就已经让教师们疲于奔命了，要想使他们在工作中真正加以运用就更是天方夜谭了，所以才导致了今天这种局面的出现。这就是不对教育学到底能真正地造福多少人这一价值观进行反省，只顾研究而对对象观察不充分的恶果。

然而，那些所谓的对象究竟是什么呢？全世界各国的教师们教授着活泼的儿童，他们不知如何下手的令人焦头烂额的问题是"如何启发乃至陶冶精神"，而不是哲学家们所讲的教育本质和教育学性质之类的问题。虽然不能无视那些问题，但也不能为了探究它们而过分求索，我们并非为了探究本质而做本质的研究。倘若教育学的研究对象的核心是方法，而又能将教师们燃眉之急的问题明朗化的话，作为得到它的手段，就应将人类本质的认识演绎为教育本质的认识。比起在探究上走弯路而最后才研究方法观的做法，这样做应该能走些捷径吧。与迂回曲折的漫漫长路相比，这种做法不正是现存的一条捷径吗？这一点还有必要重新审视一下。如果真是这样的话，这条将其他所有自然科学的研究途径都排除在外的捷径，到底是怎样的呢？我们有什么理由忽视对这条捷径的研究，转而去绕弯道，走远路呢？

日本教育界又是怎样的呢？一如既往，不过是追随着德国教育界的影子罢了。学者们不将教育技术作为自己的研究对象进行比较观察，不进行批判式的研究，教育实干家们无法将宝贵的自身经验理论化，依然只把欧美的原文书籍当作学问的唯一来源。我们要反对这种毫无具体观念的虚妄概念和无法上升到抽象概念层次的盲目观点，但是仅凭这一点，永远也无法形成科学的教育学。

第四节　我的研究方法

一

我认为就教育学的建设性研究的两种区别进行比较与考察，对于阐明真理是非常必要的。

1. 观察对象的心理性质，然后直接引导出适当的教育方法，就是所谓教育哲学，也叫作哲学式教育学。

2. 要解决燃眉之急，与其长时间依靠从事无用研究的学者，不如从野蛮时代开始的教育中获得经验并得出方法。

后者催生出发达的技术，形成了宏大的分支，这便是当今的教育制度。将这种技术乃至制度作为研究对象，然后找出适合人们的教育方法，是本书的主旨。我相信存在自夸美纽斯以来三百多年间先辈经验家们一直渴望却无法得到的科学的教育学。被人们看作正统教育学的哲学性研究到今天为止有了怎样的成果，在这里没有必要一一赘述。新的教育法究竟要求什么，为打开僵局究竟需要什么？毫无疑问，需要学者自身的努力。能否解决问题，就看能否做到这一点。

与其他所有技术一样，教育经验家们掌握着教育技术的秘诀和诀窍，可当其他技术在由师傅向弟子口口相传保存下来的过程中慢慢进化时，只有教育却在原地打转，毫无前进的迹象。教育技术和以医术为首的各种技术相比，至今还留在原始状态停滞不前。可是对照其他技术的发展史，只有教育方法不存在无法传承的可能。那么，我们究竟如何才能捕捉住教育的技术呢？

教育方法往往是在某些人成功后，其经验被他人效仿并得到证明，忽然间大受好评，并向大众普及开来，进而被当时的社会承认的。然后，它们被一代代向后世传承，到现在便成为当今的教育制度。仅仅在日本内地便有二十多万名教师，不论水平好坏，都遵从传统教育方法，仅到明治维新后便积累了六十多年的经验。这样，无论谁都不会观察自己和他人的心境，从而做出学问式的思考。只观察自己的内心，所以才无法判断好恶。丝毫不考虑其他情况，无条件信任并执行这种教育行为是不可行的。只有极少数的大教育家、教育学者们以格言的形式将经验的结晶不完整地流传给了后人，夸美纽斯、裴斯泰洛齐等人的传记中残留的语句便是如此。正是凭着这些稀少的结晶，教育的经验便像未经炼制的矿石般无意识却有保证地流传给后世。它们是无论从父母、祖父母、教师那里，还是前辈那里，只要是受教育的时代，便一定会流传下来的记忆。教育工作会受到什么人的影响与锤炼，得到怎样的结果，都取决于它们。

无意识的试误的不断反复，和其他的创造活动一样，因为失败的概率原本就大于失败，对他人深有感触而竞相模仿的成功案例，对个人来说也可能是稀有的存在。但纵观整个人类历史，遍览世界各个地区的不同国家，这样的事情绝对算不上是罕见的。然而让人惋惜的是，在教育技术方面，由于没有人会注意将这些事例进行采集研究，所以如同其他作品里残留的艺术一般，人们便不知道要采集和保存它们。但说到教师们的秘籍、经验、诀窍等，有经验的教师不大愿意向他人传授，使其无法流传后世，就仿佛陪葬宝物一样被埋藏起来。所谓经验的应用科学，就应该像从废矿渣里炼出黄金一样，将这些宝贵的经验所产生的知识进行采集整理以及分类综合。

以上仅仅是教育方法的一部分而已。说到将外界的物质作为材料的技术，众所周知，那些是应用科学的方法，但教育是将人类作为素材进行人格陶冶，所以最直观、最必要的还是拓展视野。这样的研究只要能做到确立对象这一点，应该就能自动收集无数的材料了。

关于"乡土研究"，长久以来这种研究方法被人所鼓吹，从前指导我的教师柳田国男在《义务教育的条件》这篇论文里感叹各地自古流传下来的职业的、社会的实际教育经验尽管十分宝贵，却逐渐被学校教育所遗忘的事实，从"最需要改革的是态度"这点应该能得到关于教育学研究法的不小暗示吧。

"如今国民十有八九在这个越来越大的社会里出入，其各自维生手段所运用的知识经验中，说到底有一部分是学校所教授的知识，剩下的部分里靠古代教育机构流传下来的经验，虽然不知道能否通过数字图表显示出来，各人自身大概也能粗略估算出来。即使是以读书和算账为职业的人，在社会上所运用的技术，大致也是在学校以外的地方学来的。教师根据学生的气质给他们取有文化的名字，然后漠然地讲解一些典故来感化学生，这些其实就是从前民间私塾教育的全部。从前至少有一些有效的措施，国民在无知的同时也少许有些进步。说到现在，由于教育方式有好有坏，只有那些受到良好教育的人才能飞黄腾达。世道人心的颓废一般也与其教育方法的不完备有密切关系。

"需要担负这种责任的教育工作者们，虽然有着要负责的心理准备，但即使负责也无法改变什么，这种所谓的'社会教育'至今的状况一看就能明白。最需要改革的是态度；否则，即使穷尽所有的办法，也无法超越明治初期的状态。

"民间私塾能在日本村镇一直盛行，是因为近百年来都一直实行此制度，即使在现今的时代，随便学学的人也依然有限。而且，其他大多数人也没有接受古代文学陶冶进行学习而自然变得聪明的特例，很少人会愿意脱离学校去进行自我教育。即使从现在来看，民间私塾也可以说是可行又有效的教育机构。虽然没有教科书，每个儿童自从懂事以来也会通过俗称的三方面教育受到陶冶。

"一开始三方面的目标便是一致的，而未曾分道扬镳。"（《现代名士的教育改革新论》，第 2451 页）三方面指的是家庭、学校和技艺。

二

我以自己的见解探究批判下来，发现长久以来哲学研究毫无价值，焦躁之余着眼借鉴了其他方面的研究成果，但到如今也尚未从自己的执着中脱离出来。我认为哲学家们果然还是由于被哲学式的思考禁锢了思想，只是袖手旁观地看着教育实践者辛苦劳作，一手包揽了教育学的研究，而付出劳动的实际教育者则徒然地被学者的权威蒙蔽了双眼，如同用不可靠的佣兵抵抗敌人一样，无论到什么时候都只能待在劣等的地位上。所以又如何呢？

提到教育这种与人相关的事业，正因为不把至今积累的技术的因果关系作为研究对象，却执着于观察其根源的人性，运用自然科学的研究方法，客观地认识表现在言行上的教师行为和学生互动，同时也要加入自己主观的想法，不采用推敲对象内心的方法，相反，却反省自己的内心，将其表现同他人的言行相比较，除根据它进行推测以外就无法得知他人内心秘密的精神科学研究法，长久以来都作为传统而被哲学家乃至教育哲学家沿用至今，因此教育实干家所渴望的教育指导原理才迟迟无法诞生。

当然，这是教育这一概念的重要内涵。与精神分离的教育是无法实行的。但只顾着仔细研究心理的话，头脑内也无法闪现正确的方法，这一点为培根发现归纳法之前的学问发展史所证明。那么，究竟要怎么做呢？

我们要将目的与方法从教育经验的角度进行分析，分别针对它们重新考虑适当的研究方法。那么，再次回顾考察前面的《德国最近的教育学》，明显可以发现是根据诠释目的来给教育学的性质进行分类，从德国学者最近努力的方向这点出发来建设教育学。当然，像这样无论何种方法都能得到演绎。在此种情况下，即使判定这只不过是不断重复从前的失败，也算不上诽谤。但这只局限于实干家们渴望的方法的指导原理。然则有没有其他的研究办法呢？应该像柳田氏所说的一样改正态度，以"穷尽所有思考"的方法来进行仔细的观察。

教育学的研究从很久之前开始就包含人类一直以来使用的教育技术，这种技术的传统是人类有史以来的经验积累。在其他各方面，这点也是同样的。将它们作为我们的研究对象，收集直观记述它们的材料，然后进行分析、比较与综合，找出成绩良好的结果所对应成功的教育方法的原因，以此来认识目的与手段相辅相成的教育上的因果法则，然后将其作为在新的场合所运用的原则。本书的体系中也采用了这种方法。它的根据是怎样呢？人类的技术不论分多少种类，只要根据环境进行应对，开始劳动生活，不久就会形成传统。因此，这种行为实际上有着悠久的根源，只要继续下去，就能在遥远的未来产生科学研究。但科学的应用是技术，如同应用自然科学发现原理的是技术家一样。技术伴随在科学之后，技术家将科学家发现的原理直接拿来运用，这简直是本末倒置的行为。为了让现成的技术得到后人的理解并传承下去，如果首先就技术形成的原理加以说明的话，一切就会变得更简单。近代的学校便采用了这种过程。但古代的情况并非如此，是由师父传授给徒弟，将说明延后，让传承持续得更久，正如技术应该伴随在学问的后面，用学问解读技术的缘由是到后来才有的事。这样将应用科学演绎为自然科学，可以说是违反了人类智力发育的历史潮流。那么，除此之外还有其他的什么办法呢？

如师父向徒弟传授技术的道理一样，与以基础性的说明科学为原理来演绎出技术方面的学问相比，我们更应该对现成技术的状况以及它的发展过程进行比较、观察，建立一个完整的体系，并通过实践来证明这一体系，检讨其中的不足，对真理予以承认，这才是正确的研究方法。根据实际证明来检讨和承认真理，才算得上是正当的研究。只要这一点做得妥当，作为一门技术学科，教育学也和其他同类的应用科学一样，采用这种研究方法才是捷径。我在这本书里所采用的也是这种研究方法，原本为了研究而将个人偶然的成功经验夸张地记载下来，同时严格地排除任何主观臆断，得出自以为客观的考察。但是就如前文曾经提到的那样，教育学要进行远大人生目标的设定。要想实现这一目的，必须准备多种计划以应付各种复杂多变的情况，实行起来可说是人类最困难的技术科学，有些纰漏也是在所难免的。后来的学者们就更应该不断修正、补充以完成它，但必须注意防范以散漫的经验为基础的主观评价。倘若要拟订一个新的草案，首先必须率直地接受它的一切，忠实地注视它的实验，应毫不吝惜地对与预想一致的成果给予承认，如果与预想不同，也要毫不犹豫地进行反对。

教育这种非常复杂的人生最高技术，如果成功的话尚且没问题，万一失败的话就必须精密地分析失败的原因，一定要避免轻易下断论。就如同不管多么锐利的名刀，到了刀法拙劣的人手里也无法杀死敌人一样。以上是我对于教育概念中所包含的技术性方法的见解，作为原本与目的有关的研究方法还尚未形成定论。不仅如此，我还相信除此以外还有其他的精神科学的适当研究。正是如此，才要将人类的心理作为研究对象，首先分析现实的对象，以期望能从中发现以意识形态存在、超越自我的对象的性质，以此来认识人类的共同目的。断定这点不仅仅是根据"个别"现象得到的正面肯定，而是根据其独一无二的特性，这样的辩证方法才行。本书的体系正是运用此种方法，到最后其中是否有缺漏和谬误存在，这一点除了交给实干家的实验来证明检讨之外别无他法。

第五节　能给我们的方法提供依据的
法国实证研究法

位卑言微的我们要与至少也在学界风靡了数十年之久，且目前呈现出空前盛况的德国流派的概念哲学分庭抗礼，提倡通过归纳法来构建新的教育学体系，这无异于螳臂挡车，完全是不自量力。如果明白了这一点的话，就没有必要对学者们还没有关注这一问题感到担心了。但迄今为止的既成教育学实际上并没能增强二十多万名教师们的指导能力，只不过是一件装饰品而已。鉴于这一事实，恐怕就算是专家学者也不会不加以考虑的。事实果真是如此的话，个人的利害得失暂且不论，改革不早一日开展的话，全国的教育效率都将处于停滞状态，这对于国家来说是一个很大的不幸。而这个时候，法国流派的社会学方面的权威田边寿利借鉴社会学家涂尔干的学说，极力地赞成我们的想法，这也成为支持本书的一个证据，表明了这并非我的一家之见。即使只是为了表现出对其他学者宽容的雅量而做出的发表，也应对他心怀感激。

有传言说作为我国新教育学的一名权威人士并成为人们尊敬的对象，现为东京文理科大学教授的筱原文学博士在给他的学生授课时，对本书做了以下的评价："可以算得上是一篇很不错的博士论文，但遗憾的是认识还是有一些肤浅。"由于只是传闻，所以对于是否确有此事不敢妄下定论，但对于肤浅这一评价觉得恰如其分，所以也不觉反感。这正是本书的意图所在，毅然摆脱高深的概念性哲学思考，力求简单化，通过对身边的教育实践经验的归纳来组织新的教育学体系，这就是事实。但问题是在提高教育效率上它到底能带来多大的价值创造，评价方法大概除了实践家们付诸实践外别无他法。

即使这样，在本书第一卷开始出版的四年前，我内心的不安还是无法消除，但之后随着思考的逐渐深入，我对自己研究方法并没有任何不妥的自信才渐渐地增强。而且，和普通的应用科学一样，当时的教育学以及其他的一些基本的科学得以形成，都被认为是对已发现原理进行运用的结果，而现在要做更深一步的研究，就是要以基本的科学原理被发现之前无意中被发明出来的技术为对象开展研究。我相信由这种研究所得出的技术上的因果法则就是所谓的应用法则。但这对于迄今为止被人们称为"应用科学"或者是"规范科学"的知识体系来说，会不会是一个全新的定义呢？此外，如果它不存在任何不合理的话，与价值概念的新体系相配合，会不会给现在的学问分类领域带来一大变革呢？

但是，这一归纳性的研究方法只适用于教育的方法论，强调方法的推陈出新的教育目的论则应该采用想象学的方法。对于这一观点，读者们可以通过已经出版的本书自行判断。

碰巧在 1932 年秋，涂尔干的《社会分工论》第一分册终于由田边寿利翻译出来，其中有关道德研究法的下述见解，可以作为教育学研究的参考。

"道德学者们声称自己的学说并非独立于经验的原理，而是从一个或者是从生物学、心理学、社会学等数个实证科学中借用的几个命题演绎而来的，所以他们的道德是有科学性的。我是绝不会采用这种方法的。我并非要从科学中推导出道德，而是要构造科学的道德。这两者是完全不同的，等等。"把这一说法直接照原样应用于我的创价教育学的研究中也未尝不可。在以教育方法为重点的教育学的研究上，相对于教育实际状况，我更倾向于以教育技术为研究对象，通过对它的观察、记录、比较、分类，最终推导出因果的法则。

"因此，依靠这种方法是不可能真正地得出客观结果的。并非所有演绎基础的组成部分即人类的概念，都是经过正确、科学的推敲而得到的。因为在这一点上，科学还没有达到能够向我们提供正确说明的阶段。现在我们已经逐渐对人类的组成要素有所认识，可是相关的要素的数量之多远远超出了目前我们已知的水平，因此，以目前我们所知要素的总和，只能得出一些极不明确的观点而已。所以，让道德学者们凭借自己个人的信念以及立意来决定人类的概念，是极度危险的事情。不仅如此，就算概念的形成过程极其严密，人们通过推论所得出的结论最终也只能是臆断。工程学者对确定的理论上的原理进行实际演绎，如果实验失败的话，其结论就很难再使人信服了。换言之，演绎是怎么也无法形成比较充分的论证的。在这一点上，就算是道德学者也不能例外。

"道德学者们通过前文所描述的那种方法确立的各种准则，如果经受不住事实的检验，所有的准则都只不过是单纯的假设而已。这种准则用于人类身上是否合适，无论如何只有真正经历过才能做出判断，等等。"（涂尔干：《社会分工论》，绪论第 38 页）

德国也是如此，已经不满足于传统的研究法，社会上存在着一股倾向于使用新的研究法的新兴力量。在《创价教育学体系》第一卷中对槙山荣次的介绍转载了瓦格纳以及赖尔的研究法，上面也提到了这一点。

第六节 论教育法研究的根本
即实践家的研究态度

一

"态度比教育方法更有必要进行改革"，柳田国男数次向为政者提出这一忠告，把它用在日本的教育实践家身上也极为合适，但还是有必要进行再一次的确认。

　　只要进行教育素材即知识的灌输，就能自然而然地完成教育的时代早已成为过去。通过对教材的运用来指导受教育者学习知识，这才是教育的本意所在。各种方法的研究也成为必然。但是更为关键的是，肩负指导受教育者学习之重任的实际教育者，为了能在教学方法上有所改进，应该在自己的研究上多下功夫，通过研究来不断提高自己的技巧。但是在开展这些研究之前，研究中处于核心地位的教师的态度才是必须进行反省的先决问题。美国的教育学者杜威也在他的著作中对这一点进行了深刻的论证。

　　从教育方法研究的要求到居于核心地位教师的研究态度，要对它们进行探讨的话，自然而然能想到的就是教师的热情。在这里，"热情"作为教师的一种资格受到了超乎寻常的尊重。"只要人格高尚，就不会注重其在教育方法上的研究，同样，只要有工作的热情，教育方法就会自然而然地形成，裴斯泰洛齐不就是一个活生生的例子吗？"这种观点受到了那些所谓的热心家的极力追捧。但是，就算是工作热情再高的教师，如果搞错了方向，凭这种教育方针不明确的努力，最终也只能是徒劳而已，甚至还会带来不利的影响。

　　左倾思想较为严重的教师对国定教科书的抱怨染上了革命色彩，让当局惊愕不已的实例就是很好的证明。与其等待着应该期望却无法轻易得到的高尚人格，倒不如先进行教育方法研究。终于到了可以付之于实践的时候，又在"热情"这一问题上产生了冲突，所以，除了热情之外一定还有其他的某种东西是我们必须具备的。即使是常常被看成"热情模范"的裴斯泰洛齐，正是因为有了这种热情，才会不满足于现状，自始至终都一直投身于教育方法的研究。正是因为这样，他才能成为世界著名的教育家。我在《创价教育学体系》第三卷中将会另行说明。

　　话虽如此，但并不是说可以无视人格，否定热情的重要性，这一点已经没有必要再进行解释。在这里，人格的基础是什么？何为热情的根本？又是什么对这两者加以限定的？必须进行进一步的研究，直到探究到其源头，论及正直与阿谀为止。因此，这就是为何即使难以避免重复之感，特别是还有可能会让某些读者觉得是对前文的完全照搬照抄，也要再一次重复这一节的内容。

当然也有人提出"这样的研究过于注重细节"的质疑。

所以，在这里就有必要意识到精神科学与物质科学的不同之处。如果和以固体物质为对象的研究一样，可以把对象一一地切割分离，然后逐一地进行说明的话，就不会存在什么问题了。可是，当对象是如气体、液体一般不可切割分离，各个部分之间浑然一体的精神现象时，要对它进行解释说明，自然以上的方法就不适用了。但因为没有其他合适的方法，也只能分别进行解释说明了。强行把这种包含着无限关联性的精神想象的问题分解开来逐一解决，就算是一个枝叶问题而已，也可以追溯到其本源，而对于另外一个枝叶问题，为了寻找原因，则又要再一次溯及本源，重复就在所难免了。不仅如此，因为是以不可分割的关联性显现的精神现象，仅通过表面的观察得出的各自之间的因果关系难免会错综复杂，也容易导致各种误解；所以依据常识来看是正确的且在生活中可以很好地加以运用的东西，一旦运用于精神现象，大多数情况下都会成为永远也得不到解决且会引起诸多争端的问题。且大多数都是出发点相同，却得出了截然不同的结论，导致问题得不到解决，形成两种结论长期并存的局面。尊重个性、填鸭式教学法等就是典型的例子。可是对于这一类问题，如果将对它们的研究终止、半途而废的话，问题就永远也得不到解决。在众多的教育问题中，没有哪一个问题得到过彻底解决，而是一直悬而未决遗留到今天。

鉴于此，即使只是一个小问题，为了将它解决，自然也要尝试着追溯其根本原因。就算啰唆得让人反感，也要把这些话说出来，并不是要为自己的工作辩解，而是因为这是教育法研究上不可或缺的紧急事务。

二

把宝贝儿女托付给教师的双亲们，很快就能明白教师热情与否，因为其会迅速地在天真烂漫的儿童生活中反映出来。就算是再不顾家庭的父亲，为了自己疼爱的孩子，也必定会祈祷教师能够充满热情。就算是为了生计而疲于奔波者，至少也希望将孩子教育好，这是人之常情。而那些在生活上比较宽裕的人的情况就更不必说了，他们希望教师能一直伴随在自己孩子的左右，所以不惜花费重金来挑选家庭教师，这不难理解。父母再怎么聪明，大概也都忌讳以己之口来教育孩子吧。这是必然的，因为他们考虑到对象是仍未明事理且智力尚未发育完全的儿童，即使要进行教育也是徒劳的，甚至还有可能对儿童造成一定伤害。对于这一缺陷，教师们通过学校使他们能享受到家庭乐趣，同时辅以适当教育，在这一点上学校教育有着独特作用。

父母对孩子关怀越是殷切，则越会在意教师的热情程度。众所周知，在最初阶段，只要是已经独立成人的教师，父母基本上不会对他们有很大的不满，但是，如今随着对教育理解的逐渐深入，父母们逐渐开始关注教师的热情程度。那么，要如何打造热情的教师来满足社会的需求呢？

在寻求对策时，首先要进行观察，怎样的教师身上才具备我们所渴望的那种热情呢？从这一目的出发，我们试着对教师进行了以下四种区分，这有利于对他们进行评价，同时也是很有必要的。

第一种类型，以获取报酬为主要工作目的的教师。

第二种类型，以获取地位为主要工作目的的教师。

第三种类型，以关爱儿童为主要工作目的的教师。

第四种类型，因对教育事业感兴趣而工作的教师。

整个教育界参照这一标准，根据教师热情程度的不同，对他们进行分类，这应该比较便利。从不同类别相应的热情程度来看，社会最渴望得到的大概除了最上层的教师外别无他物。以获得丰厚的薪金为终极劳动目的的教师，和以劳动报酬为唯一工作目标的自由劳动者的处境一样，只不过是拥有身为教育者的最低价值的教师而已。说到原因，那是因为教师是人生中最高级、最复杂困难的一种职业，不进行最大程度的熟练性积累是不可能完美地完成任务的。如果不是真正地发自内心对它感兴趣，而是以次要的薪金为目的的话，通过薪金可以暂时让他们稳定下来，但根据薪金多寡的变化，他们可以自由地决定自己的去留。而把儿童或者是受教育者的成长和成功当作一种享受，这一目的和前文的以自我为中心的利己性目的相比较的话，是一种截然相反的无我利他性目的，对于应该以爱为核心的教育者来说，的确是一种无可挑剔的目的观，应该受到尊重。可是，如果再一次想到教育的理想性质的话，这只不过是一种理想中的目的观，现在的教师仍然只是低级的技术者而已。因为作为一名技术者，如果被岗位所牵绊不是因为它的固定性和持久性的话，他常年为熟练性的积累所付出的努力也就失去了价值。那么，原因又是什么呢？

因为儿童或者受教育者并不是固定不变的，以变动性较强的物体为目标，在牵制力的持久性上还是有所欠缺的，而且还常常伴随着各种为人所不耻的诱惑。

根据每日薪金的多少来决定自己劳力的付出，如果以这种自由劳动者的心态来从事应该制订长远计划的教育工作的话，亲手将爱子托付给他们的父母自然就不用说了，考虑到国家的将来，这也让人感到寒心。而与此相比，以晋升为目标的普通教师则似乎是上升到了另一个层次，但两者都是以教育工作之外的名和利为从事工作的目的。从这一点上来看，两者并没有什么区别，只不过是五十步笑百步而已，甚至还更让人感到心寒。因为第一类型的教师也深知自己并不适合任教师一职，对金钱利益的追求也得到了社会的认可，所以其危害的大小可以加以控制。这本来就是普通教师所应该具备的资格，却被上文所提到的那两种类型的教师看成是对传统的打破，这实在让人担忧。当然在现今的资本主义社会，要求他们完全放弃对名利的追求去工作必然是不现实的。话虽如此，但是把对名利的追求作为最高目标，不知道除了名利外还有其他更高目标的存在，这应该会让人感到恐怖不安吧。但不幸的是，现在的教育界有多少人能做到放弃追求名利，将目标定位于更高的层次呢？是什么造就了这种现象，很有必要进行一番深刻的反省。

三

根据多年的小学校长的经验进行归纳、判断，可以认为，和所有的技术或者艺术一样，在确定从事者是否合适从事这一方面的工作上，都有着明显的必备品质。迄今为止的教师培养及监督机构在这一点上的认识还不充分，像寻求自由劳动者那样，在散漫方针的指导下选用教师，极有可能不合适的人也被招纳到教师队伍中。与一般的技艺相关的职业，都是经过自由的生存竞争来实现优胜劣汰，唯有适者才能生存下去，而只有教师这一职业，在政府强大的保护政策下，即使是不适合者，也能长期在教育界生存下去。因此，这对于那些接受教育的子弟来说是极其残酷的。由拙劣的工人制作的畸形器物是不可能成为商品的，只需把它抛弃即可，可是对于由不称职的歇斯底里的恶师所培养出来的人格上有污点者，却只能束手无策。即使他们一生都会成为社会的棘手问题，也必须让其在这个社会上生存下去。如果只是一两个人还好办，可是在这不称职的恶师的一生之中，毫无间断地制造这种不良品，使毒害持续不断地流向社会，所以恐怖之极。试问，以文部大臣为代表，教育家也好，政治家也好，在这一问题的解决上，有意识地采取了哪些措施？难道不正是因为这一弊病的存在，才导致了今天这种国家必须要花费巨资对不良青少年进行矫正感化的局面？少年保护司认为，家庭生活的不和谐造就了不良少年，却没有提到中小学教师的影响，恐怕真正的原因就潜藏于此。

即使这并非全部，对于不良家庭所培养出来的阿谀奉承的品性不仅不能加以矫正，反而起到助长的作用，这样所造成的危害是极大的。我在职时，对有教师因与所培养的青年女子关系比较亲密而做出忏悔感到吃惊万分。对于教师的这种批判，就算仅仅是谈到、听到，都觉得反感、羞愧难当。这种以东方道德为基础，习惯以他人的评价来代替自己的认识的事例，绝对不在少数。

四

那么，怎样的人才是教师的适合人选呢？哪些人又是不合适的呢？大概终极的答案就是正直和阿谀。说得具体一点，就是能够正确地认识他人、自我以及环境，并能公正地参照标准做出评价的人和阿谀奉承强者、欺负弱者、善于伪装自己、自私自利、不能正确认识事物的人。没有什么事比向如同白纸般纯真的人传授阿谀奉承之道更可恶。这会使他们曲解自然以及社会中的各种因果关系，从而也就不能正确地运用它们。

正直为善，阿谀为恶，这道理除了不正常的人外谁都明白，可是在实际生活中到底有多少人能够照着所学去实践呢？这一因果法则是否能发挥作用，也是生活上烦恼源源不断的原因所在。善因会导致善果，生活中却是反例居多，我们是否就可以据此而否定这一法则呢？这还有待考证。人类可以被划分为无数个阶层，但是至少我们可以明显地感觉到以下三个阶层的存在，这和前面我们所观察的结果是一致的。

1. 阿谀奉承者。没有独立生存的能力，因而很自卑，和一般的禽兽无异，对于强者极其害怕，因此出于一种报复心理，在遇到弱者时则以傲慢态度欺之，和间谍一样以欺骗为处世的原则。

2. 享受孤独快乐的弱小善者。虽然也算得上是正直，但眼界仍局限于自我生存上，对于与自己生存无关的事绝对不会插手，看见恶人不会弃之，遇到善人亦不亲之，因此，虽然不会遭到他人的讨厌，但也不会有可以推心置腹的密友。

3. 正直者。不满足于自己个人的幸福，希望能与伙伴们同甘共苦，能够正确地认清事物，为了正义而不畏强敌，不会说违心的奉承话，即使明知会吃亏也决不说谎。

探寻其根源的话，其差别也只不过是因强和弱的不同而导致了正直和阿谀的不同。对于不同的阶层，是该助长还是消除，不管是谁，一旦理解了教育的真谛之所在，必定会就这一问题进行自我反省。

五

如果教育者开展教育法的研究目的是为了使其在实际生活中发挥作用的话，必须要抛弃散漫的态度，制定出有计划的方针。那种盲目附和心理学者，特别是儿童心理学者，想单纯地通过对实践过程中的感觉、反应等简单的精神要素的观察和反复开展的实验，推导出教育上的指导原理，其方法必须尽早舍弃。更不要说那些从脱离实际的哲学性思考出发，渴望以此来得到工作上的指导的美好憧憬了。捆绑小偷需要绳子，但首先必须打稻草，以准备编绳子所需的材料。让目前儿童所处的这种状态一直持续下去，如果对象是病人的话，早就已经魂归故里了。因此，在医学上这类徒劳无功的事从一开始就被禁止。也正是因为如此，医学才有了如此大的进步。

正是因为过分痴迷于学问，竟然犯了连野蛮人也不会犯的错误。

必须尽早远离书本，回归到人类最原始的观察法。虽然顺着他人的足迹前进也有其可取之处，但必须断绝那种妄图不劳而获、抢夺他人劳动成果的念头。教育者首先应该意识到自己要成为一个认真学习知识的模范，为学生们树立良好的榜样。这才是教育的本意所在，把这一步省略掉的教育，再怎么大费唇舌，用语言来教育儿童，最终也是徒劳无益的。

那么，要采用何种态度呢？研究法的研究，才是指导儿童生活的教师的生命。这种研究在日常生活中的每时每刻都不能间断，不能怠慢，也是教育法以及教授法的关键。以自己每日的日常工作即教育工作为对象，日夜不间断地进行反省，把实际的效果与计划进行对比，换言之，就是要做好预算和清算的工作，不能有丝毫的懈怠，以此来寻找制定下一个预算的方针，也就是说，不能草率地开展实证检讨。当然这并不是意味着可以因自己一生中那极其狭隘的经验中的某次小小的成功而感到沾沾自喜，只希望能通过对广泛同行经验的分类与比较，从失败和成功两个方面对其原因进行探究，以此来继续探究因果法则。

教育方法的研究，与把它当作他人之事相比，更应该把它看成自己在日常生活中亟待解决的燃眉之急。即使是一本书，也要认真地把它读透，在增加自己经验的基础上，有必要对书中的内容细细地品味。必须深刻地觉悟到，不能像看杂志那样胡乱地通读一气，草草了事。

但是，又必须毅然抛弃对书籍的依赖心理。依赖教科书，如果是三十年前还处于外语基础的学习时期的话，这还是很有必要的，可是到了现今，不仅是徒劳的，而且还是有害的。这只是培养了一味地不劳而获，窃取他人劳动成果的强盗劣根性而已，并没能给普通大众带来什么实质性的东西。暂且不谈对新刊书籍上的知识现学现卖的大学课堂，与消受那些再进口的高价舶来品相比，可能通过对身边积累的经验、素材的直接观察并进行构造才是真正的捷径。改变以前的那种从哲学、心理学以及其他的基础学科出发的纸上谈兵式的研究态度，直接以远比理论上的学问进步得多的教育技术为研究对象进行观察，通过这种所谓的应用科学来研究教育学。如果我们的主张被证明是真理的话，那所有的问题都应该迎刃而解。当然，就像知识的灌输主义受到儿童排斥一样，对于教师自身来说，让他们死记硬背他人的知识，还不如鼓励他们把自己自发研究的技术与精读他人的相关著作结合，这样似乎更具可行性。

在此，与通过对他人经验成果的观摩学习相比，自己进行研究反而更容易出成果，这是指导儿童学习的诀窍。裴斯泰洛齐曾以自己在三十年间从未读过一本书而感到自豪，当然这并不是说教师不要专注于本职工作，应该更多地关注副业，也不意味着散漫的经验会逐渐退化最终淡出历史舞台。

作为教育方法学的绪论，我为何在其研究法的考察上做如此重复啰唆的陈述呢？那是因为我相信这是对受教育者的指导方法的首要准备，如果没有这一基础性思索的话，所有对教育方法的研究最终都将是徒劳的。

第四章 教育方法论的体系

第一节 教育方法论的类医学体系

教育学的体系与医学的相似，包含着众多的分支学科，涵盖的范围极其广泛，功能在于通过长远的计划，对尚未发育成熟的受教育者进行指导，以促使其发育成熟。

生理上的抚养这一任务可以完全委托给家庭，只要不影响其与生俱来的发育能力，而教育学主要是对心理上的发育进行积极的指导。教育学对于如何延长人类的寿命并不关注，主要解决的是心理方面的问题，而医学致力于人类寿命延长的研究，解决的是生理上的问题。这就是两者之间所存在的区别，但两者又都是以完整的生命体为研究对象，从这一点来看，教育学与医学也可以称得上是性质相同的姊妹学科。此外，不需要考虑最高的目的，医学也能够得到发展，而与此相反，教育必须首先就人生的目的进行研究，与医学相比，它还多了这一复杂性。

教育是营利性活动和以人才培养为创造价值源泉的社会生活的基础性事业，也是目标至少要在几十年后才能实现的极其远大的非营利性国营事业，所以庞大的准备方案和监督设施是必需的，而所有这些都是直接在教师的帮助下完成的。教育的核心工作在于通过完善教育技术来对青少年的学习活动进行指导。

受教育者的学习活动贯穿于人类生活的始终。这种学习活动的目的在于使受教育者能成为普通大众中拥有一技之长的人，所以对其进行指导的方法学必须包含以下几项。

1. 教材论。教育的素材必须要从自然、社会两个环境中提取并加以整理。

（1）应该加以利用的教材的范围如何？

（2）应该根据何种标准进行选择？

（3）素材应该根据何种标准进行排列？

（4）怎样将这些素材统一起来？

（5）结合以上的几点如何来编纂教科书？

（6）通过对人类教材观演变的考察来对以上的几点加以证明。

2. 教育技术论。

（1）教育技术的价值考察。

（2）教育技术成熟过程的考察。

（3）教育技术演变的考察。

3. 教材运用学习指导论。根除过去的那种知识灌输主义、照本宣科的旧思想，以促进受教育者自发性活动的开展并予以帮助，从这一点出发，我们应该做的必须包含以下各项。

（1）首先对教育方法的演变进行考察，为教育者工作的展开打好基础。

（2）学习指导包含以下三个方面：

① 认识作用的指导；

② 评价作用的指导；

③ 价值创造作用的指导。

（3）学习过程即教授阶段的研究。

（4）对教导的增加、减少以及教授训练的评价等。

4.教育的社会学经营论。

以上的方法是以理想的个人为对象，并假定适用于他们的方法也同样适用于其他人。但是近代发展起来的各种不同级别的学校，把年龄相近的受教育者聚集起来，再进一步把他们适当地分为几个小团体，以此来构建共同生活的模范集体，教育水平得到了新的发展，所以以往的那种"成熟者有意识地施加于未成熟者身上的具体感化作用"的定义已经不适用于教育事业。而且对于成员在发展程度及个性上存在千差万别的集体来说，以下的特别指导是必需的。

（1）年级的社会学经营论。

（2）学校的社会学经营论。

（3）学校的立宪性管理论。

5.要想废除与教师的实际生活没有联系的哲学、教育学，使实用性的技术学复苏，与科学性或实证性的方法相比，采用医学上惯用的方法会更有效。

虽说教育学是消极防御而医学是积极助长，两者在这一点上有所区别，但都是以人类的生命为工作对象的姊妹学科。可是医学得到了极大的发展，成为实用科学。与此相对的是，教育学却陷入了连教师这一职业存在的价值都得不到承认的状态，原因到底何在？医学方面的学者们凭经验对先进的技术或者是治疗方法进行研究，彻底弄清成败的原因，然后加以归纳，而教育的发展则依赖于与现今的教育技术没有联系的哲学家，他们仅仅是从哲学的角度来探讨人类的性质，企图由此推导出教育的方法。

如果教育学的形成不能像医学那样的话，教育的目的就无法真正实现。一旦其形成的过程与医学的形成相同，教育学才算得上是真正确立，进而才能发展成为拥有众多分支学科、涵盖领域广泛、对价值创造能力的培养加以指导的一项极具价值的技术学吧。教育学横向可以分为多个分学科，同时又可以根据学科规模和难易程度的不同在纵向上分为几个级别，这和医学上的分类方法是一样的。从横向来看，医学可以分为内科、外科、眼科、牙科、产科、妇科等，而从纵向来看，根据技术熟练程度的不同可有从博士、名医到庸医的差别。在东京等地，如果要请一流的名医进行诊断，就算只是稍微检查一下，五十日元或者是一百日元的花费是必需的。此外，一流的艺人或艺术家们一晚的出场费有数千日元之多也不足为奇。以科学的态度来研究教育技术，使其趋于完善，达到百发百中的效果，并将其传于后世，如果教育者能有这种自信的话，自然不会心甘情愿地安于目前的这种待遇。当然，想像上面的名医、艺人那样获得很高的报酬是不切实际的，但是当到了教育技术能够像医学或者其他的生活技术那样流传于后世的时候，大概这就不再是什么遥不可及的梦想了。仅仅把它当成一个理想也好，至少对于那些自卑而又自暴自弃的教育者来说极其难能可贵。

如果教育学成为与医学具有同样价值的学科，这在学问史上将是史无前例的，日本的学者不应该嫉妒或者是漠视，而是要堂堂正正地向全世界宣布这一壮举。这难道不是一项以几亿儿童为对象的救济事业吗？不也是国际联盟的一项重大任务吗？

虽说教育方法论的体系要以医学的为标准加以模仿，但这并不意味着现今的医学体系已经接近完美。我们不得不承认现在的西洋医学主要侧重于各个学科的分工，而在对整个生命体的综合统一上存在着极大的缺陷，在这一点上东方医学就体现了其可取之处。但是对于教育学来说，就算是和仍处于萌芽状态的西洋医学相比，也存在一定的差距，就更不用说在学科分类这一领域了，因此首先还是要对西洋医学进行模仿。

第二节　普通方法和特殊方法

以上说的是以正常儿童或者是普通人为对象的方法上的一般性法则，但是把这个一般性法则运用于实际的教育工作中时，必须要根据以下分类的不同采取与之相适应的特殊方法，且要灵活变通。除了一般的方法学之外，特殊的方法学的采纳也变得必要起来。

1. 以受教育者身心发育程度的不同为基础的教育分类。

（1）初等教育　　（2）中等教育　　（3）高等教育

2. 根据受教育者身心正常与否进行的教育分类。

（1）正常者的教育

A. 优秀者　　　B. 普通者　　　C. 下等者

（2）非正常者的教育

A. 残疾者　　　B. 低能者　　　C. 白痴者

3. 以受教育者的性别为基础的教育分类。

（1）男性教育　　（2）女性教育　　（3）共同教育

4. 根据教育主体的不同所进行的教育分类。

（1）学校教育　　（2）家庭教育　　（3）社会教育

5. 根据教育方法的不同所得出的教育分类。

（1）以人格的整体为陶冶对象的方法——普通教育

（2）以人格的一部分为陶冶对象的方法——特别教育（国民教育、公民教育、市民教育）

（3）以人格某一部分的局部为对象的方法——农民教育等

6. 以课程性质为基础，依据学科的不同所得到的教育分类。

修身、国语、地理、历史等子学科和知识性的课程、技能性的课程等，不同的学科在方法上也有所不同。

学校教育、家庭教育以及社会教育，都是以指导个人生活为目的，这三者在这一点上是一致的，但在适用的时期以及所采用的教育方法上又存在着差异。德川时代私塾教育开始蓬勃兴起，从那个时候起，在有关受教育者的生活指导这一问题上，存在着三种不同的教育方式，它们相互促进并共同发展。而在此之前主要是以家庭教育为主，受教育者在学习职业技能的同时也在最基本的谋生手段的掌握上得到了指导，待到其稍微长大一点步入青年期时，通过与那些所谓的同乡们的接触、交流，也就相当于接受了社会性生活的指导和训练一样，家庭教育的不足可以得到弥补。可是到了明治时期，它所提倡的新教育在对于受教育者的指导上，完全依赖于以读、写、算为主，并稍微地添加一些其他方面的学科的学校教育，而另外两种教育方式则完全被荒废了。对于这一时期，我们可以称之为"学校万能的时代"。可是到了近年，人们渐渐地意识到这种做法存在着严重的缺陷，于是开始筹划开展各种补习教育，同时对青年加以指导的社会教育的筹备工作也被提上议程。虽说如此，但所有这些活动都是有名无实，事实上并没有得到实施。

今后学校教育要尽其所能对受教育者加以指导，而对于学校教育的不足之处则必须通过开展其余两种方式的教育加以弥补，这三种教育方式在不同的领域各自发挥其作用的同时，还要对整体的目的有一个明确的认识。当务之急就是要寻求一种能够维持相互间的那种有序联系的合作方式。

在前文中，我提出了要将下至小学教育，上至专业、高等专业教育的学校制度改革为半日学校制度的方案。这种至今仍无法实现的方案如果能够被采纳的话，换言之，对于职业或者其他方面，比如说生活进行指导所必需的时间，学校教育应尽可能地减少对它的占用，就像重新回到明治维新以前的时代那样，也要给予其他两者（家庭、社会）参与整体生活的指导机会。通过对学校教育内容的改善而分割出了剩余的半天时间，与迄今为止的水平相比，效率得到了提高，同时由于与其他两者已经建立了有机联系，在如何使其成为现实的道路上已经向前迈出了一步。

所以一旦时机成熟，不论是谁，自然而然都会难以安于现在的这种自然教育，在通过有意识、有计划、合理的方法来统揽全局的同时使各自所属的领域也得到发展和完善，必须首先就这一点进行研究。怎样才能在保证三者各自独立性的同时又兼顾到它们的统一管理问题？对于表面上的那种权力关系，即使倾注再多的心血，终究也是徒劳的。只有从内容上进行协调，统一开展管理的方案，才真正是我们的希望所在。

作为本书中的创价教育学，不应该满足于知识的死记硬背主义等局部的教育，要以为包含着利、善、美的价值总和的幸福生活提供指导为教育的目的。为达成这一目的，所开展的活动不能局限于认识、鉴赏等智力、情绪方面，以指导价值创造向着集体性活动转变为方针，以期能通过三者之间的相互促进和协调，有组织、有计划地实现预期目标。

现在的学校承担一项微不足道的工作，超出预算几倍的经费和劳力是必不可少的，而且无论如何也无法取得令人满意的效果。以前的日本人不擅长写文章、算术，但只要能很好地顺应环境的变化，打好消化外来文化所需要的基础，就可以使他们重新恢复工作的热情。这里的互助协作所产生的效果是最有效率的，而且也与社会的经济相关，所以在半日学校制度下，这种互助协作的实际开展应该是值得我们期待的。关于这一点，柳田国男早就向我们提出了忠告，这在前一章中的引文中也提到了。

有关各自分工的详细情况还必须有待于学科构造论研究的开展，所以先暂且不加以讨论，这里所开展的讨论仅仅局限于应该在何处制订涉及整体利益的计划，从而确定这一分工由谁负责。毫无疑问，能负责这一工作的必须只能是学校。制订出以学校教育为核心，以家庭、社会这两种教育为辅助的计划，在学校接受从教授到训练井然有序的课程，并在校外以相关的应用练习的课程为辅助的手段，这是再合适不过的了。

第三节　教育方法论的工作体系

对于像教育这种需要树立极其远大目标，讲求各种大规模的方法和手段才能发展完善起来的事业来说，从最初计划的制订到最终大功告成，其间存在着各种不同分工，各个不同领域的分工者必须紧密地合作并加深彼此之间的了解。

1. 计划——教育学者。

2. 设施——政府。

3. 实施——中央、地方政府及个人。

4. 技术——教师。

5. 批判研究——教育评论家。

从现今的状况来看，各个方面的分工都取得了一定的成果，教育制度也已经建立，但彼此之间还无法紧密地合作，因此效率得不到提高。

这是因为能够被各分工者认同并发挥着纽带作用的计划原理没有确立。对计划缺少一个整体认识的各个方面仅仅把视野局限于自己的领域内，就像群盲评象般各自怀着自认为正确实际上却是片面的认识，相互嫉妒，相互排斥，不能在任何一点上达成共识，所以效率自然也就无法提高。在分工的各个阶段中，第一至第四阶段的成果应该在经过第五阶段的反省与批判后再逐渐显现出来，作为技术科学的教育学，它的形成过程必须如此，并且这也得到了各个分工者的理解。如此一来，整个团体达成共识之后，虽说各个阶级仍然在固守各自的立场，但也开始致力于彼此之间有机关系的建立。

政治家以及行政官员们过高估计了命令、指挥这种支配性意识的作用，他们以傲慢的态度积极地对各种活动加以指导，甚至在技术性问题上也要插手，而作为技师的教师们对于这种指导则是盲目顺从，不得不说这种行为和师从卫生监督官员者却充当医生角色给病人治病疗伤没有什么本质的区别。因此，作为当前教育改良所面临的燃眉之急，让从整个计划来看显得微不足道并且把技术付诸实践的教师们能够抱有起主导作用的全局思想固然算得上一个，但是比这更为迫切、更为重要的是对那些制订计划、提供设备的分工者们进行教育学方面的全局思想的培养。这样一来，由于一切都已经安排妥当，盲目冲动者也有可能实现自己的目标。话虽如此，但对于这些问题来说，首要的前提是以创造价值的技术为对象的教育学必须已经发展完善。

有一天，保险推销员突然造访。当时我正在写一些东西，对于他的这种没有介绍信的突袭确实有些反感，但转念一想，这难能可贵的造访也许就是一种冥冥之中早已注定的缘，于是就稍微与他寒暄了几句，谁知道话题一打开就停不下来了。之后又与他东拉西扯，天南地北地闲聊，结果还在他的游说下购买了保险。他说话的技巧让我佩服得五体投地。不同的场合所采用的说话方式也不同，这的确很聪明。必要性是发明之母。要想在这自由竞争的生活舞台上立足，真刀真枪的实践活动是必不可少的，所以他们都是凭自己的努力达到这一境界的。而像从事教师这一类型职业的人一旦就职，因为对象是没有任何判断能力的儿童，其工作的成果不经过数十年显现不出来，所以两种职业的从业者在对待工作的热情上存在着天壤之别。说到这一点，就不得不谈一谈教育技术了。教育技术一直都没能得到社会的重视，千辛万苦才钻研出来的发明或者是探索到的新发现最终没有被采用或得到重视，所有的努力就白费了。这也是在同类的技术科学中教育学最晚建立，并且一直甘心安于现状的原因所在。

　　教师不应该只是对教材知识的现学现卖，同时也不能轻率地将它们认定为榜样，对于迄今为止人们那种混淆了理想与现实的教师观，我是持反对意见的。原因在于不管是教师的技能也好，知识也好，或者是整体的人格，我们这些在这种世风下生存的凡夫俗子们是怎么也不可能达到理想中的水平的。如果不顾实际条件强行要把这种无法实现的理想转变为现实的话，这正好与视正直为生命的这一教育的本质相违背，有弄虚作假之意。不仅如此，还向人们提供了一个影响恶劣的反面榜样，带来了许多的弊端。向孩子们发出"这件事情不要告诉校长"这种警告，并且不为自己表里不一的行为感到羞耻，这样的人竟然出现在教师的队伍中的事实让我们一而再再而三地感到吃惊不已。认真思考一番的话，这种没有经过深思熟虑的行为的实际后果是可怕的，是难以挽回的错误。因为在孩子们看来，自己信赖的教师的话就像神明一样，他们必然会不加批判地全盘接受。同样，前后不一致的言行或者是自相矛盾的示范也会直接成为他们的道德原则。这样一来，如果有朝一日要对犯下的错误进行修正的话，先前的那种不加批判的信赖之情反而会转变为悔恨，甚至发展为憎恨、反感的偏激情绪，这种可怕的事例屡见不鲜。这是我在地方的师范学校任教时所发生的一件事。也许是为了消除积聚于内心的怨恨，一名毕业生曾问我："听说老师在前几天的职员大会上对后辈的缺点进行了如此这般的谴责，是否确有其事？"面对这一追问，我立刻答道："确有此事，假如这不是事实的话，我现在面对你必然感到羞愧万分，你应该还记得我给你提出的忠告吧。与把这一件事透露给你的同僚相比，不喜欢弄虚作假的我自信在内心的感情上多多少少还是略胜一筹的。幸运的是，如果你有听从他人忠告的度量的话，你难道就不认为自己比向你透露此事的人更觉得这些忠告是善意而亲切的吗？你觉得呢？"自那以后，虽说在交往上与从前没什么区别，但这应该算得上是一个典型的例子吧。

以教师在熟练程度上的差异为基础的指导方法的知识体系可以分为以下几种。

1. 附属于整体的教育方法。

2. 附属于分支学科的教育方法。

3. 附属于某些特别学科的教育方法。

第四节　教育治疗法问题

一

面对女官，如果你告诉她"你的脸上有墨迹"，她就会很高兴地将其擦掉；相反，如果你向她提出的忠告是"最近我发现你内心存在污点，请加以改正"的话，她肯定会立刻火冒三丈。即使女官有这些反应也是人之常情，就更不用说那些常常在生活中被嫌弃、排斥的生理上不健全且在精神上存在缺陷的患者了。对于身体上的缺陷可以很愉快地加以矫正，而对于精神上的缺陷，即使他人只是提出忠告，也会使自己反感至极。虽然内心也感到很羞耻，但绝不会毫不犹豫地承认这种缺陷的存在并进行自我反省，由于这种心态的作用，也就永远没有机会对这一缺陷进行治疗了。

话虽如此，但对于"为彼除恶即是彼亲"这种父母般的亲切关怀，不能有太多的客套话。可是，由于溺爱孩子以至于失去理智的父母们把认识和评价混为一谈，于是他们受到种种诽谤和谴责自然也就无法避免。因此，治疗的方法等大概永远也不可能问世吧。如果与以生理上存在的缺陷为对象的外科医术的发展相比较的话，不得不承认两者之间确实有着天壤之别。

整形外科等方面的医术迅速发展起来，骨膜炎症、骨髓病、关节炎、脊椎坏死，或者是小儿麻痹症、脚踝骨折、脱臼等，对于这些曾经无法治愈，或者是让人束手无策的疾病，现在只要有足够的毅力和耐性就可以很轻易地将其治愈，而且可以通过幸存的完好手足对伤残的手足进行一定的修补恢复。心理脆弱或是存在缺陷者一旦把自己与他们进行比较，必定会心生羡慕。那么，对精神上的不健全者的治疗永远不是人力所能企及的。应该就这么放弃吗？暴露于众人视野之下的生理缺陷，曾被认为是远非人类的智力所能解决的问题，可是处在就连这让人感到绝望的生理缺陷也可以找到治疗方法的当今时代，如果轻易地断言没有在外表上显现出来的心理缺陷是无法治愈的话，人类也太胆小怯弱，太容易屈服了。虽说是身体缺陷，却没有进行假肢等物质的续接以替换有缺陷的部分，那是因为只要是与生俱来的身体的一部分，就是生命的一部分。因此，如果自己没有接受治疗的毅力和能够治愈的自信的话，不管是怎样妙手回春的名医，也只能是束手无策。也就是说，疾病能够得到治愈是坚信渴望得到治愈的自我能力和外界所提供的力量共同作用的结果。

如果真是这样的话，轻易地断言同为生命一部分的精神缺陷无法治疗，的确是为时过早。不仅如此，我们还要意识到就连暴露于众目睽睽之下的生理缺陷都能够治愈，隐藏着的心理缺陷无法治疗是不可能的。那么，治疗的方法有哪些呢？首要的必备条件就是来自自己或他人的对治愈的坚定信念和接受治疗的意志力。如果完全没有治疗成功的先例的话，那就另当别论。可是如果已经有了先例，即使极其罕见，也能够作为可以治愈的证据。坚信既然大家都同样是人，就没有理由说别人能治好自己治不好，这样自己就可以慢慢地变得自信起来。当然，对于那些不管是接受治疗的意志力也好，对治愈的自信心也好都产生不了的低能者来说，只能依靠器械这种手段了。只要不是低能者，就不会没有治疗的手段。如果能有如此大的决心的话，即使所面临的困难再大，下定决心之后所面对的问题相对来说会比较容易应付。

二

我国对低能儿童研究的倡导在三十年前就已经开始，可是至今为止仍没能出台一部《低能儿童教育法》。对部分低能的反常儿童的研究也大致是同样的状况，和普通儿童的教育方法一样，不关注教育方法的成败，而只是着眼于人的本性。他们所进行的方法的研究，只不过是抢夺霸占心理学者们的那些毫无目的的成果而已。已经没有闲暇去等待那些身居学者这一特殊阶层的人们进行一些兴趣参半的研究了，因为和所有的物质发明一样，它的产生是基于生活上的迫切需要。他们没有对从古至今的种种发明问世的经验进行研究，这让人感到遗憾至极。

教育治疗方法的分类，如下所述。

1. 一般的低能者——愚痴等。
2. 特殊的低能者——发育不良儿。
3. 不健全者——盲者、哑者、聋者。

第五节　对教育分类的科学整理

一

被称为现代教育的主要思潮且在当今日本教育界相互对抗中处于一种争霸状态的教育类型，至少可以列出以下六种：

公民教育　乡土教育　农村教育　劳作教育　体验教育　合科教育

假如把其他的地理教育、历史教育、道德教育、体育、手工教育、音乐教育等也列举出来的话，大概有几十种。

在实际工作中，教育者应该如何对待这些数量惊人的不同类型的教育？要怎样才能把它们统一起来？如何在它们之间进行取舍选择？

1932 年年末，在帝国教育会举办的讲习会上，文学博士入泽宗寿以《现代教育的主要思潮》为题，对上文提到的六种教育进行了大致讲解。那么如何对它们进行综合分类，然后再编入科学体系呢？如果只是单纯为了避免赶不上潮流而忙得身心憔悴的话，反而陷入了远离正统教育的弊端之中。但如果是迎合伙伴需要的话，那又另当别论。如果是身居受初等教育界二十万名教育者尊敬的要职的官员的话，我相信他一定不会容忍这种杂乱无章的混乱状态，必定会以严谨的态度将它们进行统一和分类，建立起井然的秩序，并积极投身于各种工作的指导。就算只是体操、唱歌、手工、图画等分支学科中的一门而已，也想着要做出一点特殊的成绩。挖空心思想扬名天下，才经过两三年，就已经销声匿迹、踪迹难寻，而所带来的影响除了校长荣升到其他更大的学校之外，还有被迫上夜班的女教师们的抱怨，以及为了体操等学科的发展而做出牺牲的学科的不良成绩。这些伴随而来的无法摆脱的弊端让我们不得不感到担心。

为了消除时弊，弥补现存的缺陷，在对整体有一个透彻认识的同时，还能集中力量解决局部问题的话，自然是要另当别论。把某一局部当成整体而对其他方面不予考虑，或者是对其他学科所做出的牺牲无动于衷，置若罔闻，这种做法越是获得成功，其结果只能是与教育越来越疏远，且在"影响他人之子"这一问题上的确应该感到担忧。某一时期突然间就风靡天下的动态教育、自由教育以及道尔顿实验教学法等，现在还在何处流行呢？不管是在中央也好，地方也好，每年夏、冬两期的讲习会开始慢慢地流行起来，此时再研究一下各个地方的学校教育的话，应该会感慨万千。

当然，对于那些热心于研究并具有特色的教育者来说，在这一方面应该是比较擅长的。做总比不做强。不管怎样，只要行动起来，就有可能会触发新的灵感，在实践的过程中多少也会有所进步，而一直在暗中摸索的负责监督的行政官员们必定会对此大加赞扬。可是，至少在迄今为止的实例中这种说法是无法成立的。这在前文中也曾说明过，可以从中看出正统教育尚未发展完善。那么应该如何处置呢？首先要从概念的整顿入手，以批判的观点来认识整体，将矛盾冲突排除。

二

因动态教育、自由教育等名称而在一时之间吸引了大批观摩者，这种事情也有过，至今还有些印象，但至今到底留下了什么痕迹？

这不仅局限于日本，说起教育的新潮流大多都是如此，道尔顿实验教学法、外语情景会话教学法等也不例外。的确是一种创新，可是说其是哗众取宠也未尝不可。回过头来想一想的话，不觉得有些莫名其妙吗？而在当时居然会因在这一方面落后于他人而感到羞耻。教师对于教育方法是极度渴望的。可是，怎能如此轻易地就广为推行，难道不应进行更为细致的观察吗？如此一来，在黑暗中摸索前进的不安将会一直延续下去。

这种模式的教育在学问体系中可能占据着什么位置？如果在这世上存在着静态教育或者说是非动态教育的话，又或是非自由的教育得以形成的话，哪怕时间很短，它们都有存在的权利。可是，归根结底也只不过是把偶然的想法或者是经验的一部分进行整体化的虚妄概念而已，就像对未命名的选题或课题开展选定题目的探讨一样。

公民教育、乡土教育、农村教育 、劳作教育、体验教育以及合科教育，如果它们也只是简单的相互模仿的话，就必须要本着名副其实的精神，从学问上多下功夫。但是作为一门可以和医学相匹比的庞大的综合学科，必须要分成多个领域来开展研究，即使只是枝叶的一个分支学科，也必须要冠以总称。如果能意识到这一点的话，应该是值得敬佩的。而与此同时也要明白，在教育学的整个体系中，这终究只是众多核心问题中的一个枝叶问题而已，必须明确摆正它的位置。

三

"空中楼阁"这一成语，说的是有个愚钝的富人想要造三层楼，就命令木工师傅从第三层楼开始动工，然后造第二层，最后才是第一层，从上至下一层一层往下建，把地基的修建放到了最后。他没有意识到，无理的要求就算是提出来了，也是不可能实现的。虽然只是一则笑话，但小学中研究课程的公开、各科授课研究的发表等，这些专注于研究枝叶问题却把真正关键核心的问题抛于脑后的行为，与这个富人的做法极为相似。在全国的城乡各地流行多年的夏、冬两期的讲习会已开始略显颓势，而小学的这些活动大有将它取而代之之势，邀请受欢迎的学者大家来举办讲习会，实际上并没能发挥多大的作用，人们在意识到这一点之后，就倾向于以学者大家们对研究授课等科目的讲评来代替讲习会。"没有抽象化的概念是盲目的，缺少具体的抽象概念是虚妄的。"康德的这句话大多数情况下都是被原封不动地加以引用。聘请没有教育经验的学者对虚妄的概念进行现学现卖，接受这种没有意义的教化，哪里谈得上各个学科的教授技术的提高？所听取的内容除教育哲学外，其他的都没有任何科学根据，观摩者没有充分理解就盲目地全盘接受，最终也只不过是把所观摩到的各个学科的教授方法原封不动地照搬到自己的课堂上，只是模仿的不断重复而已。为何做此一说呢？因为似乎他们连追本溯源的闲情都没有了。

四

实践教育到底是什么意思？最近视察欧美教育归来的学者，不论是谁都会把重视实践教育列为欧美教育的特有之物。对此，就连朝野上的名士大家也极为罕见地深感钦佩，而且实践教育已经成为新兴教育中最重要的一种，许多相关书籍出版了。这种实践教育在教育体系中占据着怎样的位置，应该将其编入哪一部分才能弥补以往的缺陷？有关这些问题的研究从来都没有开展过。在此，不论再怎么大肆地渲染它的必要性，就像要往已经装满东西的杯子中强行添加新的东西一样，不把以前旧的东西拿掉就不可能装入新的。可是，拿走旧的东西是法则所禁止的，要解除这一禁忌必须首先征得以"多一事不如少一事"为唯一信条的监督官厅的同意。虽然社会舆论方面的呼声强烈要求他们解除禁忌，可是在官威的压迫下连大气也不敢出的实践家们，气势逐渐被削弱。他们已经是指望不上了。

至多也只是在手工、商业等方面的培训班中进行宣传和推广以敷衍了事，做好表面的宣传报告工作而已。即使偶尔有热心的校长为了能赶上潮流，为这一所谓的实践教育的开展增设了临时预算，但是在现今的这种学校组织下，真正能够实施的又能有多少呢？而在人口占全国 80% 的农业地区，情况就更不乐观了。这也是为何我们要把实业教育（以实践教育为目标）从非实业教育的学校手中转移到家庭中，推行半日学校制度，回归到私塾教育之前的时代，主张在儿童时代就让他们过上学、业参半的生活。只有进行这样大规模的改造，实践教育才能真正地实现名与实相符。那么从这个意义上看，如何才能实现实践教育呢？

德国的凯兴斯泰纳呼吁推进劳作教育，社会对此积极响应并产生了强烈的共鸣。这固然是好事，但仔细进行一番深思的话，我们所认为的新事物实际上受到资本家偏见的束缚。从以社会大众为对象的国民教育的本质来看，理所当然要从设立、经营到核心精神进行整体的改革，这已经不再是某一局部或部分的问题了。我们打着创价教育学的旗号主张对教育进行全面重建的原因也在于此。

所谓创价，就是说教育的重心应该放在价值的创造上。然而谈到何种价值，这并非单纯地局限于手工、图画等局部问题上，而是涉及所有的科目，甚至连日常生活中的利、善、美三方面的内容也被毫无遗漏地囊括。从教材的选择到它的使用方法，都应该进行全面的更新。没有必要特意在某一局部上对实践教育加以区分。既然以价值创造为教育核心，作为实现价值创造的手段的诸学科，不管其具体的内容是什么，如果不能在价值创造上或者说在实践中发挥作用的话，也没有多大的意义，只不过是与达成教育目的的主旨不相吻合之物而已。指导受教育者学会观察生活并从中学习，然后把所学运用到生活中进行价值创造，只有这种指导才能算得上是教育的手段，才能与生活相适应、相一致。

第六编

教 材 论

第一章 教材的选择及排列

第一节 社会对于教材选择排列改革的期望

一

第六十四届议会的众议院通过了政友会民政党共同提出的"政府应与时俱进,迅速并坚决实行教育制度以及内容革新"的建议。而在其真正实施前,着实还应针对改革要求的精神进行充分的研讨,对此,当时的《东京日报》发表了如下社论:

"当今之世道皆已由被看作是门外汉的社会对教育进行激励鞭策了,教育界的专家们难道还不以此为耻且引以为戒吗?

"对于上述的建议,虽有各种各样的提案者进行了纷纭的说明,可是归结起来无非有两点,一是让教育适应现代的国民生活,二是进行彻底的精神教育。无论任何原因,改良革新的说法本身总是没有错的,该建议大抵亦是始终不会被淘汰的,重要的就是教何种内容,如何去教才能让教育适应国民生活,才能让精神教育得以被彻底实行。我们看一下该建议的第一点要求,这与近几年来关于教育实用化的争辩相同。当今,失业者与日俱增,就业难这一现象已经逐年加深,匡正学校教育的非实用化,唯今之计就是进行教育改革。然将当今失业苦和就职难的责任一概归咎于教育，也是不明智的做法。究其原因，眼下种种现象其实是社会形势发生变化的产物，也是伴随着资本组织的强化以及机械文明发展必然的结果。对此，政治家们更应该就失业苦和就业难问题进行深刻研究，究其根本，再找出改良的上策。……不过即便如此，我国教育的内容还是有诸多值得商榷之处，论其调整方法：（1）应该对学科本身进行整合；（2）应当致力于加强各学科间的联系，使其均衡；（3）应在各学科内部对于各部分的繁简问题进行诸多改善。而且，若将这些不思进取、墨守成规的作风归结起来，也不外乎是文教当局认为无改革的必要，缺乏热情所致。

"难道是教育人士没有着力去进行探讨吗？非也。以往为进行教育改革也召集过很多次会议，但因其参加人大多都是抱有上述想法的人，自不必说，他们一定会赞成之前的教育制度。但在当今，对上述的三点意见进行周密的调查，之后找到一个切实可行的解决方案尤为重要，然此举不是召开一两次会议商讨几次即可解决的简单问题。若无深刻剖析当今社会的情势，推举有识之士，设立多个学科会进行仔细的研讨，则再多改革也不可能卓有成效。像文部省的调查方针那样只会令人感到不安，等等。"

多么犀利的笔锋，文教当局熟读后恐会颜色大变。一般执笔人的批评无非是主义、方针等，仅此而已，可该文中字字句句都对准教育内容，若非对教育大为关注的行家是根本不可能有此手笔的。……

二

……可以说，教材的选择、排列，即学校教授科目的整合问题是不可回避的重中之重。此时，如何去实行整合——这个基本原理就自然地演变成必须从教育入手来导入目的观，且解决涉及整个教育系统的大问题了。业外人士认为这是教育系统内人士的职责所在，只要提出要求，就很轻易地可以收获成效。虽说这在分工上看也无不合理之处，且业内人士确如业外人士所想的那样，对自家的工作更多是盲目和暗中摸索，但是，由于教育学的指导理论系统还未确立，无法将各自累积起来的常识整合起来，因此也就无法像业外人士所想的那样轻而易举地进行改革。

故此，若不从其基础原理，即教育学的整体出发，仅仅就委员制度等进行讨论的话，则不可能总结出一方良策。在各自的常识范围内以多数表决的形式进行归纳，如同盲人摸象一般，可谓是缺陷毕露。因此，这就是为何我一贯主张，即使是迂回，也必须决定教育目的观及其内容所连带的利、善、美的价值原理。人生在世，无非是要创造利、善、美的价值。……教育其实足以与医学界范围相匹敌，仅仅一小部分常识，对于整个教育领域来说只是沧海一粟罢了。尽管我等外行从旁干涉教育问题，也应遵守犬守夜鸡司晨的原则，做什么事还得靠行家，就算是麻烦，也要倾听他人的常识，即像是在治疗上首先要尊重医生的建议，不可忽视那些专家们长年积累的经验一样。总之，有了基于基础原理的原方案，再将业内业外人士意见整合起来，这样教育改革才能够取得切实成效。

第二节　教材的选择标准

一

教材选择的标准，对于所谓专家来说可能是极为浅显的常识，甚至不屑一顾，然而，对于新踏上讲坛的教师而言，是亟待解决的事。对于那些或是贫苦百姓家庭的子女，或是日出而作、日落而息的小生意人的子女，甚至那些昔日在中学以为无用的下层阶级来讲，由于教育均等观念抬头，接受教育已是理所当然之事。恰由于此，诸如外语之类等教学科目仍盲目地被保留。对于教育当事人来说，更是不敢对其妄加评价，唯恐冒渎神灵。……

二

教材的选择标准为何？……从事教育的不管是何人，都会有自己的主观认识，一般来说都被姑且认同，且迄今为止一直都安于现状，不求改进。但于当今，教育当局已处于一个非常严峻的时期，就算脱离了当前的僵局及世人的指责也无从辩白，我们已经认识到，在解决主观常识这一问题上，危急时刻已然降临。……我认为，无论如何迂回，都必须追溯到教育目的论，一定要打破填鸭主义的理由正在于此。填鸭式教育思想一直以来可谓是从小学到大学的教材中的蛀虫，日本的教育内容现今仍是如此。

教育目的到底是由何人来设定？一般国民又必须受此限制吗？……我认为，教育学者并不持有私自设定教育目的的权利，其仅仅拥有使认识不至于扭曲的义务，而将教育目定位在指导幸福生活之上……

在进行利、善、美三方面价值创造及获取时，对其与真、善、美系列的不同之处进行考察，可以说这才是构成教材的选择、排列乃至教育方法论的原理所在。

三

人类生活的对象环境，可谓包罗万象，然总体来说无非也就是下面两大类别。无论何人都一定会与其交往，与之调和，否则便无法争取到幸福生活。故此，教育首先必须要进行的就是教导学生如何与之调和。

1. 自然现象——天、地、人三才，这可谓是从古至今被大致区分并包含了一切现象的总称。

2. 人生现象——从上述现象中将在人际关系中特别发生的各种现象抽离出来的现象的概括。

这也仅仅是粗枝大叶而已，若细细区分，则还可分出无数枝节，在此就不一一列举了。详情请参阅拙著《人生地理学》及《作为教授之统合中心之乡土科研究》。那么，如何指导受教育者，使其生活与自然界以及人类水乳交融呢？……归根结底无非是把教授者的价值导入到受教育者生活中。因此，上述自然现象和人生现象亦同时包括于教育机制的设计中。

四

……我们应将环境整合为以下三方面，并诉诸教材，再对其缺漏之处予以填补。

1. 有利于得到利润的经济生活方面的教材。

2. 有利于向善的道德生活方面的教材。

3. 有利于追求美学的美术生活方面的教材。

是否还有上述三方面以外的其他种类的教材呢？多年来，我苦思冥想，但终归实力有限，至今仍未能发现。其实，教育界也做了多次改革，始终也只是隔靴搔痒，外表虽呈现出多种多样，但结局都可归于上述的某一种类。

第三节　教材排列的标准

……当然，为了不与开发孩子的心理发育背道而驰，还必须在理解力的范畴内进行。若是普通生活范畴涉及专业、职业领域，则理解的难易主要取决于教材的逻辑排列。设想，若突然地将专业之物加于教材之中，对大人而言且异常晦涩难懂，何况儿童？但若渐渐地将逻辑顺序理顺，即使是牙牙学语的儿童亦可轻松理解，这即是每个实验者都首肯之处。诸如算术这般重推理的学科就是一个绝佳之例，虽然现在使用的国定教科书及中等教科书中，已经做了些排列，然而中等以下的学生们学起来仍然困难重重，而若是将特别形式的数的关系问题分成若干类，按由简入繁、由浅至深的顺序进行恰当排列，则就不会有太大困难，比较容易学习。……由此看来，应该对各个教学科目的排列进行修正，而其先决问题就是清晰地认识各个教学科目存立的目的及根据。

第二章　教学科目构造论

第一节　教材的阶段性排列

在对学生的学习生活进行合乎目的的指导时，要因循诱导，即不单要使一定的教导阶段与各教时相结合，也要让所有的教学科目与各学年或全学年的实际情况相适应。据此精神，还必须决定教学科目提出的顺序。

……尽管教育与生活称得上是息息相关，然于日本教育界中，无论是学者、专家、监督人员或是将来的评论家均未特别加以关注。即便是偶然提出些新问题，其内容亦是老调重弹罢了。……

于日本教育制度中，教学科目的选择、教学课程表等并非从教材整体的清晰研究中形成，即便是1890年的《小学校令》得以改正，也只不过是在德国制度的原型上，于翻译方面略加修正罢了。

此前的教育科目论，并非建立在何等目的观的基础之上。基于此进行评价、选择，其仅仅乃常识的罗列，在此已谈不上本末倒置了，因为此前教育科目本无"本"，何论"末"？且上下左右的有机关系亦不过是随意调整，全然未加仔细斟酌，无暇去考虑其是否存在价值，孩子懂或不懂，更不论其结果为何。即使这些是应用于孩子生活中的重要组成部分，也被以为无考虑的必要，仅将生活中必要几个事项进行罗列而已……。由此，当务之急应从以下三方面入手：

第一，基础直观教学科目——可以指导实际生活的直观乡土科目；

第二，分工的学习教学科目——在学校教室中进行学习的各个教学科目；

第三，总括性整合教学科目——可以指导学生应用至实际生活中的国民科目。

第二节　教育的基础性直观指导——乡土科目

……可以看到，即使是那些无条件地肯定明治时代教育制度的人，也不一定会讴歌现行的制度，其实他们也对当今的制度失去自信，不仅如此，他们也会尖锐地批评现行制度与现实生活实不相宜等等。然而，若未形成使得根底原理得以确立的教育学整体体系，改革的替代方案仍无理由出台，故此，便形成了当今人士的此种明知不满却仍安于现状的状态。

……由于种种很愚蠢的原因，真不知教育改良何时能够落到实处。以上暂且不谈，当务之急，即就各个教学科目进行深入探讨，探索当今教学科目如何得以实现，起草人的计划又被实施至何种程度，等等。就这一问题，拙著《乡土科研究》的"论乡土课特设的必要性"一章中分为如下几点进行了论述。

1. 海市蜃楼的地理教学与乡土课。

2. 基础观念的历史教学与乡土课。

3. 忽视舞台与背景的历史地理教授与乡土课。

4. 与儿童生活无关的修身课与乡土课。

5. 直观基础名数的计算与乡土课。

6. 忽视了浅显活用方面的国语教授与乡土课。

7. 困于标本模型的理科教授与乡土课。

8. 教授终点的确立及乡土课。

9. 教授终点的紧缩与乡土课。

10. 教授的联络整合与乡土课。

11. 实际生活与乡土课。

12. 特设乡土课的利害关系。

……现代科学并不是突然登场并进行分化的，我们可以尝试着回首各个科学的成立过程，便会茅塞顿开。首先，人类生命在还被分为三六九等混沌状态时，即构成了对于环境全体的无意识反应，并逐渐发展。在此过程中，从全体中选择一个乃至多个具有特别关系的对象，集中意识进行观察，并将其与其他同种类事物进行比较对照，挖掘出该事物的本质，科学便由此诞生了。现代科学都是经历了这样反复曲折的经历才诞生出来的。故，即使在教育中，孩子或是青年亦一定要经历该过程，才能得到真正认识。正如夸美纽斯以来的先觉者遗留下来的格言所言，教育一定要适应自然，或者适应自然的发展趋势。然而，综观当今教学科目的分配及教材提出的实况，可发现，固然有其好的一面，然更多的是有待商榷的一面。……不结合孩子们的实际生活，就如同突然给懵懂的外行一本深奥、专业的科学讲义，他们不会有何种兴趣，也不会懂得些什么。……不得不在此重申，乡土科乃是作为构成当今各个教学科目教育的基础劳作，亦是可以通过环境直观指导学生的教学科目。……若要进行根本的改革，则必须从此点开始考虑，进行教学科目的排列。……

至今为止的教学规则使得教师如痴如醉，视为无上权威，丝毫不顾及对孩子们实际教育的效果，且更不可能真正意识到自己的工作价值。倘无论做何事皆是顺从，则至今为止的社会意识也无法得到提高，今天的僵局亦不可能打破。青少年阶段乃是最具热情、最敏感的学习时期，在统观到这一时期的青少年学习效率逐渐变弱时，我坚信每个人都应该做一反省吧。简而喻之，若向十岁左右的幼童突然提出国家这样的高级观念，更甚者是在单刀直入，将两千五百年前的国家政权变革搬出塞入孩子们脑中，如此这般，孩子反应如何呢？然而，即便如此，亦不会有人有任何怨言，这难道不是一种霸权下的产物吗？……二十余年前我等就已经指责且提出建议，然教育当局仅信仰大主义，只能听得下去欧美人的主张与见解，即便是直接接触该项工作的人士也不屑一顾。……

第三节　学校教材的各个分科

人类若想要得到幸福生活，必须成为共同生活团体中的一员，之后努力使得所在团体完成进化，成员才能够达成所愿。将幸福的实现作为最终目的来进行指导教育，首先就必须使其顺应所属社会的身体、精神或者经济能力，然后再培育其去努力地争取更进一步的社会进化能力。

综观现有的教育体系，其重大缺陷在于，虽已完成对于其更高目的社会生活意识的贯彻，却没有任何系统设施来与之结合。

1. 比如说在指导个体生活完成的方面，即便是相关人士集中主要力量全心投入，若没有可以创造现实价值的系统设施来相辅相成，亦是一事无成。诚然，不能说皆无，但仅有的只是片面的、无意识的东西，中心思想未得以归纳组织。……为了最终实现人人平等的社会，无论此社会中有多少成员，经济生活从始至终皆占日常生活的绝大部分，经济的独立乃人生第一基础，若意识到如此的话，则在谋求教育手段方面就没有什么可争议之处了。于是，清楚地意识到经济占有幸福生活的绝大部分因素这一点，相关人士就应该努力地去钻研如何在现有的教学科目或者之外的教学科目中建立多个系统方案了。

于是，在指导利益价值的创造上意识到教育的重要职能时，即使是将涉及自然、世事两界的环境选进教材，我等也要清醒地认识到，其不仅仅是单纯提高孩子们兴趣的对象，更应使其成为利益价值创造能力培养的第一手段。这样，用于利益评价作用的指导教学科目，即鉴赏教育的教学科目就会向更宽广领域展开。若果真如此，我等便可发现，至今为止，如利用有机无机的自然界创造利益价值的农作物、家畜、养蚕、养鱼、养殖、造林等原始产业，或以其产物为原料来谋求价值增效的各种制造工业，以及使货物流通来进一步提高价值的商业、运输交通业等等多方面无数的教材都被我们在"匆匆"间忽略殆尽。

当然，现设的理科、地理、手工及农业等诸多科目肯定也会多多少少涉及一些。然而，偶尔为之的片面的、孤立的标本教育是无论如何也不足以归纳总结的。……

2. 应该准备怎样的教材教导学生向善呢？修身、历史、地理、国语，可以说对这些地方，教师和学生们倾注了颇多的努力。然而，倘若是没有考虑到对社会这个全体概念的构成，仅仅是对其作用进行捕风捉影的想象，则到哪里都将是虚无缥缈、不着边际。如此这般，即便是我等风烛残年之辈捕捉到了些有实之物，亦不过是汪洋之中一缕尘埃，化作东流去矣。

……事实胜于雄辩，小学生自不必言，试问，即使是中学生，学完日本历史课后又有几多收获呢？仅仅去追随三千年间的走马灯式的世事变迁，仅仅去一个劲地背诵其背景以及进化过程如何等等又有何意义呢？……对于孩子们来说，看这些古人就像观赏相扑馆的力士或是奥林匹克运动会上选手竞争一般，除了一点点剑击之乐趣外无任何别的差别。想来，实际上是很愚蠢的，真是徒劳无益，可偏偏无人在乎，无人放在心上，不禁让人感慨之至。……我认为，必须从教授的要点进行修改。若是一种东西作为国家意志得以公布的话，不说明当前的对象，那么就必须能表示出对象的归处。……

3. 指导美的生活的教学科目是怎样的？这点可以从指导和奖励手工、农业、图画、唱歌等多方面的价值生活这一目的入手。业界人士将人生作为教育目的，且对这一点达成了共识，对此，我深感遗憾。作为教育改革的准备工作来说，由于未对此前的缺陷进行评价指导，因此，对于环境的认识甚是盲目，加之对价值创造工作的指导不甚连贯，造成对创造占有人生大部分的利益经济价值的指导仅被局限在很小的部分。此外，由于没有与国语课等价值创造工作的缀字法利益经济价值的意识相结合，缺少全学科范围的画龙点睛，所以能效甚低。……现在的各种类别、各个阶级的各个教学科目并不是通过某种统一的着眼点进行取舍选择后的产物，究其源头，只不过是翻译了德国的成品，在此基础上再斟酌并掺入了一点英、美、佛界等的成分，之后进行起草得出的。也仅仅根据实际的必要性进行了稍许加减罢了，这就好比对应某种紧迫形势，趁一时之兴在原有的"古屋"上进行一些修葺，仅各自提出自己的常识，总结出来的无非是一份盲人摸象的不实方案而已。在数十年后，该方案首次被挂到科学教育的照妖镜前受到正当的审判的时候，我们可以总结出以下几点，愿对方案的重新制成有益。

1. 在指导利益价值的创造上作为主要方面有益的教学科目。虽然选择了手工、裁缝等，然而还需要从生活指导的教育目的上大大增加。

2. 在指导善，即道德价值的创造上作为主要方面有益的教学科目。有必要在修身、历史、地理等方面进行全方位的改善（选择排列）。

3. 在指导美感或美术价值的创造上作为主要方面有益的教学科目。图画、唱歌、手工等为此类，但需要在指导方法上进行改良。

4. 成为上述各个科目学习的基础，可以对以上诸方面进行价值创造指导，使之成为有益的教学科目。主要是国语、算术、题材等，主要集中在必要的目的观的考察，以及与之对应内容的改善。

无暇去考虑学习心理法则的业外人士主张将常识性教学科目缩减，以求节约，然而，由于国语科目的材料或者内容与各个教学科目相通，那么该科目的扩张就必然会导致其他科目比重的缩小。但是每个科目都有其设置的目的，所以应该按照这一点来进行材料的排列，若非如此的话，就顾此失彼了，反而会增加学生学习负担而最终成为一纸空谈的谬论。

那么，国语课的目的又是什么？其实，顾名思义就是国语本身，而不是其他任何事物。通过使孩子们领会语言本身的法则，不仅可以谋求学习经济，还应该指导其可自如地应用到日常生活上去。这样，就使得参加社会团体共同生活变得更为便利，对社会生活也就愈加有益。

我认为，在赫伯特·斯宾塞①所著的《什么知识最具价值？》一文中的几句话，即使是现在从教材的选择方面来说，仍不失为筹备幸福生活或者说完美生活方面非常重要的五个要素，也是至今为止该重视的珍贵文献。

第一，直接的有助于自我保全的相关活动——直接的有助于自我保全的准备——生理学。

---

① 赫伯特·斯宾塞（Herbert Spencer，1820—1903），英国社会学家、哲学家和教育家，"社会达尔文主义之父"，重视科学教育。主要著作有《社会学原理》《人口理论》《综合哲学》《教育论》等。

第二，间接的有助于自我保全的相关活动——间接的有助于自我保全的准备——数学、物理学、化学、生物学、社会等。

第三，以子孙的教育为目的的活动——作为父母的生活准备——育儿心理学等。

第四，维持正常社会政治关系的活动——作为公民的生活准备。

第五，悠闲时消遣的各种活动——满足人生趣味的准备——美术、绘画、诗文等。

若按以上的顺序进行表述的话，教学科目就应该据此进行取舍选择。在七十五年前就已经以价值观为基础选择教学科目了，到现在这种混沌状态下再回想起这个主张，真是不胜感慨。

第四节 综合生活指导的乡土科目

一

……应把纵览古今、横贯东西、纷繁复杂的教材看作是作为到达中心着落点的一种手段而初次形成的有机知识体系，由于在以往教育中，并没有重视此点，所以导致好不容易积蓄的知识变得散漫不统一，或者被低俗的生活所用，抑或用于不正当的手段，最终随着教育的进步，犯罪率却反而大大增加。例如，给没受过教育的青少年看一些恶俗电影时，就算大结局或者梗概是惩恶扬善，然而带给他们更大冲击更大震撼的却是一小部分甚至几个镜头的强烈刺激场面，最终，等于变相地鼓励他们去模仿那些恶行。……

二

正如我每次所陈述的那样，利、善、美三方面不仅体现了价值体系，而且还包含了赞赏评价作用。众所周知，幸福是人生的终极目的，也是教育的终极目的。那么，该幸福到底指的是什么呢？被命名为幸福的物质并不在终极目的地的彼岸，善、利、美等同于价值，幸福也是价值，只不过是将以上总括包含起来的概念而已。要是仔细观察，其实仅为空壳而已。然而，其中也不是空无一物，这恰是任何宗教整日谈论的话题。……

教育能够指导人类寻找到到达一定目的的轨道。……作为人类来说，只要没有心灰意冷、悲痛欲绝，无不渴望能够沿着正轨朝安全的方向迈进，这就是教育存在的可能性。

三

教育若是像以往那样只由教师来树立目标、建立计划性方案，是不够的。一定要使受教育者也意识到其学习生活的目的，且独立找出向该方向努力的计划、手段，或者至少要让他们意识到这一点。这样的话，至少可以让受教育者结束学科课程而毕业。之后，在此基础上让受教育者对以往从各处各部分中总结出来的目的观全面进行反省统观。局部有局部的目的，然而，对于包括局部的总体部分来说，只有知晓到达最终目标的手段，才可以努力逐渐进步，这样一来，目的和手段这样的观念系列才可以形成一大体系，变为学生内心深处根深蒂固的观念。

如果这样，即使是孩子，现在也可以知道自己是在为何种目的而努力——为什么每天要去上学，到底自己在创造怎样的价值，这样，浑然一体的观念网就整理成一大体系了。实际上，这是必要的，也是可能的。若是真的实现了真正的幸福生活，那又意味着什么呢？是为了金钱、财产、位置、名誉还是其他物质？是仅凭一己之力可以得到，还是要与别人通力合作才可以？……修身也好，地理也好，历史以及其他与社会生活相关的教学科目也好，或者理科以及自然界的其他与生活相关的教学科目也好，由于总括性地综合教学科目，它们首次成为浑然一体的体系，并在其中显示出探索学问的功能所在。

四

如果可以理解以上所述的内容，那么接下来的问题是命名学习科目。如何去真正地实行，或者说首先拿谁来做试验田等，这些都是问题。不管是当前谁在进行统筹考虑，但除了编辑我等所说的国定教科书，再让教师进行讲读外，别无他途。然而，即使这样，很多人仍旧给予否定或表示出厌恶情绪，或是往往坠入知识填鸭主义的弊端内。这就是为什么需要严格进行教师的筛选，提高其教养，使其可以进行至今为止的指导。

……不论建立了什么样的政治经济国策，要是缺少教育国策的话，也只不过是空中楼阁罢了。该教育改良中，讲究运用教材的方法是最为紧急的。

五

总之，作为创造幸福生活的手段，摆在首位的应该是指导低程度、无意识评价的教学科目。其次是经过对以"何为价值"作为对象进行理解认识，并对更高级的意识再次评价进行指导的教学科目。最后是应用创造价值指导的教学科目。

这样一来，前后左右相互的因果关系就被联络统合成为一个有机整体了。

为了改革我国教育的实际内容，文部大臣必须为此汇集众多所谓教育权威及拥有实际教育经验的专家，专设研究调查机关，对科学基础进行致力研究。不过，此种问题若是一直等待着教育学者、心理学者及伦理学者支持鼓舞的话，就好像百年俟河清一般，很难有出头之日。……人类将乡土这一自然因素与社会这一环境因素调和起来进行生活，通过此来获得价值。然而，利、善、美均有其独特个性，创造对应此的任何一个价值并进行生活，再根据此对社会文化做出贡献，就算是无意识而为之，也可得偿人生在世的夙愿。能够指导此前之受教育者，这就是作为创价教育所期待的目标所在。

以往以物质为中心的科学教育学中，若制订了一个计划，就可以瞄准该目标，一直将任务实行下去。然而，试想一下，精神层面又如何呢？不得不遗憾地说，至今精神层面仍缺少画龙点睛的神来之笔。

六

教育专家们被困于教育法规所定的框框内，仅着眼于学校授课时间内的学习作业，虽说柳田国男是门外汉，但起码他可以从大局着眼，将教育与国民的实际生活状态相结合，正如他提出的如下意见却反而给那些执着于小局观主义的业界人士敲了一个警钟。今天，重新认真地回顾一下柳田国男的意见，会更加坚信从根本上改革迫在眉睫。

"小学、中学时代有如阳光明媚的午后，然而他们不得不从双亲或兄姐那里接受重要的训练，使得他们如花般的时光被教育课程无情地夺走。这个教育专门由'观望'与'模仿'组成，学习它们需要很长的时间，此外还需要以寂静作为条件。而校方还意图将异常短暂且稀少的'实习'课通过发明新的颇为巧妙的方法来想方设法进行取代，然而，若是将此省略的话，农业、渔业也就随之衰亡了。义务教育的延长使得教育持续现有的形态，我非常不赞成这一点。

"当然以上所述决非不能改良。然而，为数众多的家长或者教师仍然认为，若将众家的技艺的实习列入正课的话，孩子们就会渐渐变得散漫且前途无光，将大部分时间割让给学业，留下的时间让孩子适当地进行技艺实习就行了。遗憾的是，近几年来他们恰恰是没有好好利用孩子们那最容易与学业相结合的年龄及时段，将对孩子的知识灌输作为正统教育方法，致使日本的小工业以及与生活紧密相连的农渔技能荒废。呜呼！孩子家长假若不知道除此以外还有别法的话，其结果将何其恐怖，等等。"（《诸位专家的教育意见》，第 247 页）

第五节　根据教学科目的分合与性质进行分类

还有些教育家，他们没有明确教学科目的性质，也不去深究各自的教学目的，仅懂得凭外观将学习能力予以分散，去迎合什么都不懂的门外汉的呼吁，胡乱地削减教学科目。居然有这样的教育者，真是百思不得其解。不管他们的辩论要点为何，主要的论调都是欲废止其他分科而均加入国语课，似乎只要这样做，就可以为学生减负。若是如此，还不如进一步立即将各科的名称均做删除，仅留一个国语课，内容由地理、历史、修身等科目组合而成。若均用国语来表示，这与单纯的国语课又有何区别呢？还有很多事情是不可能像想象中那样简单的，各科都拥有其独自目的。据此，其他科目与国语科结合在一起形成一个不同知识体系，所以，不能随意对其进行破坏。若非如此，也就谈不上什么为学生减负了。这难道不是很容易就可以理解的吗？

……各科分立的必要性及独自性为何呢？根据以下考察，我等可以看出，拥有其独特性的三种教学科目被严格地区分开来，而且，这是在确立人生的基准中必要之物，我等的使命便是陪伴在受教育者左右，为他们排除障碍，给他们安慰、奖励和鞭策、指导以及向他们示警，使受教育者在朝向目的地努力的过程中尽量少走弯路，让他们最终到达目的地。除了达成目标，还要让他们把各方面的知识综合起来，组织成为一个有机体系，以帮助他们抗拒人格的分裂。

作为人类生活法则确立所需要的教材来说，被选择的知识体系的种类，与其对应的教学科目以及该科目的使命如下所示：

1. 与自然法则相关的知识体系

理科——自然法则的理解与应用以及该知识的培育

2. 与社会法则相关的知识体系

修身、历史、地理——社会法则的理解与应用以及该知识的培育

3. 与构成自然、人类密切相关的知识体系

与生活中创造价值的表现手法相关的知识体系（教学科目的使命及教学科目和学习作业的种类）

（1）拥有身体动作的直接表现手法

游戏、体操、舞蹈等——技能与知识

（2）拥有立体的创作品的表现手法

手工等的生产教学科目——技能与知识

（3）拥有平面的创作品的表现手法

图画、地图等——技能与知识

（4）拥有语言符号的组合的表现手法

① 拥有诉诸听觉的声音

所有教学科目内的作业——谈话、唱歌等的技巧及知识

② 诉诸视觉的表音符号

A. 象形文字—汉字—文章

国语课（读法、写法、缀字法）——文章理解应用的技巧与知识

B. 表音文字—假名—文章

国语课（同上）

C. 表示数学这种特别记号的内容—数字—数式—算术课—算式、应用题的理解以及应用技巧与知识

D. 为表示音程而表现出的音符——音符乐曲

唱歌课——音乐技巧及知识

以上种种知识体系均与人类各个方面生活目的的确立息息相关。各自的教学科目都有其独立的存在目的，若不考虑这个目的而强加合并的话，也许外表上看起来简单了，但是里面已混沌一片。就好像作为感觉器官来说，若人体的五官中几个组成部分发生闭塞，而让剩下的去兼任其他功能，最终也成为一纸空谈。此时，莫不如对教育方法进行进一步的改良。

如上所述，将各个教学科目进行分门别类，将国语课（读法、缀字法）编入与其表现手法相关的知识体系中，这样就没有持异议的余地了。然而，对于那些认为缀字法教育是唯一或者最重要的生活指导课，而无暇顾及其他科目的主张者而言，也许更被视为怪谈。"……我等反对像寺子屋时代或明治时代的形式性作文教育，宁可重视其内容价值亦不重蹈过去的覆辙。虽然之前也曾呼吁生活指导的重要性，现在却不得不改变观念，立足于新的立场来疾呼对于表现方法的指导了，等等。"

第三章 论国定教科书

第一节 教科书国定制度的是非曲直

一

　　教科书国定制度的是非曲直已无特殊论说的必要，已经断然地存在着。但是，从劳动力、费用等经济上看来，今后还是必须就其问题加以评价。在此，仅就其编写方面的问题加以论述。第一，对于地方实际情况适合与否加以判断，并接受议论。但是，与质的是非曲直相比，还是量的多少上易于调节。植物成长季节为一个月左右，正像南北两端人们不适当地大声呼喊那样，太过于拘泥于小异而舍大同。必须将偏离季节的商品储存到第二年。性质全然各异，可由教师来加以调节。并且，只有经过调节，才能够适应社会化教育目的。不能够调节者可作另外考虑。……

二

　　如果认真批评国定教科书制度，那就必须区别所记述的文章及其内容知识性质。虽然对于地理、历史及算术等不太重视，但是对于国语则是非常重视而加以评价的。同时，比起文章来，还是对于内容材料的选择上，注意是否适合于地方实际的评价。因所掌握材料有限，对各教学科目的目的亦非十分透彻了解。对此，令人遗憾的是，重视另外标准的错误评价很多。例如，对待下层的劳动阶级如封建社会武士的修身来说，完全与生活不合拍，即是其中之一。这的确是市井巷间的实际情况。如果有足以能够代替此者，亦不能照搬于此。但是，假如非此种场合亦不得不采用的话，则主要是要看能否具有作为话题引人注目的价值。这一点在道德上必须判断是否有美学价值。即使教授如何行善，可是听后就忘记到脑后，那也是没有留在社会记忆之中。因此，像这样美的因素很多的材料，无论在日常生活中如何卑微，抑或是距离日常生活很远的外国材料，也不会有什么妨碍。就是国语读本，其学科的目的正如其名直截了当所表示的那样，不是别的什么教授手段，国语教学也非教授脱离结构的文章。必须牢记，文章内容知识不过是达到其目的的手段而已。至于与地方和生活是否相符，则是位居其次。如遇实际相符，将其加以协调应用，此即需要教师指导的原因所在。不顾首要目的、脱离生活的批评，在算术上也经常有所耳闻。根据场所、季节变动的应用问题中的数字存在于日常生活中，即使此类教科书有千百种，也是远远不够的。从实际情况来看，要坚持算术指导的首要目的。与之相比，国语一样。切勿忘记，其主要目的的达到是很快速的。

三

……随着乡土教育的流行，必须有乡土读本，并且让人看得出，以有乡土读本而感到自豪那样进行编撰课本。这里面有有关乡土内容的知识和有关国语的知识，编撰要有明确的指导思想。上面两种提供者皆为一般处世所需要的知识，如果为此编撰课本的话，就不太有实际意义。而乡土读本不过是记述了朝夕与孩子们在一起，过往甚密的各种事实罢了。如果有阅读价值的话，不是内容新，而是那些写出来重现的文章。尤其是通过图文并茂，看过之后能够再现所在乡土和物体，能够重新获得美的价值。……因此，如果说乡土读本是必要的话，那么就必须用有读本本身使命的文章来加以表现。如果是这样的话，那么就必须时时能够得到名文杰作；否则，作为国定读本文章就没有编撰意义了。……

第二节　国定教科书的编撰方法

……此编撰方面的问题，应该作为整体上应该考虑的问题。教材选择、排列和记述三方面的划分及决定，是可以进行综合统筹的。当然，无论是综合统筹者，还是分担者，抑或是起草者，首先要参考各方面常识。这些科学性统筹以对教育学理解为前提。由各行各业专家调剂抓药，不能像蒙古那里那样放任让没有职业修养的庸医治疗疾病。无论何时都不可放弃教育，且重视主治医师的意见，这在今天医学界中，如不做这种努力，则教育的改良也成泡影。但是，其先决条件是，改变知识灌输的门外汉观点。作为子弟幸福生活的指导手段，要确立把教育材料介绍给受教育者的本质观念。接着，必须改变国定教科书编撰思考，撤销秘密主义。……很早就公开内容项目的做法对使用人是有利的，对编撰工作亦无害处，况且集思广益也是有益的，与专业部门和国家宗旨也是合拍一致的。当然，这是在某种程度以内。首先在教材选择上公开征求意见，接着，按其排列进一步征求批评。然后，在出版前，再一次征求意见，最后得以完成。大致就是经过这个顺序。此事原就是局限于一小部分范围内，这次只不过得以扩大公开罢了。……何种知识在生活指导上最具价值，此在国民教育上是颇具选择权利的，首先是由各方面分科的专门学者来予以提供。对于必须顺应各方面生活的人们来说，面对着无数资料，要从中选择出具有最高价值的内容。如果不是具备完备生活常识学者，就不会办得到。因为教材题目的选择亦在其中，如何更多地选择必要者，听从具有实际生活经验者的意见是最为有效的。因此，公开第一选择方案就是为了征求在各方面具有实际经验人员的意见。

以下，究其所选择教材的排列，需要作为第二方案加以公开。对此，具有最重要发言权的必须是中央、地方实际教育工作者。多年苦心经验，表明在教科书中是有价值的。这样，国定教科书有了实际内容，记述后的第三方案亦如此。

以前国定教科书处于三者互相牵制的僵局状态中并被转嫁责任，虽然能够与实施不相背离，但是也使最佳物处于难以脱颖而出的状态。我以前参与了由文部省主持的小学地理教科书的编撰工作，即如此。地方实际教育工作者因其为文部省所编撰而视之为金科玉律，负责监督的当局者亦极力鼓吹，不得不陷于不负责任的妄加评论之中。

可是，文部省负责编撰者在教育经验上要请教实际工作者，在教材选择方面，也只能听专门学者的意见而别无他法。学者还提供他们所知道的资料。但是，教材与生活的关系及教材的排列，必须去了解社会乃至实际教育家。所以在国定教科书的编撰中，主要是学者一方握有选择教材的权力，而其排列的权力主要由具有多年经验的教育家所拥有。

本章节在最后所不能忽略的一项，即教师行使正在编撰之中教材的选择权。为了使那些落后的僵死教材不再占有市场且贻笑于世人，就必须顺应形势发展而注意深入地选择活教材，在实际生活中进行适当教育。虽然原来基本不变的教材乃国定教科书，但是，为了把它应用到生活中，作为其补充教材，伴随环境进展所应修改废止的教材等也应时刻加以注意，并经过教师之手加以取舍。尤其是对于如走马灯变换的地理教材，经济方面的知识尤为必要。为此，各个学校要把对于地理和理科等有兴趣者定位于特别的分担者。剪裁每天的报纸杂志，并以此为题制作目录索引加以整理，根据需要能够迅速地提供给课堂，这是至关重要的。当然，要以适合生活的教育为主。令人遗憾的是，能够实行的学校为数甚少。不做无用之事，不遗漏教育上很重要的事项，这对于那些整理各种账簿的监督行政官员来说是要特别引起注意的。

人生地理学①

---

① 《人生地理学》中所有脚注为本书原著编者所加，少数地方译者做了修改。

目　　录

绪　　论

地、人关系概观

问题和我们

毋庸赘言，地、人之间的关系是个非常大的问题。不仅在广度上如此，在深度上也是无法估量的，所以不言而喻，它也是个极难的问题。即便如此，稍微就其性质进行考量时，我们会发现它绝不是远离我们日常生活的问题。非但如此，实际上我们为此汲汲营营，热衷于这一问题的考证。不仅仅是热衷于这一问题的考证，还得出了相应的理法，即便这些理法不是很完善，而且这些理法也不知不觉地被运用到生活中。至此，已无暇论及考证的必要性，只是我们的考证还是不明确、无意识的。

我们和世界

假如确实如此，事已至此，我们应清楚明了，即使这一问题至大至难，其所属范畴不容置喙，我们也不应该瞬时感到绝望。难道在此理由之下，此种必要性要迫使我们斗胆冒险稍微对其予以考证吗？愿我们能循着精神活动的自然顺序，通过观察日常生活中最浅显的事情，慢慢地在考证的道路上迈开脚步。

我是出生于荒浜村①的一介贫民，漂泊半生，徒然浪费衣食，迄今为止还没有给这个世界做出过任何贡献。一旦将目光投向身边卑微的贫民，我不得不惊愕于其巨大的影响力。

裹于五尺瘦弱身躯上的一件绒衣，虽说粗劣，也是来自南美或澳大利亚，是英国人的勤劳和他们国家产出的铁矿及煤炭相结合的产物。穿于五寸瘦足上的一只短靴，虽说也很粗劣，但靴底皮来自北美联邦各国，其他部分的皮革则产于英属殖民地印度。想到这里，我抬起头，明晃晃的一盏寒灯似乎在无言地述说着："高加索山之巅、里海之畔的产物，被运送到了万里之外的这里。"小玻璃片可以调节灯光，可用作眼镜以弥补视力不足这一缺陷，它使我们想起德国民众工艺的精巧和熟练。贫民的寒夜、生活的一瞬间，不用过多思量，此情此景已经浮上了我们的心头。畜牧，采集原料，然后通过加工、制造、搬运，它们最终来到了我们身边，我们可以想象其中所消耗的劳力和时间。此外，这些有形之物会警醒我们，使我们联想到其无形的影响。换言之，单调地过了大半生，那种广阔空间及时间所带来的巨大影响在此时达到了顶点，想到这些，我们不得不惊叹不已。有一小儿，生下来时就母乳不足，于是需要以奶酪代之。可是国产的廉价品让家长敬而远之，向医生求助后终于选定了瑞士奶酪，他们应该对侏罗山脉②的牧童心怀感激，这一点我们早已得知。言归正传，看到一袭棉衣，马上会让人联想到黝黑的印度人在炎炎烈日下流着汗栽培出的棉花。俗子村夫卑微的儿女，呱呱坠地的一声，就已经和生命、世界联系上了。

于正文开篇处，特意提这些个人的琐碎小事，理由在于，我们

---

① 作者出生地为日本柏崎县查刈羽郡荒浜村（现新潟县柏崎市荒浜）。

② 侏罗山脉，横亘于法瑞两国边境，延绵 250 公里的山脉，最高海拔 1 723 米。Jura 通常读作"侏罗"，为其法文的音译。将中生代一分为三，属于中生代第二个纪的地质时期"侏罗纪"的称呼，也是由此而来。

应该把精神生活的实际顺序当作现时生活中最起码的衡量标准，不为人知的琐碎生活尚且如此，在此之上的生活就很容易以此类推了。

骑阿拉伯的肥马，披里昂①的轻裘，以克什米尔的羊绒织物取暖，穿白令海边的毛皮御寒，戴巴拿马的帽子避暑，用南洋诸岛的香料缓解疲劳，积累德兰士瓦的黄金，佩戴亚马孙河畔的宝石，对于此类人，很显然，他们不是以三带（热带、亚热带和寒带）气候保持其体温、五洲土壤肥其身躯、五色人种供其膏血之辈又是什么呢？我们的生命就是如此这般地与世界相关联，以四海为家，以万国为活动的区域，这是应该的。可是适逢20世纪文明开化的我们，基本上做不到这一点。这是何等的傻瓜！特意限制自身眼界，徒然拘泥于自古以来的章法，忙于蜗牛之角上的无谓之争。②

我们和国家

但我们不能以此为理由，陷入与泛爱虚妄世界主义者雷同的弊端中，所以不应该忘了进行更为密切的观察。

我们享受世界各国的恩泽，即便如此，不可忘记身边这块狭小区域，我们享受着它更密切、更频繁、更宏大的恩泽。

想到这里，前面所列举的世界恩泽格外显著的事实，也只不过是促使我们感动于国恩的一个理由而已，这种国恩更深更浓，几倍于世界的恩泽。国恩对于我们来说太亲近太平常，所以在日常生活中往往被国民忽视，反而是新奇的、对外联系的这个事实唤醒了国民对国恩的关注，而这种对外关系相比于国恩，只是局部。但对于怀有偏见者来说，他们和外国有着特殊的关系，很容易就会陷入崇

---

① 里昂（Lyon），法国第二大城市，工商业中心。
② 牧口常三郎在执笔本书时，日本对俄强硬论甚嚣尘上，狭隘的民族主义正如日中天。

洋媚外的误区，这一点我们必须予以警惕。我们不可因局部特征明显，受其迷惑而将日常不易察觉的整体忘却。近代文明扩大了人类生存竞争的舞台，让世界全面发展。蒸汽和电力两大动力①从时间和空间上缩短了距离，把世界打造成了一个整体。如此一来，以往那些部落间的小规模竞争，演变成了现今大规模的国际性竞争。万国比邻，国与国、人种与人种之间相互虎视眈眈，一有机会就争先恐后地掠夺对方。

我们和乡土　观察世界的顺序

这与帝国主义的理想②相吻合。回顾一下这期间法律、道德的制裁状况，我们会发现这是个窃钩者诛，窃国者诸侯的时代，窃取他人之物会被当作强盗予以惩罚，强占他人之国反而被当作强者受到敬畏。此时，对外要防御列国的爪牙，对内承认个人自由，保护我们的生命与财产，唯有吾国才能使我们高枕无忧地生活。我们不应陷于狭隘的民族主义，同时也不能有泛爱虚妄世界主义或其他极端主义的倾向。

---

① 蒸汽机的发明，是 1765 年瓦特（James Watt，1736—1819）的功劳，当然，先驱者塞维利、纽科门等的功绩也不容忽视。瓦特使蒸汽机有了飞跃性的发展，1780 年左右，蒸汽机不仅仅用来抽水，还成了制造机械、纺织机械等工厂用的原动机，1800 年左右蒸汽船实用化，1825 年斯蒂芬森（George Stephenson，1781—1848）的蒸汽机车实用化，蒸汽机成为工业革命的原动力。通过电气来带动机械的发明，以法拉第（Michael Faraday，1791—1867）、麦克斯韦（James Clerk Maxwell，1831—1879）等人的电磁理论为基础，19世纪 70 年代开始实用化。

② 帝国主义为了支配能与罗马帝国、拿破仑帝国、大英帝国相媲美的大片领土而在经济、军事上采取的侵略政策，一般指 19 世纪末以后资本主义各国的政治、经济政策。经济学上指的是 1900 年左右资本主义发展的最高阶段，霍布森的《帝国主义论》（1902）、希法亭的《金融资本论》（1910）、列宁的《帝国主义》（1916）佐证了这一理论。牧口常三郎在此处引用帝国主义这一术语，是基于幸德秋水的《二十世纪之怪物·帝国主义》（1901）。

　　如此一来，我们应该找准自己的立足点，但又不能效颦那些徒然大放厥词、标榜国家主义的浅薄文人政客，所以，迫切需要进行密切的、根本性的观察。对象别无他者，正是我们各自的乡里。我们栖息于三千三百万平方里的世界，但在这之前，我们首先是栖息于两万七千平方里的国家中。同理，生活在两万七千平方里的国度之前，得先生活在几平方里或几十平方里的乡里。唯有如此，我们才会意识到，我们先是数百或数千乡民中的一员，然后才是五千万国民中的一员，最后才是十五亿世界公民中的一员。换言之，我们以乡土为产褥，生于兹，长于兹，以日本帝国为家，与世界万国为邻，或合作或竞争，或和睦或冲突，如此这般地生活。

观察世界和我们的生活　地理学与我们

　　我们到此才开始能够找准正确、踏实的立足点，从而可以明确自己的分内之职。在公正地观察世界这一方面，以及准确地找准各自生活立足点这一方面，乡土观察作为一种顺序，某种阶段的出发点是不可或缺的。

　　公正的世界观和正确的立足点，是我们生活中不可欠缺的，这一点已无须过多论述。不管是作为个人，或是作为一个国民，在这一点上有最明确认识者，才能付诸正确而又踏实的行动，从而在世界范围的这一角逐场上拥有必胜的把握，同时也能在共同生活的世界舞台上给予指导。如此一来，对于生活在强压下的个人或公民来说，这种明确的认识是一定要有的，能赋予他们这种明确认识的学科也自然成为人生中重要的必需品。地理学正是在这种众望所归下诞生的，所以地理学在这方面被寄予了厚望，至今仍是重任在身，这是不容怀疑的事实。可是地理学诞生至今一直备受争议，从某种程度上来说，对它已经不再存有争议，因有负众望，它已不再被这个社会重视。这怎么可能是地理学本来的面目？所以密切地观察、公正而全面地看待世界以及各自的立足点，都是不可或缺的，而乡土观察又是整个过程的出发点。

土井利胜①的地人观：

一尺丝屑三百石，

地理教授的好模范，

天道的惩罚，

此观助其成名相。

所以乡土观察如何实施，就成了我们现今面临的问题。

土井任大炊头时，某天在其屋子里捡到一尺见方的唐丝巾。"侍卫何在？"土井唤道。于是，一名为大野仁兵卫的近侍上前听候吩咐。"这个交由你保管。""遵命。"近侍恭恭敬敬地答道。此时在隔壁的屋子里有年轻人嘲笑道："那块丝巾能派上什么用场，真是配得上大名这个身份。"事隔两三年，土井叫来当年的那个近侍仁兵卫，询问道："几年前我让你保管的丝巾如今何在？""在这里。"近侍说着就从口袋里将它拿出。土井接过丝巾，直接将其系到自己腰刀的绦带上，然后又叫来家老，说："看！三年前我把这块丝巾交给仁兵卫保管的时候，门外的人都认为我啬啬小气，说什么那块丝巾能派上什么用场之类的话。在众多嘲笑声中，对主子的吩咐还能铭记如此之久，实在是太难得了！赏仁兵卫三百石稻谷！"土井接着又说："给你说说这块丝巾的珍贵之处吧。唐朝当地居民用双手采摘桑叶，喂养桑蚕得到蚕丝，用这些蚕丝织成了这块丝巾，然后经由唐朝商人之手远跨重洋才来到吾邦，再由长崎、东京、大阪的商贩们贩卖到江户这里，这其间所消耗的人力是多么的惊人啊！如此千辛万苦才得到的东西，哪怕只是一点，如果让它白白化为尘

---

① 土井利胜（1573—1644），日本江户初期的幕府大老，为水野信元之子，后成为土井利昌的养子。仕于第二代幕府将军德川秀忠，官至幕府老中，成功拥立德川家光为第三代幕府将军后，升迁为大老，同时也是古河（16 万石领地）藩主。

芥，会遭受天谴的，这是多么可怕的事啊！现在我把它系在绦带上，就不会造成浪费了，这块丝巾我可是以三百石稻谷换来的呀！"（古老杂话）

作为观察基点的乡土

不可思议的力量

夜夜不同宿旅者，唯有故乡梦不变。

——林友直①

的确，对于客居他乡的游子来说，没有什么比故乡更让人怀念了。可是对于生于故土长于故土，从未远游者来说，因为他们与故乡的关系过于亲密过于平常，在被海外这一特殊联系警醒之前，浓厚的国恩一直被忽视。同样，平时一直不痛不痒毫无感觉地生活着，一旦决意要离开故乡，突然间思乡之情就在胸中喷涌迸发，这是人之常情。

仰首望长天，神驰奈良边；三笠山顶上，想又皎月圆。

——阿倍仲磨②

---

① 林友直，生平不详，但从和歌的歌体来看，推测此人应为正冈子规短歌革新运动之前的明治歌人。

② 阿倍仲磨，即阿倍仲麻吕（698—770），为中务大辅船守之子。717 年（养老元年）与吉备真备、玄昉一起作为遣唐使入唐，留唐数年后出仕，之后随藤原清河归国，途中于海上遭遇风暴，漂流至越南，之后再次返唐，历任左散骑、安南都护、光禄大夫、御史中丞、北海郡闻国公，仕途坦荡，不断加官晋爵。在唐五十多年，擅长写诗，与李白、王维等著名诗人私交甚好，后殁于唐朝。《古今和歌集》第九卷羁旅歌的开篇处为《望乡》一诗，是这么写的："仰首望长天，神驰奈良边；三笠山顶上，想又皎月圆。"但是对于此诗是否是阿倍仲麻吕的作品，持怀疑态度者甚多。此外，"仰首望长天"一句在纪贯之《土佐日记》第二十章节中也可以找到。

唐代三朝受宠、地位显赫、春风得意的阿倍尚且如此思乡，其他人就更不用说了。

少无适俗韵，性本爱丘山。

误落尘网中，一去三十年。

羁鸟恋旧林，池鱼思故渊。

——陶渊明①

落叶归根，倦鸟归巢。

——《千岁集》②

思乡之情并不仅限于那些在乡土风光无限、极尽奢华的名门望族，就算那些被世人遗忘、生活艰辛的未开化人种，他们也对故乡心怀眷恋。

青之岛乃浩渺南洋上的一座火山岛，忽一日，天崩地裂，火光冲天，灰石从天而降。岛上人畜死亡殆尽，仅有十几人乘船逃离到八文岛，而这十几人终未能忘记其故乡——那座火山岛。在苦苦等待了十三年，一旦火山熄火后，便欣然离开八文岛返回到了他们那多灾多难的故乡。占守岛，穷困且不毛之孤岛（千岛群岛内），处处层冰累雪，后开拓使次官让当地的土人迁往南方的色丹岛。"色丹之地，松柏青苍，落叶松浓郁，黑狐、三毛狐嬉戏于其阴下，流水涓涓，于其地种植马铃薯、玉米，开拓田园者，还可得到赏赐。可是迁徙到那里的土人，却并不沉醉于新乐土，反而在归心的督促下，三三两两回到了穷困且不毛之地的故乡。"③（《日本风景论》）

无须远距离举例求证，在东京、北海道等全国人口聚集地，每

---

① 陶渊明，东晋的田园诗人。

② 这首和歌是崇德天皇的作品，被《千载和歌集》收录，后来被中世纪物语文学作品《曾我物语》卷十一"五、贫女一灯之事"引用，此外也在宴曲、歌谣中频繁登场。

③ 此处为志贺重昂《日本风景论》卷首的有名段落。

年都会有某县或某藩的联谊会，同一故乡的人聚集到一起，畅谈一乡，以此来慰藉其羁旅之情，此类联谊会可以说是屡见不鲜。"缘何如此眷恋乡土？"抱着这一疑问试着向他们求解，恐怕没有谁能即刻给出答案。或许有人会说，最大的理由是因为那里有父母、亲戚及旧友。可事实并非如此，要真是这样，对于举乡迁徙到青之岛的居民以及占守岛的土人来说，他们的心情又要如何说明呢？或许还会有人说"江山洵美是吾乡"（大饼磐溪①），可是这也成不了充分的理由。

　　故乡于我情何薄，摇翅苍蝇亦刺人。

——一茶②

乡土的范围

　　占守岛的土人，没有被气候和顺、风物新鲜的新乐土所吸引，反而回到了穷困且不毛之地的故土。由此看来，故土对我们来说有一种不可思议的力量③在吸引着我们。

　　这种不可思议的力量，不仅仅会激发人的思乡之情，正如"男儿立志出乡关，学业不成终不还"④所说的那样，它还可以成为一种激励男儿发愤图强的推动力，给予游学他乡的游子们源源不断的

---

　　① 大饼磐溪（1801—1878），日本德川幕府末期、明治初期的著名儒学家、兰学家。曾任仙台藩之侍读，为大饼文彦之父，钻研西洋炮术，主张开港论，著有《近古史谈》《奇文欣赏》等，赖山阳的《日本外史》深受其影响。

　　② 作者以一茶的这一俳句来衬托"激励男儿发愤图强的推动力"这一主题。

　　③ 这里的"力量"，可看成物理学上的"力"，换言之，就是使物体运动状态发生变化的作用。也可理解为"能量"，意思是使物体运作的能力（如热能、光能、电磁气所具备的能量）。总的来说，牧口常三郎所使用的学术用语，严格地以明治时期理学、哲学上所使用的概念为基准。在1881年出版的《哲学字典》中，power的译文即为"力量"。

　　④ 出自僧人释月性所作的《题壁》七言绝句，被明治时期的书生们反复吟唱。

激励、警戒，直到他们成功为止，也就是所谓的"锦衣归乡"①。它激励我们出人头地，使我们满载幸福荣归故里。② 乡土的这种不可思议的力量，会成为我们日后活动的力量之源，这就是乡土给我们带来的深厚恩泽。我们该如何回报这一鸿恩？首要任务就是研究这种不可思议的力量，这是报恩的第一步。

乡土到底为何物？它的范围会因观察者立足点的不同而不同。对于那些从未离开过父母的幼儿来说，朝夕相处的家人及几个邻家小孩之外的人，都属于令人望而生畏的外敌。在这个时期，他心中的乡土就是自己生活的居室、厨房以及庭院而已。郡中有一高等小学，学生来自各个不同的村落。有时乙村的少年被甲村的少年侮辱，这时两村的少年就会各自团结起来，上演所谓的小乡党之争。这种事情并不罕见，对于这些少年来说，同属一个村落即为他们的乡土观。

正如前文所述，在北海道、东京这些地方，每年都会有某县、某国人的联谊会，然而聚集到一起的大多数人，他们在乡里时相互之间连一面之缘都未曾有过，甚至连各自的姓都是闻所未闻的。这种情况下，能将他们彼此之间的情谊融合到一起的，就只有存在于他们各自记忆中的故乡方言了。这一时期的乡土观念，实际上就是一个府县、一个区域或是一个旧藩。漫步伦敦街头，会看到棕褐色人种、黑色人种或者是黑褐色人种，满大街都是各色人种，并不仅限于红发碧眼的白种人，他们的语言、风俗、宗教、习惯、感情等各不相同。不论是谁，身临这种四面楚歌之境，多少都会心生些许恐惧，此时那操着乡音谈论母国的国人在异邦就如万绿丛中的一点

---

① 锦衣归乡，指穿着锦衣回到故乡，汉语中有"衣锦昼行""衣锦还乡"之类的成语。

② 作者并没有叙述对故乡的生疏感，这也许是所处时代的原因。在明治末期，日本资本主义发展迅速，像"身怀故乡之石"的石川啄木、"遥思故乡"的室生犀星之辈层出不穷。

红，如果能邂逅上必然会欣喜异常，这是客居海外游子的真情流露。他们连对方的姓名都不曾得知，就像越人身居楚国那般，同在异乡相互间就倍感亲切。由此可知，此时的乡土就是自己的国家。当然，至于那些宗教家的乡土观就要另当别论了，他们把现世当作暂居的寓所，来世才是他们永享安乐的故土。各人的乡土观念因所处的位置不同而有着天壤之别。① 至此，为了习得原理并加以应用，以日本帝国为家的我们，必须要对我们的产褥即乡土的范围加以限定，这也是我们了解日本地理、世界地理的第一步。换言之，即我们身心生活的直接影响区域，详细说来，它包括我们居住之所、跋涉之处，以及我们的所见、所闻、所感和所作所为。

乡土观察的重要　乡土观察的深意

然而每个人因生活环境不同，不可避免地在意识上产生差异，即便如此，我们也要对直接观察的范围做出大概的限定。② 这是国人最普遍的乡土观念，但是即便是做出了大概的限定，要想真正地归纳出一般原理，至少也要做到通览世界各种现象，随时随地取证，广泛收集各种资料，这无须再多加论述。总之，为了防止陷入虚妄的概念中，必须把所有理论的基础建立在乡土的直接观察之上。③

虽然在本书中，我们对论述的舞台做出了如此的限制，但只要以有序的视点加以观察，就会在有限的舞台中发现森罗万象的无限素材。

---

① 乡土观（乡土认识）的发展阶段大概可以分为四个，即"这个时期他的乡土观""这个时期他们的乡土观""这个时期的乡土观""这时的乡土观"。

② 此处意思是：人类直接体验到的世界在何处？该是乡土吧，唯有以乡土为基础，才能归纳出做学问的一般原理。

③ 这充分证明了牧口常三郎后期"乡土科教育"的构想，并不是同时代教育学潮流中的随波逐流之物。它甚至被认为和胡塞尔晚年的大作《生活世界》有着相似的观点，而《生活世界》是胡塞尔所有理论、观念的根源。牧口常三郎的这本书，既是研究地理学的著作，也是探究人生及现实世界的著作。

广阔天地的状态，事实上可以粗略地尽现于一块弹丸之地，所以就某一偏僻村落的现象，对万国地理中呈现的复杂现象加以说明，也就不是什么难事 。观察某一村落的现象，可以使我们对乡土地理的理解明朗化，以此类推，想要了解万国地理也就不在话下。至此，我们研究地理学的顺序，首要的第一步就是要对乡土进行仔细的观察，归纳出适用于一般地理现象的原理。① 所以，对于身边浅显易懂的地理学初步课业，切勿轻视远离。我们中的大多数人，总是懈怠于这一颇有深意的基础观察，一味地埋头于书籍中，白白地消耗脑力，读了又忘，心生厌倦，于是就把罪责都归到地理学的性质上，他们从未留心过身边的楼廊是由沙土建成的。只有少数的伟人，慢慢地对身边的现象加以研究提炼，得出奏效的成果，最后成就了大业。

贤愚的分歧点

近代的自然科学家阿加西②，不正是幼时在故乡（瑞士）纳沙泰尔湖的垂钓，成就了其动物学上的大发现吗？中世纪诗人的鼻祖但丁，没有离开过家乡一步，却也成为大诗人。克莱尔在谈及但丁时曾这么说："他非常关注周遭的事物，而且当时没有什么印刷物，交通也不便利，在这种情况下是不可能了解远方事物的。但是身边的一束微光，就能让他看到折射在微光中的远方事物朦胧的轮廓。也就是说，他的成就是在学校内习得的。"这不仅限于但丁这种伟人，因厌学而让双亲苦恼不已的彼得大帝，也是故乡湖上、山野中的游戏，成就了他豪杰的本色。通过这些例子，我们不能草率做出决定，认为只有少数的天才才能有所成就，对我们凡人来说却是遥不可及的。或贤或愚，从结果上看差别极大，可若是追溯其源，会发现二者其实相隔并不远。试着诠释这种差异：贤者是"以灵慧的

———————————

① 这里的叙述表明了作者写这本书的根本动机。

② 阿加西（1807—1873）与其父亲都是优秀的地质学家、动物学家。

视力观察世界，把握事物的要领，能抛弃枝叶问题，透过现象直接观察到事物的本质，体会到潜伏在天地万物内部间的协调性，察觉到隐藏在其粗俗外表下大自然的妙想和其中蕴含的意义，真心诚意地与大自然接触，最终发现其神髓"；愚者是"以愚钝的眼光藐视外界，无法辨别事物的表象和真相"，在要点和枝叶之间无法取舍，同样面对逼近而来的外界事物时，这一类人会为此忙得焦头烂额，于是与自然的交流让他们感到绝望，只能依赖手上的书籍间接地与自然接触，最终沦为埋首纸堆的书虫，读破万卷书之后茫然不知所措，犹如回到最初什么也没读过的状态。① 这样的人不在少数，漫天都是这种愚者，这已经是个无法掩盖的事实。

乡土观察的真效果

大自然使天地间的大现象尽显于一块弹丸之地，从各个方面与人类交流，这让我们惊叹不已。身边的自然现象无所不在，它以各种形式来启发我们，开发我们的智力，我们的家人、朋友、乡人以及学校等团体也会不断地唤起我们的兴趣，培养我们的品质，这不就是铁一般的证据吗？确实，慈爱、友好、友谊、亲切、真挚、质朴等高尚品质的培养，离开乡土这一因素，是很难实现的。伟人与小人之所以不同，其主要原因若归结于此，乡土的狭窄偏僻就不应该成为罪魁祸首。只要习得要领、着眼点及观察法，即便是偏僻的乡里也能影响到我们，如果在此基础上能游遍他乡，广泛地收集各种素材的话，其影响就更深远了。吉田松阴大半生都是在旅途中度过的，他的足迹遍布全国，正因如此，他才能在空泛政论盛行的背景下，形成自己实用的见解。听闻德意志联邦的构建计划，也是老将军（兼地理学家）毛奇青年时期游历欧洲，客居多瑙河边时构思

---

① 此处意为要想成为真正的贤者，与死记硬背书中的内容相比，更应该用心去观察大自然，与其研究概念，倒不如仔细观察周边的实际环境。

出来的。这些都是他们通过实际观察，灵活研究地理学的成果。有人认为乡土的观察太普通，太浅显，所以在此重申，人类他日步入社会，开启德智的要领实际上就在乡土这一小世界中。

乡土要素

如果能仔细地观察周围的事物，他日了解世界的原理也就能确定下来。至此，我们概述了乡土这一概念，也论述了乡土观察的必要性，对乡土给人类带来的不可思议的力量也有了大概了解。即便如此，我们的认识也尚未全面。接下来就要进一步研究乡土由何种要素构成，从而带来不可思议的力量。前文列举过，但丁没有离开过乡土也能成为大诗人，对于他如何能有此成就，克莱尔做出了如下的说明："他没有宽宏的气度，反而狭隘且偏执，偏颇于某一派的学说，一方面是受时代与境遇的影响，另一方面也取决于他自身的性情。"时代、境遇以及天性①，这三个因素都为世人所认可，也和我们要进行的心意分析相一致。即便不是英雄，这三个因素的影响也是不可避免的。其中自身的天性，虽说它是人类发展的决定性因素，但外界因素也会影响人类的发展，这样一来，我们就可以把具有不可思议力量的外界因素分为时代和境遇②两大类，这与地理学上相互区别的两大类即自然现象和人文现象是大体相同的。把时代理解为社会因素，没有人会有异议，同样，境遇也可理解为自然因素。如果还要进一步细分，这在以后的章节中会依次详细涉

---

① 作者列出的乡土构成的三要素。进入昭和时期，风土论之类的环境决定论在社会上占支配地位，牧口常三郎与整个日本思想界相抗衡，着眼于人类的主体性，是这一方面的先驱。

② 境遇即环境，但是在现代地理学中，环境分为自然环境（地理位置、气候、地形、土壤、水、生物等）和社会环境（人口、民族、集居地、经济、交通、商业、文化等），分别相当于牧口常三郎在后文中提到的自然现象和人文现象。这里之所以插入对时代的说明，是出于对当时地理学构成的尊重。

及，在此只是引用某些学说的概要简单地加以说明。比如巴克尔①
对社会构造进化的说明，这一学说以自然力为基础，认为气候、土
壤、食粮以及自然状态是智识进步的主要原因。

气候、土壤、食料决定了财富的积蓄和分配，而自然状态直接
会影响到智识的开发及分配。此外，斯宾塞的社会进化说承认外界
要素（即个人生存的状态）的重要性，提出外界要素包含气候（寒
暑、干湿的稳定性和易变性）、地表形态、土壤的肥瘦、五谷蔬菜
种类及分量的盈缺、有利有害羽毛的多少等。至此，我们对乡土要
素的细分已略知一二，也大体知道了研究开展的顺序。愿通过对各
个要素的细致观察，能够阐明这一不可思议的力量，从而得到了解
国家及世界的原理。

如何观察周围

地人如何交涉

乡土观察是我们全面看待世界的基础，是不可或缺之物，其理
由已在上文论述过。对乡土范围及要素，我们也有了大概的了解，
在对乡土各个要素展开研究之前，还有一个根本性的问题摆在我们
面前，需要我们暂时把注意力转移到它身上。

要如何观察周围的各个要素，这就是我们面临的问题，而要解

---

① 巴克尔（Henry Thomas Buckle，1821—1862），英国历史学家。因体
弱多病没有接受过学校教育，周游世界各地。作为一名语言学家，他会说十
七个国家的语言，能读懂十九种外语，以 1857—1861 年所著的《英国文明
史》（*History of Civilization in England*）而闻名于世，日本的福泽谕吉等人
均受其影响。

决这一问题，就得先对"地人是如何交涉的"① 这一问题有个明确的认识。地人关系概观是我们接下来要面对的问题，人类在土地上出生、栖息、活动并利用它②，在死后还将遗骸留给它，而土地也养育、启发了人类。吉田松阴用"人离开地难为人，事离开人难成事，欲要研究人与事，须先研究好地理"这句话加以概括，同时也向研究者揭示了研究应遵从的顺序，可以说他的这句话极好地阐述了地人之间的关系。细心是我们观察各要素的基础，可是如果问题横跨心、物两界的话，就会变得深奥而难以理解，此时就需要有一定程度的恒心。

肉体交涉　精神交涉

通过以上简单的说明，我们可以了解到我们身心与外界的交涉是千姿百态的。要对如此多样且复杂的交涉进行归类，这固然是个极难的问题，可是经过深思熟虑，对各种复杂的关系进行一番比较研究之后，我们会发现其中的异同，大致可以将各种交涉概括为以下两种，即肉体交涉和精神交涉，也可以称为物质性和精神性，或者是生理性和心理性，换种称谓也无妨。人类在地上出生、栖息，在周围环境的影响下生长③，或者是不知不觉中反作用于外界，通过自身的某种变化来影响周围环境。虽然在这个过程中不能完全否认精神交涉的存在，但很多人都认为这是身体上的交涉，与精神基

---

① 这里的地人交涉分为肉体交涉（物理上、生理上的交涉）和精神交涉（心理交涉）两种，牧口常三郎进一步把后者分成八个类别，这是他特有的思考方式，后来发展到对主客体关系的认识论的探究及价值论的研究。另一方面，从地理学发展史的观点来看，牧口常三郎通过设定八种交涉过程来把握人与自然的关系，他的这种想法是史无前例的。

② 这和风土哲学及环境决定论有着本质的区别。

③ 心理学、经济学中会用"成长"一词，而生物学上普遍采用"生长"这种说法。

本无关，觉得此时人与环境的交涉类似于动植物与地的交涉，两者并没有什么差异①，所以把人与地的交涉归类为肉体或生理交涉。但是在人地交涉过程中，人类的精神被外界警醒，受到周围环境的启发，他们在地上的活动是有意为之的，他们利用外物，令它们臣服在自己脚下，使外界环境发生了一定的变化。② 虽然这种变化离不开肉体这个媒介，但给予直接影响的主体与其说是身躯，倒不如说是精神，所以应该将人与地的交涉称为精神交涉或心理交涉。

进一步考察精神交涉，会发现它也是非常复杂多样的。

对人事界的精神交涉

面对同样的野外景色，小孩会因开阔的景色而喜悦狂奔，常人会被新奇的风景吸引而忘记日常生活中的烦恼，农夫会因作物的生长状况与收成相关而为此操碎心，商人会因货物成色影响价格而或忧或喜，军人会专注于地势是否有利于攻守，地质学家会根据地层的构造、化石存在与否来推断土地的发展历程，博物学家会采集动植物作为研究的材料，诗人会触景生情、诗兴大发而即兴吟诵，画家会将眼前的美景铭记于胸以供其归去后作画之用，客居他乡多年后返回家乡的游子会觉得眼前的山川河流犹如旧友般亲切，同情社会大众的忧国忧民之士会因这片土地给乡民的生活带来了莫大的帮助而心怀感激，宗教家会因一草一木中蕴含的无穷造化之力而心生虔诚之念，各人都以己之长与外界环境进行特殊的精神交涉，从而

---

① 这种说法虽然没什么错误，但我们应该知道的是，尤克斯丘尔在他的"环境世界"理论中，提出植物也可以是主体的新看法。

② 这里也明示了作者的观点与环境决定论是相对立的，牧口常三郎重视的是"人类精神"这个主体，它的发动能引起外界（自然环境）的变化。

获得满足。① 不仅自然界的事物是这样，人事界的现象②也是如此，各个人在交涉方面都是各不相同的。对于人类或其他有情之物来说，自然物会给人类带来或美或丑的感觉，也会促使人类做出善恶的判断，形成或褒或贬的评价。如果对象是有情之物的话，此时那些忧国忧民之士、宗教家们进行的精神交涉，其中包含的感情会更为显著和浓厚。

周围环境与人类的交涉，因不同的特殊对象而有了多样性，不仅如此，即便对象是同一人，也会因为时间不同，境遇不同，而有可能同时存在多方面甚至是全面的交涉。③ 对于那些多方面发展、兴趣多元化的人来说，同时进行多种交涉绝不是什么罕见的事。

由此可知，周围环境会因对手的不同而形成无限种类多样的交涉。④ 如此一来，外界环境与人类的精神交涉的种类也是无限多的，所以要对它进行分类就更困难了。如果对以上的交涉进行概括性研究，可以把它们分为以下几种。

---

① 明确地说明了地（自然环境）人（人类）交涉方式的不同，取决于精神这个主体的性质及活动。牧口常三郎在认识论上就主客体进行探讨，这后来成文于他《价值论》（《创价教育学体系》第二卷）中，让他收获了胜利的果实。当时的学者极易陷于玩弄概念的弊端中，他之所以能避开这一弊端，是因为他自始至终都以地理学的观察为思考的出发点。

② 以人事界的现象为地理学研究的对象，这在 1903 年（明治三十六年）是极具先驱性的，之后的地理学发展史也证明了这种观点是正确的。

③ 意思是地人的交涉会因地（物质对象）的多样性而有各种不同的形式，这是理所当然的，另一方面，人（认识主体）的精神状况、知识程度等方面的差异也会使交涉方式大有不同。

④ 牧口常三郎的这一观点不同于唯我论，唯我论认为世界都是"我"意识的产物。

知觉交涉①

前文提到的小孩或常人在野外的观察就属于这种交涉。这类人对外界的观察仅是受心中奇异念想的驱使，而这种奇异的念想源于对外界复杂有趣环境的好奇。这类观察的发展最多也只能停留在寻求名称的程度，是浅薄而轻浮的，和其他有些深度的交涉相比，这类交涉也可以称为通俗交涉或见闻交涉。即便如此，这类交涉也绝不能轻视，我们可以将其视为其他高尚精神形成的基础，进而发展为其他更有内涵的交涉。②

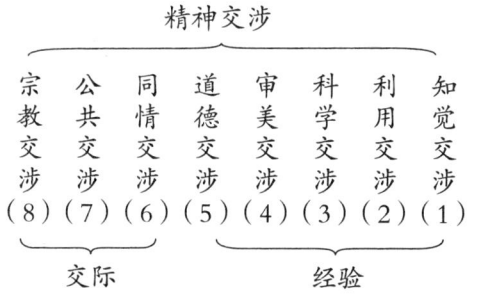

精神交涉

| 宗教交涉（8） | 公共交涉（7） | 同情交涉（6） | 道德交涉（5） | 审美交涉（4） | 科学交涉（3） | 利用交涉（2） | 知觉交涉（1） |

交际　　　　　　　经验

如果能以这种小闲情为契机，暂时逃离日常营营役役、单调枯燥的都市世俗生活，投身于绿树成荫的湖边之境中，让心绪恣意游走的话，周围环境的山水风光、风俗习惯等新奇事物会让我们有种恍然如梦的感觉，宛如置身于仙境中似的。换言之，我们此时的心

---

① 人的精神作用被分成八种。毋庸置疑，这种分类确实是以赫尔巴特教学理论为基础的。赫尔巴特认为兴趣是有多样性的，可以分为六类，即经验兴趣、推论兴趣、审美兴趣、同情兴趣、社会兴趣、宗教兴趣。对此，牧口常三郎并没有满足于盲目跟从，他寻求自己的着眼点，进行更深层次的思索，补充了"利用交涉""道德交涉"，最终将类别扩展到了八种，这都是他自身经验和知觉的成果。

② 牧口常三郎在此说"我们可以将其视为其他高尚精神形成的基础，进而发展为其他更有内涵的交涉"，目的是为了强调知觉的重要性，唯有以知觉为基础，精神交涉的八种类别才能成立。

境已然是焕然一新，新鲜有趣的外界现象已将它唤醒。我们的心境为此种新奇现象所撩拨，不知不觉地开始关注它、观察它，通过自身的体验增加了精神上的一段新智识。我们的心意一直以来都处于沉睡不醒的状态，它被新奇的外界现象唤醒后又倾注到新奇现象的研究上，从而达成了心智上的交涉。如此一来，我们的心境并未停滞不前，它在往其他心理状态变化的过程中还能弥补心界的欠缺，带来愉悦的感觉，且这种愉快感常常是持续性的，这就是所谓的好奇心。

利用交涉①

前面的例子中提到农夫为了好的收成而劳心费力，商人因市场价格的变动而苦恼，他们的共同点在于利用外物来谋求各自的生存。为了区别于其他类型的交涉，我们可以把这类交涉称为利用交涉。对于利用的对立面，就是对于有损人类生存的东西，采取排除、避讳的态度。从心理作用上来看，它们其实是一样的。如果将利用的对立面考虑进去，这种交涉称为利害交涉更合适。无论如何，这种交涉是人与外界环境关系尤其是人地关系中最为重要的交涉，我们不可等闲视之。造物主让人类存活于世上，所提供的事物不可能尽是有利于其生存的，有害的事物也会夹杂其中，它会让人类受苦受伤，这也是造物主对人类的一种警示。受到启发的我们以自身的经验及祖先传来的标准（法则）对事物加以判断，利者喜之、爱之，害者恐之、厌之，行动上开始倾向于亲近前者而逃避后者，利用前者而抛弃后者，壮大前者而消灭后者。我们在维持生命活动中的所作所为，即为直接的利害交涉。

---

① 《如氏教育学》开篇处有"知识和成功的关系"这么一章，是英美功利主义思想的表现。总的来说，明治前期的主知主义与功利主义如出一辙，本质上是一样的，这种进步、现实的思想种子已成为牧口常三郎思索、实践的精神食粮，并最终开花结果，牧口常三郎写出了《价值论》。

科学交涉①

我们的心意被新奇的现象所警醒，但并没有满足于对它的见闻和体验，而是进一步发展，发现多种复杂事物间存在的神秘莫测关系，并再次为此感到惊愕，进而发展到对其中的因果关系加以探究、考察。事实上是外界现象相互间存在的玄妙不可思议的关系唤醒了我们的心意，得到启发的我们开始推究、考察这种现象，区分异同，比较差异，最终形成将同类别所有个体都囊括在内的概念，进而发现适用于所有现象的原理，这就是推究交涉。这种推究是所有科学成立的基础，学者们常常被各自擅长领域中的奇异现象警醒，然后亲身体验、观察，进而考究相互之间存在的理法，将这些理法加以综合概括，于是一门学问就形成了。②

学者们被这样的兴趣刺激、诱导，他们专注于自己的专业学问研究，废寝忘食，不惜性命，才使得科学有了现今的发展。这种交涉不仅限于学者，在那些机敏的企业家、才智出众的人的身上，这种交涉无时无刻不在进行着，社会的发展也是这类交涉大量重复的结果。

审美交涉及道德交涉③

上文提到的那些交涉讲求实用性、科学性，枯燥而无趣，但外

---

① 以知觉交涉为基础，始于好奇心或猜疑心。在科学交涉过程中，人类（个人）即便不情愿，其精神作用也会经历"推究""考察""比较""概念构成"这四个阶段。

② 牧口常三郎晚年时期运用科学归纳法，构建出了卓越的地理学理论、教育学理论。

③《如氏教育学》强调想象力，在第二章"心意之诸能力"中提出："这种能力在个人达到真、善、美的不同阶段时，会成为诱使他寻求更高层次发展的动机，真、善、美在现实中难觅其踪，想象力即为构建方法。"牧口常三郎在这一思想范畴的基础上，加入了赫尔巴特教育学要素，才有了这一部分的叙述。

界与人类心意之间的交涉并不仅限于此。复杂有趣的外界现象，其内部的变化是多种多样的，整体和部分、部分和部分之间相互协调、相互融合，以求维持整体的一致性，这种变化刺激感官，让我们兴奋，以此来博取我们的赏识。

经验和交涉

受到如此刺激，收获此种兴奋的我们，以善恶、美丑的标准为依据，结合与生俱来天真烂漫的性情，对眼前的现象做出判断，结果就是为眼前的现象所感动。此时我们的心情是纯洁而清静的，被感动的心情，或吟于诗里，或唱于歌中，或画于布上，或刻于石中，在道德上表现为欣赏、把玩、尊敬它，这就是审美交涉或道德交涉。我们赞美人类的善，这和赞美自然界的天然之美，赞美技术之美是一样的，它们都属于同一类型的心理作用。但有一点是不相同的，理想在美术上可以借助画布或者是石片表现出来，要是换成道德之美（即善）的话，就体现在行动上。

以上各种精神交涉，因某些方面有所不同而被相互加以区别，可是这些交涉都是把自己与外界事物对立起来，都只是经验的素材而已。① 把事物和自己看成两个完全不同的客体，虚心冷静地与事物接触，对它进行观察、研究、判断。从这一点上看，这些交涉是相同的，此相同点使它区别于另一种类别的精神交涉，"经验"一词就是用来描述这类交涉的。而另一种类别的精神交涉，将自己和外界事物等同起来，认为两者都是世界的一部分，自己和这些外界事物共存于世上，而自己交涉的对象是那些

---

① 至此，牧口常三郎所列举的知觉交涉和以知觉交涉为基础的利用交涉、科学交涉、审美交涉、道德交涉，都是把自己与外界相对立，隶属于经验。精神交涉的范畴中，只有智的交涉可称作经验，智的交涉以外的属于情的交涉，为了区别于经验，我们把这类交涉称为交际。这种经验、交际两分法的观点，以赫尔巴特教育学为依据。

与自己生存有着密切联系的事物。世人把这类交涉称为交际①，以区别于经验。从某种意义上来说，经验主要表现为智的交涉，交际大体是情的交涉。借助经验，我们可以扩展智识；通过交际，我们可以涵养性情。

前文提到的同情交涉、公共交涉、宗教交涉都属于交际，只是同情交涉是以自己的伴侣即个人为对象，公共交涉以施恩者即自己生存的社会、国家为对象，宗教交涉以自己的崇拜对象即神佛为对象。虽然交涉的对象各不相同，但同属于情感交涉，从这一点来看它们都属于交际。

同情交涉②

我们在日常生活中，与父母、兄弟、朋友或邻居交往时，他们通过表情、语言、行动表现出来的喜怒哀乐会直接影响我们的心情，触动我们的恻隐之心，这就是这类交涉最显著的特点。这种场合触发的心情可称为同情。值得注意的是，这种交涉的对象不仅限于人类个体，与人类以外的禽兽、草木也会直接发生交涉。举个例子，我们日常生活中频繁接触的牛马鸡犬，看到它们有困难就像看到同类有困难一样，心中会涌起怜悯之情。进一步思考，我们会发现不仅是有情之物，即便是面对金石器物等毫无生气的物体，这种交涉也会发生。前文例子提到过，阔别家乡多年的游子重返家园时，就像对待旧友般将满腔的热情倾注于故乡的山川田野中，这个事实足以说明面对无生命的物体，同情交涉也会发生。对于经常游玩的场所，我们会滋生一种感情上的联系，会把它当作有情之物来

---

① 交际，赫尔巴特教育学术语。明治初年，有一段时期 society 译为交际，sociology 译为交际学。

② 同情交涉，大体上为情绪（情感）交涉。交际中最基本的社会关系（学者认为社会关系中不包含心理关系）是父母、兄弟、邻居。

对待，离开它或摧毁它都是我们不能忍受的。历史上有名的遗物或是遗迹被损坏，也会让我们扼腕叹息，我们希望能将它们永久地保存下去，这些都是我们与无生命物体的一种交涉。由此看来，在同情交涉中，我们与接触的个人或物体甘苦与共，会设身处地地为对方着想，接触物体时会把它视为同类来对待。

公共交涉①

当对象是社会这一个人的集合体时，此时的交涉与之前人与人之间的交涉一样，只不过此时的交涉在人与社会之间发生。在这种交涉里，我们隶属于社会，蒙受其恩惠，过着与社会共命运的生活，所以，我们的生活并不是自身努力的成果，而是组成社会的全体人员暗地里提供大量帮助的结果。最初只会被单独个体诱发的同情之感得以发展，诱发源转变成了社会群体，而同情之感则演变成公益心，从而公益精神、爱乡之念、爱国心、人道主义之类所谓公德的基础也就形成。

宗教交涉②

上文提到的那些经验和交际，让我们感受到了自然界的事物及现象的复杂多变，但复杂多变中整体又呈现出一种协调、均衡的状态，所以其间必然存在着一种正确的法则。追溯人类探究命运的历史时，我们也会发现，变化无穷的历史状态其实是井然有序的。此时，我们只能感慨人类的苍白无力，任凭某种高级的力量束缚着我们和世间的一切万物。面对这种无法左右的事物，面对命运，我们的力量是何其渺小，于是不知不觉中，畏惧虔诚之情溢满胸中，这类交涉唤醒了我们的宗教心。

---

① 社会的概念在这里首次出现，因文中有"我们隶属于社会，蒙受其恩惠，过着与社会共命运的生活"这样的描述，可以参考汤尼斯对共同体（gemein schaft）的定义。

② 只要把焦点集中在个人的外部交涉上，宗教也可归入交际的范畴。

以上的观察让我们了解到，同一个外界事物面对不同的交涉对象会形成不同类型的交涉。

交涉的程度

然而事实上很多人都是同时拥有多种兴趣①的，所以各种交涉不再仅限于那些有特殊兴趣的人群。从某种程度上讲，同一人身上同时发生多种交涉是可能的。面对一座山、一条河，一般人可能会观其外貌，探其名字，好奇心得到满足即可，但是心智有所发育的人，他们的交涉不止于此。他们会进一步研究其岩石、树木、水质、水力，进行利用性考察，或者从其高度、长度、形状、起因、影响等方面进行考察，或者从中收获诗歌、绘画的题材，或者获得提高自身修养的诸多机会，又或者从中感受到神佛的无边力量。拥有多种兴趣的人同时进行着多种在常人看来无法企及的交涉，这实际上已经是一种常态。同时并行的诸种交涉是有程度深浅之分的，这种程度体现了个人的心智发展水平。总而言之，人类与外界的交涉完全取决于人的主观性性质②。人类就是如此这般在与外界的诸般交涉中逐渐发展成熟起来的。这样，外界环境尤其是自然界，真正成了我们的启发者、指导者、慰藉者。与大自然的诸般交涉，是我们变幻莫测人生中不可或缺的，也是人生的要务。交涉广狭亲疏程度决定了我们人生的幸福③指数。

换个角度观察人与自然的交涉，我们会发现在宽宏大量和公平

① 兴趣，这里是心理倾向的意思。美学上的兴趣（taste，gofit，ge-schmack）指的是对美的对象进行鉴赏、评价的能力，现在一般意义上的兴趣指嗜好（hobby）、高雅的爱好，但这里并非此意。

② 主观性性质，近似于现象学里的意向性。"意识、经验都是有意向性（intention）的，都是为了某种目的采取各种方式与对象发生联系。"（胡塞尔：《现象学理念》讲义四）

③ 幸福是牧口常三郎终其一生都在探讨的问题。

上没有谁能超越大自然，任何人在任何时候提出任何方面的交涉需求，大自然都会敞开门户从不拒绝，对于那些胆小者进行的交涉，大自然绝不会嫌贫爱富。相反，相对于那些沉迷于世俗荣华的富人，大自然反而会更亲近那些沦落至失望无助之境的穷人，给予他们更多的同情，但是对于谄媚者①的所求，大自然是不会让其如愿的。如果寻求交涉者不是怀着一颗至诚至热之心，那么不论到何时，大自然都将始终保持沉默。② 所以我们与大自然的交涉之道在于，身怀至诚之心、同情之情，无畏无惧，心无歹念地身体力行。这样，大自然不仅会盛情迎接我们，还会与我们握手、亲吻，宠爱、奖励我们，最终毫无保留地向我们展现其精髓，而与大自然之间如此深厚的交情也将延续一生不会间断。牛顿③为了他的大发现废寝忘食，甚至将最爱的新娘也抛于脑后。廷德尔④为了他的研究投身于阿尔卑斯山的冰天雪地中，完全忘记了身体上的刺骨之寒。那些大冒险家、大美术家、大宗教家们大都如此，他们为了各自的信仰可以舍弃生命。

---

① 谄媚者，指讨好、奉承他人的人。

② 意思是如果人类接近大自然不是积极的、诚挚的，那么大自然也不会有任何表示。

③ 牛顿（Isaac Newton，1643—1727），英国物理学家、数学家、天文学家。光的色散性、万有引力、微积分被看作是牛顿的三大发现。这里说"牛顿为了他的大发现废寝忘食，甚至将最爱的新娘也抛于脑后"，实际上是子虚乌有的，他一生未婚。

④ 廷德尔（John Tyndall，1820—1893），英国（爱尔兰）物理学家。用微粒子解释散射光，提出"廷德尔效应"，并用此效应说明天空为何会是蓝色的，即微粒子的作用使得天空呈现出蓝色。此外，他还和赫胥黎共同研究瑞士的冰川，所作《瑞士冰川》（*The Glaciers of the Alps*，1860）也极为有名。"廷德尔为了他的研究投身于阿尔卑斯山的冰天雪地中，完全忘记了身体上的刺骨之寒"的叙述，可在廷德尔的《阿尔卑斯研究旅行》（Hours of Exercise in the Alps，1871）一文中看到。

　　以上概括陈述的不足之处，通过下图稍加补充说明，地是自然界中的主要事物，地人关系也可借助此图加以理解。

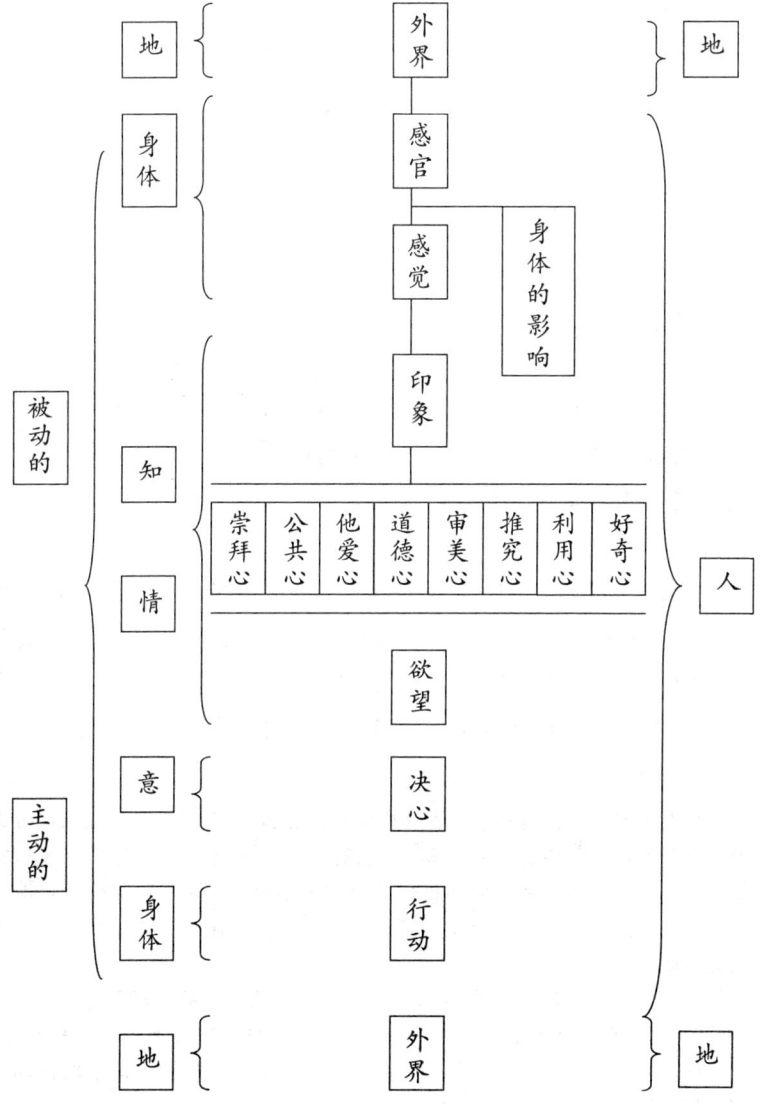

社会与诸般交涉

在个人生活中，个人与外界进行着多方面的交涉，而个人生活的诸般交涉则是社会生活诸方面的基础。关于社会生活将会在后文进行论述①，它大致可以分为以下几个方面。

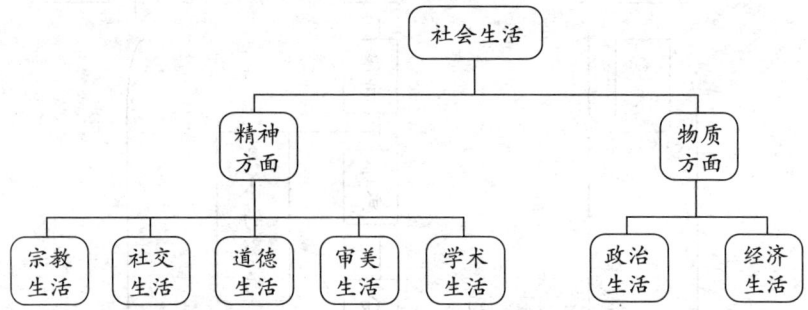

可以说，个人在与外界事物进行多方面交涉时，与社会的交涉也在同时进行着。个人通过与外界事物进行多方面的深度交涉，可以发展得更成熟完善。同样，个人集合而成的社会，也可以借助诸般交涉向更开化的领域发展。

外界的任何事物与所有人进行的交涉应该是没有差别的，但实际上诸多并行的交涉会在某一水平停滞不前，很难再往更高层次发展。② 换言之，如果某地风景秀丽，物产丰富且特别实用，这些都会给当地的人带来特殊的影响。有些地方可能会艺术气息浓厚，有

---

① 《人生地理学》后面的内容会以地球为依托描述人类生活现象，可参考第二十章"社会"和第二十一章"社会的分工生活地域论"。之后，牧口常三郎的论述会逐渐转移到社会和自然环境的关系上，不再局限于交际，他认为仅借助交涉方式就能让社会发展至开化的状态。开化、开明是牧口常三郎思想的主要命题。

② 紧接的段落即为恰当的实例。环境决定论认为，某一特定的外界环境（自然环境）下只会有既定的一种交涉方式存在，作者并没有采纳这种观点，相反，他从环境可能论的立场出发，提出"自然唯有通过社会构建的活动才能与人交涉"的观点，极具有先驱性。

些地方可能会宗教思想盛行，有些地方富裕繁荣，而有些地方则贫弱不已。

地人交涉的结论

世界各地的人生现象千姿百态，各不相同。当然前文也说明过，这部分是因交涉的个人各不相同造成的，但主要还得归结于外界事物性质不同。从这一点来看，我们可以认为在外界与人类的交涉中，起决定作用的是外界的客观性质。绝大部分的外界现象都是地或地上的现象，至此，关于地人交涉我们可以总结出以下的结论。

1. 不论何地，所有的人进行的诸般交涉可以相同，但这种交涉只限于某种程度。各方面交涉程度的深浅受地方的性质、人性的影响，而人性主要由心智所达到的层次决定。

2. 居住在同一类型地理位置的同一阶层的人，通过进行同一方面、同一程度的交涉，是可以过上同样水平的生活的。

法国人德莫林①在其代表作《盎格鲁-撒克逊人凭什么高人一等?》中谈到社会主义的爆发地及中心是在德国这一议题时说了以下这些话："各种植物都有各自的产地，社会现象同样也有其各自在地理学上的地带。不论在哪个国家，不会同时出现相同的社会现象，也不会有发育程度一样的社会现象，它受特殊地位、特殊境遇左右。"毫无疑问，在某种程度上，这句话可以成为适用于所有场合的真理。

我们的着眼点　乡土要素取舍的标准

事实上，这也是地理学的科学根据之所在，我们的着眼点至此也大致可以确定下来了。而接下来又有一个难题摆在我们面前，那就是如何确定乡土要素取舍的标准。乡土之内有无数的要素，其中

---

① 德莫林（Joseph Edmond Demolins，1852—1907），法国人，社会学家，历史家，同时也是教育运动家，宣扬激进的社会改良主义。

论题之外的要素为数不少，以何种标准对这些要素做出取舍？要解决这个问题，就不可避免地要涉及地理学的范围及定义。我们通览本国现存的略显狭隘的所谓地理学，借鉴那些对社会心存不满而想要拯救它的前辈们提出的新要求，对地理学做出了如下的定义，相信没有什么不妥之处，即"地理学是一门研究地表自然现象与人类生活现象之间的关系的学科"。由于这是个至关重要的问题，通过狭隘的观察做出简单的表述就完成了概念的定义的话，显得过于草率，必须先把上文的术语解释清楚，再罗列出现存的全部地理学内容，以及相关的新要求，具体地解决这些新要求之后再对地理学进行定义。在此，为了便于说明，暂且如此定义地理学，在以后的章节中会再详细研究。

第二十章　社　　会

什么是社会？

没有一个词能像"社会"如此包罗万象，表达如此众多的含义。……我们可以讨论社会行为。例如，如果一个人获得不当利益，社会将认定他违法，并给予适当的惩罚；相反，如果一个人舍弃个人利益，去为社会利益冒险，那他将会受到社会的尊敬。因此，我们可以看出人们的行为由社会评判。……评判的主体是谁？我们无法看到具体的人，社会是一个团体，团体中的个体间保持或多或少的永久性的关系，我们只是其中一分子。……

家庭也是一个小社会。……学校同样地也可以看成一个小社会，其所有成员在一起工作，达到教育年轻人的同一目的。

就更广泛的范围而言，山村、城镇、城市以及其他的地方团体等也可以看成是社会，而国家是最大的、最完整的社会。同时，我们应该认识到，"社会"这个词有时用来指种族团体，最近甚至更多地指整个世界。"社会"一词的相同的要素如下：

● 社会由各个个体构成，恰如生物体由各种细胞组成一样；

● 社会成员有意识或无意识地拥有一个共同的目的；

● 社会成员之间存在永久的精神关系，如生物体各细胞之间的关系；
● 社会成员在某个特定的地域一起生活；
⋯⋯⋯⋯⋯

社会的定义

我们可以把社会定义为"一个具有共同目的，个体间存在一种永久的精神联系，并共同居住在一定地域的团体"。
⋯⋯⋯⋯⋯

社会的进化

人体的每个部位总是服从于全身的新陈代谢。个别部位发生变化，但身体继续存在、生长和发展。社会也是如此。虽然个人和团体不断产生、消亡，但是社会本身，在规模、智力生活上，继续存在、发展。社会某个特定历史时期取得的成就，没有随着人们的死亡而消亡，而是以口头传说或文献保存的形式传承下来。⋯⋯

随着社会进化，社会的各部分更加分化，个人和团体中劳动的分配和合作更加广泛、密切。最后，社会变成一个很和谐的混合体。因果循环，我们今天的社会是历史进化的结果，同时也是历史的一部分。

社会是有机体

⋯⋯社会的进化就如其他有机体一样，部分不能脱离社会，社会也不能没有部分。为方便理解，我们可把社会看成一个有机体。

⋯⋯假定宇宙中所有的物质分成无机物和有机物，那么，我认为，社会是有机物。……如果把社会看成有机体，那么必须记得社会与其他生物之间的重大差异。例如，移动动物的脑或胃，动物就会死亡。而社会不同，如果一个或几个组织瘫痪了，别的组织会接替它或它们继续发生作用，社会本身自然运转正常。动物生命有限，而社会生命却是持久的。

第二十一章 社会的分工生活地域论

各种社会活动

本书的开篇处，就对个人的生活进行了观察，它即便微不足道，也是在各种事物影响之下发展起来的。对自然界现象的观察至此告一段落，接下来就是对社会现象的观察。迄今为止的社会观察告诉我们，各种极其复杂的社会现象是相互依存、相互呼应、相互排斥、相互吸引的，在这种变化过程中，我们得以生存，社会得以繁荣。有些人成为实业家，生产社会生存的必需品；有些人成为官吏，参与国家的政务；有些人成为学者，以自己的专业学术贡献社会；有些人成为教育家，为社会组织机构的形成陶冶人才；有些人成为军人、僧侣、资本家或劳动者，各自都以己之长贡献社会，同时又从社会中取他人之长补己之短，相依相伴，戮力合作，以此实现社会与个人的共同生存、共同繁荣。从这一点来看，这些不同行业的从业者有着相同的社会职能和共同的利害关系，但是作为社会的特殊群体，这些群体相互之间又是在对峙中共同生活、相互竞争着的。这些群体内部又存在着许多小的群体，这些小群体之间以及个人与个人之间，他们在共同生活的同时也存在相互竞争的关系。从整体来看，这些群体组成了社会生活的各个机构，就像耳、目、手、足、内脏、大脑等器官的活动是人类赖以生存和发展的基础一样，这些机构相互协调的活动也是社会得以存在和发展的基础。将这些机构所进行的社会活动加以归类的话，大概可分为以下几种：

1. 实业活动或经济活动；

2. 政治活动或行政活动；

3. 宗教活动；

4. 学术活动；

5. 美术活动；

6. 道德活动；

7. 教育活动；

8. 娱乐活动。

社会活动的兴起

社会活动被分为了八大种类，各个种类的活动又会进一步分化，发展成各种各样的活动并且有其相应的名称。各个机构极其复杂的活动，它们之间相辅相成、通力合作，才维持了现今社会的生存与发展。这些复杂的社会活动，若追溯其源，我们会发现它们既不是形成于社会发展的最初阶段，也不是近年来迅速兴起的事物。社会从最初的混沌状态发展到现今如此发达的程度，在这一漫长的岁月中，社会活动逐渐发展分化，才形成了今天这种繁多的种类。要理解这个过程，可从了解家庭的发展过程开始，然后参照家庭的发展模式来理解社会活动的发展模式，这样会容易得多。

社会活动发展分化的模型——家庭

如果一个男子独立经营一个家庭，此时洒扫应对，衣、食、住、行等，从内部家事的打理到外部的社会劳动，事无巨细都由一个人负责，但是人的精力和时间是有限的，不管如何费心费力，都不可能顾全到生活的各个方面。我们不满足于这种枯燥、不愉快的生活，于是让一名妇女加入，组成一个二人家庭。此时，妇女可以分担家庭内外的各种劳动，虽然相对于独居生活来说，男子要承担更多的责任，但是他不需要再费心考虑家事，能专注于自己专长的领域。在这种情况下，相同的劳动时间能创造出更多的劳动成果。而对于男女双方来说，他们都过上了更为有趣、愉悦的家庭生活。此时，妇女承担了一切家事活动，无暇参与社会劳动，而男子也完全不插手任何家务。在这种情况下，如果仆人加入，分担家庭主妇的家事活动，家庭主妇就可以有充分的精力参与社会劳动，从事其他领域的社会工作，这样夫妇双方都能过上更有趣、更愉快的生活。从某种程度上讲，家庭成员的增加会衍生出各方面的分工合作，家庭生活也因这种分工而变得越来越完美。

把社会整体看作一个大家庭，其中的各种机构就相当于家庭成员，各种机构进行的社会活动就类似于家庭中的分工合作。不管是初级简单的社会还是复杂发达的社会，在发展方式和机构分化方面是没有丝毫差异的。

实业及政治

实业活动

实业生活满足了社会的物质需求，是以人类的衣、食、住方面的需要为出发点所进行的各种活动，而政治活动则是面对来自社会内部或外部阻力时，为谋求社会的生存、实现社会的繁荣而采取的各种活动。人类在抵御饥饿、寒冷、潮湿这些自然力时，为了生存就必须在衣、食、住上得到满足，而谋求衣、食、住的各种活动是个人生活的基础，同时也是社会生活的基础。在社会发展的初级阶段，所有的社会成员都从事着同样的实业活动，一旦有外敌出现，所有人都会停下手头的实业活动，投身于与外敌的战斗。但是随着人口的不断增长，自己的小部落在不断扩张的同时，敌人的部落也在不断地发展壮大，于是生存竞争变得愈加频繁、激烈，部落间的相互提防、警戒之心一刻也不能松懈。

如此一来，为了生存，社会上同时常存着两种不断竞争的力量，而社会团体中的势力也出现了两极分化，团体中相对比较羸弱的人会在后方从事生产活动，而相对强壮的人则上前线抗敌。

现今的征兵选拔制度就是这种现象的体现。之所以出现实业活动和政治活动的分化，其理由也在于此。实际上，实业活动真正意义上的分化，出现于使用奴隶的时期。那时武士作为生死存亡战争中的胜利者，他们发现与其杀了俘虏，倒不如奴役他们，让他们顺从自己，这样还能生产出更多的粮食。于是俘虏不再被杀，从而出现了大批的奴隶，使用奴隶也成为一种普遍的现象。因为有了奴隶，作为主人的武士可以不必再为衣食操心，也就有了更多的精力进行其他社会活动，这就是人类复杂社会活动的原委。这实际上也是实业界一大制度的起点，同时也是人类文化的起点。

实业活动的种类

在当今这一时代，各人或各个小的社会团体，他们吃的是自己种植的食物，穿的是自己织的布做的衣服，交易这种活动还没出现，所以生产的物品无法用所谓的价值来加以衡量，也就不存在富裕之类的概念，社会上也自然不会出现特殊的实业活动。直到物质生产者和物质消费者之间出现了交易活动，才开始出现实际意义上的实业活动，相应的实业机构也开始形成。当然，这个时候出现了生产、流通、消费。我们必须对它们三者各自所起的作用加以区别。后文会另辟篇章对这一点进行论述，同时也会分别就它们各自与地之间的关系加以说明。

实业活动和其他社会活动的关系

"仓廪实而知礼节，衣食足而知荣辱"（管子），这句话极为恰当地说明了实业活动和其他社会活动的关系。人类在这个世界上生存，如果衣、食、住得不到保障，任何其他社会活动都不可能开展。只有在人类能免受贫穷、饥饿、惊吓之苦，可以过上安心生活的时代，才会出现智能、道德以及宗教等高尚的精神活动。所以，实业活动的发达程度决定了其他社会活动的性质及发展程度。可以说，经济活动是社会发展的基础。如果社会、国家将这一基础性的经济活动（或经济机构）等闲视之，社会、国家只会走向灭亡，哪里还谈得上政治、军事、教育等机构的扩张？近年来，我国开始注重社会发展力量的积蓄。换言之，国家开始认清实业活动和其他社会活动之间的关系。实际上，国家的一切政策都应该建立在富国政策这一基础之上，但是仅仅依靠发达的实业机构也是无法实现社会的发展与进步的。

政治活动

正如前文所述，社会活动之所以分化出了政治活动，是因为出现了内外两种需求。为了满足这两种需求，实现社会的生存与发展，内外两种活动必须同时展开。同样的政治活动也可以分为两个方面：一是为保护全体政治团体而进行的必要活动，即防备其他政治团体的侵入与进攻；二是为保护团体内部的种族、财务而进行的必要活动，即承认个人的权利，颁布、执行相关的禁止性法律。简而言之，这两个方面可以概括为：（1）对外弘扬社会的实力、国家的声望；（2）对内团结统一各个团体。但是，还有一种更高层次的政治活动，它是在完全实现内部统一的基础之上展开的，即国力的涵养。在世界生存竞争的大舞台上，要想与外部其他政治团体抗衡，就必须致力于国力的涵养。于是，国家会干涉其他的社会活动，使其规范化，对不同的社会活动进行整顿、奖励或遏制，这些都是政治活动。

政治活动和其他活动

近年来，国家奖励实业，普及教育，这些活动已经成为国家履行其职能的体现。众所周知，政治活动和其他社会活动之间有着密切的联系，政治活动以实业活动为基础，同时因为政治活动维护了社会的稳定，所以实业活动离开了政治活动也无法发展。中国、朝鲜等国因为政治活动的不健全，使得社会动荡不安，实业无法获得发展，这就是对两者关系进行说明的最好例证。

政治活动的作用能否充分地发挥出来，通常取决于政治家的政治手腕，而人才的培养有赖于道德、教育、科学、宗教等活动，所以政治活动如果离开道德、教育、科学、宗教这些活动，其作用也是无法充分发挥出来的。如此一来，政治活动可以看成是其他所有社会活动的成果，也是所有社会活动的集合、焦点，同时政治活动又对其他种种社会活动进行整顿调和，使它们规范统一。至于政治与地之间的关系，我会在另一章节中进行论述。

宗教及宗教与地

宗教活动

僧侣和宗教家是社会团体的一个组成部分，他们分担了社会的部分职能。虽然个人的信仰可以不受制于国家、社会的权力，但当他们付诸行动时，国家、社会就可以对他们的行为进行干涉。如此看来，宗教活动和其他社会活动是一样的，并没有什么特殊之处。宗教能极大地影响个人的精神世界，所以宗教活动和其他社会活动之间也有着密切的联系。

宗教与地

下图揭示了全世界范围内的主要宗教及其与地之间的关系。

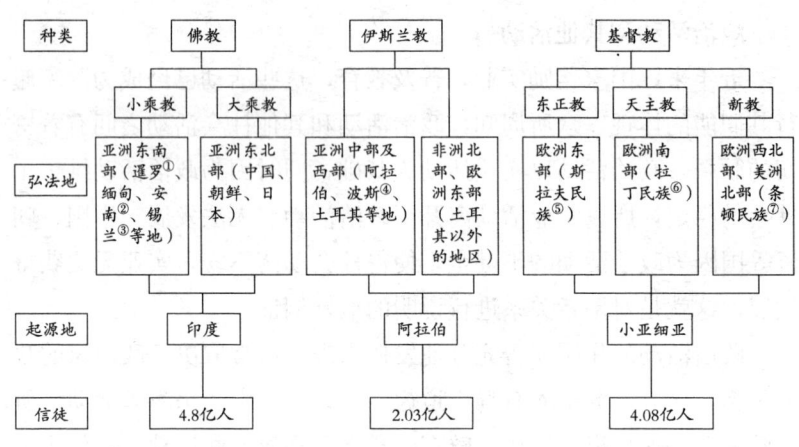

① 现在的泰国。

② 现在的越南。

③ 位于印度半岛东南部的岛国，即斯里兰卡。

④ 现在的伊朗。

⑤ 居住于欧洲东部至中部地区，说斯拉夫语的民族，主要包括俄罗斯人、波兰人、楚科奇半岛人、罗马尼亚人等。

⑥ 意大利、西班牙、法国、葡萄牙、罗马尼亚等拉丁语系的民族。

⑦ 日耳曼人的一个分支，包括德国人、斯堪的纳维亚人、英国人等。

除此之外，还有印度的婆罗门教，中国的儒教及道教，波斯的拜火教，以及欧洲的犹太教，它是基督教的前身。这些种类繁多的宗教中，除了伊斯兰教、婆罗门教、拜火教、犹太教，其他的宗教都传入了我国。因为佛教历史最悠久，所以它分为很多的流派，再加上我国固有的多种神教，各种宗教杂然并呈、相互交错，同时也呈现出相互竞争的状态。

从这一点来看，宗教和地域之间确实是存在着某种关系，但是这种关系是否具有必然性呢？什么样的地域会孕育出什么样的宗教？其中，是否存在某种必然的规律？虽然现今依靠我们的智慧还无法探究出其中的奥秘，但通过观察我国各个宗教的地理分布状况，我们可以知道，各个宗教的性质主要取决于布教高僧或是传教者的德望，地域的制约反而成为次要因素，世界范围内宗教的地理分布状况同样也说明了这一点。

同一宗教中有无数不同层次的信徒，他们的信仰是崇高或是卑劣，与他们个人心智发展的程度是一致的，所以从人种阶级的分布状况就可以大致推测出宗教信仰状况。

信仰程度的深浅会受到地域的影响，但这种影响是通过生产活动间接施加的。在以后的章节我会对这一点进行说明。

学术及学术与地

学术活动和其他活动

学者以自己的专业学术立足于社会，他们组成了所谓的学者协会，通过开展学术活动来指导社会的进步。人类智能交涉的需求以及探求真理的欲望，这两者实际上是学术活动兴起的原因，而学术活动的结果就是出现了学校、讲坛、印刷物等，它们成为研究、推广真理的机构。学术活动必须以实业活动为基础，实业活动和学术活动相辅相成，实业活动可以借助学术活动获得更好的发展。这一点我们通过观察近年来英国、德国工商业发展的优劣状况就能够明白。德国的工商业近年来发展势头极为强劲，其发展速度之快几乎赶超过英国，让人惊叹不已。于是英国人对此进行研究，发现德国的工商业之所以发展得如此迅速，是因为德国人把科学的力量与产业活动结合起来了。为了能与德国相抗衡，英国在大力鼓励开展实业活动的同时，密切地把实业活动和科学活动相结合，这表明英国人对实业活动和科学活动两者的关系也有了清楚的认识。至于学术活动和其他活动的关系，大体可以照此类推。

学术与地

社会的学术活动和地域之间是什么样的关系，换言之，智能交涉在地域的分布上有何特点？这又可以引申出以下两个问题。

1. 学术的发展程度是否会因地域的不同而有所不同，换言之，人的智能生活的发展在程度上与地之间有着怎样的关系？

2. 什么样的地域会孕育出什么类型的学术，换言之，人的智能生活的发展在性质上与地之间有着怎样的关系？

我们在绪论的第三节中已经说到过，地表的各个区域对人类精神世界的影响是一样的，但是因为个人自身性质上的差异，才使得地域对各个人的影响在分量上出现了差异。

智能生活程度分布

散布在地球各个地区的不同人种，从智识的发展水平来看，他们可以分为不同的阶级（第十九章第四节），学术发展的程度因地方不同而有所差异，这说的就是人类智能生活的分布差异。那么，什么样的地方智能生活较为发达，什么样的地方智能生活有待提高呢？

从气候上来看，学术的发展在温带地区较为完善，两极地区则相对欠缺。在古代，学术的发展常常始于温带地区中靠近热带的暖温带，而在近代，学术的发展则以靠近寒带的亚寒带为最盛。学术发展的重心通常都是由高温地区逐渐向低温地区转移的。

从人种上来看，学术在被高加索人占领的欧洲、北美洲最先开始发展。所谓的新学术在这两个地区绽放光辉，然后传入我国，我国人民渐渐吸收消化了学术中的精华，所以除了高加索人和我国人民占领的地区，其他区域学术的发展相对来说仍然比较落后。在古代，不管是在性质上还是在程度上，中国的学术在世界范围内都可称得上是最早开始且发展得最为鼎盛的，其学术成果也在世界范围内广为流传，当然也传入了我国，现在的泰西①学术多少都曾受过中国学术的影响。但是在漫长的岁月里，中国的学术逐渐萎靡，已经风光不再。

从地势来看，泰西学术起源于地势复杂且面积小的希腊、罗马等地，然后渐渐往地势复杂且面积广阔的地区蔓延。现在学术的重心在北欧，但有逐渐向美国转移的趋势。而东洋学术大部分发源于地势不是那么复杂的地区，然后逐渐向其他地区转移。东洋学术就是通过这样的传播方式，成为泰西学术兴起的诱因。这就是学术与地势之间的关系。

接下来我们即将陈诉的观点是否有误，这种观点的理由何在？综合以上各章中随时展开的各种观察，我们得出以下的结论，相信并没有什么欠妥之处。

学术的起源

科学促进了现今社会的发展，它是社会的精神财产，呈现出一种井然有序的状态。若要追溯其发展的历程，可以认为它是祖先流传下来的智慧与遗存于世的各种传说逐渐相结合的产物。这类传说是无意间形成并流传下来的，大多与风俗习惯相关。吉丁斯②认为，这类传说可以分为三种类型：第一种类型是对人类感官所能触及的世界的经验的记录，包括经济方面的利用性的传说，判定性、默许性的传说，以及政治方面与同盟、人质、归顺等主题相关的传说；第二种是对人类感官无法触及的世界的印象的记录，包括带有灵异性、个人的、美学上的或宗教上的传说；第三种是对概念思考的记录，大多是神学、形而上学、科学方面的概念。总的来说，人类为了生存而与自然、人为的各种力量所进行的对抗活动，即为学术最

---

① 泰西，指西洋。

② 吉丁斯（Franklin Henry Giddings，1855—1931），美国社会学家。

原始的发源地。利用性（不仅是经济方面，政治方面的传说也带有利用性）、御害①性的传说（判定性的传说可看成由御害性的传说发展而来）都是在这些对抗活动中产生的，所以人类为了自身的生存与外界力量所进行的对抗活动，是开展其他高级心理活动的基础。对于上文论及的各种现象，此时可以就其原因做出相应的说明了。

学术在气候极端的地带无法发展的原因

学术活动的发展在寒热两个气候带毫无起色，一方面是因为衣食上的需求得不到满足，人类没有多余的精力与外力对抗，另一方面是因为衣食等自然资源的匮乏，使得人类即便有心与外力对抗，也是心有余而力不足，所以一切的进步活动也就无法展开了。

学术中心转移的原因

学术中心起源于暖带地区，然后会局限于暖带地区而不会向其他地区转移。那是因为与热带地区的人相比，暖带地区的人为了生存与外力抵抗的能力相对强一些，有剩余的精力从事一些学术活动，而与低温、自然资源匮乏地区的人相比，暖带地区的人与外力抗衡的能力较高，除应付衣食的需求之外也有心力从事学术活动。由于人们抵抗外力的能力过于弱小，寒带地区也会逐渐沦落到与热带地区有共同命运的地步。

学术在地势上转移的原因

泰西学术昌盛与否，与地势复杂程度、海岸线延长的程度是成反比的，即地势越复杂的地区，学术的发展越滞后。对于那些至今仍未能理解自然界复杂现象的未开化人种来说，如果地势过于复杂，自然现象过于壮观，自然力量过于强大的话，他们就会胆战心惊、惊愕不已，最后折服于这种自然之力，然后膜拜它并向它寻求庇佑。

如果是地形不是那么复杂的地区，自然之力不仅不会吞并当地

---

① 御害，指远离危险、危害。

居民研究的心力，多样的自然现象反而会激起他们进行多种研究的兴趣，于是各种机构就慢慢地发展起来。

东洋学术的发展不及西洋昌盛的原因

与西洋相比，东洋学术的发展一直滞后，其原因一方面在于社会因某种原因对学术的发展有所侧重，另一方面在于以社会机构为基础的阶级压迫政体。后者是主要原因。所谓学术的发展有所侧重，说的是社会注重以人类现象为对象的人伦道德的发展，而基于自然现象交涉的自然科学则完全得不到发展。即便有所发展，也是某一阶级为了便于统治其他大多数阶级而片面地采用某一学派的学说而已，自由研究的精神完全没有机会发挥作用。阶级压迫政体，以及自由研究受到压制，主要归结于地势上的差异。这两点在后面的章节会进行论述。可以认为地势上的差异间接地导致了东洋学术比不上西洋学术。

学术性质的分布

虽然没有办法对学术性质的分布进行详细的说明，但根据第七章中志贺重昂的说法，我们可以知道古代的希腊人和德国人擅长哲学，罗马人擅长法律，法国人擅长数学，英国人擅长工学。在这一点上，基希纳①也有同样的看法。

根据历史上出现的这些学说，我们可以肯定学术的分布多多少少都会受到地理状况的影响。至于其中的理由，志贺重昂已论述过。他认为平原地区数学及天文学发达，所以法国人擅长数学，而罗马人之所以擅长法律，大概是因为他们的国家非常庞大，统治上的需要使得法律的发展成为一种必然性。在我国，与其他诸学科相比，医学领域的发展成果尤为显著，那是因为其他诸学科在研究上受到压制，而医学的研究则较为自由。

---

① 基希纳（Ernest Ludwig Kirchner，1880—1938），德国画家。

道德、教育及它们与地

道德活动

当社会公德心严重缺失、腐败现象横行时，为了改变这种社会现象，会兴起各种活动，最显著的表现就是社会道德活动的兴起。社会道德活动最初在一定规则的约束下展开，之后根据各个社会团体所特有惯例而分化出不同的道德活动。因为新教育的主要内容是道德教育，所以道德活动与其他诸种社会活动的关系可以通过观察教育活动进行说明。以下就是对教育活动进行的观察。

教育活动

国家要想繁荣，要想在与其他文明国家的生存竞争活动中胜出，教育活动是不可或缺的根本性条件。各国之所以竞相奖励、发展教育活动，是因为人们意识到教育活动发达与否决定了他们在角逐场上的优劣胜败。社会的教育活动在近代才开始真正地分化出来，由独立的机构来推行。在这之前，教育活动和其他的学术活动一样，属于僧侣的职责，完全从属于宗教活动的范畴。之后，科学活动开始从宗教活动中独立出来，开展教育活动开始成为学者分内之事。但是，当时的教育只是教授读书与算术，所涉及的领域与现今学者活动所涉及的领域截然不同。现今由独立机构开展实施的教育活动，其活动范畴开始扩大到各个方面，不再只局限于科学领域。

教育和其他活动

教育活动是一切社会活动的基础，影响着整个社会的盛衰，普法战争①的结果就是个很好的实例。拿破仑发动征讨战争以来，普

---

① 普法战争（1870—1871 年），指围绕西班牙王位继承问题，以普鲁士为主的德意志各国联合起来对抗法国的战争，以德意志各国的胜利告终。

鲁士饱受法国的凌辱，但在毛奇将军的率领下，普鲁士一夕之间击溃了强敌，尽雪会稽之耻①，战役中功不可没的毛奇将军反而将战绩归功于国民教育。可以说，他对教育活动和其他社会活动之间的关系有着达观的认识。德国人凭借发达的教育击溃了法军，现在他们又用同样的方法在实业活动中与英国人竞争，并逐渐居于上风。不知道在日清战争（中日甲午战争）中取得胜利的我国，是如何看待教育活动的。实业活动是社会活动的基础，对于这一点不存在什么异议。如果生存竞争的形式从来都没有发生过变化，那么借助实业活动就可以实现社会的安定发展。可是，近年来生存竞争的形式与以往相比发生了翻天覆地的变化，竞争的形式不再局限于体力上的，智力上的竞争反而成为重点。所以，有必要对实业活动进行更深层次的挖掘，这也是近年来国家开始重视教育活动的理由所在。

教育活动和其他社会活动的关系，其实是相互作用的关系，但因为教育活动培养了直接参与所有活动的人才，从这一点来看的话，我们可以认为教育活动才是真正能促进社会发展的根本基础。

道德与地

道德发展的程度与地理之间是什么样的关系，我们至今还没有精确的材料进行论述。但是，近年来公德问题成为焦点，西洋各国的社会公德水平早就发展到一个极高的层次。在这种情况下，我国及东洋各国社会公德的建设却毫无起色。对此，各种哀叹声不绝于耳，这种差异多多少少都与地域上的差异有一定的相关性。那么，道德水平发展的程度是否受地域的影响？我们把城里人和乡下人做一番比较，会发现两者在道德水平发展的程度上

① 会稽之耻，会稽山之耻的简称。《史记·货殖列传》记载，春秋时代，越王勾践在会稽山一役中为吴王夫差所俘，受尽凌辱。他最终克服重重困难，打败夫差，雪尽前耻。

是存在差异的。这种差异与其说是地域差异带来的直接影响，倒不如说是生存竞争激烈程度不同而间接导致的结果。换言之，我国人民的社会公德水平有待提高，与西洋国家存在差异。这种差异不是源于人种的差异，而是在生存竞争的激烈程度上我们比不上西洋诸国。在西洋那片土地上，连底层的平民、小孩都不会采摘公园里的花草树木。激烈的生存竞争使得他们很难拥有自己的一间小庭院，所以与那些轻易就能将庭院私有化的地方相比，他们对公园的爱惜之情更为浓厚。

教育与地

为了避免在国际性的生存竞争中被淘汰掉，教育活动即所谓的普通教育被各个国家公认为从竞争中胜出的最优良手段，所以生存竞争程度越是激烈，教育活动也就开展得愈加热烈，而教育发展进步的结果又使自己国家在生存竞争的战场上成为优胜者。至于生存竞争激烈程度在地理上的分布，我们将会另外进行讨论。

美术、娱乐及它们与地

社会美术活动

美能给人类带来愉悦的享受，在这种愉悦之情的作用下，人类会有种想要通过嗜好等方式将自己的理想表现出来的欲望，也同时会有创造美的物体的欲望。这些欲望会促使人们开展社会活动，社会的美的活动就是这么产生的。美的活动多出现在绘画、雕刻、音乐以及文学这些领域。我们可以把它看成是其他各种社会活动的成果，而且它所带来的影响也会波及社会的各个领域，古希腊美的教育成果就很好地说明了这一点。美的活动可以使社会的理想更高尚，可以推进社会的精神文明建设，但一旦超越了一定的界限，反而会使社会流于文弱，出现优柔寡断的现象。

社会娱乐活动

能够称得上社会娱乐活动的活动，大多出现在交际、戏剧、游艺、杂耍等领域。与美术活动相比，开展娱乐活动的机构在目的和对社会的认识上是有区别的。虽然娱乐活动可以对社会的精神带来直接的正面影响，但其目的完全只是娱乐社会。即便有正面的影响，大多也只是偶然性的，这就是娱乐活动明显区别于教育、美术等活动的地方。

娱乐活动和其他活动一样，都是应社会的需求自然而然发展起来的。我们不应将其视为在社会生活中毫无用处的事物，但如果娱乐活动过度发展，又会招致人心堕落、社会衰退败落的现象出现。

美术与地

我们都知道，美术会因地域的不同、作者精神状态的不同，而在制作材料、作品风格、样子、色彩等方面呈现出各种各样的差异性。所以，对于专于此道的专家来说，不管那些模仿其他地方的作品如何惟妙惟肖，他们也能一眼就甄别出作品真正的产地。可见，美术作品与地之间有着令人惊叹的深厚关系。对于外界的素材，它们带来的美的影响是创作者按照自己的理想，主要借助美术这种新形式表显①出来的，所以美术活动完全受周围风物的支配也是理所当然的。但迄今为止，我们对何种地域会出现何种形式的美术还没有明确的认识，无法归纳出一定的法则，所以即便得出了美术受周围风土支配的结论，我们也不应满足于此而停止探索。

美术的程度与地

现今我国与世界上其他的美术大国一样，美术修养发展到了一个相对较高的水平，这和土地多少都有些联系，而且这种联系是不应该被忽略的。

---

① 表显，大面积广泛出现的意思。

相对风景单调无趣的地区来说，那些自然景象变化多端、风景多样有趣的地区更能在不知不觉中，从感官上给予当地居民源源不断的刺激，使他们的感觉更为敏锐，从而达到提升他们美术修养的目的。

美术家的集合地

美术家一般聚集于何种场所，这个问题值得讨论一番，但在研究这一问题之前，有必要稍微研究一下美术的起源。文学博士小彬对日本固有的美术起源进行了解说，他的解说不仅适用于日本固有的美术，对于其他的美术也同样是适用的。其大意如下："我国上古时期的美术品主要用于进献，是奉献给神或皇室的，创作者大都心灵清净，他们将自己毕生心血都倾注到了作品之中，所以这个时期常常有绝世名作出现。但到了中世纪之后，美术主要用于玩赏，作品的创作主要是为了满足贵族、有钱人赏玩的需求，所以这个时期作品的质量自然而然下降。"这段话在说明美术起源的同时，也向我们揭示了美术集聚的场所。换言之，从这段话中我们可以知道，上古时期美术与宗教有着密切的联系，所以美术家主要集中于宫殿、神社、寺院之中。即便是后来美术开始注重赏玩性，它与宗教的这种联系也未曾断绝。到了近代，美术家主要集中于都市，而都市是贵族和有钱人的聚居地。

美术家能满足贵族、有钱人玩赏美术作品的需求，作品的鉴赏离开他们就没有办法进行。其他的娱乐机构在集合地上也有着类似的关系。

社 会 阶 级

在对社会进行分析观察时，除了上文提到的分工现象，社会中还存在着不同的阶级。不同的阶级所开展的活动各不相同，应该分别对它们进行观察。我们在上文中将社会活动划分为几个类别，这些不同类别的社会活动与这里的阶级划分是一致的。我国在维新变法之前，社会被分为士、农、工、商四个阶级。从尊卑贵贱来看，士兵最为尊贵，商人最为低贱。在印度，至今仍然存在着森严的等级制度，社会被划分为五个等级：（1）婆罗门，即贵族；（2）刹帝利，即武士；（3）吠舍，即农牧业的从业者；（4）首陀罗，即商人；（5）达利特，即奴隶。随着人类心智的不断发展成熟，等级制度的消亡也就成了历史发展的必然趋势。就像前文陈述的那样，如果各种社会活动成了我们生活中不可缺少的一部分，那么各个阶级之间就不应该有优劣之分。如此一来，在现今开明的国家里，士、农、工、商应该是平等的，是没有贵贱之分的，所以即便是从事社会娱乐活动的人（如演员之类的），如果他们能正确看待社会活动，意识到自己所肩负的社会责任，并且能够专注于自己的本职工作的话，那么社会给予他们相应的尊重也是理所当然的。但是，至今有部分人仍然被划分为社会的低等阶级，部分原因在于古代陋习残存的影响，另外就是这些人品行低劣。他们对社会造成的影响几乎都是消极的、负面的，是社会的毒瘤。

即便能完全打破社会的等级制度，由于生存竞争依然存在，并且随着社会的发展，这种竞争会变得越来越激烈，而每个人在体力和智力上没有办法做到生来平等，成长的步伐也没有办法一致，所以要想让每个人平等地享受到社会发展的成果是很困难的。不管如何费尽心思综合各种条件，都不可能让所有人拥有相同的财产，也没有办法将所有人的收入和能力控制在同一水平，所以社会就分化出了不同的阶级。根据吉丁斯的说法，社会可以分为以下四个阶级，这才称得上是真正意义上的社会阶级划分。

1.社会化的阶级。由同类意识强烈、积极投身于维护良性社会关系的个人组成。这一阶级包括社会的辅助者、社会的忠告者、社会的指导者、毫无利己观念的规划者、心怀慈悲者、杀身成仁者以及唤起社会舆论者。在由这一阶级组成的社会里，不管是实行君主政治还是实行民主政治，不管现阶段是富有还是贫穷，社会都没有持续发展的可能性，而且在生存竞争的战场上，这种阶级必然是失败者。

2. 未社会化的阶级。由拘泥于狭隘个人主义的个人组成。他们拥有标准化的同类意识，但这种同类意识缺乏先进性和公正性，他们不会主动赋予这些同类意识新的含义，也不会接受其他人对这类同类意识进行重新定义，他们只要找到自己的存在感就够了。事实上，这是一个古代就存在的阶级，其他的三个阶级都是直接或间接地从这个阶级中演变、发展而来的。所有社会道义、社会陋俗以及社会的丑恶现象，都是萌芽于这一阶级。这一阶级自身是中性的，并无优劣好坏之分，只是后来随着社会生活潮流的发展，阶级的一部分向上发展为优等的阶级，而一部分则向下堕落成低等的阶级。

3. 伪社会化的阶级。由天生的穷人及后天形成的穷人组成。他们的同类意识极其淡薄，伪装自己的阶级性质，装腔作势，不幸地成为社会的牺牲品。事实上，这一类人连基本的社会公德心都没有，他们希望能作为寄生者在社会上生存。

4. 反社会的阶级。由天生的恶人及后天形成的恶人组成。他们几乎没有同类意识，厌恶一切社会团体机构，对于社会公德他们甚至闻所未闻，反而意图与社会其他阶级公然对抗。即便是为了寻求权益上的支持，他们也不会与社会的其他阶级合作。如果这类人受到迫害，或认为自己即将受到迫害，他们会寻求个人报复，或用自己的方法避免受到迫害。

以上对阶级划分的解说简单明了，但为了更适用于我们现今生活的实际社会状况，即便有画蛇添足之嫌，也有必要对阶级进行更细致、更恰当的划分。

在前面我们已经提到过，在生存竞争的战场上，社会作为一个整体参与其中。生活的需求使社会这一整体分化出各种机构，各个机构在隶属于社会这一整体的同时，机构内部作为独立个体的人，他们之间的生存竞争也在同时进行着，而每个人的身心能力是不同的，所以在进行各项活动的过程中，不同的身心能力就导致了不同阶级的产生。一般惯用的分类为上流、中流、下流，或者是上层、中层、下层。如果要进一步细分的话，可以加上最上层、最下层两个类别。各个阶级的优劣之分就如其称呼所体现出来的那样，最上层最高，最下层最低，可参看下图。

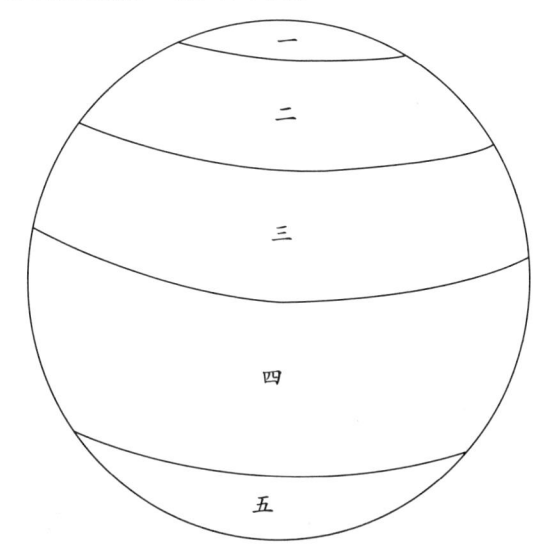

一：最上层　二：上层　三：中层　四：下层　五：最下层

社会阶级示意图

我们把社会各个方面的活动用圆的竖切面来表示，而横切面则可看成不同的阶级，如此一来就可以把整个社会所有阶级进行的各种活动综合到一张图上，如下图所示。

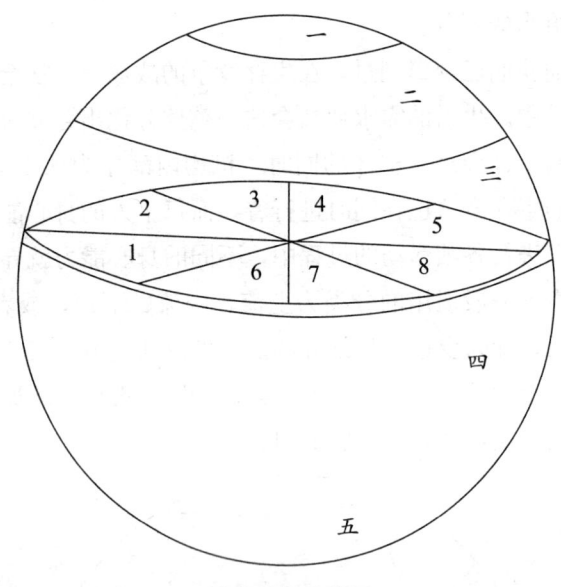

社会结构示意图

　　各个阶级的一般称呼不能把其各自的特征充分体现出来，为了弥补这一缺陷，在他日完美的名称问世之前，我们暂且对这些阶级重新命名。以下就是各个阶级的新称呼：一是全社会的优胜阶级；二是分工社会的优胜阶级；三是分工社会的独立阶级；四是分工社会的劣等阶级；五是全社会的劣败阶级。其中二、三、四在各自具体的社会分工活动中，会因各自所属社会领域的不同而被赋予特殊的名称。

　　社会阶级的划分大致如此，当然还可以对不同的阶级进行进一步的划分，再衍生出无数的阶级。如果个人参与了上文中所有领域的活动，在所有的阶级分类中都能找到自己的位置，那么就以其主要从事的职业为依据进行阶级划分。

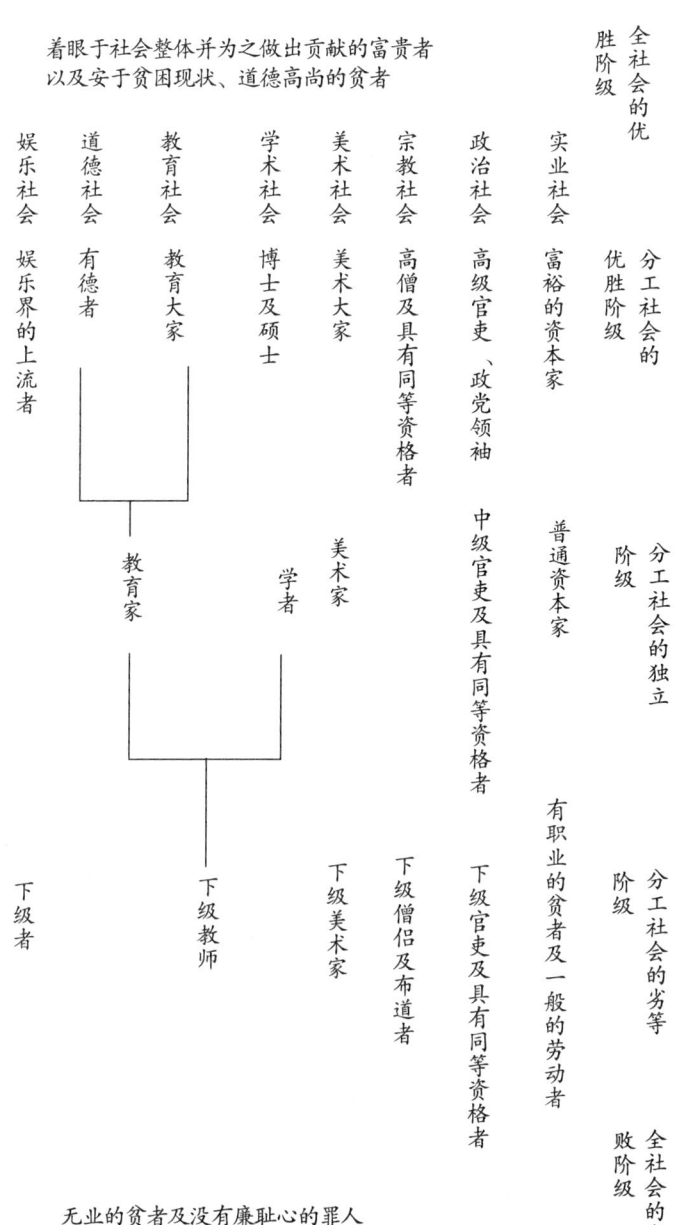

着眼于社会整体并为之做出贡献的富贵者以及安于贫困现状、道德高尚的贫者

全社会的优胜阶级

分工社会的优胜阶级

分工社会的独立阶级

分工社会的劣等阶级

全社会的劣败阶级

娱乐社会　娱乐界的上流者　　　　　　　　下级者

道德社会　有德者

教育社会　教育大家　　教育家　　下级教师

学术社会　博士及硕士　　学者

美术社会　美术大家　　美术家　　下级美术家

宗教社会　高僧及具有同等资格者　　　　下级僧侣及布道者

政治社会　高级官吏、政党领袖　中级官吏及具有同等资格者　下级官吏及具有同等资格者

实业社会　富裕的资本家　普通资本家　有职业的贫者及一般的劳动者

无业的贫者及没有廉耻心的罪人

分工社会的优胜阶级

分工社会的优胜阶级指的是某一社会领域中生存竞争的优胜者。他们只在某一特殊领域中得势，受到的敬重也仅限于某一特殊领域，在其他不相干的领域中他们毫无话语权。

作为某一领域生存竞争的优胜者，分工社会的优胜阶级掌握了与自己所从事职业相关的大量专业知识，所以成为同一领域中众多劣败者艳羡的对象，但至今没有办法得到整个社会的尊敬。那些道德水平在普通人之下的人，偶尔也会出现在分工社会的优胜阶级里，这种现象在娱乐、实业等对道德的要求相对较低的社会里出现并不奇怪，但实际上在政治社会、离开道德这一要素就无法存在的宗教社会以及教育社会中，我们往往能看到这种现象。即便道德有缺陷，他们凭借权谋策略也能在生存竞争中作为胜利者胜出，成为分工社会的优胜阶级。在社会制裁制度尚未完善的时代，这种现象的出现只是暂时的，要想真正地成为生存竞争中的最终胜利者，道德的修养必须达到一定的水平才行。

道德水平的最低下限会因所属社会领域的不同而有所差异，其中教育界、宗教界的要求最高，政治、学术、美术等领域次之，实业界再次之，娱乐界的要求是最低的。如果某人在道德上有污点，他因此被排斥在对道德有极高要求的分工社会之外，但是他有其他社会所需要的技能，而且这个社会对道德的要求相对来说不是那么高的话，他就可以凭借自己的技能在新的社会领域中立足，成为另一个领域生存竞争的优胜者。但反过来，如果一个人因道德上的污点被道德要求较低的社会所排斥，即便他掌握其他优异的技能，也不可能往更高程度的社会发展，想要在对道德有较高要求的社会立足几乎是不可能的。

举个例子，如果某人被教育社会排斥，他可以不费吹灰之力就能进入实业社会，并且往往还能在实业社会崭露头角、有所作为。

但如果他是因为道德问题被实业社会排斥，即便他很有才华，也很难进入教育社会。根据这个道理，我们可以知道那些对道德水平要求较低的社会，他们新增加的成员基本都不是善类。总之，分工社会的优胜阶级指的就是那些在各种不同社会的生存竞争活动中胜出的优胜者。近年来，绅士、商人们经常举办各种宴会，宴会上云集的人士就是这一阶级的典型代表。他们中有政治家、文学家、富商以及能力出众者，可以说，包括各个领域的代表性人物，其中，当然会有品德有缺陷的人，他们凭借金钱、权力或其他势力跻身优胜阶级之列。所以，对于那些真正道德高尚的大家来说，他们反而不以参加这种鱼龙混杂的宴会为荣，他们自然也就称得上是真正的上层阶级。

全社会的优胜阶级

在各个领域中有资格成为优胜者，并且道德的修养也达到了一定程度，对于这一类人，我们将他们归为最上层的阶级，即全社会的优胜阶级。这一阶级与分工社会的优胜阶级相比，不同之处在于，后者受到的尊敬仅是来自某一社会领域，而前者所受到的尊敬则是来自整个社会，不受领域社会的局限。前文中吉丁斯在对阶级分类的解说中所提到的社会化的阶级，指的就是这一阶级。

他所谓"积极投身于维护良性社会关系，包括社会的辅助者、社会的忠告者、社会的指导者、毫无利己观念的规划者、心怀慈悲者、杀身成仁者以及唤起社会舆论者"的言论，说的就是成为道德社会最高阶级所必须具备的具体资格。这一阶级的构成者不是非凡的富贵者，就是极端的贫困者。这一阶级的贫困者能安于贫困的现状，不向往富贵的生活，所以他们没有成为富人的欲望。即便在残酷而激烈的生存竞争中一而再再而三地失败，他们也丝毫不会因此感到沮丧，反而在一次又一次的失败中勇气大增，直至获得胜利。作为英雄豪杰被世人崇拜的伟人们，大多都是这种极端贫困者。

分工社会的劣等阶级

分工社会的劣等阶级即所谓的下层阶级。这一阶级的人虽然在各个分工社会中占有一席之地，但常常都是生存竞争中的劣势者，身处社会的最底层。这一阶级的每一个人都无法摆脱贫苦的命运，但是他们又还没有悲惨到被分工社会淘汰，沦落为劣败者的地步。这一阶级的人心怀自信和希望，一旦有机会，他们就会使自己向更高级的阶级发展。从这一点上来看，分工社会的劣等阶级和吉丁斯所说的伪社会化的阶级大体上是一致的，但又不是完全一致。

这一阶级中绝大多数人都拘泥于狭隘的个人主义，享受社会的恩惠，却从未回馈过社会，只是一味强调个人的重要性。即便如此，这个阶级中还存在着这样一种人，他们会根据自身的具体情况为他人周旋，如果还有余力，他们会毫不吝啬地将其贡献给社会，这样的人还为数不少。这一阶级与吉丁斯的伪社会化的阶级的不同之处就在此。

分工社会的独立阶级

分工社会的独立阶级被世人称为中流社会，由介于上层阶级与下层阶级之间的无数阶级组成。其中，有类似于吉丁斯所说的未社会化的阶级的人，也有依自身的状况多多少少为社会做出过贡献的人，成员的大多数都由下层阶级晋升而来。不管是在立宪政体的社会还是在民主政体的社会，独立阶级都是社会的中坚力量。美国总统罗斯福①在陈述其对社会改革的看法时说："大部分的社会改革应该由全体社会成员共同推进，而且内容要涉及社会的各个方面，但事实上，近年来有效的社会改革运动都是由独立阶级人士推行的。"他最后还得出了这样的结论，即"不受贫困的折磨，行为不流于俗，在文明进步的重压下不会被压垮，反而能调整自己的步伐

---

① 罗斯福（Roosevelt，1858—1919），美国第 26 任总统，成功调解了日俄冲突。

与社会共同进步，这就是所谓的独立阶级人士"。我们引用罗斯福的这段话来描述独立阶级的性质是再恰当不过的了。

全社会的劣败阶级

这一阶级属于社会中最下层的阶级，是生存竞争中的败北者。不论在何种分工社会都没有他们的立足之地，可以说这一阶级的人已经完全沦落到无业可就的地步了。

至于失败的原因，可能是体力上有缺陷，这种缺陷可以是先天形成的，也可以是意外事故造成的；也可能是智力、道德上有缺陷，同样这种缺陷可以是遗传而来的，也可以是后天形成的。有些人生来就属于这一阶级，而有些人则是从其他阶级堕落至这一劣败阶级的。对于这类人，追溯一下他们之前所从属的阶级，我们会发现他们有的是来自实业社会，有的是来自政治社会或学术社会，他们被当作无赖之徒，为原来所属的社会所摒弃。被从政治社会、学术社会驱逐出来的人，虽然他们有希望进入实业界，但这类人仰仗着自己半生不熟的才学，很容易在实业界滋生出懈怠的情绪，所以他们一般不会认真地工作，最终只能沦落为无业游民。来自宗教社会、美术社会的人也会因同样的原因最终沦落为劣败阶级。总的来说，从教育社会堕落为对道德要求极为低下的劣败阶级，这种情况还是比较少见的，劣败阶级的大多数人还是来自实业社会和娱乐社会。只要不是遇上非常严重的天灾，一般情况下也很少有人会从实业社会沦落为劣败阶级，因为实业社会是生活的根基所在，危险较少，在这个社会生存下去相对来说还是比较容易的。

参照吉丁斯的阶级分类法，全社会的劣败阶级可以看成是伪社会化的阶级和反社会的阶级的综合体。事实上，对于失去生活根基的极端贫苦人民和恶人，我们很难对他们进行区分。不仅是难以逐个进行区分，即便是同一个人的行为，我们也很难定义它是善还是恶。贫民为了免受饥饿之苦，随时都有可能做出违法犯罪的行为。

吉丁斯对伪社会化的阶级有过这样的描述："伪装自己的阶级性质，装腔作势，不幸地成为社会的牺牲品。事实上，这一类人连基本的社会公德心都没有，他们希望能作为寄生者在社会上生存。"这类贫民把自己的不幸归结于社会，所以他们对社会心怀怨恨。从这一点来看，他们和心怀反社会意图的恶人并没有太大的区别。

回顾吉丁斯的阶级分类法，我们发现他不是以道德水平的高低而是以同类意识的强弱来划分各个阶级的，而且还加入了贫民这个阶级。这不仅使分类变得错综复杂，而且不适用于实际的现实社会。所以，我们才斗胆画蛇添足，对阶级分类进行补充说明。希望我们的分类法能与社会中实际存在的分类方式一致，即便不能一致，在实用性上能稍强一些也就足够了。

我们之所以在这里长篇大论地讨论社会阶级，是因为社会中各个阶级所占的比例对整个社会生活有着巨大的影响，这种比例存在地域上的联系。

各阶级的配合及社会与地

欧美和我国的贫富差距

不同的社会，其阶级构成也不一样，换言之，不同的社会，其阶级成员各自所占的比例、阶级的数量都是不同的。有些社会是下层阶级所占的比例较大，有些是中层阶级占的比例大，有些社会阶级间没有很大的贫富差距，而有些社会贫富差距现象十分严重。过去东京的时事新报社①曾在全国范围内做了一项调查，研究整个日本有多少人的资产能够达到五十万日元以上。当时全日本能达到这一

———————————

① 1883 年由福泽谕吉创办的日报社，于 1936 年废刊，与东京日日新闻社合并。

水平的只有四百八十多人。尽管这个数据不够精确，但从中我们足以知道日本没有多少超级富豪。换作美国的话，富可敌国的超级富豪绝不少见。同样，以资产达到五十万日元的人数来进行比较，日本根本就没有办法与美国相提并论。但是，欧美各国一方面有很多超级富豪，另一方面也有很多极度贫困的贫民。我国虽然超级富豪少，但极度贫困的贫民也很少。在那些欧美人看来，日本和欧洲完全不同，在日本几乎看不到很贫穷的人民，这让欧洲人感到惊讶不已。

都市和农村的贫富差距

我国和欧美各国之间存在差异，就像未开明国家和我国之间、城市和农村之间也存在差异一样，这种差异是不可否认的。城市的规模越大，就有越多的人能拥有巨额的财产，同时一贫如洗的人也会更多，他们住在棚户区，这种如同农村的棚户区是不应该在城市里出现的。

丰饶地区和贫瘠地区的贫富差距

在物产丰饶的地区，区域内的产物就足以让当地的居民维持各自的生计，而在土质瘠薄的地区，当地的居民只有远走他乡才能赚钱养家，否则就难以维持生计。

这两种地区不仅在贫富上存在差距，在知识水平、道德水平以及各分工领域的阶级组成上，都存在差距。室鸠巢①《梧窗漫笔拾遗》中有一段描述，"汉土为大国，所以大河中的鱼的体形是巨大的，而我国为小国……在我国没有超凡脱俗的大善人，所以也不会有超级大恶人"，这可以看成论证两地差异的一个实例。

总之，大国和小国、开明国家和未开明国家、城市和农村、资源丰富的地区和资源匮乏的地区，我们将它们分别进行比较，希望能缩小它们之间的差距。在欧美各国，因贫富差距而导致的各种社

---

① 室鸠巢（1658—1734），江户时代朱子学派的儒学家。

会问题早就出现，现在这种社会问题也开始在我国出现，在这种情况下缩小差距的呼声也开始高涨。在大城市，贫民救济和预防犯罪的问题亟待解决，在农村却不存在这样的问题，所以从阶级构成来看，农村社会可以正圆来表示，而城市则用椭圆来表示。如果进一步观察，我们会发现，在椭圆形社会中，如果各阶级的组成比例不同，椭圆就会呈现出不同的状态。除了一般的正常状态之外，城市社会还会有以下两种形态。

1. 下端膨胀的椭圆形社会。社会动荡，小人得势，所以圣人君子不容于这种社会，他们逐渐隐退，或因谗诬而濒临灭绝，而那些奸邪佞人则在社会要害部门毫无拘束地翱翔。所以，贿赂、走后门这类恶行随处可见，而公道正义渐渐地踪迹难寻。历史上那些已经灭亡的国家，或者是现在濒临灭亡的国家，其社会形态都是这一种，所以这种社会形态也称为衰败型社会。（参照下图）

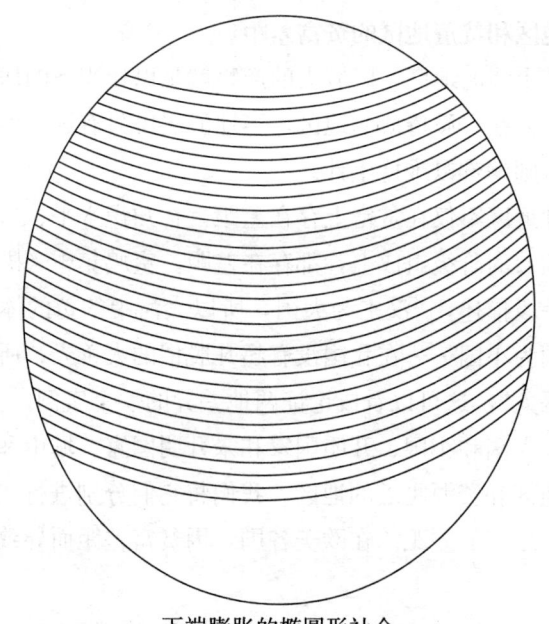

下端膨胀的椭圆形社会

2. 上端膨胀的椭圆形社会。社会阶级的构成和前一种社会形态完全相反，这种社会的阶级成员以上层阶级为主，所以整个社会的道德水准都得以提升到一个很高的层次，所有的分工领域都有领军人物出现，对各自的领域进行指导。在这样的社会中，即便有奸恶之徒存在，他们也会因忌惮社会的制裁而不敢兴风作浪。这样的社会一般都呈现出一种生机勃勃、繁荣昌盛的景象，所以这种社会形态也可以称为繁荣型社会。（如下图）

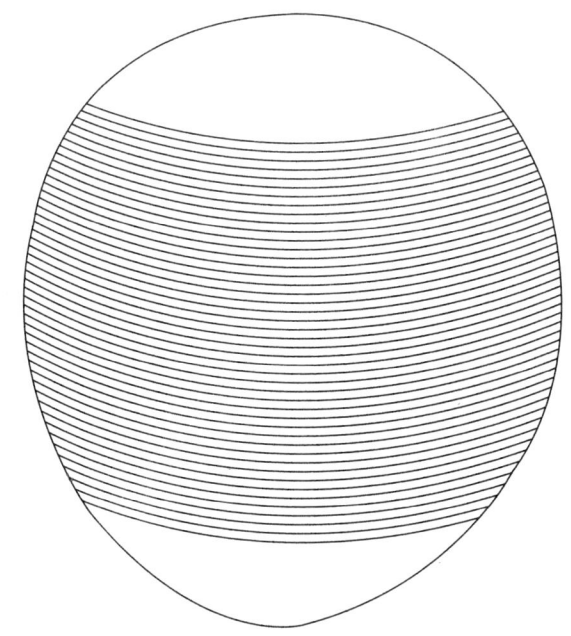

上端膨胀的椭圆形社会

日本社会的阶级构成

回顾现在的日本，它内部有各种分工社会，还有自治团体这种类型的机构，它属于哪一种社会形态呢？

全社会的优胜阶级即吉丁斯所说的社会化的阶级，立足于一般的社会并对社会进行指导，这样的阶级在日本社会中到底存不存在？在社会的阴暗处，走后门、贿赂之类的行为是否泛滥成灾？为拯救世人而生的宗教社会，现今又在开展着怎样的活动？死气沉沉的缁衣①僧侣们只是在麻木地超度尸体，这尚且能容忍，但由于他们肩负着构造社会根基的教育重任，其现状谁看了都不得不感慨不已。我们不应悲观地将这个时代看成末世浇季②，但面对社会教化源泉日趋干涸的现状，我们也不能放任不管，任其发展。

阶级构成与地

各个社会在阶级构成上存在差异，这种差异有何地域上的联系？通过对上文各种地域分布的考察，我们可以知道阶级构成之所以存在差异，是因为生存竞争的激烈程度不同。大国、城市、自然资源匮乏的地区，生存竞争较为激烈，所以这些地区富者会越来越富，穷者则会越来越穷，阶级之间的差距只会变得越来越大。上端膨胀的椭圆形社会和下端膨胀的椭圆形社会之所以会形成，主要原因也要归结于生存竞争激烈程度的不同。在下端膨胀的椭圆形社会里，生存竞争的自由性受到特权阶级的人为干涉，在我们的邻国就能目睹这种衰败型社会。上端膨胀的椭圆形社会即所谓的繁荣型社会，是生存竞争自由发展的结果，这种类型的社会在历史上出现过，而且在现在的欧美国家也能看到。……

---

① 缁衣，黑色袈裟，指僧侣之类的人。
② 末世浇季，指道德风俗浮薄的末世。

第二十五章　国　　家

国家的职能

国家是一个享有主权的社会。也就是说，国家是人类生活公共体。……国家具有明显的四项职能：保护自身不受内部干扰，保护自身的存在，反对内部分裂，积极推动统一；保护自身不受外部干扰，或者说，保持自身独立，反对外来干涉和进攻；确保个人自由，保护人权；促进国民幸福安康。

以上职能的相对重要性，因国家的位置、发展速度和时间的不同而不同。……

反对内部干扰

此类活动在日本明治时期少见。那时，人们几乎对刑法不感兴趣，或者认为不需要。……在日本自己的历史中，国家的主要精力一直花费在镇压内乱和建立主权上。

反对外部干扰

此类活动在现代变得日益重要。当今世界，帝国主义成了国家行为的时尚。帝国主义国家力图征服和战胜其他国家。这样，国家优先进行的活动是建立和巩固在世界上的权力和地位。最后，国家不但要建立强大的军队，而且要进行积极的外交。

然而，与此同时，由于国家主权至上，所以每一个国家不得不采取军事手段来保护自己的领土完整。……

保护国民权利和自由

此类活动在文明国家最近才得到承认。……这类活动的内容包括两部分：一是在认识到个人权利的基础上，保护个人自由；二是在认识到个人自由神圣不可侵犯的基础上，保护个人在反对政府，即国家的行政代理人行为中的权利和自由。

基于同样的认识，应该确保个人的投票权。
…………

促进公民快乐

此类活动只是最近才在欧洲国家得到承认，只有最发达的国家才会积极开展这一活动。……国家作为社会发展的推手，努力干预社会的每项活动，而且在某些情形下，主动加以促进或强化。其中，较重要的活动包括：

干预工业；

干预和管理教育；

鼓励道德；

干预宗教；

保护娱乐；

制定约束其他社会机构的法令；
…………

干预教育

……工业的迅速发展清楚表明，在国际竞争中，没有一个未接受过教育的民族能获得成功。……

教育是国家未来规划中最基本的工作。过去，这一领域完全是由个体或私人组织，并且在历史上发展到了一定的高度。……然而，现在国家已经开始参与并鼓励对公民进行教育。此外，国家还支配、控制国家的教育体系，加强学校管理。

势在必然，国家已开始把干预国家存在的基础——教育，看作其主要的责任和职能之一。这一认识导致建立和发展从小学到大学的教育体系，现代教育制度的完善使所有公民受益。总之，教育在社会中如此重要，无论如何需要更进一步提高。

············

干预宗教

……必须认识到，宗教对国家的影响，如教育对国家的影响一样重要。如果国家对宗教完全放任不管，就会有危险，一些人可能会把这理解为国家软弱，并利用它损国利己……

不可否认，一些卑鄙的宗教组织通过各种物质刺激手段和那些比较愚昧的迷信思想，对人们的身心造成伤害。对此应该严加管理。

············

国 家 的 目 标

建国之初，内部的统一和抵御外来威胁尤为重要，因此，国家唯一的目标和当务之急是巩固政权。当完成内部统一，国家独立，而且公民已经接受国家制定的法律和秩序时，就意味着已为公民创造了更自由的环境。此时，在认识到每个公民都享有神圣不可侵犯的生存权的基础上，国家就可以从保护个人不受人身侵犯转向保护个人不受国家侵犯。在国家发展的第二阶段，建立和承认这一原则是其主要目标。

近来，世界各地一大批国家独立。这些国家建立于工业发展基础上，为了分享更大的财富和贸易，彼此间进行剧烈的竞争。为了生存和繁荣，国家开始干涉公民生活，在提供保护和鼓励的同时，努力促进社会各方面的发展。树立浓厚的国家意识是本阶段国家发展的目标。

国家目标的发展是渐进的，即上一个阶段完成的目标，就会成为下一个阶段目标实现的平台。……个体构成国家，国家不能脱离个体存在，国家的目标反映了每个个体自我实现的共同愿望。这就说明了个体愿望的发展和国家目标发展的一致性。

••••••••••••

如果欧洲国家置扰乱其他国家的和平、稳定和造成国内的危机而不顾，继续独自致力于扩大民族势力，装备军事武器，进行军事侵略，那么最终可能以目击本国的崩溃和灭亡而告终。••••••

德国哲学家黑格尔①指出，国家目标在本质上是道德的。鲍桑葵②曾说，国家、社会和个人的最终目标只有一个，而且是相同的，那就是实现人类最美好的生活。确实，这应该成为未来国家的主要目标。

对此，我完全赞同美国社会学家约翰·W. 伯吉斯（John W. Burgess，1844—1931）关于国家目标特性的观点。他认为，国家和国家目标的发展有三个阶段，而且，前一阶段的目标会成为下一阶段目标的条件。其主要论点如下：

第三阶段的目标或者说国家的最终目标，是全球人类的教养，这是世界文明发展到人性尽善尽美的阶段。这是人的理性充分发展并主要由理性支配的发展阶段。在某种意义上，也可以把这一阶段看成是人类成为上帝的阶段。从这一点上看，可以说黑格尔关于道德是国家最终目标的观点是有一定道理的。

第二阶段的目标是完成民族性，或者一定民族文化特有思想意识的充分发展。布朗特斯切特说过这样的话：国家的目标是培养人的才智并使大众生活尽善尽美。••••••

---

① 黑格尔（Hegel，1770—1831），德国哲学家。主要著作有《精神现象学》《逻辑学》《哲学全书》《法哲学原理》等。

② 鲍桑葵（Bosanquet，1848—1923），英国新黑格尔主义、英国唯心主义和新自由主义的代表人物。主要著作有《逻辑的本质》《道德自我的心理学》《关于国家的哲学理论》等。

第一阶段，国家最迫切的目标是建立秩序和制定法令，这是国家发展的第一步。当完成了这两件事，国家就能以此为基础发展自己的民族文化，最后为世界文明的发展做出贡献。

国家的富强

……虽然我们假定国家的最终目标和人类的个人目标保持一致，但是必须经过很多阶段才能实现。可以断定，当前我们正处于国家为打造民族个性进行相互竞争的帝国主义阶段。很明显，在达到理想社会前，我们还要走很长的一段路程。当今，列强利用一切扩张势力，如果我们想努力实现国家的理想目标，那么我们最需要的是本国强大。
…………

国家富强的元素

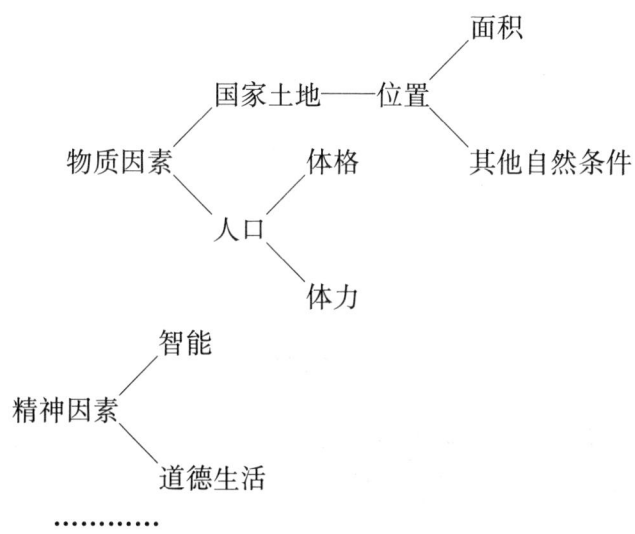

第二十八章　生存竞争

....

竞争单位的变化

回顾人类历史，可发现竞争单位随着时间的变化而变化。具体如下：个人与个人的竞争和家庭与家庭的竞争；乡村与乡村的竞争；部落与部落的竞争；国家与国家的竞争。

我们现在正处于国家之间竞争的年代。国家内部的各种集团，如工厂、银行、商业公司、学校、政党和宗教派别之间也发生竞争。因此，当今世界，生存竞争变得日益复杂，每个人都处于多种竞争中。即使一个人在个人与个人的竞争中获得成功，但假如他所属的团体竞争不成功，那就不能确定他是安全和富裕的。

竞争形式的变化

随着竞争单位的变化，竞争形式也会随着时间的流逝而变化，如军事竞争、政治竞争、经济竞争或人道主义竞争。

....

然而，我们似乎尚未达到竞争发展的最后阶段。可以推断，那时我们会认识到，即使是最富裕的亿万富翁也不能保证在生存竞争中取得胜利。但是，到目前为止，人们认识到的只是一个有限的范围，最终的竞争将是道德品质领域的竞争。

....

我相信，有一点将越来越清楚，这就是对道德品质的重视将逐渐取代早期的竞争形式。血迹斑斑的军事竞争偃旗息鼓，代之以更多的和平竞争，这是一个值得关注的显著转变。另一方面，早期竞争形式并没有完全被取代。随着时间的流逝，虽然这四种竞争形式的相对重要性已经倒转，但是，它们还是以高度复杂的方式共存于当今社会与国家之间的相互关系中。

军事竞争时代

在人类历史中，军事竞争的形式也发生了很多变迁，战争的范围已变得更广阔、更深入、更残酷。武器的发展便是充分的证明。

....

国家领导人意识到，最终获得的胜利也不可能弥补战争所带来的损失，而且如果战事延长，就会不可避免地削弱国力。……

政治竞争年代

各国统治者及时将国家之间的竞争形式从军事转向政治。……在这一时期，为了在国际关系中取得成功，国家把出色的外交家安排在战略地位重要的地方。这些外交官相互间利用一切可能的机会，通过恐吓、诱惑以及对统治者贿赂等私下援助手段，达成秘密协议，或者伪装成带有殖民意图的私人公司，干涉别国的内政。……

经济竞争年代

国家领导人逐渐认识到，如果没有物质的增长，领土的扩大将最终证明是毫无意义的。此外，领土扩大要求大量投资，确保新征服领土上的老百姓的同化，这些使领导人发现谋求经济目标比政治目标更加有利可图。于是，竞争的形式逐渐发生变化。

⋯⋯⋯⋯⋯

军事战争因其突发性和残酷性而被清楚地牢记与认识，而经济战争因其渐进性而不常被意识到。然而，从最后的结果看，经济战争比军事战争的破坏性更大。

⋯⋯⋯⋯⋯

人道主义竞争

虽然人道主义竞争在国际舞台上不是很引人注目，但是有识之士已开始意识到，生存竞争中的最后胜利者未必是经济竞争中的优胜者。有理由预计，下一种竞争形式是人道主义竞争。人们会问：什么是人道主义竞争呢？我认为这是通过无形的道德影响，而不是军事实力或者赤裸裸的经济实力，去实现个人和社会目标而进行的竞争。换言之，人道主义竞争不是靠武力、恐吓和恐惧而强迫对方降服，也没有必要以自私的方式扩大领土，征服其他国家，而是通过彼此尊重，谋求自愿合作和忠诚。如果国家领导人具有高尚的道德和美德，那么国家的生活、事务将具有人道和正义的特点。

把这样一种方法应用于当今真实的国际关系中，似乎不现实。可是，这种方法的有效性已经在国际关系中得到证实。因此，我认为用人道主义的方法处理国际事务并不像我们预期的那样不现实，它将最终取得胜利。

⋯⋯⋯⋯⋯

因此，要创造一个更加和谐的生活，我们需要持续努力，并花费相当多的时间。⋯⋯但是，总的说来，我们必须面对现实。目前，我们处于经济竞争的阶段。因此，在当今世界，国家的全部精力应集中于增加财富和加强军事力量。单独一个国家没有能力追求更高的竞争模式，因为国家之间的联系或分离都出于对自身经济利益的考虑。如果利益冲突不能通过其他手段得到解决，常常会有爆发军事冲突的危险。

$\cdots\cdots\cdots\cdots$

牧口常三郎大事年表

1871年　7月23日，诞生于日本柏崎县查刈羽郡荒浜村（现新潟县柏崎市荒浜，位于柏崎市的北面，面对日本海，与佐渡岛遥遥相望）的一个船工家庭，父亲渡边长松给他取名为渡边长七。

1877年　由于生活拮据，长七的父亲前往北海道打工挣钱，自此杳无音信。不久，母亲伊莱改嫁给本村的柴野右卫门，长七由姑姑托利抚养，成为牧口善太夫的养子，此时，长七年方6岁。善良的善太夫夫妇视长七为己出，在生活极为困难的情况下，咬紧牙关送长七读了四年初小。由于学习勤奋刻苦，长七念完四年初小后，深谙读写之妙，被同学们称作"优等生牧口""秀才牧口"。也正是因为长七的向学之心甚笃，所以当他初级小学（当时学制为四年）毕业后为生活所迫辍学在家帮养父干活时，周围的人颇为惋惜。

1885年　为谋求出路，也是为了让成绩出众的长七的才华不至于被埋没，善太夫夫妇在村里的一些德高望重者的大力支持下，将年仅14岁的长七送到当时正进行大规模开发建设的北海道港口城市小樽，并拜托在北海道的叔父渡边四郎治给予照顾。在叔父的关照下，长七来到小樽警察署当杂役。长七只要有空闲，就抓紧时间埋头苦读。署员们亲切地称他为"学生杂役"。长七的勤奋、责任心和向学之志得到了由小樽郡长兼任的警察署署长森长保的赏识。

1889年　3月，森长保由小樽调往札幌，让长七作为署长家的寄食生一同前往。森长保把17岁的长七以郡区长的名义推荐送入北海道寻常师范学校学习。师范学校的学习经历在牧口常三郎的人生道路上占有极为重要的地位，这既是他终生从事教育的起点，也为他后来形成创价教育思想提供了重要契机。尽管在军队式的生活和国家主义的气氛中接受的师范学校教育无视人的个性，违反教育规律，但长七不仅没有成为法西斯军国主义教育的牺牲品，反而注意吸取大和文化中的有益成分，从正面发扬光大了早年所学的《幼学纲要》中提倡的孝行、忠节、和顺、友爱、信义、勤学、立志、诚实、仁慈，礼让、俭朴、忍耐、廉洁、敏智、刚勇、公平等做人处世的优良品格，走出了狭隘的岛国主义的阴霾，注意到家乡、国家和世界共存共荣的关系，孕育了崇高的国际主义情感。

1893年　1月，长七改名为"常三郎"。6月，牧口常三郎在本校附属小学实习（四个月），并担任该校高小一年级女生班班主任。在实习中，牧口常三郎大胆改革创新，发明了"文型应用主义"作文指导法。同年，成绩优异的牧口常三郎师范毕业，被分配到附小当教师。师范毕业后，牧口常三郎一边兢兢业业地教书，一边对教育理论和现实问题进行深刻的思考，与此同时也开启了自己的教育职业生涯。在课程教学（地理教师）的同时，他还在当地一个名为《北海道地区教育协会杂志》的教育出版刊物上频繁地发表文章。

1894年　受内村鉴三的《地理学考》（后更名《地人论》）和志贺

重昂的《日本风景论》两部地理学专著影响，对地理学科教学中存在的有关问题进行了富有成效的探索，与此同时，其创价教育思想也得以孕育。

1896 年　通过文部省举行的中等教师地理科鉴定考试，获得教师资格许可证。10 月，结婚。

1898 年　成为《北海道地区教育协会杂志》的编辑，并被同事们视为领袖人物。

1900 年　通过文部省教育科考试。

1901 年　春，辞去北海道师范学校教谕及附属小学的职务，带着妻子和孩子到东京专心撰写《人生地理学》。

1903 年　10 月，出版处女作《人生地理学》。书中，对传统教育进行了大胆的批判，同时对教育的目的和真谛、教育方法、课程设置等一系列教育问题进行了独立的思考和大胆的探索，创造性地提出了许多有价值的见解。同时围绕"创造"，结合自身的实践，对教育内容、教育方法和教育制度等方面的改革发表了许多独到的见地。《人生地理学》出版的两个多星期后，到东京高等师范学校同学会——茗溪会当书记员，工作之余，还帮助编辑该同学会的《教育》杂志。有时还被邀请做地理方面的演讲。不久，牧口常三郎计划开设女性教育的函授讲座，并亲自编写了教材和宣传杂志。于是，他辞去了茗溪会书记员的职务，致力于讲座的开展。他亲手编辑了少女杂志《日本少女》和面向教师的科学杂志《先世》。

1904 年　2 月至 1907 年 4 月，在当时中国留学生较为集中的宏文学院担任地理教师，讲授《人生地理学》。

1909 年　任东京都富士见寻常小学首席训导。

1910 年　8 月，受文部省委托编辑小学地理教科书。

1912年　同柳田国男等参加"乡土会",《教授统合中心之乡土研究》出版。

1913年　4月,任东京都东盛（现台东区）寻常小学校长,兼下谷第一夜校校长。

1916年　被新建的大正寻常小学聘请为第一任校长。在教学实践中积极推行在北海道师范学校发明的"文型应用主义"教学方法,同时又在学生的习字课上提倡"骨书应用主义"。率先在教学方法上创新,得到当时日本教育教授研究会的赞赏。

1919年　12月,调任西町寻常小学校长。

1920年　6月,调任专为贫穷家庭孩童设立的三笠寻常小学校长（现墨田区）。在这里遇到了一生中最亲密的战友户田城圣（时名"甚一"）。

1922年　4月,调任白金寻常小学校长。

1928年　6月,邂逅住在白金小学附近的日莲正宗在家信徒、时任目白学校校长三谷素启。二人一见如故,通过三谷素启的讲解,牧口常三郎很快同心仪已久的宗教——日莲佛法产生了共鸣,并成为日莲佛法坚定的信徒。从此,开始了充满艰难险阻的宗教实践。

1930年　11月18日,为使创价教育从教育改革的理论真正转化成为教育改革的实践,和户田城圣两人组织了"创价教育学会"（牧口常三郎任学会会长,户田任理事长）,学会的事务局设在户田城圣创办的时习学馆。同时,《创价教育学体系》第一卷出版。

1931年　3月,《创价教育学体系》第二卷出版。4月,调任麻布新崛寻常小学校长,兼任同夜校校长。

1932年　7月,《创价教育学体系》第三卷出版,同时因所任职的麻布新崛寻常小学宣告停校而退职。之后，全力投入到以普及创价教育理论和推动创价教育学会发展为主要内容的宗教革命实践之中。为推动教育改革，牧口常三郎在各地做巡回演讲，同时，还积极编辑、宣传学会的机关刊物。为了更好地以宗祖日莲的法华精神解决现实社会中的各种问题，刻苦钻研日莲教义。在学习与实践中，他将自己的学说同宗祖日莲的教义结合起来，使日莲正宗在新的时代、新的历史条件下重新找到了出路。

1934 年　6 月，《创价教育学体系》第四卷出版。

1941 年　3 月，日本政府为了全面备战，禁锢进步思想，颁布了新的《治安维持法》，规定：政府可以以大不敬罪取缔合法的宗教团体、组织。12 月，日本偷袭珍珠港，向美国宣战。为统一思想，政府强迫全体国民祭祀皇大神宫的大麻（即神符），信仰其神道。牧口常三郎坚持自己的宗教信仰，对此表示公开对抗，并组织大家烧掉了皇大神宫的大麻，也禁止创价教育学会会员去参拜神社。7 月，创办创价教育学会机关报《价值创造》。

1941 年　11 月 2 日，在召开的创价教育学会第三次大会上呼吁人们，特别是学者和知识分子应当深入到社会实践中去，注意学问和生活的结合，避免那种生活与宗教相隔绝、学问与实践相脱节的现象。由于对军国主义做法的激烈反对，被反动当局视为眼中钉、肉中刺。

1942 年　5 月，《价值创造》在创办十个月后被迫停刊。

1943 年　7 月 6 日清晨，72 岁的牧口常三郎在伊豆下田朋友家被逮捕，原因是违犯《治安维持法》，罪名是"大不敬"。在监狱中，牧口常三郎始终洋溢着乐观向上的精神，铮铮铁骨，雄睨反动当局，坚持日莲佛法提倡的永远和平的精神，为人类和平的美好愿景同当时的法西斯政府进行了无畏不屈的斗争。

1944 年　11 月 18 日，因衰老和极度营养失调在狱中病逝，时年 73 岁。